2009年度南昌大学社会科学学术著作出版基金资助项目
2006年度江西省高校人文社会科学研究项目“红色旅游资源开发与老区经济社会发展研究”（Jj0617）终期成果

红色旅游与老区发展研究

黄细嘉　龚志强　宋丽娟　著

中国财政经济出版社

图书在版编目（CIP）数据

红色旅游与老区发展研究/黄细嘉，龚志强，宋丽娟著．—北京：中国财政经济出版社，2010.6

ISBN 978-7-5095-2238-7

Ⅰ.①红… Ⅱ.①黄…②龚…③宋… Ⅲ.①旅游业-经济发展-研究-中国 Ⅳ.①F592.3

中国版本图书馆CIP数据核字（2010）第086568号

责任编辑：周桂元　　责任校对：徐艳丽
封面设计：楚　楚　　版式设计：董生萍

中国财政经济出版社出版

URL：http：//www.cfeph.cn

E-mail：cfeph@cfeph.cn

社址：北京市海淀区阜成路甲28号　邮政编码：100142

发行处电话：88190406　财经书店电话：64033436

北京富生印刷厂印刷　各地新华书店经销

787×960毫米　16开　21印张　335000字

2010年8月第1版　2010年8月北京第1次印刷

定价：39.00元

ISBN 978-7-5095-2238-7/F·1782

（图书出现印装问题，本社负责调换）

本社质量投诉电话：010-88190744

序 一

2004—2005 年，一个红色旅游的热潮在中华大地兴起。这是由党中央大力倡导、政府相关部门周密规划、各级党委和政府组织推动、旅游部门积极运作而形成的。红色旅游自发起以来，旅游开发热潮、社会投资热潮、产品创新热潮、红色节庆热潮等高潮迭起。作为新兴的具有中国特色的旅游产品，红色旅游已从最初接待参观型事业逐步发展成为具有重要政治作用、深刻文化价值和显著经济效益的观光体验型产业。红色旅游作为影响日益增强的主题性旅游活动，受到了广大人民群众的热烈欢迎，引起了社会各界的广泛关注，同时也成为学术界研究的重大课题。《红色旅游与老区发展研究》就是近年来红色旅游课题研究的新成果。

江西是红色旅游的摇篮，南昌大学旅游规划与研究中心也是我国红色旅游研究的重要阵地。作者根植在这块红色土地上，该书是作者多年来关注红色旅游、研究红色旅游的结晶，是作者在多年跟踪研究基础上形成的力作。该书系统地研究了“红色旅游资源开发与老区经济社会发展”这一根本性的重大问题。作为长期关注旅游新兴业态、研究旅游发展战略、进行旅游产业规划的旅游专家、作者之一黄细嘉教授在研究中有很强的问题意识，思考深刻，见解独到，能够高屋建瓴，深入浅出地为我们解读红色旅游与老区发展的关联度。

我有幸执笔起草了《2004—2010 年全国红色旅游发展规划纲要》，并有幸参与了关于推进红色旅游健康持续发展的意见、第二期红色旅游规划等工作，主持编制了《全国中部及西北片区红色旅游规划》，对红色旅游也进行了多年跟踪研究，并出版了《红色旅游发展研究——实践探索与理论创新》，深深感到红色旅游的理论研究是一项十分薄弱的环节。

该书以全新的视角，综合运用多种研究方法，论述了中国和江西红色旅游发展概况和发展前景，全面探讨了红色旅游资源的构成要素和开发因素，系统阐述了红色旅游资源开发与老区现代化、红色旅游资源开发与老区文化传承以及红色旅游资源开发与中部崛起战略之间的相互关系，深入研究了红色旅游发展与老区产业结构调整、老区“三农”问题、老区社会生活变迁之间的互动关系，红色旅游发展与老区经济社会环境的关联度，并通过实证分析研究红色旅游的发展模式，红色旅游驱动的传统村镇发展模式和老区山乡发展模式以及红色旅游区域合作的方式。书中依据资料翔实，内容丰富，结构合理，论证有力，难能可贵。

该部著作具有较强的学术价值，是红色旅游的理论创新。由于红色旅游资源开发是经济社会发展实践的战略性举措，各地过分关注红色旅游资源开发对策和红色旅游发展基础设施建设的探讨，国内外对红色旅游的基础理论研究相对滞后，表现为个案分析较多，对共性和规律性问题的研究成果缺乏。该著作对红色旅游存在的共性问题进行了理论探索，其对红色旅游资源、红色旅游和红色旅游产业等概念的阐述，对红色旅游资源的构成要素和开发因素的系统研究，对红色旅游发展模式和红色旅游布局模式的探讨，对红色旅游的区域合作方式的阐述等，涉及红色旅游资源开发与产业发展的基础理论问题。同时，通过深入系统地研究红色旅游在老区发展中的作用和对老区现代化建设影响，丰富老区建设理论。

该部著作具有很高的社会价值。它深入探索红色旅游资源的构成及内涵，把握红色旅游的开发本质，更好地指导红色旅游的开发实践，为红色旅游的内涵发展、科学发展、和谐发展提供理论支持，促进红色旅游的持续、稳定、健康发展。同时，通过个案调查分析，系统深入地研究红色旅游发展为老区建设，包括经济、教育、文化、环境建设等各个方面带来的系列影响，不断拓展老区经济社会发展的新空间，积极探索老区现代化建设的新途径，为加快老区全面建设小康社会提供新模式，给革命老区的可持续发展提供了新思路。

《红色旅游与老区发展研究》这部著作，启示我们进一步探索红色旅游课题研究的新内容。从这部著作中，我欣喜地看到了红色旅游研究的新进展，也看到了老区经济社会发展的光明前景，更坚信了红色旅游持续发展的强大生命力。作为旅游学界的同行、作为共同从事红色旅游研究的学人，该书让我受到了很好的教育和启发，盼望黄细嘉教授、龚志强博士等能够继续深入研究红色旅游发展中的新问题，继续为红色旅游发展提供智力支持。

以此序共勉。

中国旅游研究院副院长、研究员　石培华

2009 年 12 月 30 日

序 二

在现代社会，人们把越来越多的闲暇时间用在外出旅游上，这一方面反映了经济持续快速发展使国民生活水平不断提高，另一方面也体现了人们对精神层面的追求越来越趋于多样化。红色旅游作为一种新型的主题性旅游产品，集政治性、教育性、观赏性于一体，眼下正在神州大地，特别是在江西独放异彩，呈现出良好的发展势头。

江西是中国人民解放军的摇篮，1927 年 8 月 1 日在南昌由中国共产党人领导的军队向国民党反动派打响了第一枪，为创建新中国立下不朽功勋的十位元帅中有六个半参加了这次起义；江西是中国革命的摇篮，1927 年，由毛泽东领导的秋收起义队伍历经艰难转战，在井冈山安营扎寨，为中国革命保留了红色的种子；江西还是中华人民共和国的摇篮，1933 年在瑞金成立的中华苏维埃共和国实际上已具备了国家政权的基本雏形，也为成立新中国后的政体设计奠定了初步的制度框架。江西在第二次国内战争期间牺牲的有名有姓的革命烈士就达 25 万人之众，在二万五千里长征中，每里路上就倒下了一位兴国籍的红军战士。江西的红色文化可歌可泣，江西的红色资源遍布这里的山山水水。

近年来，江西把革命传统教育方式与旅游产业发展模式结合起来，与时俱进、不断创新，在全国率先开展红色旅游，坚持实施红色旅游领跑战略，做好红色旅游文章，着力推进红色旅游产业化进程，积极打造一系列红色旅游主题活动，建设了一批有影响力的红色旅游景区。红色旅游内容不断丰富，红色旅游宣传促销活动成效显著，红色旅游得到了前所未有的发展。红色旅游不仅为江西旅游业注入了新的活力，而且引领江西旅游业实现了全面快速的发展。

黄细嘉教授是我早年在江西省社会科学界联合会主办的《争鸣》杂志社工作时就认识的朋友，现在已成为江西省高等学校中青年学科带头人，省级教学名师。他多年来进行区域旅游产业规划、从事旅游发展战略研究，致力于理论与实践相结合的新研究方法的探讨。他以江西红色旅游为主要考察对象，以江西红色旅游发展成果为主要研究案例，其足迹遍布江西几乎所有的红色旅游景区，获取了大量翔实的第一手资料，具有较为深刻的理性认识。黄细嘉教授及其带领的学术团队以江西为例，提炼总结出红色旅游发展的六个基本模式：南昌城乡互动型、井冈山红绿相映型、瑞金红色主体型、萍乡多色并举型、上饶多极综合型、九江红色点缀型发展模式，先后发表了10多篇红色旅游研究论文，其敬业精神令人感佩，所述观点亦给人予深刻启迪。

《红色旅游与老区发展研究》是黄细嘉教授带领南昌大学旅游规划与研究中心的学术团队，多年来让旅游管理本科生和旅游管理、人文地理专业硕士研究生参与其学术研究工作的劳动成果，他和他的学生们的智慧和汗水在书中得到了充分的体现。这部著作不仅阐述了红色旅游与老区发展的基本理论，而且全面诠释了红色旅游与老区发展的内在关联，提出了红色旅游深入发展的相关思路与对策。这既是对红色旅游可持续发展进行的有价值的探讨，更是对如何进一步促进老区经济社会的发展、如何推动老区实现现代化的一种政策引导。书中的一些建议具有决策借鉴和实际利用的价值。

我注意到，作为系主任的黄细嘉教授正在组织实施“全员导师制和全面师导制”，让所有学生都有导师，而导师又对学生进行生活、学习、工作的全方位指导。这样一种师生互动的学习模式，体现了黄细嘉教授比较先进的教育理念。旅游业的发展离不开优秀人才的智力支持，从教学与育人角度看，师生互动不仅有利于培养学生的学习和动手能力，塑造创新型人才，而且有利于真正实现科研为教学服务，实现教学相长，践行了我校近年倡导的“育人为本、教研并重、兼容并蓄、致善致用”的办学理念和“崇德尚能，知行合一”的育人方法。

本书作为学生参与的科研成果得以出版，对如何实现教与学互动、师与生互动、教与研互动提供了非常有价值的范本。正因为如此，与其说我看好该书的学术和理论价值，不如说我更看好该书在写作过程中所体现的师生互动的教育理念和“知行合一”的育人方法，它是师生共同努力而完成的一项可喜成果。

中共南昌大学党委书记、教授、博士生导师　郑克强

2009 年 12 月 20 日

目　录

第1章

中国红色旅游发展综述

红色旅游作为一种新型主题旅游形式，近些年来正在全国各地蓬勃兴起，成为国内旅游的新亮点和老区的重要经济增长点。2004 年 1 月，由江西省发起并联合七省市签订的共同发展红色旅游的《郑州宣言》，引起了全社会对红色旅游的强烈关注。据统计，仅 2004 年，全国 150 多个主要革命纪念地共接待游客约 2000 万人次。2005 年是第二次世界大战结束和世界反法西斯战争胜利 60 周年，也是中国抗日战争胜利 60 周年，遵义会议召开 70 周年，以缅怀“二战”为主题的纪念性旅游活动在全球范围内渐渐地热起来。多年来，国家旅游局一直大力倡导开展红色旅游，各地充分发挥自身的红色旅游资源优势，使红色旅游在全国范围内有声有色地开展起来。党中央、国务院高度重视发展红色旅游，多次作出重要指示。2004 年中共中央办公厅、国务院办公厅联合发布了《2004—2010 年全国红色旅游发展规划纲要》（以下简称《纲要》），成为指导和推进红色旅游的纲领性文件。2005 年 2 月，中共中央宣传部、国家发展和改革委员会、国家旅游局在北京联合召开工作会议，对全国范围内深入持久地开展红色旅游工作做了专题部署。国家旅游局支持江西“红色之旅万里行”和湖南“百万青少年游韶山”的活动，在全社会产生了广泛影响。我国旅游经营公司和旅行社也推出了多条“红色旅游线路”，红色旅游成为我国旅游市场增势强劲的旅游产品。随着经济的发展，许多人发现革命战争年代的艰苦奋斗事迹及其承载的开拓进取精神，既是爱国主义教育的重要内容，也是促进经济发展的宝贵资源。因此，利用老区革命遗址、遗迹资源和历史纪念设施发展红色旅游，是具有中国特色的一种新创造。目前，红色旅游的发展，已形成中央高度重视、部门大力协调、地方积极参与的良好工作局面。

对于什么是红色旅游，《2004—2010年全国红色旅游发展规划纲要》指出：红色旅游，主要是指以中国共产党领导人民在革命和战争时期建立丰功伟绩所形成的纪念地、标志物为载体，以其所承载的革命历史、革命事迹和革命精神为内涵，组织接待旅游者开展缅怀学习、参观游览的主题性旅游活动。江西省红色旅游发展纲要认为：红色旅游是指以革命纪念地、纪念物以及所承载的革命精神为内涵，以现代旅游为基本形式，组织接待旅游者参观游览、学习革命历史知识、接受革命传统教育和振奋精神、放松身心、增加阅历的旅游活动，是红色革命精神与现代旅游经济的结晶。中国的红色旅游实际上是起源于解放初期即开展的革命圣地瞻仰和革命传统教育参观活动以及20世纪六七十年代"文化大革命"期间掀起的红卫兵瞻仰革命圣地的热潮，虽然当时还不能算是严格意义上的旅游，但算得上是当今红色旅游的开始，是当今红色旅游的"开山鼻祖"。

1.1 国内外红色旅游研究

1.1.1 国内红色旅游研究

(1) 红色旅游的兴起，引起了各界人士的关注。中央领导发出了关于发展红色旅游的重要指示，2004年中共中央办公厅、国务院办公厅发布了《2004—2010年全国红色旅游发展规划纲要》，将红色旅游推向了一个高潮。由于红色旅游迅猛的发展态势，引起了各有关方面专家学者的重视，相关研究成果层出不穷，在中国知网中以"红色旅游"为题名进行跨库检索，2000年及以前没有相关文章，2001—2004年共收录了28篇相关文章，其中2004年就占了15篇，从2005年—2008年8月13日，有关红色旅游的文章共655篇，内容涉及各个方面。其中，雷召海（2005）、陶少犁和尹菲（2006）、谷玉芬（2006）、闫广华（2007）开展了红色旅游与红色资源的概念、特点等的研究；李盛霖（2005）、昊利明（2006）、周振国（2007）论述了红色旅游的意义；庄东泉（2005）、张树萍（2006），闫贺平（2008）运用SWOT方法，对所研究地区发展红色旅游的优势和劣势、机会和威胁进行了分析，提出了相应的对策；李冠瑶（2005）、陈永元（2006）、童亿勤（2008）、陈英（2008）就红色资源的整合方法进行了研究；王亚娟和黄远水（2005）、盛正发（2006）、孙凯（2007）、刘桂兰（2008）研究了红色旅游的可持续发展问题；曹新向（2005）、陶少华（2006）、程远清（2007）等研究了红色旅游的开发原则和措施；钟小东等（2007）对红色旅游存在的问题进行了分析，指出了红色旅游发展方向；谭曙辉等（2008）总结归纳了我国红色旅游所取得的重要成果，在此基础上对红色旅游的发展趋势和研究方向进行了展望。尤其需要指出的是，马进菁、宋振美（2006）从功能、地位、存在形式、存在形态、地域空间及区域联系等6个方面，对红色旅游资源的特征进行了初步分析，并在此基础上，对红色旅游资源开发的策略做出了尝试性的探讨①；付修勇、高岩等（2006）从红色旅游与红色旅游资源的概念入手，阐述了红色旅游的社会功能、经济功能、环境功能，在此基础上提出了红色旅游资源开发的模式②；魏鸿雁等（2006）分析了中国红色旅游资源的空间结构特征，提出了中国红色旅游发展对策③；闫广华（2007）对红色旅游资源进行了界定，归纳总结了红色旅游资源的特点和分类，并分析了红色旅游资源开发存在的问题、开发原则和开发模式。④

（2）有关老区红色旅游方面的研究主要有：毛日清（2002）指出江西老区拥有独特而丰富的“红色旅游”资源，老区建设要利用良好的外部条件，充分利用和保护好“红色旅游”资源；阎友兵等（2005）针对革命老区在社会经济协调发展中存在的问题，提出了红色旅游促进革命老区经济社会协调发展的功能优势和主要思路；贾浩华（2006）论述了井冈山红色旅游的发展历程，当地农民过去和现在的经济生活状况，对扩大井冈山红色旅游的经济辐射能力提出了新的思路；阎友兵，曾妍（2006）分析了革命老

---

① 马进菁、宋振美：“简析红色旅游资源的特征及其开发策略”，《北京第二外国语学院学报》，2006年第1期，第111—114页。

② 付修勇、李连璞、高岩：“红色旅游资源开发模式选择研究”，《聊城大学学报（自然科学版）》，2006年第19期，第65—67页。

③ 魏鸿雁、张锦河、潘坤友：“中国红色旅游资源空间结构分析”，《资源开发与市场》，2006年第22期，第510—513页。

④ 闫广华：“浅析红色旅游资源开发”，《科教文汇》，2007年第12期，第192—193页。

区发展现状，指出红色旅游是革命老区加快全面建设小康社会步伐的有效途径，并提出了主要的思路；周文丽（2007）针对革命老区在经济社会发展中存在的问题，论述了CCGV式红色旅游在促进老区经济社会协调发展中的作用；李永乐（2007）指出红色旅游的发展为改善老区面貌提供了一条有效的途径，同时提出了革命老区发展红色旅游的对策；周陈曦等（2008）分析了江西老区经济的发展现状以及不利因素和有利条件，论述了江西老区经济与红色旅游之间的关系，提出了江西发展红色旅游的可行性思路等等。总体看来，一方面红色旅游的影响十分深刻和广泛，但是另一方面红色旅游发展历程短，研究时间不长，因此，目前红色旅游相关研究仍然存在不少的空白点和有待深入的方面，尤其红色旅游和老区产业结构调整的相关论述十分缺乏。

（3）近来不断地涌现的研究红色旅游文章和论坛，针对各个地区丰富的红色旅游资源，对红色旅游的开发进行了评估分析，并提出了红色旅游的开发战略性构想，为各地区旅游业的可持续发展提供了新思路。目前红色旅游研究是一个刚刚兴起的领域，主要是实践应用性研究和政策解读，真正的学术性研究和理论性探索成果不多，相关专著较为罕见，学术论文也很少，出现较多的是红色旅游活动报道、红色旅游资源开发对策性文章或红色旅游规划。在相关专著方面，近年来出版的具有代表性的著作有：石培华的《红色旅游发展研究——理论与实践》，周振国、高海生等的《红色旅游基本理论研究》，吴必虎、余青的《红色旅游开发管理与营销》。在学术论文方面，文军对江西的红色旅游进行SWOT分析；林明太介绍了莆田红色旅游；杨文健等介绍了阿坝洲的红色旅游资源；沈乔和魏国英等对山西武乡红色旅游资源和市场进行了分析；黄群、尹瑞华以黎城、遵义为例，在重点论述了各红色资源在特定历史时期的重要战略地位后，主张应该结合老区的优势，发展红色旅游。黄喜林、潘立文，罗怀良在分析黄姚古镇、江由市的抗战文化资源的基础上，从微观角度对抗战文化资源的开发利用提出了详细的建议。刘秋生、周志平通过对井冈山的过去和现状的对比，着重从人民的生活水平来评价，充分肯定了依托得天独厚的红色旅游资源实施旅游兴市、兴镇的战略，并对“旅游兴市”提出了具体对策，为其他贫困的革命老区红色旅游资源开发提供了有价值的借鉴。

（4）少数学者选择不同的侧重点，开展了旨在指导红色旅游开发实践活动的研究。郑本法、张宇新，通过对革命老区旅游业的实地考察，认为革命老区要想走出贫困，必须走“旅游扶贫”的道路，把红色旅游作为一种扶贫的模式来研究。另外有关红色旅游研究的书籍，大多为介绍红色旅游资源、推介红色旅游路线、提出红色旅游方略、进行红色旅游指南，即以解读红色旅游资源和开发旅游产品为主。

这些文献从各种角度分析了红色旅游区的资源特点与发展态势，提出了发展红色旅游的新的战略构想，为我国红色旅游业的可持续发展提供了新思路。这些研究成果对于红色旅游发展的实践作了多角度的论述，不但内容丰富，而且创新颇多，但也存在一些带普遍性的问题：其一，红色旅游的研究多为典型地区的个案研究或者具针对性的开发研究，对于共同存在的问题缺乏重视，对红色旅游发展规律的系统研究还有待深入，这是目前红色旅游研究面临的窘境之一。而针对红色旅游开发这一问题的研究，同样也只是停留在初步的对策建议和开发设计上。其二，国内红色旅游的研究过分关注实践活动，对于概念和理论阐释的成果还不多见，导致了红色旅游资源的开发和保护的基础理论相对滞后。仅仅停留在个案和对策研究层面上的红色旅游研究已不能满足旅游业飞速发展的需要，随着我国旅游实践活动的不断成熟，势必将带来红色旅游基础理论研究的纵深发展。

1.1.2　国外的相关研究

中国的“红色”是革命的象征，是特指中国共产党及其领导的革命斗争，具有很强的针对性和鲜明的时代性。但是，各国类似于“红色旅游”的旅游形式不同，其研究的对象也有较大区别。西方学者往往把战争遗址、名人故居、博物馆、文化遗迹等精神层面的旅游形式作为同一研究范畴，并针对其开发和保护中存在的问题进行系统地研究并不断取得理论上的开拓与创新。因而在西方许多国家，资产阶级革命遗产旅游很受人欢迎，并成为各国文化旅游中的亮点。对于资产阶级革命遗产旅游研究成果，西方国家相对较为丰富，19 世纪后叶至 20 世纪初期俄、法、美三国革命，属于资产阶级革命，俄国的“十月革命”属于无产阶级革命，这些革命遗产资源的利用和开发，作为旅游项目和活动来说，与我国的红色旅游属于性质相似的旅游资源开发，其中有不少成功开发的案例可以借鉴。如俄国的冬宫，俄国十月革命指挥部斯莫尔尼宫，列宁墓，法国的凡尔赛宫等，都是此类旅游开发成果的先例。但我国学者对于西方的资产阶级革命旅游研究尚属空白。

1.2 红色旅游理论概述

1.2.1 红色旅游概念简述

1.2.1.1 旅游的概念和特征

长期以来，一些国际组织和学者曾对旅游下过多种定义，我们国家对旅游的定义是："旅游是非定居者出于和平的目的的旅行和逗留而引起的现象和关系的总和，这些人不会导致在旅游地定居和就业。"① 从定义可以看出，人、旅游活动、旅游资源构成旅游的三大要素。从旅游活动的过程来看，它体现出以下几个特征：旅游活动的普及性，规模发展的持续性，空间分布的地理集中性和时间分布的季节性。介绍旅游的概念和特征是为了更好的了解红色旅游，因为红色旅游也是旅游的一种表现形式。

1.2.1.2 红色旅游的概念和内涵

红色旅游，主要是指以中国共产党领导人民在革命和战争时期建树丰功伟绩所形成的纪念地、标志物为载体，以其所承载的革命历史、革命事迹和革命精神为内涵，组织接待旅游者开展缅怀学习、参观游览的主题性旅游活动。②

其丰富的内涵主要表现在：（1）红色旅游蕴涵着丰富的精神内涵。红色旅游依托的是特殊的文化遗迹类旅游资源，它是以革命圣地、纪念地、纪念物以及所承载的革命精神为内涵的一种旅游资源，它的主要目的是想通过

① 李天元：《旅游学》，高等教育出版社 2002 年版，第 22 页。

② 中共中央办公厅、国务院办公厅：《2004—2010 年全国红色旅游发展规划纲要》，2004 年 12 月。

让旅游者体验一些当年革命先烈艰苦的生活、工作、战斗等方面的活动以达到精神教育的目的。它是以观光旅游为主体的旅游活动，是红色精神与现代旅游经济的结晶，具有很强的教育功能。（2）红色旅游蕴涵着丰富的政治内涵。红色旅游中的井冈山精神、延安精神等会对未成年人和当代大学生产生深刻的教育意义，有助于把中国共产党和中国人民的奋斗足迹深深地铭刻在华夏沃土上，深深地铭刻在人民的心里，从而使人们特别是青少年更爱党、更爱祖国，更热爱社会主义，坚持走社会主义道路，实现中华民族的伟大复兴。（3）红色旅游蕴涵着丰富的物质内涵。发展红色旅游本身就是依托红色旅游资源来培育革命老区的优势产业、特色产业和支柱产业，是一项重大的扶贫工程。红色旅游是扶贫和旅游的有机结合，它的发展对于加快红色景区的设施建设，加强老区的经济建设，具有重要的现实意义。

由于红色旅游产生和发展主要是以满足人民群众的精神文化需求为依托，因此，从一定意义上讲，红色旅游又是一种精神生产产品，它是建立在红色资源基础上的一种精神文化产品，所以红色旅游应该属于历史文化旅游范畴。

1.2.2　红色旅游的性质

红色旅游是从有组织的革命传统教育演化而成的新型旅游产品，是革命传统教育与旅游产业相结合的新型产物，它寓教于游、寓学于乐，因此吸引了大量游客，成为近年旅游市场的新宠。[①] 红色旅游是新时期新形势下革命历史资源与旅游产业巧妙结合的一种创新。简言之，红色旅游是巩固党的执政地位的政治工程；是弘扬伟大民族精神、加强青少年思想道德教育、建设社会主义先进文化的文化工程；是促进革命老区经济社会发展、提高经济生活水平的经济工程。正因为红色旅游所具有的强大的政治、文化和经济功能，使其得到了全国各界人民的关注，呈现出空前的发展态势。

我国红色旅游资源有精品多、数量大、地区分布广但又相对集中、类型多样等特点。[②] 发展红色旅游和其他形式的旅游有着明显的不同和特殊的目的，红色旅游是一项既拉动老区经济社会发展、造福一方百姓，又打破传统

---

① 冉燕：“红色旅游的理论及实践研究”，四川大学硕士学位论文，2005年，第14—23页。

② “红色旅游资源特点分析”，中国红色旅游网. http://www.crt.com.cn.

旅游季节性强、有效整合旅游产品的经济工程，同时也是一项弘扬民族精神的文化工程和进行爱国主义教育的政治工程。

红色旅游的性质主要表现在以下四个方面：

学习性：红色旅游的学习性，主要是指以学习中国革命史为目的，以旅游为手段，学习和旅游互为表里，达到“游中学、学中游”，寓教于游、润心无声的境界。

故事性：故事性是相对说教性而言，反映出人们对历史吸引物的取舍观。历史典型往往形象、生动、有趣，容易让英雄走下神坛，贴近群众和生活，产生亲和力。因而，在红色旅游开发中，要深入发掘红色旅游中的历史人物故事，既要反映领袖、英雄等“大人物”在历史中的重要作用，又要通过“小人物”的故事，揭示人民群众创造历史的真谛，使历史鲜活和丰满起来。

参与性：红色旅游本身就是一种实践性学习。为了满足旅游市场的相应需求，在红色旅游开发过程中，红色旅游组织经营者要设计、组合出“原汁原味、有惊无险、苦中有乐、先苦后甜”的产品来。

扩展性：部分革命老区留存下来的革命遗物数少、量小、陈旧、分散，倘若依赖资源原有存在状态，红色旅游发展将会面临内容、场地、线路等方面的局限性。因而，红色旅游要想突破发展限制，获得可持续发展，有关方面就要千方百计打造红色旅游产品链条，延长旅游者的游览时间，增加其消费时间、丰富其消费内容和提高其消费金额。①

红色旅游是以红色旅游资源为旅游对象的旅游活动。可以进一步从以下几个方面深化对红色旅游的认识②：

(1) 特有的属性。依托革命历史，传承革命精神，教育激励公民，这是红色旅游特有的内涵和属性。红色旅游的核心价值，在于具有重要的政治意义和深刻的文化意义。

(2) 特定的外延。红色旅游是以中国共产党奋斗历史为主体的。时间限定在从中国共产党成立到新中国成立的28年。所以，红色旅游景点的确定应当有充分的历史根据，要经过权威部门的认可，不能随意地扩大外延。

---

① 杨荣彬：“红色旅游中革命纪念馆发展模式探讨”，《南方文物》，2005年第4期，第135页。

② 谷玉芬：“红色旅游与红色资源关系解析”，《商业经济》，2006年第3期，第94页。

由中国共产党成立上溯到1840年以来为中国革命和民族振兴有重大意义的各类纪念地遗址，由新中国成立后扩展到社会主义建设以及改革开放以来形成的大庆精神、焦裕禄精神、"两弹一星"精神、"98抗洪精神"及其承载物等等，都不能称为红色旅游景点。

(3) 特别的创造。红色旅游是以革命纪念地、纪念物及其所承载的革命精神为吸引物，组织接待旅游者进行参观游览，实现学习革命历史知识、接受革命传统教育和振奋精神、放松身心、增加阅历的旅游活动。红色旅游具有传统旅游产品的特点，又具有新产品的特质，是有形与无形相结合的特色产品。是一种细分的市场，卖的是具有精神文化内涵的历史教育产品。因此，它是一种特殊的旅游，既是主题旅游，又是历史旅游，亦是教育旅游，还是精神旅游。

(4) 特殊的价值。红色旅游是一项党之所需、国之所需、民之所需的重大举措，是深入影响到社会政治、文化、经济等各个层面的中国特色社会主义的系统工程。它是一个政治工程，关系到加强党的执政能力和巩固党的核心领导地位的问题；它是一个文化工程，关系到弘扬中国伟大的民族精神、加强对青少年思想道德教育、发展先进文化的问题；它是一个经济工程，关系到增强革命老区与外界社会经济联系、促进革命老区社会经济发展、提高当地群众教育程度和生活水平的富民问题；它是一个领跑工程，关系到旅游资源大整合、构建旅游大产业的问题；它是一个社会工程，关系到各级党委和政府高度重视、各方力量齐抓共管的问题；它是一个保护工程，关系到红色旅游资源可持续开发的文物保护问题。

对于红色旅游概念的理解，我们认为"红色"二字不应仅仅停留和被限制在革命战争的遗迹、遗物以及革命精神上，而应该更深层次地去挖掘它的文化内涵。例如革命战争时期所形成和遗传下来的思维方式、生活习惯、工作作风和社会风尚等，对当地民风的影响以及给当地社会带来的积极因素，所有这些，都应该囊括于"红色"二字当中。

1.2.3 红色旅游的特性

从旅游市场的角度来看，红色旅游是旅游市场的一个细分市场，属于一种专项旅游活动；从旅游经济范畴来说，红色旅游属于旅游产品的一个特色品种；从思想教育范畴来说，红色旅游具有一种设身处地的思想道德教育功能。红色旅游还是一种特殊的文物古迹类旅游，既具备一般遗产旅游的特点又带有严肃的政治活动的特点。

（1）旅游消费的低微性。红色旅游所依托的主要是特殊文物古迹类旅游资源，包括纪念地、纪念物及其所承载的革命精神，这些物质和精神的东西对旅游者具有较高的精神熏陶价值，但红色旅游主要表现为观光考察式旅游，难以吸引旅游者久留；而且革命圣地和纪念地是爱国主义教育基地，带有明显的社会公益性质，一般门票定价不高或免费开放。这些因素决定了红色旅游消费的相对低微性。

（2）旅游活动的周期性。红色旅游受政治性因素和市场化因素的影响比较明显，较大革命历史事件周年纪念活动时段受政治因素影响明显，一般时段主要受市场调节。因此，旅游客源呈现出波浪式的起伏，一般5年一个小高潮，10年一个中高潮，50周年和100周年的纪念活动出现大高潮。在一年当中，接待高峰则主要集中在“黄金周”假期和“纪念日”前后。

（3）发展条件的优越性。红色旅游所依托的主要资源、运用的接待条件和运作的组织结构，基本上都是现成的和原有的，加上已有较高的知名度，因此，在起步阶段，与经济条件类似的其他地区相比，获得了较好的发展先机。同时，由于红色旅游景点担负着思想道德教育的任务，可以享受政府专门的拨款，定期维护、维修；新闻媒体的义务宣传报道，有助于塑造较好的旅游整体形象；有关部门组织的参观学习活动，可以保证起码的客流量，这是一般文物景点所不具备的。①

（4）多种资源的融合性。红色旅游资源多与自然生态、民族文化、农耕文化、民俗文化等旅游资源相伴生，可以与发展生态旅游、民族文化旅游、工农业旅游等密切结合起来，形成综合型、复合性的旅游基地和产品路线，形成红花与绿叶相互促进的格局。赣闽粤边区的一些地方结合当地的丹霞地貌和特有的民俗，开展地质考察游和客家风情游就是旅游资源成功整合的范例。

1.2.4 红色旅游理论建设

红色旅游“是红色革命精神与现代旅游的结晶”，因此具有双重意义。

---

① 高舜礼：“加快红色旅游发展的若干认识和思考”，http：//www. iaxing. gov. cn/lm/zt/xjx/xjx1/index13. htm.

对于革命传统教育来说，红色旅游是传统教育观念和手段的创新，它把革命传统教育活动与旅游活动相联系，是革命传统教育工作的一大发展。对于旅游业态来说，红色旅游的产业性不仅仅体现在红色旅游景区景点的货币化的直接门票收入上，而且体现在能够产生经济效益和社会效益的其他环节和关联环节上。红色旅游以产业的形式出现，它不仅包括旅游消费，还包括了旅游公共消费品（景点、酒店、纪念品等）的生产、流通、分配等，形成社会再生产诸多环节（吃、住、行、游、娱、购）的循环，提供了一个又一个可供人们参与的机会和舞台。由此可以扩大整个旅游产业的规模，加快旅游经济发展。红色旅游的发展说明革命传统教育不仅能够与一般的社会实践活动相结合，而且能够与旅游产业相结合；红色旅游不仅能够创造显著的社会效益，而且能够创造巨大的经济效益；红色旅游不仅能够服务于精神文明建设，而且能够服务于物质文明建设。①

对红色旅游及其依托的革命历史事迹做出科学解释与理论阐释，不仅可以为红色旅游开发提供理论支撑，还具有理清意识形态信仰、进行政治思想教育等多方面的意义。据问卷调查显示：超过85%的被调查者认为，革命战争纪念馆有必要加强战争观的教育。以辽沈战役为例，辽沈战役是中国现代历史上一场重要的战争，它对中国共产党在中国领导地位的确立和新中国的建立，有着极其重要的作用。但是，50多年过去了，生活在今天的人们，在和平环境及各种社会思潮等因素的影响下，对历史上发生在国共两党之间的这样一场战争，一些人难免在价值取向上会产生一些模糊的认识，包括对这场战争的性质、历史必然性、甚至共产党的执政地位等重要问题不能正确的理解。应该看到，这种现象的产生有一定的学术背景和教育上的原因，这是意识形态领域不容忽视的问题。这也提示我们，对辽沈战役这场国内战争性质、历史作用等问题的认识，绝不仅仅是一个历史问题和学术问题，而是一个重要的现实政治问题。在某种程度上和在一定的价值上，它确实关系到中国共产党的历史地位和作用、关系到党的执政地位的巩固和执政能力的建设等重要问题。正因为这一点，对革命历史资源做客观历史的展示，通过群众喜闻乐见的形式予以传播和阐述，进行历史观、价值观、人生观教育，解

① 党宁："井冈山：领跑红色旅游"，《小城镇建设》，2005年第3期。

决在红色旅游、思想教育、学术研究等等方面[①]普遍存在的对历史问题认识的偏差，就成为历史教育和国情教育的重要内容之一。

实践已向我们提出了要求，红色旅游必须加强理论建设和理论创新，解决新时期、新环境下出现的新问题，以适应时代的发展和变化。

1.3 红色旅游资源理论概述

1.3.1 红色旅游资源概念

红色旅游资源是指中国共产党领导中国各族人民在革命斗争中所形成的伟大革命精神及其载体。是一种独特的资源形式，是开展红色旅游的吸引物，一般可以把其分为广义和狭义两种。广义的红色旅游资源是指那些能够顺应历史潮流，可以弘扬爱国主义精神的一切革命和建设活动凝结的人文景观和精神。狭义的红色旅游资源是指中国共产党成立后领导广大人民群众在第二次国内革命战争、抗日战争、解放战争期间所形成的历史遗迹和精神遗产。[②] 无论是广义的，还是狭义的红色旅游资源，对其进行充分挖掘并有效利用，都能发挥其爱国主义教育、弘扬民族精神的功能与作用。它不仅仅是一种历史文化资源，同时也是一种经济资源。对红色旅游资源所蕴涵的丰富的历史文化进行有效的开发和利用，不仅可以获得良好的社会效益，而且还可以获取颇丰的经济效益，带动其他相关资源的开发和利用，促进老区山乡经济社会的全面发展。[③]

国家旅游局对红色旅游资源给出了明确的界定，是指中国共产党成立以后、新中国成立以前，包括红军长征时期、抗日战争时期、解放战争时期等

① 李湘："红色旅游的理论建设和理论创新"，《党政干部学刊》，2006 年第 5 期，第 6—8 页。

② 毛日清："老区建设与'红色旅游'事业的发展"，《求实》，2002 年第 12 期，第 49—50 页。

③ 庄东泉："深度开发江西红色旅游资源刍议"，《江西广播电视大学学报》，2005 年第 2 期，第 42 页。

重要的革命纪念地、纪念物及其所承载的革命精神及其承载物。从地域范围上主要是指革命老区和红军长征线，但以长征沿线为重点，这就形成了井冈山、瑞金、韶山、遵义、延安、西柏坡一条红色主线。我们不妨把国家旅游局界定的旅游资源称作为狭义的红色旅游资源，即严格意义上的红色旅游资源。持广义的红色旅游资源论者很少，谭冬发、吴小斌认为，广义的红色旅游资源指那些能够顺应历史潮流、弘扬爱国主义精神的一切革命活动中凝结的人文景观和精神。[①] 我们的论述根据需要采用的是狭义红色旅游资源概念。

红色旅游资源是一种特殊的资源，它不仅仅是一种宝贵的历史文化资源，同时也是一种有价的经济资源。通过对红色旅游资源的有效开发和利用，不仅可以获得良好的社会文化效益，而且可以获取颇丰的经济效益，同时可以带动其他相关资源的开发和利用，促进老区社会经济的全面发展。[②]

红色旅游资源包含了精神和物质两个层面的内容。红色旅游资源是不可缺少、不可替代、不可再生的一种极其珍贵的集教育与旅游于一身的资源。充分、合理开发红色旅游资源，就要把这些资源与其他旅游资源进行优化配置，最大限度地发挥其社会效益和经济效益，并以旅游产业带动和促进其他相关产业的发展。

我国的红色旅游资源丰富，全国有沪浙、湘赣闽、左右江、黔北黔西、雪山草地、陕甘宁、东北、鲁苏皖、大别山、太行山、川陕渝、京津冀等12个重点“红色旅游区”；全国有30条“红色旅游精品路线”，100个“红色旅游经典景区”。[③]

1.3.2　红色旅游资源的独特性

红色旅游资源具有独特性。这种独特性从三个层面得以体现[④]：

（1）旅游资源。首先，它是我国20世纪伟大的民族民主革命的产物。在时间上主要指中国共产党成立以后、新中国成立以前的28年。在地域范围上主要指革命老区和红军长征经过的地方，以长征沿线为重点，形成了井

---

① 谭冬发、吴小兵：“红色资源与扶贫开发”，《老区建设》，2002年第7期，第44—45页。

② 毛日清：“老区建设与‘红色旅游’事业的发展”，《求实》，2002年第12期，第49—50页。

③ 阳乾凤：“重庆红色旅游业发展战略研究”，重庆大学硕士学位论文，2006年。

④ 谷玉芬：“红色旅游与红色资源关系解析”，《商业经济》，2006年第3期，第94—95页。

冈山、瑞金、韶山、遵义、延安、西柏坡一条“红色”主线。其次，它是一种精神和物质相结合的人文旅游资源。它包含两个层面。在精神层面上，它包括井冈山精神、长征精神、延安精神、西柏坡精神等红色革命精神，这是红色旅游资源形成的精神内核。在物质层面上，它包括反映这些精神的遗迹、文物、博物馆、纪念馆、展览馆、烈士陵园等等。①

（2）综合资源。红色旅游资源是一种集政治教育、经济发展、文化传播等价值和功能于一体的独特的综合性资源。它的政治教育价值体现在：红色旅游资源的开发，为未成年人思想道德建设和保持共产党员的先进性提供了丰沃的精神土壤，成为进行革命传统教育的重要课堂，成为培养民族精神的重要阵地，成为陶冶情操的重要场所。它的经济发展价值体现在：红色旅游资源已成为新的投资开发热点，其品牌资源和革命人文资源优势日益显现出了巨大的开放型经济价值，它为丰富的革命历史资源迅速转换成经济开发资源搭建了广阔的平台。它的文化价值体现在：红色旅游资源具有特殊的吸引功能，它为游客思想情操的陶冶和红色革命精神的文化传播提供了最佳载体。

（3）稀缺资源。红色旅游资源具有稀缺性。它是一笔不可再生的宝贵财富，需要倍加强调对红色旅游资源的保护性挖掘和开发利用，努力把历史和现实、优良传统和时代精神、传统展示与现代科技等全面地结合起来；在丰富主题、挖掘精神内涵和拓展教育功能上狠下工夫。同时，红色旅游资源又具有不可替代性。红色旅游资源是中华民族的精神财富，它是中国革命战争年代特定的历史环境下形成的，因形成时间、地点、形势的不同又各具特色。所以，在红色资源的开发过程中，应当力避红色旅游景点重复建设和红色产品的雷同开发，应充分发掘自身潜力，进行多层次多角度的包装，各显特色，努力展示区域的独特性。

1.3.3 红色旅游资源开发理念

（1）人本旅游观。以人为本，是科学发展观的核心。② 对旅游业来说，

---

① “甘肃力推‘红色旅游’”，http：//www. chinacbs. com/view/content/html/2004. 08. 05/con.

② “以人为本是科学发展观的本质和核心”，http：//www. china. org. cn/chinese/2004/Feb/507198. htm.

以人为本就是一切从旅游者的实际需求出发，始终把以人为本作为行业发展的灵魂，在各项具体工作中全面落实。因此，在开发红色旅游资源时首先要深入了解红色旅游客源群体的旅游需求，站在游客的角度对其进行科学合理、多层次、多角度的建构和包装，将凝聚着革命历史和革命精神的载体，通过适合游客心理要求和审美方式的形态表现出来；其次要严格按照旅游经济规律，找准旅游需求与红色资源特质的结合点，合理开发，决不乱点鸳鸯谱。

(2) 特色旅游观。在我国地域广阔和丰富多彩的红色旅游资源中，有的堪称全国第一或唯一，但并非每个地方都能发展红色旅游，每个地方必须认清哪些资源最有吸引力、最适合于旅游市场，从全局发展的战略高度出发，开发具有自身特色的旅游产品。

(3) 可持续旅游观。红色旅游资源既是中国现代革命历史的实物见证，又是革命老区和红色旅游地独有的重要资源。这些资源是不可再生的，应以正确的历史观和科学发展观来对待红色旅游资源的开发，坚持保护与开发同步、效益与投入并举的旅游发展原则①，力保红色资源不褪色，力求红色旅游市场不冷场，适时适度适量开发好红色旅游产品，走一条红色旅游可持续发展道路。

(4) 合作旅游观。区域旅游合作已经成为当今旅游发展的一大趋势。②通过区域旅游合作，可以扩大共同的客源市场、降低促销成本、共享服务，可以提高基础设施的利用率，提升共同的品牌。目前，我国国内区域旅游合作已初见成效，环渤海旅游圈、“长三角”无障碍旅游区的形成标志着中国旅游已进入区域合作的新阶段。红色旅游资源的相似性和跨地域性决定了开发红色旅游资源，发展红色旅游不能各自为战，分散经营，要通过资源共享、品牌共用、市场共建、客源互送、利益双赢，打造旅游精品线路和品牌，走区域合作和区域整合之路，形成规模优势。

(5) 体验旅游观。旅游从本质上来讲就是异地体验。③ 随着体验经济时

---

① 邓念梅：“科学发展红色旅游”，《中国旅游报》，2004年8月6日。

② 旅游绿皮书，认为：“旅游业已经形成八大热点”，http://www.qingdaonews.com/content/2004.02.24/content.

③ 王兴斌：“体验经济新论与旅游服务的创新”，《桂林旅游高等专科学校学报》，2003年第1期，第16—20页。

代的到来，越来越多的人认为，现代旅游不完全是我到过哪里，而是一种生活方式的体验，一种旅游心情的分享。体验旅游，已经成为现代旅游最具开发潜力的内容。因此，红色旅游资源的开发必须树立体验旅游观，利用声、光、电等高科技手段，配合开发射击、攀爬、野战等体验性项目，构建红色旅游目的地体验参与项目体系，提高红色旅游项目的参与性，从而增加红色旅游产品的趣味性和吸引力。

1.3.4 红色旅游资源开发的效应

红色旅游的特殊功能使得红色旅游资源开发对区域社会政治、经济、文化等各方面产生较大的影响。

（1）红色旅游资源的开发有助于加强爱国主义教育和理想信念教育，培育民族情感，具有重要的政治意义。红色旅游资源是中国共产党领导人民在革命和战争时期建立丰功伟绩所形成的革命纪念地、标志物及其所承载的革命历史、革命事迹和革命精神。在社会主义建设的新时期，开发红色旅游资源，发展红色旅游有助于人们感受中国共产党艰苦卓绝、波澜壮阔的奋斗历程，有助于人们理解在中国革命伟大征途中形成的井冈山精神、延安精神和西柏坡精神，使人们在社会主义建设过程中发扬和传承传统革命精神。同时，也有助于开展艰苦奋斗和反腐倡廉教育，树立共产党人的革命理想和信念，保持中国共产党的先进性和廉洁性。

（2）红色旅游资源的开发有助于弘扬和保护红色文化遗产，促进先进文化的建设，具有深刻的文化意义。红色旅游的发展，使人们充分认识到红色资源的多维价值，促使对革命遗址、遗迹的关注和保护，有助于红色资源的持续利用。中国革命斗争遗留的各种纪念物，不具有与当地历史环境和革命背景相适应的丰富的历史内涵和人文价值。通过开发红色旅游资源，挖掘其革命精神内涵，赋予其新的时代意义，培育新的时代精神，推动区域内公民思想道德和文化修养的升华，是建设社会主义先进文化的有效途径。

（3）红色旅游资源的开发是一项新兴的经济活动和深刻的社会活动，对区域社会和经济发展具有先导意义。第一，红色旅游资源的开发，有助于调整和完善区域旅游产品，拓展区域旅游发展空间；第二，红色旅游资源的开发，有助于促进区域内少数民族地区和革命老区经济和社会的发展，有利于改善贫困地区基础设施，带动老区其他行业的发展，给老区经济发展带来动力；第三，红色旅游资源的开发，能够为社会提供更多的就业机会，缓解区域就业压力，促进区域社会和经济的和谐发展。

（4）红色旅游资源的开发有助于加强区域旅游合作，促进区域经济与红色旅游相协调，具有统筹发展的意义。由于红色旅游资源分布广泛，区域联系较强。如长征路线、大别山、太行山等跨省跨区域的红色旅游资源，其开发和发展需要加强区域合作，只有这样才能更好地实现红色旅游产品的完整性和组合度。在合作的过程中带动区域内其他行业的合作与发展，进而在一定程度上促进区域经济社会的统筹发展。

1.4 红色旅游现状特征与基本布局

1.4.1 红色旅游发展现状

我国红色旅游资源十分丰富，自“五四”运动以来，中国共产党领导人民先后进行了新民主主义革命、社会主义革命和社会主义建设，期间遗留下了极其丰富的革命史迹，这些革命史迹作为全国人民宝贵的历史遗产和精神财富，构成了丰富而特色鲜明的红色旅游资源。在国务院公布的五批全国重点文物保护单位中，属于革命遗址和革命纪念建筑物的全国重点文物保护单位就达127处之多，特别是在第四批公布的50处全国重点文物保护单位中，近现代重要革命史遗迹及代表性建筑占了29处之多，比例高达58%，至于归属于各省区市县级管理的革命历史遗迹就更多了。仅江西瑞金现存的革命遗址和建筑物就达180多处，全国重点文物保护单位——瑞金革命旧址群有17个保护点，中央革命根据地历史陈列馆里珍藏着一万多件珍贵的革命历史文物和资料，它们构成了以革命史遗迹为主的现代史史迹群。中央和地方高起点规划，强力宣传，全社会动员，积极推进红色旅游发展。红色旅游已经形成新的消费热点，许多省区市都把红色旅游提到了讲政治、讲大局的战略高度。近年来，通过各种方式到各红色旅游基地旅游参观和接受革命传统教育的游客，每年至少有上亿人次。与此同时，全国各地涌现出了一批红色旅游热点景区，如江西井冈山、湖南韶山、陕西延安、河北西柏坡、广西百色、江西瑞金等等。红色旅游发展还带动了建筑、商贸、交通、电信、加工业和农业等关联产业发展，形成了“一业兴而百业旺”的大好形势。

1.4.2 红色旅游发展历程

从红色旅游的发展过程来看，以中国共产党在历史上遗留下来的革命遗迹、遗物为参观考察对象的红色旅游，大致经历了三个阶段。新中国之初，井冈山、瑞金等革命根据地旧址开始接待参观者，到改革开放前，称为接待参观时期，那时单位组织的集体参观、革命节日参观活动很多，接待地也是计划经济下的义务接待，还不是真正意义上的现代旅游；从改革开放之初到20世纪90年代中期，是红色旅游的缓慢发展时期，这一时期其他以自然资源、民风民俗旅游资源等为对象的旅游则快速发展；20世纪90年代中期以来是红色旅游的大发展时期，江西省是这一时期的“领头羊”，于1998年提出了“红色摇篮，绿色家园”的口号，1999年又提出了“红色旅游”的概念，并且从中获得了巨大的经济效益和社会效益。现在，在国家政策的推动下，红色旅游就像“星星之火”，在中华大地已成“燎原”之势。

红色旅游最早是从有组织的革命传统教育中发展演变而来的，并伴随着革命传统教育活动的不断推进和中国旅游业的发展而加速发展。从新中国建立开始，革命圣地和纪念地最初只是单纯地用于革命传统和思想政治教育，供人们参观和学习。20世纪80年代后期，随着经济的飞速发展和人民生活水平的提高，许多富有“绿色旅游资源”的革命圣地和纪念地凭借自身资源和生态的优势开展了“古、红、绿”色旅游产品的组合开发，受到欢迎。例如，江西在1998年率先提出红色旅游促销口号，推出“古、红、绿”相结合的旅游产品，取得很大成就。20世纪90年代随着旅游业的快速发展，大批的革命圣地和纪念地的管理者发现，单一地为游客提供解说和参观产品，已经不能满足游客的需求，也不符合现代旅游业发展的要求。所以，为了吸引更多的游客，一些革命圣地开始转变观念，在红色旅游产品开发过程中，从注重单一的视觉效果转变为注重视觉、听觉、触觉效果和游客的参与性。同时，一系列以红色旅游为主题的重大活动和纪念活动，为红色旅游的发展注入了新的活力。

“红色旅游的兴起和快速发展可以看做是市场推动与社会需求”的结果，从需求方面来看，怀旧情结的人文色彩以及对父辈的怀念、对战争时期传奇故事的探寻都吸引着新一代人，这是促进红色旅游产生的重要因素，生活在和平时代的人们很想知道父辈是怎样创下我们今天美好幸福的生活，那些离我们很近的记忆是值得我们去触摸的。第一，随着旅游业的壮大和经济的飞速发展，一些革命圣地着力推动红色旅游发展，开发了一系列丰富多彩的旅游产品；第二，红色地区多为革命老区，很多地方不仅革命时期的历史遗址保存完好，而且生态环境也很优美，这样人们不仅能受到精神上的熏陶，还能得到身心的释放；第三，政府越来越关注老区的建设，交通设施和旅游基础设施不断完善，使革命圣地逐步向旅游胜地迈进。红色旅游的出现可以说是人民日益增长的精神文化需要和社会经济发展的产物。

自1999年江西首先提出“红色旅游”的概念以来，广东、广西、贵州、陕西、四川、重庆等省市也开始大力发展红色旅游。红色旅游成为国内旅游的新亮点和重要增长点，它的迅猛发展使其成为许多地方特别是老区发展的良好契机，并且逐步成为这些地区新的支柱产业。

红色旅游，是具有中国特色的一项主题旅游产品，是红色文化资源以旅游产业的形式进行合理开发的结果。红色旅游是时代发展的要求，是革命传统教育与时俱进的创新。

近年来，在政府大力推动和社会各界的支持下，红色旅游发展势头迅猛。据有关资料统计显示，革命圣地延安从1990年至2002年累计接待国内外旅游者1343.5万人次，2003年接待国内外旅游者达到280.3万人次，2004年上升至近400万人次，实现综合收入15.8亿元。在革命圣地西柏坡，2003年接待游客30万人次，2004年第1季度西柏坡接待游客达到4.16万人，同比增长43%。2003年，瑞金市接待游客45万人次，实现旅游收入1.17亿元。2004年红都瑞金以长征始发70周年为契机，举行了一系列红色旅游纪念活动，到瑞金旅游的游客比上年净增15万人次，达到历史性的60万人次。瑞金市旅游局负责人表示：“希望3年内使旅游收入占该市生产总值的比率由不足5%提高至9%，使旅游业成为瑞金市的主要产业。”2007年瑞金累计接待游客101.8万人次，旅游总收入3.4亿元，同比分别增长

26%和38.78%。[①] 2007年"五一"期间，红色旅游异常火爆，上海、四川广安、河北西柏坡、江西井冈山、湖南韶山等红色旅游景点人山人海，越来越多的人选择红色旅游景点作为出游的目的地。其中，井冈山市共接待游客超过18万人次，门票收入1307万元，旅游总收入首次超过1亿元，达到10907万元。2007年全国红色旅游人数超过2.3亿人次，同比增长16.96%；红色旅游综合收入达917亿元，同比增长22.83%；红色旅游直接就业人数37.17万人，间接就业人数143.72万人。[②] 红色旅游持续升温，为旅游地带来了持续上涨的经济收入。红色旅游的发展为旅游事业开辟了新天地，为经济发展拓展了新的增长点。

1.4.3 红色旅游发展态势：跨入转型发展新阶段

1.4.3.1 由事业接待型向旅游产业型转变

红色旅游带有显著的政治色彩，其客源中的相当一部分来自于有组织的革命传统教育接待。在时间上受革命纪念日和政治活动影响明显。有关专家把其发展历程分为四个阶段。

萌芽阶段：新中国成立初期至20世纪80年代早期。这是一个属于公费参观学习和政治接待的阶段。接待单位不是按照旅游经济活动去经营，而是作为政治接待任务，进行事业接待，没有经济效益概念，基本不进行投入产出核算。

起步阶段：20世纪80年代中后期至90年代早期。以革命圣地和纪念地为主要旅游资源，旅游业开始起步，并占得一定先机。这期间造就了全国几大红色旅游景区。

加快发展阶段：20世纪90年代中后期。几年一次的重大革命历史事件纪念活动为红色旅游发展注入了强大动力，提供了发展契机。大型的革命历史事件纪念活动，大量的红色旅游资源开发的宣传报道，大力的旅游基础设施建设，大批的红色文艺演出，共同创造了历史性的接待高峰，坚定了各地政府加快发展旅游业的决心，"红色旅游"的口号一经提出，迅速得到了有

---

① 杨中茂：《政府工作报告——2007年3月7日瑞金市第四届人民代表大会第一次会议》，瑞金市政府网，2007年3月13日。

② 全国红色旅游工作协调小组办公室："全国红色旅游发展取得五大可喜成绩"，中国红色旅游网，http：//www.crt.com.cn.

关地区的积极响应。一些资源丰富，但旅游发展相对落后的革命老区得到了发展的机遇，逐步发展成为有一定影响的红色旅游区。

市场化发展阶段：进入21世纪。受旅游“黄金周”等因素影响，大众旅游和假日旅游蓬勃发展，红色旅游空前快速地得到发展。各红色旅游区在发展模式和体制创新方面进行了一定程度的探索，红色旅游品牌景区逐步形成。

事实证明，红色旅游在非革命历史纪念日同样具有非凡的市场吸引力和非常广阔的发展空间。各地对红色旅游的关注和研究，就是对市场化条件下红色旅游发展问题的探讨，红色旅游必将逐步按照旅游发展的规律走向纵深①，不断向旅游产业化的方向发展。

1.4.3.2　由单一的政治教育模式向市场经营模式转变

红色旅游最初作为一种宣扬革命传统、弘扬民族精神和进行爱国主义教育的活动在各地普遍开展，成为精神文明建设和政治思想教育的有效形式。随着这一活动的深入开展和人们思想观念、生活观念的进一步提升，其因“势”制宜地与旅游产业结合，迎合社会需求，推进市场，成为一种新型的旅游产品，其单一的思想政治教育功能发生了变化。按照旅游产业经营与管理模式、发挥市场经济规律的作用，红色旅游由单一的思想政治教育模式向市场经营模式转变，这也是红色旅游做大做强、实现可持续的必然选择。

1.4.4　红色旅游的发展布局模式②

模式，一般理解为“事物的标准形式”。美国传统词典的解释是“方式或行为的一种方式、途径或方法；一种特定的形式、种类或方式”。这里是指为方便分析、计算和预测而对一个系统做出的简练描述。任何模式的价值主要基本体现在它既可以简化为对复杂数据的分析，又能保持较大的灵活性，从而使管理人员能面对不断变化的外部环境做出精明的预测。根据张彬彬等的研究，我国红色旅游发展有三种基本布局模式；黄细嘉、陈志军、曾

---

① “红色旅游：前进中的审视”，中国赣鄱文化网，http：//www. jxculture. com/Html/hongsewenhua/hongsewenhua/094575. html.

② 张彬彬：“中国红色旅游发展与布局研究”，华东师范大学硕士学位论文，2005年，第30—36页。

群洲以江西为例，根据红色与他色不同的组合方式，分为六种不同的红色旅游区发展模式，亦具有普遍的借鉴意义。

1.4.4.1 主题区块模式

在现代中国历史发展中，留下了数量庞大的历史遗迹，特别是革命历史遗迹。迄今为止，在国务院从1961年至2001年先后公布的五批全国重点文物保护单位中，属于革命遗址和革命纪念建筑物等红色旅游资源的就达127处之多。中国革命摇篮——井冈山，共和国摇篮——瑞金，新中国的摇篮——西柏坡等等。至于归属于各省市县级管理的革命历史遗迹，数量就更多了。主题区块模式主要以国务院颁布的全国12个重点红色旅游区为基础形成的12个红色主题旅游区。详见表1－1。

表1－1　国务院颁布的12个重点红色旅游区及其红色主题

旅游区名	所在地	红色主题
沪浙红色旅游区	上海	开天辟地，党的创立
湘赣闽红色旅游区	韶山、井冈山、瑞金	革命摇篮，领袖故里
左右江红色旅游区	广西百色	百色风雷，两江红旗
黔北黔西红色旅游区	遵义	历史转折，出奇制胜
雪山草地红色旅游区	滇北、川西	艰苦卓绝，革命奇迹
陕甘宁红色旅游区	延安	延安精神，革命圣地
东北红色旅游区	松花江、鸭绿江流域、长白山区	抗联英雄，林海雪原
鲁苏皖红色旅游区	皖南、苏北、鲁西南	东进序曲，决战淮海
大别山红色旅游区	鄂豫皖交界地域	千里跃进，将军故乡
太行红色旅游区	山西、河北	太行硝烟，胜利曙光
川陕渝红色旅游区	渝中、川东北	川陕苏区，红岩精神
京津冀红色旅游区	北京、天津	人民胜利，国旗飘扬

资料来源：中国红色旅游网。

1.4.4.2 区域差异模式

（1）都市模式。以北京、上海、南昌等都市为代表，主要为纪念场馆展示、故居陵园追思、革命遗迹瞻仰形式，适当地因地制宜融入都市历史元素、时尚元素和休闲文化元素。适于学生、有组织的团队参观学习，城市居民及外来游客休闲游览。相对革命老区而言，都市地区的红色旅游发展拥有优越的外部条件，在开发中更注重高精品质、便捷通达和休闲因素，在传统文化的基础上体现出相宜的都市风格，使红色资源不断转化为经济资源。

（2）老区模式。中国革命走的是一条农村包围城市的道路，由此决定了大量丰富的红色旅游资源存在于国内地处偏僻的革命老区，如井冈山、瑞金、古田、遵义、赤水、黎平、延安、大别山、西柏坡等。地理位置的弱势使得这些革命老区社会经济发展相对落后，交通不便、基础设施简陋，给发展旅游业带来很大程度上的制约。红色旅游的兴起，红色品牌的强势效应给老区带来了前所未有的发展机会。同时，区位条件的相对闭塞，经济、文化、社会发展的相对缓慢等因素也赋予了老区得天独厚的生态环境优势与民俗文化。

（3）城乡结合模式。红色旅游的城乡互动，就是将城区的红色旅游资源与郊区、乡村的景观资源整合在一起，延长红色旅游的产品链，使城区旅游带动乡村游，乡村游又补充城市旅游，实现资源共享、客源互动、城乡和谐发展的大好局面。也可以是城市的红色旅游资源与城市郊区或乡村的红色旅游资源实现互动，比如南昌城里以“八一起义”为主题的红色旅游与属于城市郊县的新建县望城岗以“小平小道”为主题的红色旅游互动发展。

1.4.4.3　产品开发模式

（1）传统开发模式。将目的地建设成为以观光为主的旅游目的地体系。这种模式主要以博物馆、展览馆、纪念馆、旧址旧居等形式展现出来。

（2）体验经济开发模式。将目的地建设成为注重游客体验和参与的休闲旅游目的地体系。这种模式注重游客参与到红色历史文化事件中，或以参与式游览融入红色文化中，同时结合休闲娱乐项目，使游客体验到红色旅游的乐趣。

（3）混合开发模式。将前两种模式有机组合，使旅游目的地既有传统的观光型旅游项目，又注重体验参与型旅游项目的开发。一方面，红色产品的爱国主义功能决定了产品开发离不开传统的观光讲解模式。以讲解故事形式将红色内涵讲授给游客，通过参观使游客重温光辉革命历史，是红色旅游产品开发的根本之所在。另一方面，随着体验经济时代的到来，如何提高旅游项目的参与性越来越受到重视，而且参与体验是增加游客滞留时间的有效手段，是增加红色旅游地吸引力的重要途径。利用声、光、电等高科技手段，配合开发射击、攀爬、野战等体验性项目，构建红色旅游目的地体验参与项目体系将是红色旅游产品开发的新思路。

此外，红色旅游产业化的过程必须注重红色资源自身及其与当地其他特色资源的整合。比如，许多革命老区可以结合当地的青山绿水开展生态旅游；结合本地特色农业引入农业休闲游，城市地区还可结合城市文化形成都市休闲游。赣闽粤边区许多地方结合当地的丹霞地貌和特有的民俗开展地质游和客家风情游，都是当地旅游资源成功整合的范例。红色旅游产品开发须与时俱进寻求适合本身特征、符合旅游产业推进、切合地方特色的新型开发模式，如红绿结合模式、多色发展模式等。

1.4.4.4 红色与他色的组合模式[①]

不同红色旅游区的红色旅游资源品位不同、规模度不一，红色旅游资源与其他旅游资源的组合度相异，因此在谋划红色旅游发展的总体思路时，要科学评价红色旅游资源的价值和开发利用的程度及其发展潜力，实事求是地规划不同的发展模式。江西省红色旅游资源具有分布广、数量多、品位高及与其他旅游资源融合度高等特点，根据各地红色旅游资源鲜明的主题内涵、与其他主题旅游资源的差异化组合，注重红色旅游资源的保护，走红色旅游与体验旅游相结合之路，坚持红色旅游“基调”不能变。[②] 在此基础上将江西省划为六个不同的红色旅游区，这六个红色旅游区，根据红色旅游资源在区域旅游发展中的不同价值和红色旅游资源与其他旅游资源的组合状况，构建六种不同类型的红色旅游发展模式。这些模式是江西红色旅游发展的成功探索，不但在江西红色旅游发展过程中起主导作用，而且也能为国内其他红色旅游区发展模式的选择提供借鉴和参考。

（1）井冈红绿相映型红色旅游区。以井冈山北山烈士陵园、井冈山革命博物馆、茨坪革命旧址旧居群、黄洋界哨口、茅坪革命旧址群、砻市等为主体，连接永新、泰和、万安、遂川、吉安、吉水、永丰等地的红色旅游景

---

① 黄细嘉、陈志军、曾群洲：“论基于政府主导战略的江西红色旅游总体布局”，《南昌大学学报（人文社会科学版）》，2008 年第 4 期，第 95 页。

② 王良举：“红色旅游基本问题研究”，《生产力研究》，2006 年第 9 期，第 192 页。

区景点为红色旅游的代表；以井冈山优良的自然生态环境为绿色旅游的代表；以厚重的红色革命文化为主线，以优良的生态环境为依托，坚持红绿相映的红色旅游发展模式。井冈山作为这一模式实践运营的成功典范，“物华天宝钟灵毓秀，绿色明珠流光溢彩。”与国内众多景点相比，“红色”与“绿色”既是井冈山旅游的最大优势，也是它的最大卖点。在保护中开发，在开发中发展。以“绿”衬“红”、让“红”与“绿”有机结合，推进市场，使景区品位日益得到提升，红色文化也得到了充分的挖掘，从而产生红色旅游的新型开发模式。

（2）南昌城乡互动型红色旅游区。以八一起义系列景点、新四军军部旧址、江西省革命烈士纪念堂等为南昌城市中心红色旅游景点的代表，以新建小平小道、梅岭方志敏烈士墓、南昌会战遗址、塘南惨案遗址等为城郊红色旅游的代表，在产品线路设计、宣传促销等方面坚持城乡互动。

（3）瑞金红色主体型红色旅游区。此区域旅游资源中“红色”占主体地位，应以瑞金“红色故都”景区、于都“长征始发地”景区、兴国“将军县”景区、“宁都起义”纪念景区等为主体，重点发展红色旅游，将瑞金为中心的旅游区打造成为具有“中华苏维埃共和国社会风情”的旅游产品，坚持走红色旅游主体型的发展道路。

（4）上饶多极综合型红色旅游区。以弋阳县方志敏纪念馆、漆工镇方志敏故居、漆工镇暴动纪念馆，横峰县葛源镇闽浙赣革命根据地旧址及革命烈士纪念馆，上饶集中营旧址群和纪念景点等为红色旅游的代表；以三清山、龟峰、黄冈山、鄱阳湖等为绿色生态旅游的代表；以万年“世界稻作文化”，婺源古村落和徽文化，铅山鹅湖书院、葛仙山、河口及石塘老镇等为古色旅游的代表；表现红色旅游景区的多极分布以及旅游组合方式的多极综合。

（5）萍乡多色并举型红色旅游区。以安源路矿工人运动系列景点，萍乡、铜鼓秋收起义系列景点，芦溪卢德铭纪念园陵，莲花一枝枪纪念馆为红色旅游的代表，以武功山、义龙洞等为绿色生态旅游的代表，以萍乡傩文化、杨歧山普通寺为古色旅游的代表，坚持“红、绿、古”三色并举的发展道路。

（6）九江红色点缀型红色旅游区。依托庐山“世界文化景观”、鄱湖“国际重要湿地”的著名品牌，利用良好的区位条件、优良的生态环境、丰富的自然景观，以九江工人收回英租界纪念地、九江八一起义策源地旧址、庐山国共第二次合作谈判旧址、庐山抗战谈话会旧址、湖口渡江战役西起点纪念地、庐山会议旧址、庐山革命领袖人物旧居、万家岭大捷遗址、共青城胡耀邦陵园、修水秋收起义纪念地等红色旅游景点作为点缀，组合成“红色点缀型”的旅游产品，促进九江（庐山）旅游区的发展。

1.5 红色旅游创新开发——以江西为例

1.5.1 江西红色旅游资源开发的现状

江西省到处覆盖着红色的土壤，也到处浸染了革命烈士的鲜血，是一块名副其实的“红土地”。江西红色旅游资源极为丰富，数量多、分布广、类型全、品味高。世界知名的就有：“中国革命摇篮”井冈山、“军旗升起的地方”南昌、“共和国摇篮”瑞金、“中国工人运动发源地”安源、“革命将军摇篮”兴国等。在国内知名的就更多了，江西有81个县（市）被国家定为老革命根据地。据统计，全省有馆藏革命文物6万多件，有革命旧址1500处，它们与全省15座革命博物馆（纪念馆）共同展示了中国和江西革命历史的辉煌历程，是革命传统教育和中国现代革命史研究的重要基地。[①]江西的人文景观以革命纪念地旅游资源占绝对优势，构筑成独特的垄断性的红色旅游资源体系。

然而江西红色旅游资源开发目前仍然存在诸多问题：

(1) 旅游产品的问题。产品开发粗放，层次低，旅游活动内容具有很大的局限性。一些红色旅游区的旅游产品开发模式雷同、内容陈旧、可游性差、知名度低等。表现在红色旅游项目基本上还是初级和粗放型的，展示方

---

① 施小蓉、卢丽刚：“论江西红色旅游的可持续发展”，《农业考古》，2008年第3期，第171—174页。

式和手段比较陈旧，解说、宣传、展示不够形象生动，对革命历史意义的揭示、说明不够充分，难以深入人心，缺少具有影响力和震撼力的红色旅游项目。旅游开发项目多为橱窗展示、静态观光内容，文物的陈列与展示较少基于游客的视角来进行，导致参与性活动较少，偏重温故知新式的灌输，使游客缺乏新奇感受，对和平时期长大的年轻人吸引力不足。

(2) 旅游环境的问题。旅游景区外围的“红色历史”环境氛围不浓，城镇化、现代化气息较重，各地的“红色旅游”点，都不同程度存在着票价高、服务意识不强等问题。

(3) 旅游配套的问题。面对突如其来的“红色旅游”热潮，各景区吃、住、行、游、购、娱等综合配套服务设施建设严重滞后。交通不便、信息不灵、公共设施落后、服务质量较低是制约一些红色旅游区发展的重要因素。

(4) 旅游意识的问题。目前，不少地区市场经济意识和开放意识仍较弱，对红色旅游资源的开发意识不足。此外，旅游业经营管理人才缺乏，对旅游产业市场化运作的理念欠缺，经营方式不能很好地适应市场，以致无法将旅游资源转化为旅游产品推向旅游市场，未能创造出有独特魅力和感染力的旅游环境和旅游景区来吸引商家、吸引游客。

(5) 旅游合作的问题。各景区各自为局，合作联动不够。红色旅游发展过程中各地依然处于自发的点状发展状态中，没有把自己置身于全国、全省旅游发展的大局之下统筹发展，没有把红色旅游置于整个旅游业发展的大局中考虑。① 一方面是开发过程中缺少立足于全国、立足于全省的系统规划和科学统筹，致使旅游项目缺少地方性，趋同化倾向较为严重；另一方面是产品单一，缺乏对资源的整合。

1.5.2 江西红色旅游资源的创新开发

(1) 红色旅游资源内涵的挖掘与产品品位的提升。红色旅游资源开发应在挖掘红色旅游资源的内涵、提升红色旅游产品的品位上下功夫，做到深度开发与创新开发结合。一是加大收集整理革命历史文献和资料的力度。二是重视“红色旅游”这块金字招牌，积极开发整合当地资源。三是多种旅

---

① 李向明：“对江西红色旅游资源开发的创新工作对策”，江西文明网，http://www.jxwmw.cn/zhuantipind/system/2007/11/11/010012377.shtml.

游形式相结合，拓展“红色旅游”的活动内涵，增加“红色旅游”的趣味性和参与性。四是在导游的讲解方面，尽量丰富解说内容，寓教于乐，使旅游者有多方面的收获。

（2）红色旅游项目的整合与红色旅游精品的打造。准确把握红色资源和旅游方式的结合是开发好红色旅游产品的重要前提。在开发红色旅游资源时，首先应开发当地最具特色的旅游资源，充分挖掘其文化内涵和旅游特色，形成特色旅游产品。其次是转变观念，实施大开放战略，借助外力，加快红色旅游资源的开发和红色旅游产业的形成。再次按照打造红色旅游精品的要求，努力培育高素质的产业人才队伍，为旅客提供舒适、方便、快捷的服务，使红色旅游真正成为驱动地方经济快速发展的助跑器和动力源。① 另外，根据江西红色旅游资源分布特点、资源特色和价值大小，对江西红色旅游资源开发要以井冈山、南昌、瑞金为核心，高起点、高品位、大手笔地加以综合开发和利用，形成几条独具特色的红色旅游线路，打造江西乃至全国红色旅游精品，把江西建设成为中国红色旅游首选地。红色旅游成为江西旅游的主打产品和江西旅游业的亮点。

（3）红色旅游品牌形象的塑造与产品的市场推广。旅游经济是典型的市场经济，旅游品牌形象的塑造对旅游地知名度的提高，对旅游地吸引力和竞争力的提高具有重要作用。红色旅游在当地旅游资源中占什么地位，给予实事求是的认识和评价，在此基础上，确立开发的方向和主题形象。如井冈山、南昌、瑞金等红色旅游资源密集、丰富、品位较高、具有较大知名度的地区，可以把红色旅游作为旅游主打形象，再根据其资源的具体特色塑造具体的旅游品牌形象。如果当地没有主打的拳头性旅游产品，就应在更大的地域范围内寻求新的产品依托，并将本地的红色旅游产品纳入其宣传促销体系中。根据江西“红色旅游”景点分布广泛、各具特色的特点，可以通过政府引导和市场运作机制两种手段进行有效整合，使“红色旅游”资源规模化、品牌化。如将南昌、井冈山、瑞金、安源等主要“红色旅游”景点纳入全省精品旅游线路之中，大力营造“红色摇篮”的整体形象，进行整体推介与宣传。同时，各“红色旅游”点可以根据其资源特色形成自己独特

---

① 马春霞：“通化市红色旅游资源调研报告”，通化市旅游信息网，http：//www.cbslx.com/showpic.asp？pic_ id =260.

的品牌形象。

（4）红色旅游客源市场定位与市场驱动模式。根据江西红色旅游资源的禀赋特征及其吸引力大小，江西红色旅游客源目标市场主体是国内旅游者。通过发挥革命圣地、纪念地作为爱国主义教育基地的优势，借助于各种媒体宣传和政治动员的力量，宣传红色旅游目的地的整体形象，拓展市场空间。

（5）红色旅游资源的组合开发与多维化合作。从旅游形式来说，红色旅游主要属于观光旅游，旅游者一般停留的时间较短，难以吸引旅游者久留。近年来各地交通条件有所改善，可进入性提高，也缩短了旅游者实际停留的时间。由于革命圣地和纪念地是爱国主义教育基地，带有明显的社会公益性质，一般门票定价不高或免费开放。上述因素决定了红色旅游的收入水平不会太高。为了增加旅游收入，一要争取常年保持比较大的客流量，二是大力开发相关的旅游产品和旅游项目，不拘泥于纯粹的“红色系列”，要发掘利用多样化的旅游资源，包括自然的、民俗的、人工的，努力增加旅游产出水平。江西旅游资源主要以自然山水、历史古迹、红色文化为主，红色、绿色、古色交相辉映。红色旅游是人文与自然结合的较好的旅游产品形式，红色旅游与“绿色旅游”应有机地结合起来发展。江西大多数革命圣地拥有良好的生态旅游资源。革命纪念地在保护、开发好红色旅游资源的同时，应加大对自然风景资源和民俗资源开发利用的力度，通过综合开发既能美化革命圣地的环境，又能丰富红色旅游活动的内容。江西应巧打“红”、“绿”、“古”三色旅游牌，综合开发与互动开发江西的优势旅游资源，不断开拓海内外市场，吸引更多的海内外游客踏足江西观光旅游。江西应利用“红色摇篮、绿色家园、古色文化”三色旅游文化概念，把“红色旅游”与“绿色旅游”、“古色旅游”结合起来①，科学合理地规划旅游景点，包装“南昌—庐山—景德镇—婺源”名山瓷都文化游、“南昌—龙虎山—龟峰—灵山—三清山”名山道教文化游及“南昌—井冈山—赣州—瑞金”红色文化游三条精品旅游线路，既可以满足不同层次旅游者的需要，又可以提高旅游业的整体规模效益。② 因此，江西红色旅游资源在开发过程中既要突出红

---

① 朱湘辉：“江西红色旅游开发之思考”，《江西社会科学》，2005年第7期，第243—248页。

② 绿维机构：“关于江西红色旅游资源开发的思考”，旅游运营网，http：//www. lwcj. com/expert/user1/39988/archives/2005/1443. htm.

色主题，又要跳出红色局限，增加绿色、古色等内容，形成色彩斑斓的旅游产品组合，才能满足日益个性化、专业化的旅游市场需求。

1.6 红色旅游发展建议和展望

1.6.1 红色旅游开发中存在的若干问题

（1）交通和基础设施配套仍然不足。红色旅游资源多处于边远落后地区，与外部联系的水陆空交通不便，景点之间互通性差，水、电、通信等基础配套能力低，难以满足旅游业发展的需要。而革命老区自行投资建设的能力有限，对民间资本及外资的吸引力不强。

（2）观念和体制机制障碍仍然存在。目前，一些地方的红色旅游活动还是以党政机关对口接待为主的操作方式，未与当前的旅游市场紧密结合，致使旅游产品单一，影响力有限，没有与其他旅游资源整合，没有实现由接待型向市场型、产业化运作的转变。这种机制直接制约了红色文化旅游产品的发展，使得红色旅游接待量越大，接待单位负担越重，这与发展红色旅游的初衷相违背。旅游企业没有真正走向市场，政企不分，企事不分，经营思维、行为方式落后，不能与市场经济很好地接轨，无法满足红色旅游业竞争形势发展的需要。

（3）产品化和产业化水平仍然偏低。红色旅游资源分布点多线长，以分散的参观点为主，没有形成吃、住、行、游、购、娱各要素协调配套的完整、成熟的旅游产品。由于缺乏精心设计和系统建设，绝大部分红色旅游产品的陈列、展示、宣传方式和手段比较陈旧，缺少具有震撼力、影响力的项目。由于存在规划布局不合理，资源整合不足，产品特色不鲜明等问题，许多景点过于简单化、程式化、趋同化，大都是博物馆式的陈列，很难对游客产生强烈的吸引力，“画像 + 文物 + 文字”、“纪念碑 + 纪念馆”的模式，很难吸引游客。同时，旅游产品开发粗放单一，严重缺乏体验性、参与性，而且与其他产品联合不够、与其他地区联系不够、与其他产业对接不够，产业链短，产业化水平不高。

1.6.2 解决红色旅游发展中问题

（1）科学规划，理性开发。据有关部门统计结果显示，2007 年瑞金累计接待游客 101.8 万人次，旅游总收入 3.4 亿元，同比分别增长 26% 和 38.78%；井冈山市接待游客 306.1 万人次，旅游收入 19.32 亿元；延安接待游客 652 万人次，旅游收入达到 35.1 亿元。火爆的市场搅乱了投资商、地方政府官员和景区管理者的心绪，开始出现不顾地方发展“瓶颈”，违背旅游经济规律，乱上项目、乱开发的现象，造成投资性浪费。因此，红色旅游的开发要置身于全国旅游发展的大格局和地方旅游发展整体中，立足全国，面向实际，研究市场，系统规划，理性开发，科学发展。全国要有一个红色旅游的总体规划，各地的红色旅游规划要在总体规划的指导下进行，避免盲目开发，破坏资源，制造“垃圾”。

（2）精心设计，有效营销。由于一些地区存在的红色旅游初级发展和项目粗放开发，旅游产品比较单一，许多红色旅游景点在经营方式上还停留在遗址参观、简单的图片和物品的展示阶段，利用方式和手段比较陈旧，解说、宣传、展示不够形象生动等情况，这对革命战争年代缺少感性认识的青年一代来说，吸引力不强。但要激发他们的历史使命感与爱国主义热情，就必须采用他们所能够接受的更为生动活泼富有时代感的游览体验方式。而在这样的以年轻人为主体的客源市场的前提下，营销的方式和渠道肯定得更有针对性。所以要有对产品的精心设计，更要有对营销的有效运作。

（3）加强管理，强化引导。革命遗址遗迹地开展旅游活动须经过政府严格的审查和批准。旅游项目要寓教于乐，但不能歪曲革命历史或过分娱乐化而违背了革命历史教育的初衷。同时应当十分注重保护自然生态于人文环境的保护，景点开发应特别防止出现环境污染。而旅游人才匮乏，基础设施落后等实际问题也需要加强政府的主导和管理。

（4）资源整合，多元发展。多种资源的组合开发和多种旅游形式的联合经营不仅有利于维持充足的客源，增加游客消费水平，而且也大大丰富了红色旅游的内涵，增加了利用产品的丰富度，让游客得以更加深刻地了解老区的自然风光、人文历史和人民的社会生产及生活方式。红色旅游最终必须面临市场的考验，不能只靠每年几个革命历史事件纪念日参加革命传统教育的游客而生存，红色产品应该成为革命老区发展旅游经济的先锋品牌，通过树立红色旅游精品来带动当地其他旅游产品的开发和旅游业及其他产业的全面可持续发展。

总之，红色旅游的发展需要大量资金注入和大批智力支持，需要基础设施和配套设施的改善，需要产品开发和市场促销的创新，需要政府的主导和社会的参与，需要从全局发展的战略高度进行资源整合和产业布局，以达到科学规划、重点开发、品牌经营，实现可持续发展。

1.6.3 红色旅游的发展前景

红色旅游的发展，为在社会主义市场经济条件下实现红色旅游资源开发社会效益同经济效益的有机结合，将精神财富转化为社会财富，最终造福于社会，造福于人民，探索了一条良性循环之路。[①] 但其发展前景、生命周期又会如何呢?

(1) 老区的经济增长离不开红色旅游发展。红色旅游方兴未艾、魅力无穷，成为我国旅游大产业一个新的重要组成部分，正在反哺中国革命老区。悄然兴起的红色旅游正是拓展老区社会经济发展空间新的增长点，它为老区建设和发展创造了新的机遇，推动着老区的经济社会发展和带动老区人民脱贫致富，促进老区的信息和资金流，改变老区传统的产业结构，帮助老区建立起现代产业体系，使革命老区的旅游品牌和形象更加鲜明。如果充分利用、合理开发红色旅游资源，把这些资源与其他旅游资源进行优化配置，可以最大限度地发挥这些资源的社会效益和经济效益，带动和促进其他产业的发展。因此，老区人民生活的改善，社会经济的发展有赖于红色旅游的发展与繁荣。

(2) 充足的客源保证红色旅游的持续发展。红色旅游寓教于游、寓教于乐的优势功能，吸引了大量党团机关、企事业单位的目光。目前很多机关单位、中小学校已把红色旅游列为政治思想教育、爱国主义教育、道德品质教育、艰苦奋斗教育的重要手段。近几年来，红色旅游从冷温点逐渐变得火

---

① 王忠武、李捷、戴木才："打造红色旅游品牌，推动红色旅游大潮"，《人民日报》，2004年5月21日。

热起来的现实，使得原先有些低估红色旅游市场潜力和发展前景的旅行社似乎也看到了商机，改变了对红色旅游经营的观望态度，深感大有市场，大有可为，纷纷到红色景区踩点，策划设计线路、组织推介客源、推出红色旅游专列，力推红色旅游。由此可见，充足的客源保证了红色旅游的持续健康发展。

红色旅游是以一定的红色文化资源为依托向旅游者提供综合旅游产品的服务过程，是革命精神与现代旅游经济的结晶。我国红色旅游资源丰富且分布广泛，为红色旅游发展奠定了基础。根据可持续发展理论，红色旅游资源及其环境可持续发展是红色旅游可持续发展的基础层次；红色旅游经济可持续发展是经营层次；红色旅游社会文化可持续发展是最高层次。目前，我国红色旅游区大都处于加快发展和市场化培育阶段。政府的大力支持对我国红色旅游的发展起到强大的推进作用。但是要使这项极富政治色彩的革命传统教育活动顺利实现向旅游产业化的成功转型，必须用系统的观点整合发展。采取的措施主要有：进一步搞好红色旅游发展规划；加大政府财政资金投入和市场开发力度；整合各种有用资源，开发内涵丰富和形式多样的红色旅游产品，增强红色旅游产品和活动的观赏性、参与性、趣味性，提高红色旅游的吸引力。同时加大宣传促销力度，创新宣传促销方式，把这种新兴的旅游产品推向国内外市场，让广大旅游爱好者和消费者认知和接受，在竞争激烈的旅游市场占有一席之地。我们有理由相信，我国的红色旅游，在国家大力扶持和推动下，通过各级政府开创性的工作和各旅游企（事）业单位的努力经营和管理，以及社会广泛关注和社区积极参与，一定能够成为我国新世纪旅游业的一枝奇葩，成为我国旅游史上的一个新创举。

第2章 江西红色旅游发展概述

当中华民族逐步实现复兴、中国人民享受和平与幸福生活时，“红色”成为人们心目中最富传奇的色彩，而红色圣地也随之成为中国乃至世界人民心中永恒的传奇。这里面包含了对民族精神力量的追寻，正是看到这种历史“怀旧”和力量“追寻”的市场价值，江西率先打出“红色摇篮，绿色家园”的整体形象宣传口号。随后，在全国兴起一股红色旅游浪潮，使得红色旅游在全国范围内迅速发展起来。江西作为红色旅游发展的先驱，红色旅游的发展已经初具规模。红色旅游的发展也为江西旅游业增添了新的活力，使江西朝着旅游经济大省、红色旅游强省稳步推进。随着红色旅游的迅速发展，招商引资工作也取得了重要成绩，为江西革命老区带来建设和发展资金，也为老区提供了大量就业机会，为其迅速脱贫致富发挥了重要作用。

2.1 江西红色旅游发展历程

红色旅游最早是从有组织的革命传统孕育、形成、发展而来的，并伴随着革命传统教育和爱国主义教育活动的不断推进及中国旅游业的发展而加速发展。江西红色旅游融入全国红色旅游发展的大背景，经历了以下四个不同的发展阶段：

（1）萌芽阶段。即公费学习和政治接待阶段。接待单位不是按旅游经济的法则去经营管理景区，而是把接待参观来访者当作政治任务，基本不计算投入产出。1949年11月，江西省人民政府成立交际处，负责内外宾的接待工作。1958年5月，中国国际旅行社南昌分社成立，在省政府外事部门领导下，具体承担旅游外宾的接待工作。至改革开放前期，江西红色旅游接待地（革命遗址遗迹地及其纪念场馆等）长期重政治影响，轻经济效益，虽然在扩大对外交往、增进国际友谊和开展革命传统教育、增强爱国主义观念等方面取得了明显的社会效益，但经济效益甚微，靠财政补贴维持生计，以对口接待党政机关组织的参观者为主，接待量越大财政负担越重，基本处于亏损状态。[①] 因此，这一时期的参观学习活动及其产生的接待活动还不能称之为红色旅游经济活动，充其量只是红色旅游的萌芽。

（2）起步阶段。20世纪80年代中后期，随着经济的飞速发展和人民生活水平的提高，在中国国内旅游大发展的形势下，一些富有“绿色资源”的革命圣地和纪念地，凭借已有的知名度和良好的接待设施，转变观念，向市场经营模式转变，逐渐将“红色资源”与“绿色资源”结合起来，通过开发和组合产品，推向市场，并占得一定发展先机。例如，井冈山自1982年被列入我国第一批国家级风景名胜区后，逐步实现了革命圣地向旅游胜地的跨越。1995年，井冈山市确立“科教立市、旅游兴市”的战略思想，推出“红色摇篮、绿色宝库”的宣传促销口号，推动红色旅游走向市场，并逐渐壮大起来。1999年井冈山率先提出“红色旅游”的概念，在各级领导的关心和指导下，精心做好“红色旅游”文章，力促红色吸引人，绿色留住人，努力开发红绿辉映的旅游产品，寓教于游、寓游于教、寓教于乐。“红色旅游”广为旅游者接受。[②]

（3）过渡阶段。20世纪90年代中后期，随着旅游业成为我国国民经济新的增长点，各地投资旅游业的积极性、主动性明显增强。尤其是这一时期，隔几年一个重大革命历史事件纪念活动为红色旅游注入了排浪式发展的强大动力。如以1995年的抗战胜利50周年、1999年的新中国成立50周年和2001年的建党80周年等大型纪念活动为契机，无论是革命事件的宣传，

---

① 周晓雷：“江西发展红色旅游的实践及其理论贡献”，江西师范大学硕士学位论文，2005年，第11页。

② “井冈山市旅游局：打造红色旅游品牌，建设国际旅游胜地”，中国红色旅游网，http：//www.crt.com.cn/news2007/news/xbpjblj/2007/1115/071115114045EF70CD1357E3FDKG6C3E.html.

还是基础设施的改善，以及纪念活动的开展和丰富多彩的文艺演出，共同创造了一个历史性的接待高峰。2001 年中国共产党建党 80 周年，井冈山“红色之旅”异军突起，全年接待游客 106 万人次，首次突破百万大关，与上一年同比增长 50% 以上。这使江西的旅游业出现了引人注目的新亮点。[①] 1998 年，江西率先提出响亮的旅游促销口号“红色摇篮，绿色家园”后，经过大力开发，真正将红色旅游推向了广阔的市场，进而开启红色旅游市场化发展阶段。

（4）市场化和快速发展阶段。进入 21 世纪，受旅游“黄金周”等因素的影响，大众旅游和假日旅游的发展，红色旅游也日益飞速发展。追寻先辈足迹，踏访革命圣地，重温光辉历史的“红色旅游”也越来越受到游客的欢迎。即使在非革命历史纪念日，红色旅游也同样火爆，预示红色旅游全面走向市场，向做大做强的方向加快发展。1999 年，江西首次提出“红色旅游”概念；2000 年，省旅游局推出了南昌至井冈山、瑞金等地 3 条“红色之旅”省内旅游专题线路；2001 年以后，江西提出建设“沿海经济发达地区居民旅游休闲的后花园”和全国红色旅游强省的战略目标。2001 年，江西于建党 80 周年打着“红色摇篮，绿色家园”口号，刮起一阵“六千里路云和月，遍布江西老表情”的“红色旅游”旋风；2002 年，江西省举办“血染的丰碑—上饶集中营革命斗争事迹爱国主义教育”全国巡回展；2003 年，江西“金秋红色之旅”活动全面启动，打造“红色旅游”品牌；2004 年 1 月，江西发起并联合七省市签订《七省（市）共同发展红色宣言》（即《郑州宣言》），引起了全社会对红色旅游的强烈关注；同年 8 月，国家旅游局正式启动了“红色旅游”工程；10 月江西组织实施了“新世纪、新长征、新旅游——中国红色之旅万里行”活动，这次活动引起了全国范围内的关注，被国家旅游局的领导评价为“不但是亲身实践和宣传推广红色旅游的一个创举，也是我国旅游业发展史上的一个壮举”；《2004—2010 年全国红色旅游发展规划纲要》和《江西省红色旅游发展纲要》于 2004 年底正式出台实施。2005 年，“南昌会议”更使滥觞江西的旅游“红潮”汹涌。自 2005 年起至 2009 年，江西已连续五年成功举办了五届“中国（江西）红色旅游博览会”，充分展现了江西“红色摇篮，绿色家园”的旅游品牌的独特魅力，进一步扩大了江西红色旅游的市场外向度和社会影响力，进一步扩大

① 朱湘辉：“江西红色旅游开发之思考”，《江西社会科学》，2005 年第 7 期，第 243 页。

了红色旅游的影响力。2005 年国家旅游局将红色旅游定为全国旅游核心主题之一[①]；2006 年 8 月在井冈山举办了“永远的激情”—中国井冈山红色旅游高峰论坛，同年 10 月江西举办了首届中国‘红歌会’，将红色精神、红色文化以红色经典歌曲的形式通过电视娱乐节目向全国的观众朋友传输，给红色旅游的发展注入了活力。2006 年，江西省旅游局局长王忠武被评为全国红色旅游十大人物，这是国家对江西红色旅游的发展和带来的影响力的肯定。2007 年中国（江西）红色旅游博览会与“八一起义”、“秋收起义”、“井冈山革命根据地”建立 80 周年纪念活动结合起来，将红色旅游推向了高潮。同年江西省旅游局与中国电信江西分公司联合成功举办了首届中国（江西）红色旅游网上博览会，成为“永不落幕的红色旅游博览会”。也是在这一年，江西、湖南两省签署了“共同促进红色旅游发展合作协议书”，共同建设中国红色旅游强省；9 月与中国老爷车协会共同组办了“红色之旅—红旗车老区行”活动；10 月组织了“红色摇篮、绿色家园—自驾车会师行”主题活动。这些活动既是江西红色旅游发展的见证，也是江西红色旅游发展取得的骄人成绩。

江西凭借其丰富而独特的红色旅游资源，率先提出红色旅游，发展红色旅游，至今已有近十年时间，这期间红色旅游迅速发展，经历了以上四个阶段后，红色旅游的发展步入质量提升期。江西应抓住有利时机，开发优质资源，继续深入发展红色旅游，实现红色旅游可持续发展。

2.2
江西发展红色旅游的双重作用

从 1998 年江西发展红色旅游起，取得了有目共睹的成绩，不仅为江西的旅游业注入了新的活力，而且为江西的旅游业带来了蓬勃发展的良好势头。从表 1 中可以看出江西旅游业的蓬勃发展对江西经济的贡献。

---

① 朱湘辉：“江西红色旅游开发之思考”，《江西社会科学》，2005 年第 7 期，第 243 页。

近几年，江西省坚持以红色旅游引领旅游业全面快速发展的战略方针，做好红色旅游文章，着力推进红色旅游产业化进程，红色旅游得到了前所未有的发展。江西省打造了一系列红色旅游主题活动，在各地积极地建设有影响力的红色旅游景区，红色旅游的内容不断地丰富，红色旅游宣传促销活动大放异彩，尤其是2005年起，每年一届的中国（江西）红色旅游博览会进一步扩大了江西红色旅游的市场外向度和社会影响力。从表2－1、表2－2中可以看出江西红色旅游迅速发展的情形和红色旅游在江西旅游业中越来越重要的地位。

表2－1　1999—2008年江西旅游业的总体情况

年份	旅游总收入（亿元）	比上年同比增长（%）	相当于全省GDP的（%）
1999	111.29	36.32	5.67
2000	134.60	20.95	6.72
2001	161.39	19.90	7.42
2002	191.06	18.38	7.80
2003	197.47	3.40	6.98
2004	240.81	22.00	6.89
2005	320.01	32.89	7.89
2006	390.89	22.15	8.46
2007	463.70	18.60	8.48
2008	559.38	20.64	8.60

表2－2　2004—2008年江西红色旅游的发展情况

年份	接待人数（万人）	比上年增长（%）	占全省旅游总人数比重（%）	旅游收入（亿元）	比上年增长（%）	占全省旅游总收入比重（%）
2004	1350	35.00	32.7	77.00	—	31.98
2005	1759.94	30.37	34.54	110.00	42.87	34.37
2006	2200.28	25.02	36.37	146.58	33.25	37.5
2007	2804	27.40	40.00	188.25	28.4	40.60
2008	3543.17	26.36	43.73	244.60	29.93	43.73

数据来源：江西旅游统计，江西旅游网。

2.2.1 红色旅游对经济建设的作用

红色旅游作为一种新兴的旅游方式，不仅激发了旅游业内部发展的动力，也为江西经济的发展注入新的活力。2004年12月底，江西吉安市在深圳召开的“红色旅游联谊会”，一个上午就签下了57个项目，投资总额高达21.2亿元人民币，吸引了新加坡新达科技集团、香港南益集团、中信（深圳）集团等产业大鳄。中信（深圳）集团公司与井冈山签订协议，拟投资1.2亿美元建设梨坪会议中心，成为该联谊会上签约引进外资额最大的项目。自2000年以来，江西旅游总人数和总收入每年以超过15%的速度增长，即使在2003年遭受“非典”疫情的沉重打击下，其增长速度仍保持在3%以上。2004年全省旅游总收入的增长幅度首次突破20%。2005至2007年，江西省红色旅游收入的增长率均超过了25%，占全省旅游收入的比重也越来越大。

为了帮助老区人民脱贫致富，促进江西崛起，江西省委、省政府先后于2001年和2002年下发了两个一号文件，明确将旅游业特别是红色旅游作为支柱产业和新的经济增长点来培育，红色旅游的发展目标被纳入国民经济与社会计划，红色旅游的地位和作用不断提高。近年来，江西全省红色旅游接待人数和收入年增幅均为25%以上。2004年井冈山共接待游客162.97万人次，增长34.6%；瑞金市接待53.5万人次，增长31.4%；上饶集中营名胜区接待人数同比增长60%以上。[①] 因红色旅游优惠政策的支持和红色旅游自身发展的带动，使老区人民的生活水平得到了显著的提高，老区的城乡面貌得到了极大的改善，总体上说，红色旅游的发展在缩小城乡差距，平衡地区发展等方面发挥了作用。2004年下半年，中国也正式启动“红色旅游”工程。为了推动“红色旅游”的发展，国家旅游局提出今后一个时期推进发展“红色旅游”的总体构想，即全面整合“红色旅游”资源，大力构建“红色旅游”体系，不断推出“红色旅游”精品和线路，并逐步辐射到其他“红色旅游”区（点），争取5年后全国“红色旅游”区（点）的年接待人数达1.5亿人次，综合收入380亿元；10年后全国“红色旅游”区（点）

---

① 廖国良、周蕾、董磊：“江西以红色旅游促经济发展”，《省部战略》，2005年第12期，第52页。

的年接待人数达3亿人次、综合收入1000亿元。①

（1）红色旅游可以带动其他行业的发展。红色旅游对其他产业、其他行业的带动性较强，通过发展红色旅游，使老区经济社会发生了翻天覆地的变化，促进了老区基础设施建设、农业、第三产业的发展，使老区人民生活得到了明显提高。红色旅游激活了第三产业的发展，使江西省农业和种植业逐步演变为外向型经济产业。自2003年以来，以旅游业为龙头的第三产业已成为井冈山市的最大产业，2004年红色旅游业对当地财政的贡献率已超过35%。赣南的水果曾是“养在闺中人不识”，红色旅游兴起后，当地人真正认识到了赣南水果的市场价值，他们改良品种，发展绿色食品，如今赣南的脐橙、蜜橘、柚子等水果远销海内外。井冈山市通过发展红色旅游，带动当地旅游纪念品和农副产品的加工生产。发展红色旅游业带来的开发项目和建设工程，可以推动革命老区基础设施改善，推动环境治理和产业结构调整。

（2）红色旅游有助于提高老区人民收入。例如“革命摇篮”井冈山，早在10多年前就提出了“旅游兴市”的战略，现已成为在海内外旅游市场上具有较高知名度的“红色旅游”及“绿色旅游”胜地。2003年，井冈山市城镇居民人均可支配收入6539元，农民人均纯收入2184元。井冈山脚下的永新县，依托红色旅游资源，开辟出一条农民增收的“红色路线”。当地农民生产加工的红军布鞋、红军斗笠、红军草帽、红军凉席等纪念品畅销各大红色景区。② 坳南乡牛田村农民从手工制作中户均年增收1800余元。红军医院旧址所在地的小井村，过去年人均收入仅300元，如今39户人家，有的经营工艺纪念品，有的开餐馆，家家户户有了自己的产业，人均年纯收入在5000元以上。2004年前5个月，该市共接待游客56.6万人次，实现旅游收入3.14亿元，旅游业占了全市国内生产总值的“半壁江山”。③ 2007年井冈山共接待来山游客306.1万人次，实现旅游收入19.3亿元，同比分别增长22.5%、44.18%。红色旅游的进一步发展使得井冈山地区农民收入有了明显的提高，2007年全市农民人均从“红色产业”中获益近2000元。

---

① 张俊才：“红色旅游潮涌中国”，《中国经济周刑》，2005年第2期，第13—14页。

② 张俊才：“红色旅游潮涌中国”，《中国经济周刊》，2005年第2期，第11页。

③ 周晓雷：“江西发展红色旅游的实践及其理论贡献”，江西师范大学硕士学位论文，2005年，第27页。

(3) 红色旅游的发展带来了更多的就业机会。据统计，2007 年全国红色旅游直接就业人数 37.17 万人，间接就业人数 143.72 万人。江西省是个人口大省，就业问题一直是关系到民生的重要问题。尤其在革命老区，就业比率的提高直接关系到老区人民的生活水平的提高。江西红色旅游资源多集中在偏远山区，这里交通不便、经济基础差、劳动力富余、劳动力素质不高、经济收入渠道单一。红色旅游业的发展能为老区贫困人口创造就业机会。首先，红色旅游接待和旅游基础设施建设可以增加就业岗位；其次，旅游人口的增加可以给老区人民带来更多生财的路子，原先老区人民的收入主要是以农业和外出打工为主，非常单一，开展红色旅游可以改善单一的就业结构，使大量富余人口向餐饮、交通、住宿、小商品经营、家庭旅馆业转移；最后，为弱势群体提供了就业机会。红色旅游的兴起，进一步缓解了就业压力，据统计，近几年来江西省红色旅游直接就业人数达 15.2 万人，间接就业人数达 76 万人。

从表 2-1、2-2 可以看出，江西红色旅游发展速度较快。从接待人次来看，从 2004 年至 2008 年江西省红色旅游接待人次增长率都超过了 25%，2004 年、2005 年两年甚至超过了 30%，占全省旅游接待人次的比重也逐年增加，2008 年达到了 43.73%；从红色旅游收入来看，2005 年至 2008 年，红色旅游收入逐年增长，增长率均超过了 28%，占全省旅游总收入的比重也逐年增加，2008 年达到了 43.73%；从红色旅游收入增长率与旅游收入增长率、GDP 增长率比较来看，前者高于后两者。

红色旅游近年来吸引了大量的投资，截至 2007 年，江西省红色旅游总投资达 19.2177 亿元，其中国家财政投资 4.6655 亿元，地方财政投资 9.3672 亿元，社会、民营资金投资 5.185 亿元。这些资金的投入促进了江西红色旅游的发展，同时促进了地方经济建设。总之，红色旅游作为旅游业发展的新兴力量，它给江西旅游经济、江西国民经济的发展带来活力，对推动江西社会经济的发展起了重大作用。

2.2.2　红色旅游对精神文明建设的作用

今天，红色旅游红遍大江南北，红色旅游活动深入人心，对社会的影响力越来越广泛。从江西红色旅游发展历程可以看出，江西红色旅游发展对全国范围内兴起的红色旅游热潮起到了推波助澜的作用。近几年来，江西红色旅游大型活动又将红色旅游的发展推向了新的高度。红色旅游开始深入人心，红色精神开始在全国各地传播和发扬，红色旅游的多重效应越发明显地表现出来，其社会影响力也越来越大。

(1) 红色旅游传播艰苦奋斗的革命精神和积极进取的先进文化。革命先辈给中华民族留下的宝贵精神财富，是中华民族优秀传统文化的有机构成，是催人奋进，激励中华民族前进的精神之源和不竭动力。建设社会主义先进文化，必须继承和发扬这些革命优良传统。“红色旅游”的兴起是人民群众对革命优良传统文化崇敬的表现，是人民群众追求高尚精神文化生活的表现。因此，发展“红色旅游”是建设社会主义先进文化的客观需要。在“红色旅游”活动中，人们通过对革命历史遗址和遗物的参观及游览，可以起到缅怀前人、教育今人、激励后人的积极作用，从而有利于艰苦奋斗的革命精神和积极进取的先进革命文化的传播，有利于社会主义文化事业的发展。[①]“红色旅游”是新形势下思想政治教育工作的新方法、新途径。思想政治教育工作是建设社会主义先进文化的重要环节。“红色旅游”集思想政治教育与旅游观光于一体，寓教于游，寓教于乐，它把传统的思想政治教育方法如读报纸、学文件、听讲座，转变为在一种没有思想紧张情绪而又在精神轻松愉快的过程中进行，并通过这种方式帮助人们提高思想道德水平。

(2) 红色旅游有利于人们树立远大的理想和优良的爱国传统。旅游是青少年最喜爱的活动之一，用投其所好的方式对他们进行爱国主义和民族精神的宣传和教育，他们将欣然接受。在参观游览了革命纪念地后，无论是亲见还是亲闻，对中国的革命历史、革命精神、民族互助等有了一种体验，使青少年从实地体会到了中国革命从弱到强、从小到大的全过程，给予他们以真实的心灵震撼，使广大青少年在潜移默化中受到教育，在主动参与中接受熏陶，这样的教育才能达到更好的效果。在发挥红色旅游教育作用时，既要深入挖掘其优秀传统的内涵，又要在改革开放和现代化实践活动中不断赋予其新的内容，与时代精神紧密结合，解放思想，与时俱进，培养广大未成年人在新的历史条件下应有的爱国主义、集体主义、社会主义观念，培养他们的民族感情、民族气节，引导他们从小树立远大理想，养成艰苦朴素、吃苦

---

① 毛日清：“老区建设与‘红色旅游’事业的发展”，《求实》，2002 年第 12 期，第 49—50 页。

耐劳、奋发向上、自强不息的良好行为习惯。[①]

(3) 红色旅游有利于促进思想道德教育和党的廉政勤政建设。中国共产党自成立以来，就十分注重思想政治工作，十分重视对党员进行先进性教育。中国共产党领导中国人民经过八十多年艰苦卓绝的奋斗，在民族独立、人民解放、革命建设等方面取得了辉煌的成就，体现了共产党人特有的不屈不挠勇于奋进的精神。毋庸置疑，在当今社会主义改革开放的新时期，一些党员干部，忘记了党的优良传统，滋生了严重的腐败现象，对社会和谐稳定产生了严重的消极影响。在开展保持共产党员先进性教育活动中，许多单位组织党员去革命老区进行实地参观、考察，接受革命精神的洗礼。井冈山、西柏坡等地也是党员干部接受先进性教育的首选之地。通过红色旅游，有利于广大党员干部净化灵魂，学习、弘扬党的优良传统和作风，树立密切联系群众、全心全意为人民服务的思想，打造勤政为民、廉洁高效的党政班子，在构建社会主义和谐社会的进程中发挥模范带头作用。[②]

发展红色旅游，既能创造经济效益，促进社会主义物质文明的发展；又能创造巨大的社会效益，促进社会主义精神文明的发展。对于推进全面建设小康社会，具有综合效应。

2.3 江西红色旅游发展问题及对策

2.3.1 发展中问题分析

尽管江西在发展红色旅游方面取得了有目共睹的成绩，但由于经济基础薄弱，旅游设施滞后，加上红色旅游的特殊性等原因，也存在一些问题：

---

① 禹登科、易滢滢："利用红色旅游树立青少年社会主义荣辱观"，《科教文汇》，2006年第4期，第11—12页。

② 傅爱平："发展红色旅游对构建和谐社会的重要作用"，《内蒙古农业大学学报（社会科学版）》，2006年第2期，第249页。

（1）有些地区红色旅游产品尚处浅层次开发阶段。尽管江西红色旅游开发起步较早，但目前基本上属于第一代观光型旅游产品，以革命旧址遗迹寻访和博物馆陈列展示为主。产品开发方式简单化、程序化，没能融入当地特定的历史文脉及地域文化中，周边整体环境不甚协调。表现形式多为文字加图片的平面介绍，陈展方式单一，表现手段落后，内容较为枯燥，未能充分体现历史内涵、文化含量、科技手段，对革命事件和事迹历史意义的揭示、说明不够充分，对游客很难产生震撼力和穿透力。红色旅游是进行革命传统教育的理想方式，也是旅游业倡导精神文明的极好切入点。但目前一些地方在开发旅游资源时，没有找准结合点，创新创造不够，如于都中央红军长征出发地纪念馆1991年建馆，但10多年来在展厅装饰、灯光布置、展示方式上几乎一成未变，很难对游客产生强烈吸引力。[①] 有些景点开展了“穿红军服、唱红军歌、吃红军饭、走红军路”等参与性活动，但多数还只是停留在化装拍照、节目观赏、饭菜品尝等浅层次上，缺乏对革命文化、军事文化、战争文化的深层挖掘和全方位展现。对于自然风光多数只进行了一些粗放的、低层次的开发。对历史文化、民俗文化的开发还处于摸索阶段，没有形成系统的复合型的红色旅游产品。

（2）一些地区红色旅游的管理体制相对落后。当前一些地区红色旅游资源的管理权比较分散也比较复杂，资源管理与旅游产业管理脱节。没有将红色旅游置于整个旅游业发展的大格局中进行统筹布局和协调。如对于红色旅游景点，文化部门有资源却无力开发，旅游部门想开发却无经营权。这种管理体制造成了部门之间、上下级之间的矛盾和利益冲突，对正在推进中的红色旅游产业的发展形成了严重的体制“瓶颈”。比如，南昌八一起义纪念馆和瑞金中央革命根据地纪念馆，这两个省属市管的“文保”单位，编制、经费、事业费由省文化厅管，人事由地方协调决定，基本上属于条管单位。又如吉安的红色旅游景区出现“多头管理”、归属不一、权责不明等体制瓶颈。[②] 一些地方的红色旅游活动还是以对口接待党政机关来访者为主，没有实现由接待型向市场型、产业化运作的转变。这种机制直接制约了红色旅游的发展，使得“红色旅游”变相为“红色接待”，加重了接待单位负担，还

---

① 朱湘辉：“江西红色旅游开发之思考”，《江西社会科学》，2005年第7期，第243页。

② 朱湘辉：“江西红色旅游开发之思考”，《江西社会科学》，2005年第7期，第243页。

造成许多人为的浪费，与发展红色旅游的初衷相悖。

(3) 部分地区红色旅游配套设施仍然不够完善。在江西，红色旅游景区多位于革命老区、边远山区，那里的交通、通讯、能源、垃圾处理等基础设施和治安、医疗、餐饮、环卫等服务设施的建设相对滞后，尚不能满足红色旅游发展的需求，资源优势难以转化成产品优势和经济优势。各景区食、住、行、游、购、娱等综合配套措施不完善，其关联作用还没有充分发挥。旅游收入主要来自景区门票收入，餐饮、住宿、购物收入较少，没有真正形成旅游产业体系，难以充分发挥旅游经济的综合效应，对地方其他相关产业的带动作用较弱。如一些景区、景点不但建设和管理水平较差，而且服务和接待设施不足，公厕少且设备简陋，景区内景点说明、指示牌、休息座椅、垃圾箱等基础设施不符合标准。①

(4) 旅游从业人员的整体素质仍然不高。由于红色旅游包含着丰富的政治历史文化内涵，对于从业人员也提出了更高的要求。目前，从业人员总体学历水平、文化素质和业务素质都偏低，尤其缺乏中高层次的专业人才。特别是有些导游在讲解的过程中不了解历史，不能把握红色旅游的丰富内容和红色旅游的特殊属性，不了解红色旅游的背景及文化内涵，没有规范的讲解词，没有使用标准的普通话，而是使用一些外地游客难以听懂的方言俚语和道听途说的传闻逸事来讲解，大大降低了红色旅游的文化含量，减弱了红色旅游的教育功能。②

此外，区域合作和线路组合不到位、红色旅游资源保护力度不够、“红色历史”环境氛围不浓等诸多因素也在不同程度上阻碍和制约江西红色旅游的健康快速发展。

2.3.2 解决问题的主要对策

2.3.2.1 深度开发红色旅游资源

通过对红色旅游资源的整合，利用现代化的科技手段和系统思维来开发更具吸引力的红色旅游旅游产品，挖掘红色旅游资源的深层内涵，提高旅游

---

① 刘小泉、袁金宏：“老区发展红色旅游对策研究——以吉安市为例”，《理论广角》，2006 年第 4 期，第 162 页。

② 张丹、阎友兵：“红色旅游的可持续发展研究”，《湘潭师范学院学报（社会科学版）》，2006 年第 4 期，第 52 页。

产品的参与性、体验性，进而提升红色旅游的文化品位，是今后深度开发红色旅游产品的主要方向。

（1）挖掘革命历史文化元素。在以党史研究为主线的红色文化资源挖掘工作中，对江西革命历史进行比较全面和细致的调查研究和深入解读，以发现红色旅游资源中更有开发价值的部分和挖掘新的红色文化“元素”。

（2）打造“红色旅游”金字招牌。积极进行品牌包装，对已有一定知名度和招徕力的遗产地、纪念地、纪念馆等进行整体改造和组合包装，扩大游览面积，提升展示水平，增加旅游活动，完善旅游环境，打造“红色旅游”金字招牌。

（3）实现多种旅游形式的结合。拓展“红色旅游”的活动内容，增加红色旅游的体验性和参与性，要逐步改善和提高展馆档次，改变简单的图片展示和橱窗式的文物陈列，使表现手段更加宜人化、科学化、现代化，可采用现代化声光电技术立体多维展示或互动展示。可开设一些体验式、参与式的旅游项目，丰富产品的形式；如开发红色文化研习游、革命摇篮体验游、红色故都寻访游、长征之路觅踪游、人民军队寻根游、工人运动探源游、秋收起义演习游等红色旅游产品，打造国内一流的旅游精品。① 在导游讲解方面，除注意历史事实的准确性和真实性外，应尽量丰富解说内容，寓教于乐，使旅游者有多方面的收获。

（4）包装组合推出系列旅游精品。如对景点产品进行包装形成“瑞金—红色故都”系列旅游精品；对景区历史事件进行包装形成“井冈山—革命摇篮”系列旅游精品；对旅游节事产品进行包装举办“江西红色旅游文化节、中华苏维埃共和国临时中央政府成立‘国庆’纪念文艺晚会、红色夏令营、长征历史纪念节、‘红色之旅万里行’”等活动。

2.3.2.2 加快红色旅游机制创新

（1）理顺红色景区管理体制。积极推进红色旅游景区管理体制改革，改变条块分割和规划不统一、管理不到位、经营不规范的状况。规模较大的

---

① 李向明：“江西红色旅游资源及其创新开发的思考”，《江西财经大学学报》，2005 年第 2 期，第 69 页。

红色旅游景区按照精简高效的原则，设置综合管理机构，统一行使管理职能。红色旅游资源比较丰富的市、县、区，遵循资源与市场结合、保护与开发统一的原则，逐步建立起旅游资源保护和产业管理一体化的旅游行政管理体制。各相关部门和单位要顾全大局，为理顺红色旅游景区管理体制创造有利条件。

（2）创新红色旅游经营机制。充分运用市场机制，鼓励多元化投入。积极引进大企业、大集团参与红色旅游景区开发建设和经营管理，引导社会各种经济主体参与红色旅游开发与经营。以市场为导向，以资产为纽带，组建跨地区、跨行业、跨所有制的新型红色旅游企业。通过国有旅游资产的整合、重组、改制，发展以红色旅游景区开发建设和经营管理为主业的综合性大型旅游企业集团。①

（3）加强红色旅游区域合作。全省各红色旅游景区要增强合作意识，联合编制旅游规划，编排旅游线路，开拓旅游市场，提高服务质量。可以根据现代革命历史活动内在延续性、地缘性和红色资源的丰厚度，开展省内区域旅游合作。自觉将江西的红色旅游视为一个整体，有利于树立统一的旅游目的地的形象。如井冈山、吉安青原区和瑞金应开展区域旅游合作。三地相互间的空间距离都在200千米以内，完全可以实现区域线路的组合，共同的历史文化背景更有利于打造统一的旅游形象。要主动与兄弟省市特别是“长珠闽”地区和中心城市互动对接，积极构建无障碍旅游合作区，共同发展跨省市的红色旅游精品线路，形成资源共享、产品互补、市场互动、客源互流的“多赢”发展格局。

2.3.2.3 加强旅游基础设施建设

全面提高红色旅游城市（景区）的可进入性和参观游览的安全性、舒适性。按照《江西省重点红色旅游景区建设方案》，加强干线公路与红色旅游景区间公路和景区游步道、供电、消防、环卫、给排水等设施建设，进一步改善红色旅游区的基础条件；根据市场需求，合理建设与红色旅游城市（景区）相协调的住宿餐饮设施。

---

① 中共江西省委、江西省人民政府：“关于大力发展红色旅游的若干意见”，江西旅游信息网，http：//www. travel - jx. com2006 - 08 - 09.

（1）改善旅游交通条件。在全省设区市间和出省高速公路网基本形成的状态下，加大中心城市和交通要道通往景区公路的建设，提高公路等级。充分发挥旅游汽车免征客运附加费优惠政策的导向作用，鼓励旅游汽车业的发展，引导重点红色旅游城市和景区添置、更新一批符合标准的旅游汽车。南昌昌北国际机场、赣州黄金机场、井冈山机场、景德镇罗家机场、九江庐山机场要多开辟航线，增加航班，方便远程游客来赣旅游。增开江西重点红色旅游城市与省外主要城市的直通客车，并采取加挂车厢、联网购票等形式方便游客旅行。①

（2）完善景区基础设施。加强景区内公路、停车场、游步道、缆车、供电、供水、通讯、消防、环卫、环保等设施建设，完善重点旅游景区的游客服务中心、旅游标识系统、医疗救护和紧急救援设施，提高接待能力和游览的安全性、舒适性。

（3）加快旅游饭店建设。根据旅游发展的需要，搞好全省旅游饭店的规划布局，加强对各设区市和重点红色旅游区宾馆饭店建设的分类指导，加快改善旅游接待服务设施。省会南昌市近期应建成2—3家五星级饭店；各设区市和重点旅游县市应着手五星级标准的饭店建设。同时，要加快经济型旅游饭店建设。②

（4）加强特色餐饮建设。研究和制定旅游风味餐馆发展计划，推出一批具有鲜明地方特色的旅游风味餐馆，并在此基础上集中力量整理开发为游客所欢迎的赣菜系列。依据红色文化，创建具有红色特色的餐饮品牌。

（5）开发红色旅游商品。要努力改善红色旅游商品产销的经济环境，鼓励生产适销对路的红色旅游商品，疏通并扩大供销渠道，满足游客的购物需求，使红色旅游商品产销的增长速度高于接待人数的增长速度。各重点红色旅游区要根据自身特点，积极开发以金属、玻璃、石块、木竹、棉麻为材质，以革命圣地、领袖人物、革命文物等为主题的系列红色旅游纪念品；推出具有地方特色的木竹品、服饰品以及农副产品；编辑制作反映红色旅游的书籍、光盘等。鼓励发展红色旅游商品销售网点，在主要红色旅游城市和景

---

① 中共江西省委、江西省人民政府："2006年全省发展红色旅游工作要点"，《旅游简报》，2006年10月9日。

② 中共江西省委、江西省人民政府："2006年全省发展红色旅游工作要点"，《旅游简报》，2006年10月9日。

区建立旅游购物中心。举办红色旅游商品设计大赛，推出具有自主知识产权、有创意和卖点的红色旅游商品设计作品，并通过生产和销售，推向市场，将知识产权转化为现实生产力。

2.3.2.4 规范红色旅游人才培养

（1）加强专门人才队伍建设。以建立培育、吸纳、使用和造就红色旅游专门人才队伍机制为主，整合红色旅游教育资源，加快红色旅游优秀人才的培养，尽快建立起一支以开发建设高手、经营管理强手、导游服务能手为主体的红色旅游专门人才队伍。

（2）规范红色旅游景区讲解。组织编撰《江西省红色旅游景区（点）导游词精粹》和《江西省红色旅游资源概览》等书籍，按照统一内容、统一口径、相互推介、延伸拓展的要求，规范省内红色旅游景区导游员（讲解员）的讲解，提高导游服务水平和质量。[①]

（3）组织举办专题培训班。举办江西红色旅游经济发展研讨班，组织各市县分管旅游工作的领导和旅游局长、重点旅游景区负责人进行旅游经济发展专题讨论。指导重点红色旅游地区举办红色旅游景区导游员（讲解员）专题培训班，提高导游员和讲解员的整体素质。2007 年江西省配合全国“红办”举办了第二期全国红色旅游导游讲解骨干（师资）人员培训班，共 100 名学员参加，其中江西就选派了 60 名学员。通过加强训练，江西省红色旅游服务已向专业化、规范化、艺术化和人性化方向迈进。

（4）开展“争先创优”活动。自下而上评选“百名优秀导游员”和“10 名模范导游员”，评选推荐全国优秀导游员、全国旅游行业劳动模范和全国旅游行业先进集体，开展创建活动，引导全省广大旅游从业人员增强爱岗敬业、乐于奉献的意识。[②] 在全省导游员中部署开展社会主义荣辱观、“爱岗敬业、诚信旅游”和学习“全国模范导游员文花枝”的先进事迹等主题教育活动，增强导游员的“诚信从业”意识，提高全省导游服务质量。

---

① 中共江西省委、江西省人民政府：“关于大力发展红色旅游的若干意见”，《旅游简报》，2006 年 10 月 9 日。

② 中共江西省委、江西省人民政府：“关于大力发展红色旅游的若干意见”，《旅游简报》，2006 年 10 月 9 日。

2.4 江西红色旅游发展趋势

江西红色旅游发展面临大好机遇，各级领导高度重视，各级政府规划措施到位，干部群众积极参与，红色旅游正在成为全省旅游业和全省社会经济协调发展新的增长点和新的模式。

（1）红色旅游在今后较长时期仍是江西旅游业的主题内容和重要形式。江西的旅游业相对于其他旅游强省，发展还比较落后，但是，庐山、井冈山等一直是江西旅游的亮点，也形成一定的客源规模和旅游市场。红色旅游的发展将成为江西旅游业综合发展的龙头品牌，成为旅游发展新的增长点。红色品牌的树立，将促进全省旅游业和社会经济的可持续发展。

（2）发展红色旅游将成为江西经济社会协调发展的战略举措。江西省红色旅游资源分布广，通过开发红色旅游资源为革命老区经济发展带来新的机遇。通过发展红色旅游，促进当地的经济发展和增加人民的收入，是红色旅游的重要目标之一。一方面，通过政府的主导作用和市场的调节作用，相对贫困地区的旅游业会取得较好的经济效益；另一方面，当地居民从事旅游开发服务也可以提高收入。在全省范围内，红色旅游的发展，有利于拉动贫困地区经济，缩小城乡差距，协调全省经济的平衡发展。红色旅游的发展能够带动其他产业发展，从而促进全省经济发展，缩小江西经济和发达省区经济的差距，促进江西在中部的崛起。[①] 红色旅游在加强爱国主义、民族精神、艰苦奋斗等方面的特殊教育功能，对社会的和谐发展也将产生积极作用。

（3）江西红色旅游逐步形成特色化产品和综合性集群的发展态势。红色旅游的发展，将会出现一批江西特有的、不可替代的产品，成为特色化持

---

① 辛晓峰："四川红色旅游的发展趋势"，四川社会科学在线，http：//www.sss.net.cn/ReadNews.asp？NewsID=7600&BigClassID=2.

续性红色旅游发展项目。另有一部分产品将与江西自然生态旅游、历史文化旅游产品融为一体，出现综合性集群化发展态势，在综合旅游发展过程中，不断产生社会、经济、文化、环境效益。

江西的红色旅游呈现出前所未有的快速高效发展态势，前景广阔。通过科学规划、有效管理和得力举措，调动广大群众的积极性，红色旅游将会有力推动江西经济社会的和谐发展。江西红色旅游的发展，已经得到全国人民的普遍关注，并逐渐为世界所闻知。在党中央、国务院发展红色旅游的战略性举措中，将江西摆在重要位置，对江西发展红色旅游的举措和成绩给予了充分的肯定。中共中央政治局常委李长春，中共中央政治局委员、中宣部部长刘云山和国务院原副总理吴仪等同志先后对江西红色旅游的发展给予了充分肯定，并希望江西省不断总结经验，力争在全国红色旅游发展中起到良好示范作用。这是对江西发展红色旅游的鼓励和鞭策。通过全省红色旅游的创新发展和经济效益的不断提高，作为沿海与内陆纽带的江西，实现旅游经济大省和红色旅游强省的目标一定会实现。

江西不仅具有丰富的红色旅游资源，而且具有承东启西、连接南北的便利交通运输和得天独厚的地理区位条件，在政府的大力支持下，率先发展了红色旅游。江西红色旅游的发展在经历了萌芽阶段时的政治接待后，在延续过程中，于起步阶段得到发展先机，过渡阶段全面走向市场，该阶段承接起步阶段又开启了红色旅游快速发展的阶段，进而进入市场化快速发展阶段，取得了骄人的成绩。江西红色旅游正以其强劲的势头，带动江西旅游进入蓬勃的发展时期。红色旅游的发展既促进社会主义物质文明建设，也对精神文明建设有着极大的推动作用。然而，在江西红色旅游的发展过程中，存在部分地区的浅层次粗放开发，管理体制和经营机制滞后，交通、接待等基础设施不具备、旅游从业人员整体素质不高等问题。因此，对红色旅游资源进行深层次的开发，突破体制障碍加快红色旅游的机制创新，继续加强基础设施建设，加快对从业人员素质的培养等，是现阶段促进红色旅游发展的重要举措。红色旅游在今后一个很长的时期仍然是江西旅游的主题内容和主要形式；积极发展红色旅游将成为江西经济社会协调发展的战略举措。江西红色旅游发展在逐步成熟的过程中，出现一批江西特有的、不可替代的产品，最终成为特色化持续性红色旅游品牌，形成特色化产品和综合性发展的局面，是红色旅游的必然趋势。

第3章

红色旅游资源构成要素与开发因素

红色旅游这一概念是从20世纪六七十年代的“革命圣地旅游”、“革命传统旅游”中孕育演化而来的。2005年红色旅游排山倒海式的迅猛发展，成为中国旅游业的第一热点。作为一种新兴的具有中国特色的旅游产品，红色旅游已从最初粗放单一的接待参观事业逐步发展成为具有重要政治意义、深刻文化意义和显著经济意义的旅游产业。

相对于红色旅游实践的快速发展而言，红色旅游理论研究的发展却显得相对缓慢和滞后，理论的“短板”已难以适应其前瞻和指导功能的发挥，致使红色旅游在资源整合、产品开拓、可持续发展等方面暴露出许多问题。例如，面临政府主导、高层推进的社会氛围，各地不顾自身资源的品级优劣，一哄而上搞红色旅游，纷纷开发红色文化、兴建纪念场馆，以致造成忽视红色旅游的本质属性及可持续发展，低层次开发较严重；缺少具有影响力和震撼力的红色旅游项目，趋同化倾向较为严重；产品单一，缺乏对资源的整合，形成自发的点状发展态势。这些问题的存在制约着红色旅游这一新兴旅游产品的健康、和谐、可持续发展。

红色旅游开发的实质在于准确把握红色旅游资源的构成与开发影响因素，深入挖掘红色旅游资源的内涵价值，打造系列红色旅游经典产品，提高红色旅游的吸引力和魅力。因此，十分有必要深入了解和分析红色旅游资源的构成要素和开发因素，在此基础上才能充分利用、合理开发红色旅游资源，对红色旅游资源进行科学包装，合理谋划、优化配置、质量推进，打造红色旅游精品，真正从服务于政治文明和精神文明的高度规划和开发好红色旅游资源。因此，本章从红色旅游资源构成要素和开发因素的角度进行分析，为红色旅游的内涵发展、科学发展、和谐发展提供理论支持。

我国的“红色”，是革命的象征，是特指中国共产党及其领导的革命斗争，具有强烈的针对性和鲜明的时代性，各国的历史和国情不同，对类似红色旅游的革命遗产旅游的研究与开发的关注点和落脚点也就不同。在理论上，西方学者往往把革命（revolutionary）、名人故居（former residence）、博物馆（museum）、文化旅游（cultural tourism）、遗产旅游（heritage tourism）等精神层面的旅游形式作为同一研究范畴，而且针对其开发和保护中存在的问题进行系统的研究，并不断取得理论上的开拓与创新。[①] 英、法、美的资产阶级革命，俄国的十月革命等作为历史上的进步运动，留下了宝贵的遗产，与我国的红色革命遗产相类似，其中不少开发成功的案例可以借鉴，如俄国十月革命指挥部——斯莫尔尼宫和起义部队攻占的资产阶级临时政府所在地——冬宫，还有列宁墓等，法国大革命时期封建王朝的宫廷——凡尔赛宫等。[②] 在实践上，两个英国年轻人——李爱德（EdJocelyn）和马普安（Andrew McEwen），愿做新长征人，2003年亲身体验再次行走长征路，寻求“红色文化”的历史足迹；2004年，美国学者Tim Oaks、Aloe Luo等开始关注中国的红色旅游，并相继对江西、上海等地进行实地考察，着眼于中国红色旅游发展及其意识形态特征（Marketing the Revolution: Tourism, Landscape and Ideology in China）的研究[③]，这些都是红色旅游走向国际化的表现。

2004年，中共中央办公厅、国务院办公厅印发了《2004—2010年全国红色旅游发展规划纲要》，中央领导也发出了积极发展红色旅游的重要指示，中央的系列举措将红色旅游迅速推向了高潮。近年来研究红色旅游资源的文章不断涌现，这些文章主要对红色旅游资源的开发进行了优劣势分析，并提出了红色旅游资源开发的战略性构想，为各地区旅游业的可持续发展提供了新思路。郭豪（1997）、刘春玲（2003）认为军事旅游在西方国家是一个较成熟的旅游产品类型，而在我国红色旅游是一种新兴的旅游形式。我国

---

① 李雪琴：“红色旅游可持续发展研究”，华中师范大学硕士学位论文，2006年，第1—47页。

② “法国将对历史名胜凡尔赛宫进行大修将耗时17年”，中国新闻网，http://news.china.com/zh_cn/culture/edu/10000941/20040730/11809293.html.

③ 张彬彬：“中国红色旅游发展与布局研究”，华东师范大学硕士学位论文，2005年，第1—54页。

红色旅游资源丰富，如果好好加以开发利用，必然会有很大的发展空间，文章还通过对石家庄军事旅游的个案分析，提出了开发利用红色旅游资源的原则和发展方向，这在当时的红色旅游研究中具有一定的前瞻性[①②]；庄东泉（2005）针对江西红色旅游资源的特点及开发现状，提出了深度开发红色旅游资源的思路与对策[③]；李磊、徐春堂（2006）阐述了山东枣庄红色旅游资源特色及其开发利用现状，并在实地考察的基础上，针对枣庄红色旅游资源开发中存在的问题，提出开发与保护的建议[④]；谢庐明、曹大明（2006）对红三角区域的红色旅游资源概况及发展现状，资源的开发优势和制约因素进行了研究，提出了开发策略[⑤]；王雯雯、吴忠军（2006）对百色市红色旅游资源进行定性和定量评价，并对资源的开发价值进行了定位[⑥]；翁钢民、王常红（2006）以河北省为案例，通过 AHP 综合评价方法对河北省红色旅游资源进行了定量评价，提出了实现红色旅游可持续发展的对策[⑦]；高亚芳、何喜刚（2006）对甘肃省红色旅游资源开发进行了规划研究[⑧]；李向明（2006）在阐释红色旅游与红色旅游资源的基础上，针对江西红色旅游资源的特点及开发现状，提出了江西红色旅游资源创新开发的思路与对策[⑨]；闫广华（2006）以辽宁省为例，介绍了红色旅游资源开发的现状、原则及模式等[⑩]；

---

① 刘春玲："石家庄市军事旅游资源发展与对策分析研究"，《石家庄师范专科学校学报》，2003 年第 6 期，第 63—65 页。

② 郭豪："论军事旅游资源的开发利用"，《地理科学进展》，1997 年第 4 期，第 75—81 页。

③ 庄东泉："深度开发江西红色旅游资源刍议"，《江西广播电视大学学报》，2005 年第 2 期，第 41—43 页。

④ 李磊、徐春堂等："枣庄的红色旅游资源及其整合开发"，《高师理科学刊》，2006 年第 3 期，第 80—82 页。

⑤ 谢庐明、曹大明："红三角区域红色旅游资源开发研究"，《赣南师范学院学报》，2006 年第 2 期，第 92—96 页。

⑥ 王雯雯、吴忠军："百色市红色旅游资源开发价值评价研究"，《桂林旅游高等专科学校学报》，2006 年第 1 期，第 78—83 页。

⑦ 翁钢民、王常红："基于 AHP 的红色旅游资源综合评价方法及其开发对策"，《工业技术经济》，2006 年第 2 期，第 112—114 页。

⑧ 高亚芳、何喜刚："甘肃省红色旅游资源开发规划研究"，《西北师范大学学报（自然科学版）》，2006 年第 5 期，第 85—89 页。

⑨ 李向明："江西红色旅游资源及其创新开发的思考"，《江西财经大学学报》，2005 年第 2 期，第 62—65 页。

⑩ 闫广华："红色旅游资源开发研究——以辽宁省为例"，东北师范大学硕士学位论文，2006 年，第 1—34 页。

另外，余斌（2007）对毕节市[①]，陈蕴慈（2007）对汕尾市[②]，邢志勤、田菲、陈新等（2008）对唐山市红色旅游资源的开发做了研究[③]。还有，马进甫、宋振美（2006）从功能、地位、存在形式、存在形态、地域空间及区域联系等6个方面，对红色旅游资源的特征进行了初步分析，并在此基础上，对红色旅游资源开发的策略做出了尝试性的探讨[④]；付修勇、高岩等（2006）从红色旅游与红色旅游资源的概念入手，阐述了红色旅游的社会功能、经济功能、环境功能，在此基础上提出了红色旅游资源开发的模式[⑤]；魏鸿雁等（2006）分析了中国红色旅游资源的空间结构特征，提出了中国红色旅游发展对策[⑥]；闫广华（2007）对红色旅游资源进行了界定，归纳总结了红色旅游资源的特点和分类，并分析了红色旅游资源开发存在的问题、开发原则和开发模式[⑦]；石培华[⑧]（2009）对红色旅游的发展载体和资源保护等相关领域进行了全面拓展和系统分析，并且提出了红色旅游的资源、产品、产业的融合发展模式和空间整合模式，对红色遗产资源进行了全面总结和系统分类。总的看来，国内对红色旅游资源的研究大多停留在资源特点、现状以及开发对策上，很少对红色旅游资源的开发因素进行探讨，而对红色旅游资源构成要素的研究也尚属重要理论盲点。再者，国内红色旅游资源的研究往往与地区红色旅游发展的实践结合在一起，个案分析较为典型，少有对红色旅游存在的共性问题进行理论探索，导致学术界一直未能建构起红色旅游资源开发和保护的基础理论体系。

结合当前红色旅游发展的实际，对红色旅游资源的构成要素进行较为深

---

① 余斌："对毕节市红色旅游资源开发的思考"，《乌蒙论坛》，2007年第2期，第19—23页。

② 陈蕴慈："关于汕尾市红色旅游资源开发的思考"，《韶关学院学报》，2007年第4期，第132—134页。

③ 邢志勤、田菲、陈新："唐山市红色旅游资源开发的思考"，《特区经济》，2008年第1期，第57—58页。

④ 马进甫、宋振美："简析红色旅游资源的特征及其开发策略"，《北京第二外国语学院学报》，2006年第1期，第111—114页。

⑤ 付修勇、李连璞、高岩："红色旅游资源开发模式选择研究"，《聊城大学学报》（自然科学版），2006年第2期，第65—67页。

⑥ 魏鸿雁、张锦河、潘坤友："中国红色旅游资源空间结构分析"，《资源开发与市场》，2006年第6期，第510—513页。

⑦ 闫广华："浅析红色旅游资源开发"，《科教文汇》，2007年第12期，第192—193页。

⑧ 石培华：《红色旅游发展研究——理论与实践》，中国旅游出版社2009年版。

入的分析，提炼和总结出红色旅游开发过程中的共性影响因素，在此基础之上，尝试探索红色旅游资源的开发原则和开发对策，为国内红色旅游资源的开发提供借鉴，就成为红色旅游研究的重要议题。对红色旅游资源的构成要素，主要从物质层面的革命历史遗址、革命纪念场馆和革命历史纪念物等三大类，以及非物质层面的精神形态要素和行为形态要素等两大类进行分析。对红色旅游资源开发过程中的影响因素主要从社会政治因素、资源因素、中介因素以及市场因素等四个方面进行详细阐释。在此基础上，针对红色旅游资源开发过程中存在的问题，探讨红色旅游资源开发的原则和对策。

3.1 红色旅游资源概念、内涵界定与特点

3.1.1 红色旅游资源的概念

红色旅游资源是开展红色旅游的载体，是集政治教育、文化传播、经济发展等价值和功能于一体的独特的综合性资源。红色旅游资源是指中国共产党领导人民在革命和战争时期建立丰功伟绩所形成的革命纪念地、标志物及其所承载的革命历史、革命事迹和革命精神。①

从时间上看，红色旅游资源是我国20世纪伟大的民族民主革命的产物，主要包括建党时期、井冈山斗争时期、中央苏区时期、红军长征时期、抗日战争时期、解放战争时期等遗留下来的重要革命纪念地、标志物及其所承载的革命历史、革命事迹和革命精神。

从内容上看，红色旅游资源是一种精神和物质相结合的人文旅游资源，包含了精神和物质两个层面的内容，主要包括战争年代形成的井冈山精神、长征精神、延安精神、西柏坡精神，以及反映这些精神的博物馆、纪念馆、

---

① 翁钢民、王常红：“基于AHP的红色旅游资源综合评价方法及其开发对策”，《工业技术经济》，2006年第2期，第112页。

展览馆、烈士陵园、遗迹、文物等。

从地域范围上看，红色旅游资源主要是指革命老区和红军长征线，其中以中国革命发展主线和红军长征沿线为重点，形成了“井冈山、瑞金、韶山、遵义、延安、西柏坡一条红色主线”。

3.1.2　红色旅游资源的界定

在实际的旅游活动和旅游开发中，人们指的红色旅游资源往往还包括了新中国成立以后，那些具有特定革命意义的精神和历史遗迹，所以在时间上红色旅游资源也有狭义和广义之分。狭义的红色旅游资源如本文前面所述，指的是从中国共产党成立到新中国建立这一时期形成并遗留至今的重要革命纪念地、纪念物及其所承载的革命精神。广义的红色旅游资源指一切顺应历史潮流、发扬民族精神的革命遗迹和革命精神，包括了新中国成立后在革命和建设中留下的有重要意义的历史遗迹和革命精神。

本书红色旅游资源采用的是狭义的内涵。实际上，无论是广义的还是狭义的红色旅游资源，对其进行充分研究挖掘并有效利用，都能发挥其爱国主义教育及民族精神熏陶的功能与作用。红色旅游资源是我国旅游资源的重要组成部分，它通过革命遗址、遗物、遗迹再现革命战争年代的风貌，昭示了革命前辈的崇高理想和价值追求，诠释了中华民族的传统美德和革命优良传统，许多爱国主义教育基地因此成为旅游者关注的热点。这种内容丰富、直观生动、感染力强、价值永恒的红色旅游资源为红色旅游的开展提供了充分的条件和基础，给游客以崇高的精神享受。

3.1.3　红色旅游资源的特点

作为旅游资源的一种，红色旅游资源具有旅游资源的一般性质，如多样性、吸引力的定向性、不可移动性、易损性、可创新性等①，但又不同于一般的山水等有形旅游资源，作为中国共产党领导中国人民推翻帝国主义、封建主义和官僚资本主义的革命斗争的历史见证和中国革命伟大征途中形成的井冈山精神、长征精神、延安精神、红岩精神和西柏坡精神的重要载体，红

---

① 吴国琴：“开发红色旅游资源，振兴革命老区经济”，《高等函授学报（自然科学版）》，2006年第4期，第9—10页。

色旅游资源具有如下特征：

（1）教育性。这是红色旅游资源的突出特点。革命遗址和革命纪念地等在游客心中是一种特殊的精神文化寄托物，是进行革命传统教育的主要载体和场所。老战士、老干部、老党员因红色情结而故土重游；中年人瞻仰革命圣地，体验艰苦创业、超越生命极限的革命精神；青少年则通过实地旅游切身感受革命战争年代先辈们的丰功伟绩，接受爱国主义教育。红色旅游是新形势下人文精神的回归。

（2）时代性。红色旅游资源大多是人文景观，是历史“合力”作用的结果，带有很深的历史烙印和时代背景的痕迹，展现了特定历史时期的革命精神，同时它也是中华民族传统文化与时代精神相结合的产物。因此，红色旅游资源既有一定历史条件下的特定内涵，又有与时俱进、价值永恒的普遍意义。

（3）地域性。红色旅游资源是在中国革命战争年代特定的历史环境下形成的，作为中华民族宝贵的精神财富，由于其形成的时间、地点、形式等的不同，所以分布广泛，地域特征明显。这一特性决定了不同的红色旅游区域在进行产品体系构建时，要注意挖掘自身特质，展示区域特殊性。

（4）多样性。我国红色旅游资源不仅数量多，而且类型多样。仅就有形的资源部分来讲，红色旅游资源就包含了革命历史遗址、纪念场所及历史纪念物等。以革命历史遗址为例，又包含著名战争、事件及活动遗址，名人和烈士故居等，充分体现出红色旅游资源的多样性。

（5）融合性。红色旅游资源并非孤立地存在于某一地区，而是多与自然生态、民族文化、民风民俗等旅游资源相伴而生。许多老区的自然生态和人文社会资源富集，红色旅游可以与发展生态旅游、民族文化旅游、工农业旅游、乡村旅游等结合起来，形成综合性、复合型的旅游产品。例如“湘赣闽红色旅游区”内的江西瑞金有罗汉岩风景区、黄柏原始森林、九堡密溪古围屋等40多处生态旅游资源以及客家古建筑群等人文景观。

（6）整合性。一般的旅游资源具有较强的区域依托性，使旅游资源之间的整合面临一定的局限性，例如，自然旅游资源离不开其生成环境，人文旅游资源具有时间上的长期性和空间的相对封闭性。[①] 但红色旅游资源可以

---

① 谢彦君：《基础旅游学》，中国旅游出版社1999年版，第26页。

以历史作为主线，实行跨区域联合，进行旅游线路组合，拉长旅游线路，延长旅游地生命周期。如鄂豫皖三省联合推出“大别山红色之旅”，以鄂豫皖苏区的历史事件为主线，系统开发“大别山重点红色旅游区”，统一规划、系统建设、整体推介大别山红色旅游产品。这是红色旅游资源开发的优势所在。

3.2 红色旅游资源构成要素分析

所谓要素是指构成事物必不可少的因素。红色旅游资源是诸多相关因素的集合，红色旅游资源的构成要素，影响着红色旅游资源的开发方向和内容。通过对红色旅游资源构成要素的分析，可以正确认识和把握红色旅游资源的内涵，客观评价红色旅游资源的价值，科学确立红色旅游资源的开发方向和内容，指导红色旅游健康发展。

3.2.1　红色旅游资源物质要素构成

红色旅游资源的物质构成要素，即有形的、可触及的资源形式要素。从物质层面来看，红色旅游资源的构成要素主要有革命历史遗址、革命纪念场馆和革命历史纪念物，这三大类构成要素是红色旅游活动的基本载体和发展红色旅游的物质基础。①

（1）革命历史遗址类要素。①著名战争、事件及活动遗址——从“五四”运动以来，在中国革命的历程中，著名历史事件、重大革命战争、重要革命机构及活动发生地的遗址、遗迹。如中国共产党“一大”会址、“八一”南昌起义总指挥部旧址、井冈山革命遗址、瑞金革命遗址、遵义会议会址、延安革命遗址、西安事变旧址、红岩八路军办事处旧址、西柏坡中共

① 张彬彬：“中国红色旅游发展与布局研究”，华东师范大学硕士学位论文，2005年，第10—11页。

中央旧址等。②名人和烈士故居——革命年代志士仁人生活或工作过的寓所，他们中有政治领袖、军事家、思想家、文学家及革命烈士，他们为革命事业呕心沥血，甚至抛头颅、洒热血，深受后代人尊敬。在我国现代革命史迹中，名人和烈士故居占有相当大的比重，如韶山毛泽东故居、花明楼刘少奇故居、湘潭彭德怀故居、绍兴鲁迅故居、仪陇朱德故居、淮安周恩来故居、广安邓小平故居和弋阳方志敏故居等。这些寓所内部摆设、陈列都保持着原有的风格。瞻仰故居，眼前的一切，不禁让人回想起历史名人为追求光明与理想叱咤风云的一生。③老区和革命根据地——中国共产党领导广大人民进行的革命斗争走的是农村包围城市的道路，由此决定了我国部分边远山区、农村地区成为革命根据地，在中国革命进程中起着相当重要的作用，并且留下了丰富的红色旅游资源。如井冈山革命根据地、湘鄂赣革命根据地、皖浙赣革命根据地、鄂豫皖革命根据地、中央苏区、晋察冀、晋冀鲁豫、晋绥三大抗日根据地、苏南抗日根据地、冀东抗日根据地、冀中抗日根据地，沂蒙山革命老区、大别山革命老区等。

（2）革命纪念场所类要素。①烈士陵园或革命墓园——为纪念革命烈士、名人或在历史上有卓越贡献的人物而建造的园林式建筑或纪念地。一般占地面积较大，内部设施功能较为齐全，在纪念场所里属于级别较高的一类，大多已包含有纪念馆和墓碑等。一般位于市区外延或近郊，如南京雨花台烈士陵园，内部有烈士就义群雕、烈士就义纪念碑、纪念碑廊、南北照壁、烈士纪念馆、史魂亭等纪念观瞻设施，还可以进行吊唁活动。②革命或烈士纪念馆——用作纪念革命先辈或重大历史事件的建筑物，规模级别小于陵园而大于墓祠。一般位于市区，交通便捷。内部陈列有革命志士所用物品、书稿和领导人题词等珍贵文物，还有对革命历史事件的介绍陈列和革命历史遗迹的展示，让参观者对仁人志士的成长经历、思想发展、战斗历程以及革命事件的历史背景、主要经过、重要作用、深远影响等有一个深刻的了解和认识。有的名人纪念馆还设有墓碑及个人雕像，如上海的鲁迅纪念馆。③墓祠——规模级别小于陵园、纪念馆，为在革命历史中有突出贡献或壮烈牺牲的革命战士立的墓碑，供人们缅怀。一般建在陵园、纪念馆内或附近，单独设立的较少。④其他——后人为表达对革命先辈及其革命事迹的追思和缅怀，建造的一系列纪念建筑及场所，如纪念广场、纪念园、纪念塔、纪念碑、纪念亭、革命（纪念）浮雕等。

(3) 革命历史纪念物类要素。是指中国人民革命斗争中遗留下来的具有重要纪念意义、教育意义和史料价值的纪念物品。具体包括：①生活物品——革命志士当年日常生活用品，如烈士衣物、寝具等。②工作用具——革命年代志士仁人工作中曾使用过的物品及文具等，如办公桌椅、纸墨笔砚等。③生产工具——革命志士及革命群众当年在生产实践中所使用过的工具，如朱德的扁担，红军造币厂的冲压架、滚边机等。④战斗武器——中国人民革命斗争中曾使用过的枪支、器械等。⑤革命历史文献、史料——革命志士遗留下来的书稿、文件、典籍著作和领导人题词等。

3.2.2　红色旅游资源非物质要素构成

非物质要素是构成红色旅游资源的中心内核、主要因素。红色旅游资源的非物质要素是其发展潜力和核心价值所在，也是增加红色旅游产品宽厚度和纵深感的凭借。从内核价值层面来看，精神形态要素和行为形态要素构成红色旅游资源的非物质价值要素。

(1) 精神形态要素。主要是指反映那段特殊历史时期的革命历史、革命事迹、革命精神和民族精神等。在表现手法上，主要包括歌舞、戏曲、故事传说等艺术形式，以及诗词、小说、散文、绘画等文学形式。与物质形态要素相比，它们是无形的、抽象的。但却是红色旅游资源中最活跃的、最具生命力的要素形态，反映着红色旅游文化的核心内容。同时，也影响着旅游主体的价值观念、审美追求和道德情操。①

精神形态要素作为红色旅游的灵魂，是推动红色旅游产品开发的核心内容和主要题材。红色旅游是依托革命历史文化遗产而开展的一种文化旅游活动，在这种文化旅游活动中，精神形态要素成为其吸引力和魅力的源泉。红色旅游之所以能够实现对旅游者的教育和激励作用，并使之在一定条件下进入高层美感体验阶段和高品位的审美境界，根本性的原因就在于红色旅游精神要素的魅力。在红色旅游开发中，要对红色旅游资源的核心价值精神形态要素给予足够重视，根据市场需求倾向，深度挖掘红色文化内涵，从而开发出创新的、有持久生命力的旅游产品。

(2) 行为形态要素。主要指红色旅游目的地居民、旅游者和红色旅游

---

① 周振国、高海生：《红色旅游基本理论研究》，社会科学文献出版社2008年版，第147页。

活动的组织经营者在红色旅游活动中约定俗成的习惯定势和行为，如习俗规范、礼仪制度、审美需求、民风民俗、行为举止、服务行为和服务方式等。它是红色旅游目的地居民、红色旅游者及红色旅游组织经营者的自发性行为。①

行为形态要素作为非物质要素，其实是红色旅游资源的物质要素形态到精神要素形态的中间性过渡环节，具有承上启下的不可替代的作用。在红色旅游活动开展过程中，要求红色旅游活动的组织经营者、目的地居民和旅游者具有一定的专业水平和历史文化素养。从组织经营者及目的地居民的角度说，他们必须在真正意义上把握红色文化，根据红色旅游活动项目的要求，向游客传授真实的历史知识、红色故事。从旅游者的角度说，他们必须掌握特定的红色文化知识，才能真正参与到红色旅游审美过程中，真实体验红色审美文化，达到旅游过程中旅游主客体间的能动交流。

表 3-1　　红色旅游资源构成要素

一级要素	二级要素	三级要素
物质要素	革命历史遗址类要素	著名战争、革命事件及活动遗址
		名人和烈士故居
		领袖故里和革命根据地
	革命纪念场所类要素	陵园
		纪念馆
		墓祠
		其他
	革命历史纪念物类要素	革命志士生活物品
		革命志士仁人工作用具
		革命志士及革命群众生产工具
		战斗武器
		革命历史文献、史料
非物质要素	精神形态要素	
	行为形态要素	

① 周振国、高海生：《红色旅游基本理论研究》，社会科学文献出版社 2008 年版，第 148 页。

3.3 红色旅游资源开发因素分析

3.3.1 红色旅游资源开发的意义

（1）政治意义。中国共产党在领导人民争取民族独立、国家解放的奋斗历程中，曾涌现出大量可歌可泣的爱国人物和事迹，同时也留下了十分丰富的革命历史遗产，是一笔宝贵的精神财富。红色旅游活动的开展构成思想政治教育的主体之一，而红色旅游所依凭的红色旅游资源，是思想政治教育的凭借。开发红色旅游资源，可以充分挖掘和有效利用这些宝贵的革命历史文化遗产，弘扬其所代表的先进文化，践行“三个代表”重要思想。组织广大党员干部瞻仰圣地，进行革命优良传统教育，对于反腐倡廉、加强党的领导、巩固党的执政地位具有不容忽视的作用。

（2）文化意义。红色旅游资源是社会主义思想文化的重要载体。通过积极开发红色旅游资源，把革命先辈的崇高精神和英雄事迹，作为开展思想道德建设的珍贵教材，将革命历史、革命传统和革命精神通过旅游的形式传输给广大人民群众，寓思想道德教育于参观游览之中，有利于帮助人们了解革命历史知识，提高广大民众的思想道德素质水平，培育新的时代精神，传播社会主义先进文化，增强爱国主义教育效果，是建设社会主义先进文化的有效途径。

（3）经济意义。在市场运作过程中，红色旅游有着重要的经济意义，特别是对于那些经济还不发达，人民生活还不够富裕的中西部革命老区，尤为重要。中西部革命老区拥有得天独厚的红色旅游资源，通过科学合理开发，把能够体现爱国主义、社会主义精神的纪念地和纪念物，以恰当的形式开发成旅游景点，将红色旅游资源变成红色资本，把资源优势转化为经济优势，创出红色旅游品牌，通过市场化运作，形成老区的经济增长点，推动老区经济结构调整，培育特色产业，促进生态建设和环境保护，带动商贸服务、交通电信、城乡建设等相关行业的发展，扩大就业，增加收入，为革命老区社会经济发展注入新的活力，带动老区人民脱贫致富。

3.3.2 红色旅游资源开发中存在的问题

随着全国范围内的红色旅游热潮，红色旅游开发在各地逐渐展开，红色旅游资源开发的问题也随之突出地显现出来，具体表现在：

(1) 资源开发产业化程度低。各地红色旅游区的旅游产品开发相对独立，各自为政，缺乏统一的、明确的主题。旅游产品开发处在资源导向阶段，有什么旅游资源便开发什么旅游产品，致使旅游产品规模小、质量差，并且存在近距离雷同、重复的现象。换言之，红色旅游产品总体上处于“小、散、差、弱”的局面，各红色旅游区的配套服务设施不完善，交通不便、信息不灵、公共设施落后、服务质量较低，① 资源开发的产业化程度低，旅游产品的整体竞争力不强。

(2) 旅游产品结构不合理。红色旅游区旅游产品类型单一，基本上以传统的观光型旅游产品为主，度假旅游、会议旅游和其他专项旅游产品发展比较缓慢。在单一的观光旅游产品类别下，许多景点过于简单化、程式化、趋同化，博物馆式的陈列居多，缺乏多样化的旅游产品项目和内容，缺乏能让游客参与其中的体验型的旅游产品，缺乏旅游精品和旅游名品，很难对游客产生强烈的吸引力，“画像+文物+文字”、“纪念碑+纪念馆”的模式很难吸引游客。②

(3) 旅游产品组合体系不全。由于合作意识和经济水平等原因的制约，各红色旅游区的资源开发缺乏协调统筹，一方面导致旅游区内部、产品内部项目设置单一、内容空乏；另一方面导致旅游区之间、产品之间缺乏内在联系，处于相对分散的状态；加上基础设施建设等的不完善，导致旅游产品的建设还只是停留在旅游线路的设计层面，线路组合停留在概念阶段，没有真正形成立体的互补性旅游产品网络结构体系。

(4) 尚未形成整合营销机制。缺乏影响深刻的集中连续的红色旅游产品宣传促销活动，许多宝贵的红色旅游资源仍然是“养在深闺人未识”，使得旅游景区知名度与其丰富的旅游资源极不相称。尽管国家已经按红色旅游

---

① 罗茜：“区域红色旅游产品体系的构建”，《湖南商学院学报》，2008 年第 2 期，第 66 页。

② 陈铭杰：“红色旅游产品设计刍议”，《中国旅游报》，2004 年 11 月 19 日。

主题划定了跨省区的红色旅游区，但各地主要还是按行政区域进行旅游产品营销，没有形成旅游产品整体营销网络和促销机制。

3.3.3　红色旅游资源开发因素

红色旅游资源开发是一项系统工程，必须综合考虑社会政治影响、旅游资源、客源地与开发地相互作用的渠道以及使开发得以顺利进行的辅助条件、市场状况等，因此，红色旅游资源开发是由社会政治因素、资源因素、中介因素、市场因素等组成的互动型系统。

3.3.3.1　社会政治因素

（1）社会因素。红色旅游资源的开发受到当前社会因素的影响。首先，国际旅游业正处于前所未有的迅速发展时期，文化旅游由于能够满足人们对高档旅游产品的需求，发展尤其迅猛。作为文化旅游的重要组成部分，中国红色旅游发展以及红色旅游资源的开发都面临难得的发展机遇。其次，中国面临着全面建设小康社会，构建社会主义和谐社会的伟大历史任务，贯彻落实科学发展观，促进中国特色社会主义经济、政治、文化又快又好发展，为红色旅游资源开发提供了强大动力和良好的社会环境因素。通过开发红色旅游资源，发展特色鲜明的红色旅游，既能满足人们外出旅游的需要，又能达到思想政治教育的目的。

（2）政治因素。国家政治生活的需要是红色旅游资源开发中最核心的影响因素之一，为红色旅游资源的开发提供了良好的动力条件。红色旅游资源在政府的强势推动下实现开发与供给。红色旅游是一项由党和政府部门认真研究规划实施的重要国家发展战略，而红色旅游资源则是实现这一战略的重要载体，开发红色旅游资源，可以用先辈的革命精神、革命事迹教育后代，为全面建设小康社会提供强大的精神动力。丰富的红色旅游资源为开展有声有色的革命传统教育提供了广阔的天地。一处处革命遗址，一件件革命文物，一个个革命故事，昭示了革命前辈的崇高理想和价值追求，诠释了中华民族的传统美德和共产党人的革命精神。

3.3.3.2　资源因素

旅游资源自身禀赋特征是红色旅游资源开发中最核心的影响因素之一。

（1）资源单体因素。资源单体因素又分以下两种：

①有形资源因素。一是红色旅游资源，如前所述，从物质层面来看，红色旅游资源的有形资源要素主要有革命历史遗址、革命纪念场馆和革命历史纪念物，这三大类构成要素是红色旅游活动的基本载体和发展红色旅游的物质基础；二是产品，对红色旅游资源本身加工形成的产品以及为提升红色旅游竞争力对红色旅游资源与当地及区域内外其他旅游资源整合加工形成的产品，成为旅游者购买的对象。[①] 为了保持或增加有形吸引，对于有形资源因素中的遗址遗迹部分需要加以修缮，因为它们大多经过战火的洗礼和自然的风化，必要的修缮是不可少的。但在修缮过程中应把握重现原貌的原则，外观尽量做旧，不要破坏其整体风格；但是旧并不意味着质量差，不要在做旧的同时给人以粗制滥造的感觉，破坏审美氛围。此外，借助纪念场馆充分展示历史文化是一个很好的方法，所以一定的纪念场馆的建设也是必不可少的，但并不意味着有一处历史事件及其遗迹，就一定要修建一个纪念馆或博物馆，也并不意味着每一个纪念馆都要修建一个大的广场，而是要根据当地经济、周边环境、文化氛围、配套设施、其他类型旅游资源组合等实际情况来决定。

②无形资源因素。无形资源因素主要包括红色文化、地区综合形象等方面。蕴涵在革命遗址、遗迹中的民族精神、革命精神以及作为中间过渡环节的行为要素等红色文化是红色旅游资源开发的内容和题材，构成直接的旅游吸引，地区综合形象和旅游产品形象形成品牌吸引。文化的表现有很多途径，风俗、歌舞、工艺美术等都是文化的载体。在红色旅游资源开发中可以考虑活泼的、与游客互动的方式，这样的效果会更好。井冈山的红色之旅中有“吃红军饭”这一活动内容，将红军精神外化为一碗饭菜，游客通过亲口品尝红军当年吃过的饭菜来了解革命战争年代的艰苦生活和环境，从中领略红军不畏艰难的斗争精神。旅游目的地形象是旅游者对某一旅游地的总体认识和评价，是区域内在和外在精神价值进行提升的无形价值。[②] 一个地区的旅游形象成为影响其旅游资源价值和旅游资源开发的重要因素。

---

① 付晓刚：“红色旅游开发研究——以井冈山市为例”，云南师范大学硕士学位论文，2006年，第31页。

② 吴必虎：《区域旅游规划原理》，中国旅游出版社2001年版，第204页。

（2）资源组合因素。指同一旅游地内不同因素的组合或同一地域内旅游资源的分布及配置情况。[①] 大部分红色旅游区除拥有红色旅游资源外，往往还分布着其他种类的旅游资源。红色旅游区内资源组合程度的高低，影响着红色旅游资源的开发价值。红色旅游作为一种选择性的旅游形式，其旅游市场具有一定的局限性，单独以红色文化专线来迎合旅游市场，也许其资源与产品价值都不高，但如果将各类资源合理组合，多种旅游活动因子巧妙结合，也就是将红色旅游与其他旅游形式进行综合，就可以提升红色旅游资源的价值，提高其资源的市场迎合度。所谓资源市场迎合度是指根据旅游目的地资源特点开发出的旅游产品体系所能满足旅游消费者市场需求的程度。旅游市场迎合度越高，这个地区的红色旅游价值就越高。举例如下：

①“红绿”相映——红绿相映可以凸显人与自然和谐相处的主题，红色资源的教育意义浓重，有时难免使人感觉单调乏味，如果加入绿色因素就完善了产品结构，也符合旅游休闲的内在规律性要求。井冈山就是“红绿”结合的典范，除拥有丰富的革命历史遗址遗迹等红色景观外，还有优美的自然景观，如林海、日出、朝霞、彩虹、瀑布、险峰等，其绿色自然景观和红色革命遗址交相辉映，使游客在接受革命教育的同时可以欣赏到美不胜收的风景。[②] 井冈山“红绿”相映旅游取得的成就人所共睹。据统计，2006年井冈山共接待国内外游客250万人次，旅游总收入达13.4亿元，实现门票收入8867万元。2007年旅游人次360.1万人次，增长22.5%，旅游收入19.32亿元，增长44.18%，门票收入1.04亿元，增长15.71%。作为一个只有14万人口的县级市，它的成就是非凡的。

②“红古”融汇——红色景区本身有其特定的历史意义，但是如果和中华民族五千年来博大精深的历史文化内涵结合好，更能突出新中国成立的历史必然性，增强国民的民族自豪感并赢得世界其他民族的尊重。红色旅游与古色旅游的结合有两种类型：一种是复合型，例如北京郊区的卢沟桥，本身是红色事件的发生地，同时又具有悠久的历史文化，是“古燕京八景”之一，这个就可作为“卖点”开发；另一种是综合型，以南昌为例，既有

---

① 刘振礼、王兵：《新编中国旅游地理》，南开大学出版社1996年版，第77页。

② 朱多生：“红色旅游开发中‘井冈山模式’的提出”，《职业技术》，2006年第16期，第84—85页。

“南昌起义”的旧址群和纪念地，也有“江南四大名楼”之一的滕王阁，两者的空间组合好，又不重叠，开发的思路就是“连点成线”。不过对于红色旅游与古色旅游的结合，要根据具体情况制定不同的规划方案。[①]

③“红俗”结合——多数红色景点所处的地区也是少数民族的聚居区，少数民族聚居区现代经济的不发达，并不意味着文化资源的匮乏，相反很多地区拥有富集的中国传统文化。发展民族风情旅游对红色旅游的意义在于，民族风情旅游所吸引的旅游市场范围是很广阔的，而民族旅游和红色旅游在空间上的重叠，也为红色旅游增加了内容和魅力。以民族风情丰富旅游产品的内涵，开展民族文化旅游在创造经济效益的同时又可以展示、宣传多彩的民族文化，就实现了文化与经济的良性互动。

④“红彩”相间——红色旅游产品要与多色产品协调互动发展。以江西上饶为例，当地既有以弋阳县方志敏纪念馆、上饶集中营旧址等为代表的红色经典产品体系，也有以三清山、龟峰等为代表的绿色旅游产品，还有以万年“世界稻作文化”、婺源古村落等为代表的古色产品，产品体系开发的思路便是红色产品与其他各色旅游产品的组合和多色综合。上述四者均不是独立存在的，可以四者并存，也可以两两组合存在，具体形式由当地资源分布情况决定。

3.3.3.3 中介因素

（1）媒介支持因素。红色旅游资源开发的媒介是客源市场与旅游地相互作用的中间环节，主要包括旅行社及其提供的旅游服务和由政府、旅游目的地、旅游销售商及传媒向旅游者提供的信息服务以及联系旅游地和客源地的交通条件等方面。它一方面向客源市场推出红色旅游产品，激发市场消费行为，使旅游者的旅游愿望得以实现；另一方面将旅游市场的需求信息反馈给旅游地，指导红色旅游资源开发运作。

（2）保障因素。即开发红色旅游资源的外部环境因素。一个完善的保障系统有利于增强红色旅游资源的吸引力，推动旅游产品的形成与供给，有利于把人们潜在的旅游动机转变为现实的旅游需求，有利于提高旅游活动质量，最终有利于市场开拓。

---

① “红色旅游开发专题研究”，旅游运营网，http：//focus. lwcj. com/focus_ 21hs.

①政策法规。我国红色旅游快速发展的原因，一方面固然是市场发育的结果，另一方面也得力于政府的政策推动。红色旅游作为政策性支持产业，要获得持续、健康、稳定发展的动力，政府部门就要在制定相关扶持政策、开展基础设施建设、进行宣传促销、规范景区管理、严格资源保护等方面，为红色旅游资源开发营造一个良好的政策平台和环境。完善的法规体系的建立有助于保护旅游地红色旅游资源，避免产品开发的无序和恶性竞争。

②旅游设施。主要包括旅游基础设施、旅游服务接待设施及用于休闲度假、康体娱乐、考察学习等的活动场所，它们构成了红色旅游资源开发的辅助吸引因素。通过大力建设和不断完善旅游设施，能增加红色旅游资源的附加价值，极大地推动红色旅游资源开发活动的进行。

③环境保证。主要指红色旅游资源开发需要一个安全、轻松的社会环境，一个基础设施完善、资金充足、技术有保障并且鼓励流通、内外贸易服务完善的经济环境，一个健康文明的文化环境。三者在红色旅游地是统一和互补的，它们在较大程度上影响旅游者对红色旅游资源价值的感知，影响旅游者对红色旅游资源美誉度和吸引力的评价。环境质量优良会使红色旅游资源具有更高的开发价值。

④人力资源。拥有高素质的旅游决策、规划与经营管理人才是正确处理开发、保护、经营矛盾，有效避免无序低效建设，提升红色旅游质量和规模，优化整体促销效果的重要条件；一线服务人员的素质高低直接影响旅游者的旅游体验感和满意度，对红色旅游资源开发效果产生长远影响。在人才普遍缺乏的革命老区开发红色旅游资源，首先要引进高素质的规划和管理人才，同时对一线服务人员开展高质量的教育和培训。

3.3.3.4 市场因素

（1）区位因素。区位因素指红色旅游资源所在地区的地理位置，主要分为资源可进入性、区位比较优势、资源的稀缺性等。区位因素的优劣对红色旅游资源开发价值和整个旅游业的发展将产生极大的影响。

①资源可进入性——可进入性就是指从客源地到达旅游目的地的交通条件、费用、时间等因素的总和。可进入性越好，意味着红色旅游资源的价值就越高，在红色旅游活动的开展中就越占有优势。大部分红色旅游资源的品位较高、特色鲜明，进行产品综合开发的资源基础非常突出。但是，对于拥

有丰富红色旅游资源的红色旅游区，资金问题和可进入性问题是其发展中的两个“瓶颈”，而且可进入性问题的解决周期长，不是一蹴而就的，这导致了我国起步较晚的红色旅游区的可进入性普遍较差。例如，遵义市的赤水旅游区，距省会贵阳市400千米，距四川省泸州市78千米，景区以十丈洞瀑布、四洞沟瀑布群为主体，素有“侏罗纪自然公园”之称，绝佳的自然地理环境既是其资源的一大特色，但也为资源可进入性带来了巨大的困难。[①]这一问题的改善成为各红色旅游区进一步发展和管理的重要环节。

②区位比较优势——区位比较优势简单地说就是指旅游资源所在地区相对于周围地区的优势，比较内容大概可以分为区位地理位置、地区经济发展水平、地区内人口数量三个方面。旅游目的地区位比较优势质量的好坏，将影响到其旅游资源的价值及发展前景。例如上海中共“一大”旧址旅游，由于上海作为国内乃至国际现代化大都市，拥有极佳的地理区位和经济发展条件，具有发展红色旅游的区位优势，使得上海的红色旅游发展“不叫自热”。一般情况下，面对一个资源等级较高的旅游景点，由于它的地理位置或是地区经济发展水平的问题，不能给游客提供良好的旅游服务配套设施，就会导致旅游经营客源不足、守株待兔。例如，四川广元旺仓县具有丰富的以红军遗址为龙头的红军人文景观，代表景观有木门寺会议会址和各种省级重点保护革命文物，但旺仓县是国家级贫困县，区位优势差，导致其红色旅游发展相对滞后。[②]

③资源的稀缺性——资源的稀缺性指某种旅游资源在该旅游地区相对于其他种类旅游资源的稀有程度。这是红色旅游发展过程中，资源组合、线路组合、线路安排等方面都应重点考虑的环节。某种旅游资源在全国范围内可能很丰富，但在该旅游地区则相对稀缺，那么它就具有较高的旅游资源价值。这种因素的好坏直接影响到该地区资源组合质量的高低和旅游产品的多样化。例如井冈山拥有得天独厚的自然资源，遵义拥有丰富多彩的少数民族民俗风情资源，延安拥有黄土民俗风情资源，这些都成为红色旅游区中的资源亮点。

---

① 井冈山市旅游局：《井冈山市导游必读》，2004年。

② “血铸中华——四川广元修建‘红军文化园’”，http：//cyc6. cycnet. com：8090/xuezhu/report/content. jsp？n_ id = 8349. 2005 - 4 - 22.

（2）目的地旅游市场完善度因素。目的地旅游市场完善度指某种资源所在地旅游市场体系的发展成熟度。主要包括旅游市场供给体系、产品体系和要素体系，旅游市场完善度低是影响红色旅游资源开发的又一制约性因素。

①旅游市场供给体系指为了满足日益扩大的旅游需求，而由旅游经营者市场提供的全部旅游产品总和。[①] 大多数的红色旅游区社会经济、文化相对落后，在进行红色旅游资源开发时，往往就红色“论”红色，旅游活动因子非常单调，旅游景点数量少，资源组合度低，从而导致地区整体旅游吸引力小，在一定程度上影响了旅游地区知名度的提升。

②旅游市场产品体系是指满足旅游者在旅游活动中所消费的各种物质产品和服务的总和。随着现代旅游的发展，旅游市场上出现了形式多样、内容多维、种类多元的旅游产品体系，从传统的观光旅游，到现代的度假旅游和特种旅游产品，这些都促使全行业旅游产品体系不断走向完善。我国大多数地区的红色旅游处在革命遗产观光的初始阶段，不能满足旅游者对丰富多样的旅游产品的需求。因此，红色旅游资源开发中，应整合本地区的各种资源，开发集观光休闲、野营度假、会展学习、康体养生、生态旅游等为主要内容的特色红色旅游产品体系。

③旅游市场要素体系指形成旅游产品的资源、资金、技术和劳动力等生产要素体系[②]，简单地说就是指旅游者旅游过程中所需要的食、住、行、游、购、娱、学、疗、体、悟等服务要素的总和。红色旅游区由于经济、文化的长期相对落后，旅游产业结构单一，为旅游提供直接或间接服务的各行业发展缓慢，产品类型及质量都有待提高，因而在红色旅游资源开发中，必须重视红色旅游目的地基础服务功能的建设，才能满足旅游者多样的旅游需求。

（3）客源市场因素。人对旅游的需求是旅游开发的原始动力，人们的需求特点不断发生变化，越来越追求更高层次的精神文化生活。由于人们的自然属性和社会属性的不同，导致了人们的消费观、精神文化追求、经济能力等方面的差异，因而对旅游产品的需求也就呈现出多样化的特点，研究红

---

① 罗明义：《旅游经济学原理》，复旦大学出版社2004年版，第137页。

② 罗明义：《旅游经济学原理》，复旦大学出版社2004年版，第138页。

色旅游客源市场因素主要是研究客源特征、客源目标以及未来变化趋势。在红色旅游资源开发中只有对客源市场进行分析预测，才能保证红色旅游资源开发获得经济效益。

①客源市场区域特征分析。红色旅游属特殊的主题旅游，由于意识形态的差异，西方游客对中国革命历史了解甚少，对红色旅游的兴趣不是很大，故红色旅游的客源多在国内。根据井冈山管理局旅游管理处2009年“五一”假期游客满意度调查，境外游客所占的比重非常小。见表3-2。

表3-2　　井冈山旅游客源地构成

客源地	广东	江西	湖南	浙江	上海	安徽	北京	江苏	湖北	福建	其他
构成	31%	22%	8.9%	6.5%	5.5%	4.5%	3.8%	3.5%	3.5%	3.5%	7.8%

资料来源：井冈山管理局旅游管理处。

②客源市场需求特点分析。红色旅游资源的开发、产品打造与销售都是为了满足旅游者的需求，从经济学角度来说，不同类型旅游者的需求偏好存在差异，因此，红色旅游资源开发首先必须了解旅游者的需求偏好，对客源市场进行划分，在此基础上有针对性地进行产品开发和宣传促销。如为了吸引高素质、感兴趣的游客，红色旅游线路的设计往往突出一个鲜明的主题；在和平年代长大的年轻人一般对红色旅游的战争题材有着浓厚的兴趣，在红色旅游资源开发中，可利用战争遗迹进行战场场景再现，策划穿越、探险、竞赛等参与性项目，提高游客兴趣。总之，旅游经济是市场经济，在我国旅游业已进入买方市场的形式下，遵从旅游发展规律和市场经济规律对旅游者的需求特点进行深入分析，开发出适销对路的旅游产品是红色旅游获得持续发展的出路。

③主要客源群体目标分析。红色旅游产品拥有特定的客源市场，从国内红色旅游市场分析，主要来自于群体市场和个体市场。

首先，群体市场主要表现在：在校学生群体市场——红色旅游资源是在特定的历史背景下形成的特殊旅游资源，是发挥爱国主义教育功能的重要载体，在校学生是开展爱国主义教育的目标群体，具有数量大、出游热情高等特点，学生出游的目的主要是观光休闲、增长知识，这部分市场成为红色旅游的重要目标市场。针对学生特点进行红色旅游产品开发，要使产品内涵更加丰富，既要有传统的观光旅游，又要有爱国主义教育、革命传统教育的特色，要充分利用重大历史事件、历史人物纪念日和节假日，以及入学、入团、入党等有特殊意义的日子，为学生开展活动、接受教育提供方便。党政机关、企事业单位职工群体市场——近几年来，红色旅游逐渐与市场接轨，一些党政机关、企事业单位团体看中红色旅游活动所蕴涵的教育功能，将革命教育和休闲度假相结合，把红色旅游作为开展先进性教育的重要方式，他们希望通过红色旅游，达到缅怀前人、激励今人、教育后人的目的。以云南省为例，赴云南的红色旅游者主要以政府机关、企事业单位的人员居多，所占比重为75.6%，在一定程度上也表明红色旅游较强的政治性指向。

其次，个体市场主要表现在：青壮年市场——他们出生在红色革命成功后不久，耳濡目染革命历史，对红色旅游比较感兴趣，出于红色情结，青壮年通过红色旅游领略前辈的丰功伟绩，激励自己更加奋发向上、努力工作。仍以云南的红色旅游为例，25—44岁年龄段的青壮年游客占了游客总数的一半以上。[①] 青少年市场——青少年是构成红色旅游客源市场的一个重要组成部分，通过红色旅游培养他们的爱国情感，而寒暑假又是组织“冬令营”、“夏令营”活动的时期，同时，利用红色旅游地良好的自然环境和气候条件进行度假休闲的游客比例在逐步上升。因此，从全年来看，7至8月份是红色旅游的旅游旺季。老年人市场——老年人，特别是一些老党员、老干部、老军人，经历过红色革命，对红色革命深有体会，“忆往事、想当年”是开发这部分目标市场的契合点。虽然人数没有青壮年那么多，但仍然是不可忽视的一部分客源。自驾车市场——尽管红色旅游目的地的交通相对来说并不十分完善，但随着客源消费结构的变化，自驾车旅游发展前景看好[②]，这部分市场大多是家长领着自己的孩子去革命圣地接受革命教育，自驾车市场是红色旅游不可忽视的一部分目标市场。据井冈山景区反映，近年来，来自上海、广东等地的“红色之旅自驾车游”数量剧增。另据报道，全国大中城市“五一”期间出游人群中，近30%的游人选择自驾车。其中，北京市自驾车出游的比重高达53%。

---

① 周刚、杜靖川、吕本勋：“红色旅游市场定位与营销策略研究——以云南省为例”，《江苏商论》，2006年第7期，第85页。

② 王婉飞、董长云、翟涛：“我国自驾车旅游发展现状及对策”，《中国旅游报》，2005年2月2日。

④客源市场趋势预测。通过对红色旅游客源市场的分析，按照旅游规律和市场规律，结合消费结构变化，红色旅游客源市场在未来一段时间内，将出现以下几种趋势：一是结合带薪休假制度和奖励旅游制度启动红色旅游市场，将红色旅游与企业、单位文化建设和团队建设结合起来；二是把红色旅游与会议旅游和商务旅游结合，正确引导集体消费和团体购买；三是启动修学（以青少年为主要客源对象，在旅游目的地开展短期教育培训等的旅游活动）旅游市场，将红色旅游作为素质教育和爱国主义教育的重要课堂；四是启动银发旅游市场，满足老年人的红色情结和怀旧情感，促进其身心和谐；五是启动体育旅游市场，将红色旅游与行车、野营、登山等体育活动结合起来。为此，要改变传统的革命传统教育单一观光旅游模式，需要开发形式多样、内容丰富、参与性强的红色旅游产品体系。参见表3-3。

表3-3　红色旅游资源开发因素

<table>
<tr><th>一级因素</th><th>二级因素</th><th>三级因素</th><th>四级因素</th></tr>
<tr><td rowspan="2">社会政治因素</td><td colspan="3">社会因素</td></tr>
<tr><td colspan="3">政治因素</td></tr>
<tr><td rowspan="7">资源因素</td><td rowspan="4">资源单体因素</td><td rowspan="2">有形资源因素</td><td>红色旅游资源</td></tr>
<tr><td>红色旅游产品</td></tr>
<tr><td rowspan="2">无形资源因素</td><td>红色文化</td></tr>
<tr><td>地区综合形象</td></tr>
<tr><td rowspan="3">资源组合因素</td><td colspan="2">“红绿”相映</td></tr>
<tr><td colspan="2">“红古”融汇</td></tr>
<tr><td colspan="2">“红彩”相间</td></tr>
<tr><td rowspan="7">中介因素</td><td rowspan="3">媒介支持因素</td><td colspan="2">旅行社及其提供的旅游服务</td></tr>
<tr><td colspan="2">由政府、旅游目的地、旅游销售商及传媒向旅游者提供的信息服务</td></tr>
<tr><td colspan="2">联系旅游地和客源地的交通</td></tr>
<tr><td rowspan="4">保障因素</td><td colspan="2">政策法规</td></tr>
<tr><td colspan="2">旅游设施</td></tr>
<tr><td colspan="2">环境保证</td></tr>
<tr><td colspan="2">人力资源</td></tr>
</table>

续表

一级因素	二级因素	三级因素	四级因素
市场因素	区位因素	可进入性	
		区位比较优势	
		资源的稀缺性	
	目的地旅游市场完善度因素	供给体系	
		产品体系	
		要素体系	
	客源市场因素	区域特征	
		需求特点	
		主要客源群体目标	
		客源市场趋势预测	

3.4 红色旅游资源开发策略

3.4.1 红色旅游资源开发原则

（1）大旅游产业原则。红色旅游资源是我国珍贵的爱国主义教育资源，教育功能在红色旅游资源开发中占有最重要的位置。作为一种旅游资源，它是多产业联运、多行业联系紧密的一种资源。[①] 因此，在开发红色旅游资源时，应结合当地有利的自然环境、人文条件，开发多种类型的旅游资源，形成以红色旅游为主，生态、观光、修学、科考等旅游为辅的多种类型旅游相辅相成的大旅游格局。如湖北洪湖将红色景点与洪湖的自然资源、历史文化资源结合起来，共同打造一条“红+绿+古”的精品红色旅游线路，将红

① 梁峰：“我国红色旅游资源分布特点及其开发策略研究”，《桂林旅游高等专科学校学报》，2005年第5期，第49页。

色旅游与绿色风景、古色文化相结合，红色旅游与休闲度假、体验生活相融合，更好地整合各类资源，实现优势互补，以发展红色旅游为切入点，发挥旅游业的关联带动作用，形成大旅游格局。

（2）可持续发展原则。红色旅游资源是稀缺资源，要把资源开发利用与生态环境保护有机地结合起来，正确处理资源开发利用与保护的关系，保护好了才能更好地利用。为了支持革命老区对文物的发掘、整理、保护，国家有关部门可在政策和资金投入上给予必要倾斜，使革命遗址、纪念地、建筑、文物等得到妥善保护和修缮，保护其原有的风貌，使之规范开发和合理利用；同时，提倡科学的环保旅游。总之，要通过各种有效途径，积累更多的资金用于文物的保护和修缮，使革命文物的保护与利用实现双向互动，和谐统一，使红色旅游资源的开发走上自我完善，可持续发展的轨道。

（3）环境承载力原则。承载力指区域旅游资源和生态环境等诸因素在没有受到消极影响的前提下所能接纳的最大旅游活动量，由旅游的资源承载量、感知承载量、生态承载量、经济发展承载量和地域承载量 5 个基本承载量组成。① 在开发利用红色旅游资源的过程中，切忌为了一时的经济利益而忽视对于旅游承载力的重视。红色旅游在很大程度上是寓教于游的活动过程，人们在旅游过程中对环绕在身体周围的空间有一定的要求，如果空间拥挤，便会导致心理不安和精神的不愉快，也必然会影响到客源市场的发展。

3.4.2 红色旅游资源开发对策

红色旅游资源是一种特殊类型的旅游资源，搞好红色旅游资源的开发，除了坚持和贯彻其开发的基本原则外，关键在于立足红色旅游资源的属性、特征，解决其自身开发、利用过程中面临的特殊问题。本书对红色旅游资源开发的对策作如下尝试性探讨。

（1）增强创新意识，掌握发展规律。在红色旅游资源开发实践中面临三大问题，即：如何从服务于政治文明和精神文明的高度规划和开发好红色旅游资源；如何把对红色旅游资源的特殊属性的认识体现在资源规划和开发

---

① 梁峰："我国红色旅游资源分布特点及其开发策略研究"，《桂林旅游高等专科学校学报》，2005 年第 5 期，第 49 页。

的实践中；如何降低红色旅游资源的不可再生性带来的巨大探索成本。[①] 当前，我国红色旅游资源开发正处于起步阶段，并且无国外直接经验可供借鉴，红色旅游资源开发任务神圣而艰巨。这就要求各级旅游行政管理部门、业界、学界充分认识红色旅游资源的价值及资源开发的意义，树立开发红色旅游资源的社会责任感和历史使命感，增强开拓创新意识，努力探索和掌握红色旅游资源开发的一般规律。

(2) 加大基础投入，进行适度开发。由于革命老区经济发展较为落后，很多地区红色旅游资源的可进入性较差，配套基础设施不健全，完全由地方进行投资建设来改善这种状况显然是力不从心，因此，对地处革命老区的红色旅游地有必要进行投资和政策倾斜。同时，地方政府也应在开发红色旅游资源时进行大胆的尝试，寻找合适的融资渠道使投资主体多元化。[②] 景区(点) 应充分发挥政府主导投入的资金效用，使红色旅游资源开发走上良性循环的轨道。同时要进行合理的空间布局，注意红色旅游设施建设与当地的自然人文景观相适应，与周围环境状况、文化氛围相协调，与旅游需求地域结构相适应。

(3) 注重“特色”建设，避免千篇一律。特色是旅游业发展的先决条件之一，由于中国革命和建设的历史进程不同，各地红色旅游资源形成的历史背景也不同，因此从资源的形式和内涵的挖掘上各地都应把握自己的“特色”，这是由红色旅游资源的异质性[③]决定的。因此，各地应根据不同的历史背景、不同的地理位置、不同的社会条件以及不同的民族、民间风俗文化进行“特色”建设。在资源内涵的挖掘上，把革命遗址及其所蕴涵的红色革命精神放在整个中国近现代史的大背景里加以全面阐释，通过对旅游产品形象的设计与包装，充分渲染出特定的历史氛围与背景，打造出革命老区特有的红色旅游品牌。在文化与生活背景的设计上，注重深挖红色旅游资源独特的文化内涵，尽可能与当地民族、民间风情相结合，将特有文化活动融

---

① 马进甫、宋振美：“简析红色旅游资源的特征及其开发策略”，《北京第二外国语学院学报》，2006 年第 1 期，第 113 页。

② 梁峰：“我国红色旅游资源分布特点及其开发策略研究”，《桂林旅游高等专科学校学报》，2005 年第 5 期，第 49 页。

③ 付修勇、李连璞、高岩：“红色旅游资源开发模式选择研究”，《聊城大学学报（自然科学版）》，2006 年第 2 期，第 65—67 页。

入旅游活动中，让参观者更加深刻了解、欣赏老区独特文化。以陕北为例，可将黄土高原景观作为环境背景，以窑洞这一地方民居作为活动地点，结合特定的历史背景，进行“特色”形象设计，将安塞腰鼓、信天游民歌等特有文化活动融入红色旅游活动中，引导游客参与其中，从而满足游客多样化的需求。

（4）注重“层次”开发，有效整合资源。首先，深挖区内红色旅游资源的内涵，进行个性开发和综合性建设，加强旅游线路的科学设计，提高区内红色资源的关联性和利用上的便捷性，为旅游市场提供独具地方特色和鲜明主题个性的红色旅游产品。其次，加强红色旅游资源与区内其他类型旅游资源的互补性开发，使其他类型旅游资源与红色旅游资源共同作用形成旅游“套餐”，通过资源组合产生的影响力和合力，扩大区内红色旅游资源的规模。最后，实现区域间红色旅游资源的协调发展，各地红色旅游资源都有其特点，根据资源优势进行旅游职能划分，变区域优势为整体优势，这不仅可以实现红色旅游资源的优势整合，而且还可以促进旅游群带的形成。例如山东德州市利用本地丰富的革命历史文化资源、优越的区位优势和便利的交通运输条件，制定了红色旅游发展的“143”战略，即重点建设一个红色旅游区，完善四个红色旅游点，形成三条红色旅游线路。该战略的制定与实施，不仅克服了单个地域红色旅游资源贫乏及其他条件不足的弊端，而且还增强了其整体对外的吸引力，对全面发展红色旅游，打造红色旅游品牌以及促进地方经济的发展将起到极大的促进作用。①

（5）加强宣传促销，扩大市场份额。旅游信息的有效发布是吸引潜在游客的一种重要手段，充分利用各种媒体手段对红色旅游资源进行全方位的宣传，是扩大红色旅游市场影响力，提升红色旅游市场美誉度的必然选择。除了传统的报刊、杂志外，在互联网日益深入人们生活的时代，充分利用网络这一资源扩大对红色景区的宣传，可以迅速提升景点的知名度。另外，充分利用传统的节庆活动进行旅游宣传促销，结合建党、建国、建军等重大纪念活动以及其他重大节庆日，充分报道革命老区开展的各项红色旅游活动以扩大景区的影响力和提升景区的知名度，有利于开拓更多潜在的红色旅游客

---

① 付修勇、李连璞、高岩：“红色旅游资源开发模式选择研究”，《聊城大学学报（自然科学版）》，2006 年第 2 期，第 65—67 页。

源市场。

目前，对有关红色旅游资源构成要素及开发因素的系统研究还欠深入，更没有形成一个完整的理论框架。然而，这一问题的研究在红色旅游发展实践和理论研究中占有很重要的地位，缺乏对这一问题的深入了解和正确把握，红色旅游资源的开发很容易陷入盲目、无序的状态，甚至会影响到整个红色旅游业的发展。本书的创新之处在于，首先，通过对革命历史遗址、革命纪念场馆和革命历史纪念物等物质要素和精神形态、行为形态等非物质要素两个方面的红色旅游资源构成系统的分析，为红色旅游产品开发、产业发展、产地合作找到了有价值可利用的开发因子和借鉴因素，从而找到了红色旅游吸引力的基本载体，奠定了红色旅游的发展基础。其次，基于对上述实践问题的认识和理论的基本阐述，从社会政治、资源、中介、市场等“四大要素”方面，分析红色旅游资源开发过程中的主要影响因素及其相互作用的过程，正是这样一个互动的系统，形成了一个运行的业态，由此构建了一个基于资源—产品—市场—经济—产业的红色旅游生成模式。在充分研究红色旅游资源构成要素和开发因素的基础上，探索红色旅游资源的开发原则和发展策略，以更好地指导红色旅游资源的开发实践，促进红色旅游的持续、稳定、健康发展。

第4章

红色旅游资源开发与老区现代化

我国红色旅游发展如火如荼，2009 年全国红色旅游接待总人数达到 4 亿多人次，同比增长 50.5%；旅游综合收入 525.28 亿元，同比增长 25.54%。我国政府把 2005 年确定为“红色旅游年”，并在 2005—2006 年的国债资金中安排红色旅游专项资金 11 亿元，共支持了 101 个红色旅游基础设施项目建设。其中，2005 年安排 7 亿元，支持 48 个项目；2006 年安排 4 亿元，支持 53 个项目。[①] 2007 年国家发展和改革委员会继续安排中央专项投资 4 亿元，共安排项目 80 个。[②] 由于历史的原因，红色旅游资源大多存在于经济发展较为落后的革命老区，因此红色旅游资源的开发对老区经济社会发展及现代化建设有着极大的促进作用，也为党和政府解决老区“三农”问题提供了新的经验。如何在开发过程中实现社会、经济、环境效益，更好地促进革命老区的现代化是值得关注和研究的问题。

从目前来看，相关理论研究十分欠缺，难以对红色旅游发展实践起到指导作用。在中国知网进行跨库检索，从 2003 年到 2008 年 8 月 6 日，红色旅游资源开发主题相关文献有 545 篇，题名相关文献 108 篇。老区现代化主题相关文章 127 篇，优秀硕士论文 6 篇，老区现代化文献标题相关文章只有 6 篇，而且全部来自于中国重要报纸全文数据库。区域现代化主题相关文献有

---

① 国家旅游局：“大力发展红色旅游，支持革命老区建设——国家旅游局发展红色旅游工作综述”，中央政府门户网站，http：//www. gov. cn. 2007 -5 -14.

② 全国红色旅游工作协调小组办公室：“全国红色旅游工作协调小组 2007 年工作总结和 2008 年工作要点”，中国红色旅游网，http：//www. crt. com. cn/news2007/News/quanwei/2008/324/08324122981697GG3E74FEC1HFEB6D_ 3. html. 2008 -3 -24.

5554篇，题名相关文献227篇，其中博士论文3篇，优秀硕士论文4篇。但是红色旅游资源开发与老区现代化关系、红色旅游资源开发与区域现代化、红色旅游资源开发与现代化等主题还是空白。

最近五年，关于红色旅游研究多数集中在资源开发与保护上，此不赘述。另外还有关于红色旅游资源市场开发分析的文献，如2006年东北师范大学硕士学位论文“红色旅游资源开发研究——以辽宁省为例”，红色旅游资源深度开发方面的研究，如2006年山东大学硕士学位论文“山东红色旅游资源开发研究”。再有，红色旅游资源可持续开发现状及对策等方面的研究，如2007年湘潭大学硕士学位论文“红色旅游资源可持续开发研究”。尽管也有不少文献内容研究了红色旅游资源开发对当地经济社会的影响，但关于红色旅游资源开发与老区现代化关系的研究却几乎是一个空白点。

关于区域现代化研究，大多集中于区域现代化本身，或者是与其他行业的结合研究，很少有把红色旅游与区域现代化结合起来的研究成果。这里引用崔大树2003年所作浙江大学博士后研究工作报告“区域现代化的理论与实证研究”的观点：就区域现代化的研究来看，侧重于经济、科教、社会发展等方面的实证分析。有些省市确定了现代化的目标指标及评价体系、发展途径，但还缺乏相关理论的支撑①。关于红色旅游资源开发与区域现代化的关系研究和关于老区现代化的学术研究更加薄弱。因此，就红色旅游资源开发与老区现代化的关系作一初步探索，以期构建相关的理论框架是十分必要的。

4.1 老区现代化相关理论

4.1.1　革命老区概念

中国革命老根据地简称革命老区或老区，是指第二次国内革命战争时期

---

① 崔大树：“区域现代化的理论与实证研究”，浙江大学博士后研究工作报告，2003年，第15—36页。

和抗日战争时期，在中国共产党和毛泽东等老一辈无产阶级革命家领导下创建的革命根据地。它分布于全国大陆除新疆、青海、西藏以外的28个省、自治区、直辖市的1300多个县（市、区）。第二次国内革命根据地划定标准：曾经有党的组织，有革命武装，发动了群众，进行了打土豪、分田地、分粮食和牲畜等运动，主要是建立了工农政权并进行了武装斗争，坚持半年以上时间的地区。包括①建立过苏维埃政权，分配过土地的地区；②只建立过苏维埃政权，尚未分配过土地的地区。[①]

4.1.2 区域现代化的含义、基本特征和衡量指标

4.1.2.1 区域现代化的含义

（1）现代化的内涵。借鉴国内外的大量研究资料，可以从以下几个方面来理解和把握现代化的内涵。

①工业化是现代化的重要因素和先期产业依托。现代化是一个具时间特征的动态概念，不同的历史时期，现代化的内容和内涵是不一样的。从经济—技术的角度看，当下所谓的现代化，首先的也是最本质的必须包括工业化的基本内容，现代化的过程也就是人类社会从传统农业社会向现代工业社会转变的历史过程，工业化始终是现代化的核心和主导，是现代化过程必须经过的阶段。工业化是现代化的前提和必要条件，但不是现代化的充足条件，工业化并不完全是现代化，现代化的概念要比工业化宽泛得多。

②信息化是现代化高级阶段的主体和关键所在。现代化过程是工业化过程与信息化过程交织重叠在一起的，如果称工业化为现代化第一阶段的话，那么信息化可以称之为现代化的第二阶段，且信息化是现代化第二阶段的主体部分和关键所在，信息化比工业化更为重要，对现代化的作用将日益明显。从信息化和现代化的关系上来看，信息化是现代化的前提和基础，但也不是现代化的全部内容。

③现代化是“四化”相互交织并同步推进的过程。[②] 工业化、信息化、城市化和劳动力的非农化在现代化进程中都扮演着重要角色，在这四者的关

---

① “老区扶贫基本知识”，武夷山政府网，http：//www. wuyishan. gov. cn/wys/swdw/lqb/index. htm.

② “老区扶贫基本知识”，武夷山政府网，http：//www. wuyishan. gov. cn/wys/swdw/lqb/index. htm.

系中，工业化是基础和前提，工业化进程达不到一定程度如仍处在初级阶段，就谈不上什么信息化、城市化和劳动力的非农化，但也并非只有工业化阶段完成之后才能进行信息化、城市化和劳动力的非农化，而是工业化进程达到一定程度、奠定一定基础之后就应同步推进信息化、城市化和劳动力的非农化，信息化、城市化和劳动力的非农化的加快发展又会在一定程度上带动工业化进程的加快，四者之间是相互制约、相互促进、共同发展的关系，相互交织，又同步推进，任何一方面的滞后发展都会对现代化进程带来不利影响。

④现代化是整个社会机体的创新发展和现代化。现代化不是社会经济某一个侧面的变化，而是涵盖了整个社会机体方方面面的变化，包括经济、社会、科技、生态、环境、政治、文化、教育等各个方面的变革。①

（2）区域现代化的含义。区域现代化是指一个地区在现代化的动力机制和制度革命的作用与影响下，经济、社会、文化，以及人们的观念认识和思维方式、行为习惯等方面发生重要变化的过程；不同的区域，在不同的发展阶段，现代化的程度、过程和途径是各不相同的。② 图 4－1 直观地显示了区域现代化的基本含义。

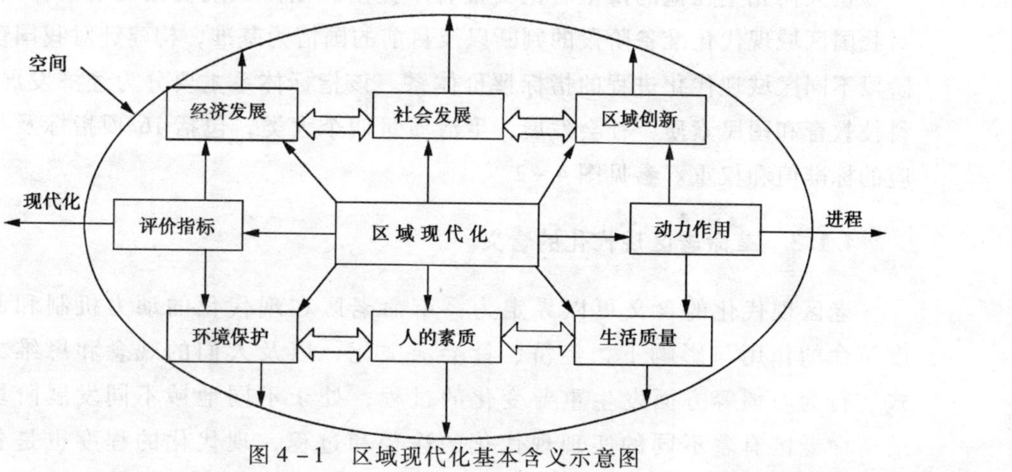

图 4－1　区域现代化基本含义示意图

资料来源：罗荣渠：《现代化新论》，北京大学出版社 1993 年版，第 10 页。

① 罗荣渠：《现代化新论》，北京大学出版社 1993 年版，第 10 页。

② 崔大树：“区域现代化的理论与实证研究”，浙江大学博士后研究工作报告，2003 年，第15—36页。

4.1.2.2 区域现代化的基本特征

区域现代化的特征即区域现代社会的特征，按照现代化社会的一些特点并与一般意义上的社会变迁、社会发展相区分，区域现代化的基本特征表现在十一个方面：一是生产社会化（或称社会化大生产）；二是生产力水平高度发达，具有强大的经济实力和经济竞争力；三是经济结构合理化，产业结构高级化；四是经济全球化，外贸依存度大，并与国际经济融为一体；五是经济发展高度集约化；六是信息产业高度发达，社会信息化和网络化；七是科技实力强，劳动者素质高，科技进步在经济增长中的贡献大；八是农村城镇化、城乡一体化，城市化进程基本结束；九是经济发展与人口、资源、环境相协调，实现了可持续发展；十是国民素质大大提高，人民生活质量达到富裕型；十一是精神文明高度发达，社会各项事业全面进步。①

4.1.2.3 区域现代化的衡量指标

崔大树先生在他的博士后论文报告中提出：以区域现代化的基本含义、对我国区域现代化准备阶段的判断以及目前的国情为基准，构建针对我国现阶段不同区域现代化进程的指标评价体系。该指标体系主要分为经济发展、科技教育和国民素质、社会发展、生活质量四个大类，包括16项指标及相应的标准值和权重。参见图4-2。②

4.1.3 革命老区现代化的含义

老区现代化的含义可以界定为：革命老区在现代化的动力机制和制度革命的作用与影响下，经济、社会、文化，以及人们的观念和思维方式、行为习惯等方面发生重要变化的过程；处于不同地域不同发展阶段的革命老区有着不同的实现现代化的途径和过程，现代化的程度也是各不相同的。这是因为不同的革命老区有着不同的历史背景、地理条件、

---

① 朱孔来：“现代化进程的测算与实证分析”，《数学的实践与认识》，2006年第1期，第9页。

② 崔大树：“区域现代化的理论与实证研究”，浙江大学博士后研究工作报告，2003年，第15—36页。

区域现代化指标评价体系

- 1. 经济发展
  - 人均GDP
  - 农业占GDP中的比重
  - 第三产业占GDP中的比重
  - 非农人口占总人口的比重
- 2. 科技教育和国民素质
  - 知识创新与应用指数
  - R&D经费占GDP的比重
  - 每万人中在校大学生数
  - 小学学龄儿童入学率
- 3. 社会发展
  - 电话普及率
  - 每万人拥有互联网用户数
  - 人口自然增长率
  - 环境治理率
- 4. 生活质量
  - 恩格尔系数
  - 每千人拥有医生数
  - 城镇居民人均住房使用面积
  - 每百人拥有移动电话户数

图4－2 区域现代化指标评价体系

文化沉淀和资源赋存状况，无法用一个通用的方式去实现各自的现代化。但是，革命老区有一个共同的特点，即都是红色革命圣地，都有较为丰富的红色旅游资源。

众所周知，我国政府十分重视红色旅游，在建设资金、管理人员、教育培训等方面出台了一系列扶持政策。当前红色旅游快速发展，并逐渐进入市场主导的发展时期。实践证明，红色旅游还有很大的发展潜力和更多的发展空间。红色旅游的发展对革命老区经济转型，产业结构提升有着很重要的作用。旅游还有着明显的乘数效应，据统计，旅游行业每增加一个从业人员，就会带动相关行业增加四个就业岗位，所以红色旅游对维持社会稳定，促进社会进步的作用是不言而喻的。那么，红色旅游资源的开发与老区现代化之间有着怎样密切的关系呢。

老区的现代化也应该体现在具体的发展指标体系中，只有围绕指标才能具体分析红色旅游资源开发与革命老区现代化之间的关系。

4.2 红色旅游资源开发与老区现代化关系

4.2.1 红色旅游资源开发与老区经济发展的关系

区域现代化的第一大类“经济发展”包括四类评价指标：人均 GDP，农业占 GDP 的比重，第三产业占 GDP 中的比重，非农业人口占总人口的比重。

（1）红色旅游资源开发对促进老区经济发展有重大作用。旅游行业属于第三产业，旅游的收入计入第三产业收入，所以旅游的发展有利于提升第三产业在国民经济中所占比重。如，全国著名革命老区江西，近年来认真贯彻落实党中央、国务院关于发展红色旅游的指示精神，大力发展红色旅游，取得明显成效。据统计，2008 年，江西红色旅游接待人数达 3543.17 万人次，红色旅游综合收入达到 244.6 亿元人民币，占全省旅游总人数和总收入的 43.72% 和 43.73%，总收入相当于当年 GDP 的 3.76%。2008 年爱国主义教育基地免费开放，江西红色旅游骤然升温，旅游者和参观人员大幅增加。虽然红色旅游景区门票收入减少了，旅游综合收入却相应增加。预计到 2010 年，江西全省红色旅游接待人数和综合收入分别占全省旅游总人数和总收入的 40% 左右，红色旅游综合收入相当于全省 GDP 的 4%，红色旅游直接就业人数达到 20 万人以上，间接就业人数达到 100 万人以上。[①] 近几年来，信阳市大力发展红色旅游，做大做强旅游经济，取得了一定成效。2004—2007 年信阳市红色旅游经典景区共接待游客 910 万人次，旅游收入 14.7 亿元，年均分别增长 56.3%、63.1%。红色旅游收入占全市旅游总收入由 2004 年的 18.3% 提高到 2007 年 49.1%。红色旅游重点县—新县，

① “大力发展红色旅游　促进老区经济社会协调发展——全国红色旅游工作电视电话会议代表发言材料”，中国旅游网，http：//www.cnta.com.2007－6－22.

2007年接待游客102.6万人、门票收入680万元、相关收入2.68亿元，分别较2006年增长19.3%、16.6%、27.6%，旅游收入占全县GDP的6.68%，旅游业已成为该县发展最快的经济增长点[①]。

（2）红色旅游资源开发对调整老区产业结构有重要价值。浙江平阳山门、凤卧一带是刘英、粟裕等创建的浙南革命根据地的组成部分，也是红军挺进师出征地和抗日救亡干部学校旧址所在地。2005年平阳被列入全国30条"红色旅游精品线路"和100个"红色旅游经典景区"名录中，2005年4月到2006年6月，平阳红色旅游共接待旅客14.72万人次，比上年翻了数番，旅游总收入达到5800多万元。当地农民开办餐馆、接受兼职导游培训等。据统计，2004年山门镇农民年人均纯收入仅为2500元，2005年全镇人均纯收入超过4200元，最主要的原因就是红色旅游资源开发带来的富民效应。2007年，临沂旅游总收入突破110亿元，占全市GDP比重近7%，其中红色旅游占到"半壁江山"。沂蒙小调、孟良崮等红色品牌被做成了文化产业，全市文化企业发展到6779个。当年沂蒙红嫂做的"拥军布鞋"，如今做成了大产业，形成了占地800亩的"中国布鞋城"，年产布鞋1.8亿双，产值7亿多元，农民人均增收3000多元。[②]

（3）红色旅游资源开发对改善老区农民收入结构有积极效果。井冈山依靠红色旅游资源的开发，促使广大农民"洗脚上田"，农业和工业不再是农民收入增加的主要来源，以旅游服务业为龙头的第三产业已成为井冈山农民脱贫致富的主要产业依托，经济结构序列实现了由原来的第一产业、第二产业、第三产业到现在的第三产业、第二产业、第一产业的大跨越。国民经济三大产业的比例，由2000年的28.8∶31.6∶39.6调整为2006年的16.4∶33.6∶50.0[③]，第三产业在国民经济中的主导作用已经凸显。旅游成为

---

① "张春香同志在鄂豫皖'3省6市36县'大别山红色旅游管理人员培训班上的讲话"，信阳市人民政府门户网站，http：//www.xinyang.gov.cn/html/40288118177add3e01177c4e18080021/2008051210330609.html.2008－05－12.

② "全国人大代表张少军谈临沂文化产业发展"，山东新闻网，http：//linyi.sdnews.com.cn/2008/3/7/475862.html.2008－3－7.

③ "井冈山市国民经济和社会发展第十一个五年规划纲要"，井冈山市人民政府网，http：//www.jgs.gov.cn/bmdt6.asp？id＝4.2007－3－13；曹青云、郭利平："江西县域经济发展状况分析"，江西省人民政府网，http：//www.jxzb.gov.cn/2007－9/2007971828334.htm.2007－9－7.

全市的龙头支柱产业，是推动全市经济快速增长的主要力量。据统计，2007年井冈山共接待游客306.1万人次，实现旅游收入19.32亿元，与2006年相比分别增长22.5%和44.18%，旅游业及相关第三产业收入占全市财政收入的一半以上。① 红色旅游资源的开发带来革命老区GDP的快速增长，有效增加第三产业比重，给农民带来更多非农收入，促使更多的农业人口转向非农业人口。总之，红色旅游资源的开发有效促进了老区经济的发展，同时，老区经济的发展也为红色旅游资源的开发提供更多的资金及基础支持。来自50个红色旅游季报点的统计数字显示，2006年共有138688.72万元投入红色旅游经典景区（点）的建设，其中，社会资金59831.73万元，占投入总额的43.14%。红色旅游的市场化程度明显提高，旅行社经营红色旅游的热情日益高涨，社会资金加快进入红色旅游建设。以广西为例，该区加大红色旅游景区建设投入，至2007年年底，中央财政投入到红色旅游景区建设的资金超过1.86亿元，地方财政配套投资7600多万元，吸收社会、民间投资500多万元。建设了一批成熟的红色旅游产品，打造了一批具有震撼力的红色旅游品牌，培育了一批经济社会效益显著的红色旅游精品景区。以“邓小平足迹之旅”、“长征之旅”和“抗战文化之旅”品牌为代表的各红色旅游景区开发建设初具规模，接待设施不断完善。②

4.2.2 红色旅游资源开发与老区科技教育和居民素质的关系

科技教育和国民素质评价主要反映在“知识创新与应用指数，R&D经费占GDP的比重，每万人中在校大学生数，小学学龄儿童入学率”等四个指标上。从这里可以看出，老区的现代化包括老区教育的现代化以及科技的创新和应用。红色旅游资源开发与老区教育现代化及科技进步之间的关系主要表现为：

（1）红色旅游是一种“寓教于游”的特殊政治思想教育方式。红色旅游资源的有效开发对红色旅游者、对当地的老区人民尤其是青少年有显著的教育意义。据统计，2007年全国红色旅游人数超过2.3亿人次，同比增长

---

① “大江网问计全国网友，井冈山会议旅游如何裂变?”，大江网，http://jiangxi.jxnews.com.cn/system/more/2180000/0001/2180000_00000147.shtml.

② “广西红色旅游健康持续发展”，桂经网，http://www.guangxi.net.cn.

16.96%。红色旅游的社会认可程度很高，实现了革命传统教育的大众化和常态化。红色旅游景区景点和纪念场馆建设水平的提高、功能的完善，极大地吸引了人民群众的广泛参与，实现了寓教于乐、寓教于游。据调查，参加红色旅游的游客几乎涵盖了全社会各个年龄层次和职业群体，其中，青少年学生占总人数的20%以上，约5000多万人次，成为受教育面最大的群体。广大游客通过参与红色旅游，了解革命历史，瞻仰领袖故里（旧居），缅怀丰功伟绩，切身感受和认识到，中国走社会主义道路、由共产党领导是人民的选择，历史的必然，激发了爱党、爱国、爱社会主义的热情，许多游客在红色景点的留言簿上写下了感人肺腑的话语。① 据不少地方反映，很多人的入团、入党申请书是在参观完红色旅游景区后递交的。游客和参观者的积极反应也深深地教育和影响了战斗在红色旅游一线的工作人员和老区人民，激励他们"讲红色事，做革命人"。

（2）红色旅游的经济收益可以用来改善老区教育设施和条件。如前文所述，红色旅游资源的开发为老区带来可观的经济收入。经济水平提高了，自然会有更多的人力、物力、财力投入到教育事业中，对整个革命老区是如此，对革命老区的每一个普通家庭也是如此。所以，红色旅游资源的有效开发对于提高革命老区的教育事业水平，改善老区教育设施的作用不言而喻。著名的革命老区罗山县，位于河南省东南部，大别山北麓，淮河南岸。近年来随着红色旅游的发展，其教育事业得到了越来越多的重视，取得了很大进步。2007年全面建立教育经费保障新机制，全面免除农村义务教育阶段学生学杂费，全年免杂费金额达1886.34万元。办学条件全面改善，危房改造成效显著。2007年，全县安排校舍维修改造项目83个，投入资金587万元，先后对159所学校34002平方米校舍进行了维修改造；争资成果鼓舞人心，2007年，全县累计争取上级投资和社会捐资6405万元；现代远程教育工程顺利实施。现代远程教育工程总投资691.6万元，全县有55所农村教学点建立了教学光盘播放点，有186所农村小学建立了卫星教学收视点，有

① 全国红色旅游工作协调小组办公室："全国红色旅游工作协调小组2007年工作总结和2008年工作要点"，中红网，http://www.crt.com.cn/news2007/News/quanwei/2008/324/08324122981697GG3E74FEC1HFEB6D.html. 2008-3-24.

24所农村初中建立了计算机教室①。这些成绩的取得，一方面与红色旅游带来的经济效益有关，另一方面与红色旅游产生的社会关注度和政策扶持导向不无关系。

（3）红色旅游通过吸引人们支持老区教育促进其教育现代化。众人拾柴火焰高，通过吸引不同国家、不同地域的人们到革命老区旅游，让老区获得更多的支援和帮助，这对老区教育设施的改善，教育条件的完善有着重要意义。换句话说，旅游也是一种宣传，让更多的人关心老区的发展，尤其是关心影响到未来的教育发展。例如，2006年是长征胜利70周年，为弘扬长征精神，促进老区建设，由中华慈善总会、中国老区建设促进会、中国延安精神研究会等共同主办了纪念中国工农红军长征胜利70周年，"革命老区慈善万里行"大型公益活动。该活动穿越江西、湖南、广西、云南、贵州、四川、重庆、甘肃、陕西、宁夏十个省市，途经瑞金、韶山、井冈山等老革命根据地，所筹经费将建设20所爱心小学，捐赠100个爱心图书室，慰问2000名老红军及其家属。同时在各省举办弘扬长征精神大型书画巡展活动，其意义就是想通过一系列的爱心活动，让社会了解老区，关注老区建设，促进老区教育事业的发展，共建和谐社会。这充分体现了社会对老区人民的关心爱护，对老区教育事业的关心支持。②

（4）老区教育现代化促进红色旅游资源有效和可持续开发。老区教育的现代化，必然造就更多的文化精英、科技人才，为老区经济社会发展提供智力支持，红色旅游资源会得到更加有效的保护与开发。同时，革命老区教育的现代化意味着老区人民教育水平和综合素质的提高，他们作为革命老区的主人，会用更大的热情和责任感去保护家乡独特的红色旅游资源，让红色精神能够一代传一代，真正实现红色旅游可持续发展。例如，革命老区江西省近年来不断优化红色旅游发展环境，加强红色旅游基础设施建设，注重对红色旅游从业人员的培训，对各红色旅游景区，统一编写红色旅游导游词、解说词等，严明导游纪律，着力提高红色景区（点）的经营管理水平和服务质量。2007年配合"全国红办"举办了第二期全国红色旅游导游讲解骨

---

① "罗山县2007年教育体育工作总结"，罗山教育信息网，http：//www. lsjy. xyjyw. cn/Article/ShowArticle. asp？ArticleID = 674. 2008 - 1 - 8.

② "'革命老区慈善万里行'活动人民大会堂召开新闻发布会"，新民网，http：//ent. xinmin. cn.

干（师资）人员培训班，共100名学员参加，其中江西省就选派了60名学员。2007年全年在全省范围内组织了33期红色旅游培训班，5500人参加培训[①]，众多的专业人才必将为红色旅游的可持续发展做出积极贡献。

（5）红色旅游资源开发与老区科技进步和应用相互促进。因为红色旅游资源的开发需要一定的技术手段的支持。先进技术的不断引进必然在某种层面上促进老区现代化的进程。而老区科技的进步与发展，又会使红色旅游资源得到更好的开发，扩大客源市场。例如，西柏坡纪念馆充分利用现代高科技手段，如幻影成像技术、三大战役战场半景画声光电效果展示等，融进了许多互动项目。另外，西柏坡纪念馆还与国家安全部门联合推出了新展览：无名丰碑——中共特工展览，此展览采用多媒体网络、景观模拟、红外线感应情景再现、幻影成像等多种高科技展示手段，让观众在探秘中寻求知识，接受教育，这些细微的改进和创新无不增强了展览的教育性和吸引力[②]，同时也使老区人民接触到了高科技，潜移默化中受到高科技的影响，客观上为老区带来了科技进步，有利于加快老区的现代化建设进程。

4.2.3 红色旅游资源开发与老区社会发展的关系

社会发展的指标包括电话普及率，每万人拥有互联网用户数，人口自然增长率，环境治理率。也就是说，社会发展的指标集中在通信，信息的获取，人口的增长，以及环境的保护与治理等方面。现代化社会对邮电通信有很高的要求，信息的传播较大程度上依赖于此，所以电话的普及率可以反映一个地区通信的发展水平，这是现代化的一个重要表现；在信息时代，互联网成为获取信息的主要渠道之一，互联网的拥有率在一定程度上反映了一个地区现代化发展的程度；环境保护是全世界都在关注的事情，可持续发展成为各行各业的追求，所以环境治理也在某种程度上代表一个地区社会发展的水平；就世界范围来讲，土地和资源都是有限的，所以控制人口的增长刻不容缓，对于人口众多的中国尤其如此，人口自然增长率在某种程度上可以代

---

① “2007江西省旅游业年度报告”，江西省政府信息公开网，http：//xxgk.jiangxi.gov.cn/bmgkxx/slyj/fzgh/gzjh/200804/t20080430_ 11145.htm.2008－04－30.

② “西柏坡用多种方式带动红色旅游”，文化传播网，http：//www.ccdy.cn/pubnews/481803/20070910/526699.htm.2007－09－10.

表一个地区社会发展的阶段。

（1）红色旅游资源开发可以促进老区通信工程及互联网建设。湖北黄冈具有独特的旅游资源优势，如以红安、麻城为主体的红色革命传统教育旅游、以大别山风光为特征的绿色生态旅游等。仅2005年武汉城市圈内的城市就向黄冈输送红色旅游客源达60万人次。[①] 红色旅游资源开发使老区经济迅速发展，而市场信息瞬息万变，这就在某种程度上迫使老区加快通信及互联网的建设与发展。到2006年年底，黄冈市已先期完成20个乡镇和30个村的试点工作，这一年，全市新增农村固定电话3.9万户、村村通6万户，全市农村电话入户率达39.41%，电话普及率达10%。新增宽带用户7218户。全市有4县实现了“村村通”万户县的目标，有2县实现宽带万户县，在全省名列前茅。[②] 同时，红色旅游资源的有效开发，红色旅游的快速发展客观上要求革命老区尽快改善通信条件，包括无线电讯号，以及固定电话等。因为，红色旅游的兴起吸引了来自各个地方的旅游者，具备良好的通讯条件在某种程度上成为红色景区吸引力的来源之一。

（2）红色旅游资源开发对人口自然增长率降低发挥积极作用。越是发达的地方，人口自然增长率就越会相对较低，这从我国经济持续增长而人口出生率、人口自然增长率也逐步下降中可见一斑。1991年以来，我国人口出生率和人口自然增长率进一步下降，2007年全国人口出生率已经下降为12.10‰[③]。江西省统计局最新信息表明：2007年年底，全省总人口为4368.41万人。从2004年开始，江西省已连续4年将每年净增人口的数量控制在30万人以内。2007年，全省人口出生和自然增长水平继续保持了平稳增长的态势，人口总量的增长速度继续保持在较低水平。2007年，全省人口出生率为13.86‰，死亡率为5.99‰，人口自然增长率为7.87‰，全年

---

① “扬长避短突出特色，黄冈‘四个对接’融入城市圈”，《黄石日报》，2006年9月21日。

② “信息化正在改变农业黄冈”，中国电信湖北公司网，http：//www.hbtelecom.com.cn.2007-5-28.

③ 国家统计局：“2007年全国各地区人口出生率、死亡率、自然增长率”，中国人口信息网，http：//www.cpirc.org.cn/tjsj/tjsj_ cy_ detail.asp？id=9754.

净增人口29.28万人。[①] 人口自然增长率的降低是社会进步的结果，但江西社会进步与江西经济的持续发展是分不开的，属于第三产业的红色旅游对经济的增长发挥了重要作用，2009年全省GDP7589亿元[②]，红色旅游综合收入266.16亿元，同比增长18.86%；红色旅游直接就业人数17.77万人，间接就业人数88万人。

(3) 红色旅游资源开发有利于减轻环境污染提高环境治理率。红色旅游要求健康、协调的绿色环境。红色旅游资源不仅包括人文资源，如革命遗址、纪念物等，还包括自然资源，如大渡河、雪山草地等。而且，红色旅游资源总是与生态、文化等旅游资源紧密结合在一起，要进行各种形式旅游的联合开发，就必须有一个良好的地理空间环境，这是开展旅游的前提。所以，为了发展旅游，带动当地经济社会进步，老区人民必须保护好资源和环境，使红色旅游赖以生存和发展的原生环境得到切实的维护。反过来，环境治理率高，环境污染程度低，又可以促进旅游的发展，促进红色旅游资源的有效开发。红色旅游资源的开发与革命老区环境的保护与治理是相互影响、相互促进的。江西省吉安市是中国革命摇篮井冈山所在地，在红色旅游发展过程中，当地越来越注重保护优美的生态环境，以绿色旅游来支持红色旅游。市长周萌在2008年全国“两会”现场接受采访时说，进入新世纪以来，吉安坚决淘汰、关闭了一大批“小水泥”、“小化工”、“小造纸”企业。随着“村村点火”、“户户冒烟”的局面被彻底改变，取而代之的是以生态保护为前提的“集聚型工业园区”。“全市每年被‘拒签’的有污染、有危险性的企业达上百家之多。”正因为当地政府以“环保优先”的先进理念来指导开发和建设，赣江吉安段水质多年连续在江西环保部门的“环评”中名列榜首，赢得将先天的资源优势转化为后发的经济优势[③]的机遇。

当然，老区通信设施的改善，互联网的充分利用，人口自然增长率的降

① 江西省统计局：“江西人口4368.41万人，每年净增人口连续4年低于30万人”，江西省政府信息公开网，http://xxgk.jiangxi.gov.cn/bmgkxx/sjsw/fzgh/fzgh/200803/t20080326_3691.htm. 2008-03-26.

② 江西省统计局：“江西省2007年国民经济和社会发展统计公报”，江西省档案局网，http://www.jxdaj.gov.cn/Article_Show.asp?ArticleID=2927.

③ “江西、广西和陕西代表：红色老区掀起绿色革命”，人民网，http://npc.people.com.cn/GB/28320/116286/116584/6973700.html. 2008-03-08.

低，人口素质的提高，人们对环境的保护，都是红色旅游发展的促进因素。甚至可以说，通信方便，信息便捷，社会和谐，环境优良都可以成为旅游资源的一部分，与核心红色旅游资源共同吸引旅游者。

4.2.4 红色旅游资源开发与老区人民生活质量的关系

人们的生活质量与经济进步，社会发展，以及人口素质平息息相关。崔大树博士在其论文中提出的生活质量指标包括四个方面：恩格尔系数，每千人拥有医生数，城镇居民人均住房使用面积，每百人拥有移动电话数。恩格尔系数是一个反映人们生活水平高低的一个指标，它是由食物支出金额比总支出金额得出来的百分比，一般状况下，恩格尔系数越小，说明用于购买食物的家庭支出比例很少，那么生活水平就越高。当然，人们的生活水平越高，表现为会有更好的医疗条件，住房条件，以及通信能力和信息化水平。红色旅游资源的开发能够给老区增加收入，自然就在提高老区人们生活水平方面发挥了作用。

(1) 红色旅游资源开发可以提高老区人民收入，有效降低恩格尔系数。开发红色旅游资源，开展红色旅游，使老区的人们通过提供旅游服务，开办餐馆，开展农家游，经营旅游纪念品等，收入得到较快提高。如井冈山，当年红军医院所在地的小井村，红色旅游大发展前，村里年人均收入仅300元左右，如今39户人家，人均年纯收入在5000元以上。[①] 井冈山景区内的经济结构发生了重大的调整，农业不再是农民谋生的主要手段，红色旅游的发展已经对农民收入的增加起着决定性作用。见表4－1和表4－2。

表4－1　井冈山红色旅游区内农民收入　　单位：元

年份	1998	1999	2000	2001	2002	2003	2004	2005	2006	2007
农民人均纯收入	1876	1916	1876	1921	2077	2184	2304	2518	3288	3655

资料来源：井冈山市统计局：《井冈山市旅游统计年鉴》（1999—2007）.

① "井冈山红色旅游持续火爆，老区人民走上致富路"，新浪网，http：//news. sina. com. cn. /c/2004－07－09/20083040835s. shtml.

表4-2 井冈山统计局入户抽样调查

	调查户数	家庭人数	就业人数	农民人均年纯收入
2002	70户	338人	225人	2077元
2003	70户	335人	242人	2184元

资料来源：贾浩华："红色旅游发展与农民经济生活变迁—以井冈山为中心"，江西师范大学硕士学位论文，2006年，第19—22页。

表4-1和表4-2可以看出，红色旅游的发展给农民提供更多的就业机会，农民的人均年纯收入也在持续增长，丰富了农民的物质生活和精神生活。同时，农民生活得到很好的改善，收入多了，空闲增加了，就会产生休闲娱乐旅游的需求，就会成为潜在的旅游客源市场，促进本地和外地旅游以及红色旅游的发展。

（2）红色旅游资源开发可以带动医疗水平提高和住房条件改善。旅游活动主要靠吸引外来旅游者进行，旅游者要求相对较高的医疗救助水平和住宿接待条件，在某种层面上可以促进老区的医疗和住房条件改善。而且，老区大多为贫困闭塞地区，旅游的开展可以让旅游者亲身体验革命老区，这也为老区的扶贫做了宣传，让更多的人来关注革命老区人民的生活，关注革命老区人民医疗和住房的条件。反过来，老区生活水平提高，医疗条件住宿条件良好，会进一步促进红色旅游发展。地处罗霄山脉中西部的湖南省安仁县，是国家首批认定的革命老区县。近年来伴随着红色旅游的开展，扶贫工作取得了显著成效。2007年农民人均纯收入1900元，比2006年增加了近200元。电视、摩托入户率达到70%以上，住房、医疗条件等大大改观，豪山西康村2000年前无一幢红砖水泥结构楼房，2007年底全村100户中有60%建成了红砖水泥结构房，有3个昔日的贫困村发展成了社会主义新农村建设示范村。20%的农户用上了清洁沼气能源，30%农户用上了清洁卫生自来水。50%以上农户可以在当地卫生院就医①。

（3）老区移动通信体系建立与红色旅游快速发展密切相关和相互促进。去过偏远山区和闭塞地区旅游的人们，都有一个共同的感触，进入目的地后，手机就成了钟表，只能用来看时间，不能用来通讯联络，因为一点信号

① "安仁县农村扶贫开发的调查与思考"，安仁统计网，http://www.artj.gov.cn/news_view.asp?newsid=521.2008-6-17.

也没有，不能满足其基本通讯需求。对于老区来说，加强无线通讯设施建设，一方面可以方便人们之间信息传递，同时也会吸引更多的旅游者，使红色旅游资源得到更好的开发。反之，红色旅游资源的开发又会促使老区改善无线通讯条件，这也为老区信息的交流，以及老区人们的联系提供方便。掌握更多的信息，就能够更好地进行现代化建设。位于江西省赣州市兴国县的永丰乡，近几年加大了基础设施建设的力度，着力优化各种软环境，在上级部门的大力支持下，投资380多万元，完成了一、二期农网改造工程，投资560多万元的无线通讯基站已投入使用，目前已经实现了村村通手机①。通讯设施的逐步完善，将为红色旅游的开展奠定良好的基础，有利于加强红色旅游资源的开发力度，促进红色旅游的快速发展，两者构成一个良性循环和互动，最终促进老区现代化建设。

4.3 江西井冈山地区的个案分析

4.3.1 井冈山红色旅游资源概况

文化只有通过具体的物质载体或人群的行为方式才能具体体现出来。一般来说，某种文化现象如果不和具体的地点、场景或景区、景点结合就不能成为旅游资源，更不能开发出有市场价值的旅游产品。井冈山红色文化的现实载体主要有如下表现形式：

革命遗址——井冈山的红色旅游资源得天独厚，迄今仍保存完好的革命遗址、旧址有100多处，其中黄洋界保卫战、朱毛会师地、龙江书院等21处遗址，被列为全国重点文物保护单位，这为井冈山红色旅游提供了坚实的景观资源基础。

① “永丰乡简介”，永丰乡金农网，http：//www. agri. com. cn/town/360732207000. htm. 2008 - 8 - 11.

红军标语——红军部队每到一处都会在房屋的墙上刷写革命标语，宣传党的主张、红军宗旨和革命政策。现在行洲和黄坳乡等地还遗存有大量的红军标语，如：红军是工人农民的军队等。

革命诗词——以井冈山为题材的诗词是井冈山红色旅游资源的有机组成部分。镌刻在岩石和墙壁之上的井冈山诗词早已广为流传，毛泽东的《西江月·井冈山》《水调歌头·重上井冈山》等诗词尤其深入人心。在旅游开发中，可以运用多种形式开发革命诗词旅游资源。

革命歌舞——歌曲或歌谣是一个时代的精神生活和社会风貌的反映。红色革命歌曲反映了革命时代轰轰烈烈的革命斗争生活和社会整体风貌，鼓舞了一代又一代人。革命歌曲和舞蹈由于其强烈的感染力和可参与性，在旅游规划和开发中应得到充分的利用。除了井冈山革命斗争年代的经典革命歌曲，还有新时期的《东方红》等歌舞剧以及《长征组歌》等影视作品。

红色菜肴——红米饭、南瓜汤、秋茄子等红色菜肴是井冈山红色旅游文化的一部分，可以开发为井冈山红色旅游特色项目，让游客在品尝的过程中体验红色革命历史文化的独特魅力。

红军服装——穿上红军装，腰挎驳壳枪，手拿红缨枪，飒爽英姿会给游客留下难忘的回忆，同时避免单纯单向增加互动参与旅游产品，延长游客的停留时间。

4.3.2 井冈山老区现代化进程的测算与实证分析

4.3.2.1 井冈山市现代化进程的总体状况

表4－3 中国特色的国民经济现代化标准

指标类型	指标序号	评价指标名称	计量单位	现代化标准
经济现代化	1	人均 GDP	美元	9000
	2	第三产业增加值占 GDP 的比重	%	55
	3	非农产业劳动力占劳动力总量的比重	%	80
	4	外贸依存度	%	40
社会现代	5	青年适龄组中上大学人数所占比重	%	30
	6	平均每千人拥有的医生数	人	2.3
	7	社会保障网络覆盖面	%	100

续表

指标类型	指标序号	评价指标名称	计量单位	现代化标准
科技现代化	8	研究与开发经费占 GDP 的比重	%	2.8
	9	科技进步贡献率	%	55
城市现代化	10	城市化率	%	70
	11	城市市区人口与小城镇人口的比值	—	1
	12	城镇居民人均可支配收入与农民人均可支配收入的比值	—	1.5
国民素质现代化	13	人均预期寿命	岁	76
	14	大学文化程度以上人口占总人口的比重	%	3
信息化	15	每千人拥有计算机	台	200
	16	信息产业增加值占 GDP 的比重	%	30
生活质量现代化	17	人均实用居住面积	平方米	20
	18	人均每日蛋白质摄入量	克	90
	19	恩格尔系数	—	0.35
	20	居民收入的基尼系数	—	0.35
生态环境优良化	21	环保投入占 GDP 的比重	%	3
	22	“三废” 综合处理率	%	100

表 4-4　井冈山老区现代化状况

指标类型	指标序号	评价指标名称	计量单位	现代化标准
经济现代化	1	人均 GDP	美元	7466
	2	第三产业增加值占 GDP 的比重	%	35.9
	3	非农产业劳动力占劳动力总量的比重	%	84.4
	4	外贸依存度	%	30
社会现代化	5	青年适龄组中上大学人数所占比重	%	5
	6	平均每千人拥有的医生数	人	0.2
	7	社会保障网络覆盖面	%	80
科技现代化	8	研究与开发经费占 GDP 的比重	%	1.8
	9	科技进步贡献率	%	20
城市现代化	10	城市化率	%	50

续表

指标类型	指标序号	评价指标名称	计量单位	现代化标准
	11	城市市区人口与小城镇人口的比值	—	0.5
	12	城镇居民人均可支配收入与农民人均可支配收入的比值	—	2.6
国民素质现代化	13	人均预期寿命	岁	70
	14	大学文化程度以上人口占总人口的比重	%	0.5
信息化	15	每千人拥有计算机	台	100
	16	信息产业增加值占 GDP 的比重	%	15
生活质量现代化	17	人均实用居住面积	平方米	20
	18	人均每日蛋白质摄入量	克	90
	19	恩格尔系数	—	0.45
	20	居民收入的基尼系数	—	0.4
生态环境优良化	21	环保投入占 GDP 的比重	%	0.06
	22	"三废"综合处理率	%	100

通过对比井冈山现代化达到的程度与中国特色国民经济现代化标准，可以看出，井冈山的现代化进程与标准之间存在一定差距。人均 GDP 到达标准的 80%，第三产业增加值占 GDP 的比重达到标准的 65.2%。从各个领域的实现程度来看，经济现代化和生活质量现代化的实现程度最高，都达到目标值的 2/3 以上。社会现代化、科技现代化、国民素质现代化、生态环境优良化远远低于目标值，都在 1/3 以下。

4.3.2.2　2007 年遂川县现代化进程及其纵向比较①

（1）国民经济持续快速增长。该县始终坚持科学发展，大力推进外向型经济发展，加快工业化进程，不断提升经济发展速度与效益，国民经济持续快速健康发展，经济增长速度明显加快。全县生产总值完成 305000 万元，可比增长 13.7%，其中，第一产业增加值 67200 万元，增长 7.4%；第二产

① 遂川县统计局："遂川县 2007 年国民经济和社会发展统计公报"，江西省统计局网，http：//www.jxstj.gov.cn/News.shtml？p5 = 10539.

业增加值 118800 万元，增长 20.4%；第三产业增加值 119000 万元，增长 14.5%。三大产业比例为 22.0∶38.9∶39.1；人均生产总值 5658.9 元，比上年增加 775.42 元，同比增长 12.41%。

（2）消费需求明显增强。2007 年，全县实现商品销售总额 144223 万元，比上年增长 19.5%；实现商品批发总额 67556 万元，比上年增长 20.5%；实现社会消费品零售总额 88775 万元，比上年增长 18.56%，增速比上年提高 1.1 个百分点，其中限额以下企业及个体户完成消费品零售总额 75779 万元，比上年增长 19.7%。

（3）教育事业加快发展。义务教育基础进一步巩固，职业教育得到加强，教育结构布局日趋完善，教学质量稳步提高。全县拥有小学 142 所，在校学生 42987 人，专任教师 1832 人；普通中学 35 所，在校学生 29377 人，专任教师 1817 人。

（4）卫生事业健康发展。农村卫生医疗条件，公共卫生建设得到加强，年末全县卫生机构 39 个（其中诊所 9 个），全年财政对医疗卫生事业的支出为 5111 万元。卫生技术人员 964 人，病床床位 756 张；新型农村合作医疗试点工作全面落实，全县“参合”人数 44.25 万人，“参合”率达 90.4%。

（5）社会保障体系进一步完善。年末全县参加基本养老保险职工为 20652 人，净增 5276 人，实际缴费人员 18956 人；本年实收基本养老保险基金 3772 万元，本年实际发放养老金 3549 万元，确保了离退休职工和下岗职工的养老金和基本生活费按时足额发放；实施了城镇居民最低生活保障和农村特困群众社会救助，全县有 6805 人享受了城市低保，16361 人享受了农村低保；福利院、敬老院等福利事业单位 30 个。

4.3.3 红色旅游资源开发对井冈山老区现代化的积极影响

4.3.3.1 推动经济快速发展

旅游业对区域经济发展具有很强的拉动作用。井冈山老区经济基础差，经济发展总体滞后于全国的经济平均发展水平。开发红色旅游资源，发展红色旅游，成为井冈山老区实现跨越式发展的助推剂。

（1）增加农民收入。开发红色旅游资源，发展红色旅游能增加老区农民的经济收入，增强老区的经济实力。2004 年新华网记者在对红军医院旧址所在地小井村调查中了解到，过去村里年收入仅300元左右，如今39户人家有的经营工艺纪念品，有的开餐馆，人均年纯收入在5000元以上。“红色旅游”的发展极大地促进了井冈山老区的经济繁荣。

（2）优化产业结构。如前所述，井冈山以服务业为龙头的第三产业已成为井冈山农民脱贫致富的主要依靠，经济结构序列实现了由原来的第一产业、第二产业、第三产业到现在的第三产业、第二产业、第一产业的大跨越。2006年第三、第二、第一产业增加值分别占地区生产总值的50.0%，33.6%和16.4%，2007年以旅游业为主的第三产业占全市财政收入一半以上，旅游业对财政的贡献进一步加大，旅游业已成为全市国民经济的主导产业。红色旅游资源的有效开发，促使井冈山农村产业结构由第一产业为中心向以第三产业为中心合理调整。改善了井冈山老区的产业结构，使第一产业的比重有所下降，第三产业的比重有所上升，促进产业结构的优化。

（3）发展市场经济。红色旅游资源的有效开发可以促进景区、旅行社、饭店（宾馆）、交通运输、商品零售、物流等相关企业的发展，使其真正成为市场竞争的主体，有利于加快井冈山老区的市场化进程。

（4）帮助老区脱贫。相关研究表明，由旅游业解决的贫困人口数占全部脱贫人口的10%左右，开发红色旅游资源，发展红色旅游成为老区脱贫的重要途径。

4.3.3.2　有效增加社会就业

井冈山作为革命老区，经济基础差、富余劳动力过多、劳动力素质不高等问题成为发展的瓶颈。有效开发红色旅游资源，发展红色旅游能为井冈山老区贫困人口创造就业机会和增加收入机会。

（1）增加全社会就业岗位总数。红色旅游的产业关联带动作用强，红色旅游景区（点）的繁荣能给餐饮、交通、住宿、商业增加大量就业岗位。

（2）为弱势群体提供就业机会。老区的妇女就业率低，单纯从事农业和家务劳动，处于弱势地位。开发红色旅游资源，发展红色旅游可以为她们搭建就业平台、提供就业机会和增加收入机会，如从事小商品经营、开设家庭餐馆、进行传统手工艺品的加工制作等，增加妇女的经济收入，提高妇女的经济地位。

（3）减少就业成本、提高就业效益。从事农业和劳务输出的就业成本和交易成本较高，在当地从事旅游业能减少就业成本，合理配置人力资源。红色旅游业有效地推动了其他关联产业的快速发展，如建筑、商贸、交通、电信、加工业和农业等关联产业发展，形成“一业兴百业旺”的良好局面。例如，井冈山外事旅游车队有限公司看好红色旅游的发展前景，于2004年一次性购进50多台中高档客车，增加就业岗位120多个。井冈山对外引资的成果也随着红色旅游的发展大幅上涨。2005年浙赣水电实业公司投资1.2亿元开发长坪水系和井冈山二级电站；澳门恒和集团投资5000万元开发猴峰；香港捷诚公司投资3800万元兴建天上第一街；浙江永康天行集团投资3000万元兴办井冈山天行铜材有限公司等。[①] 一大批项目先后落户，实现井冈山招商引资工作前所未有的新跨越，为老区农民增加了大量就业岗位。通过大力发展红色旅游，2007年井冈山市农民人均从“红色产业”中获得的收益约2000元。

4.3.3.3 增强自主发展能力

结合国家发展红色旅游的政策优势，井冈山通过对其革命历史、红色文化和自然生态资源的积极开发，自主发展红色旅游及相关产业，将资源优势转化为经济优势，从而增强自主发展经济的能力，促进了经济的可持续发展。“中国革命摇篮”井冈山，现已成为海内外市场瞩目的“红绿相映型”红色旅游目的地，旅游业对当地财政的贡献率已超过35%，目前全国各地的红色旅游景区，每年旅游综合效益约为200亿元。[②] 红色旅游已经成为井冈山革命老区新的经济增长点和脱贫致富的有效途径。

4.3.3.4 转变传统落后观念

红色旅游的游客主要来自于大城市，具有思想开放、文化水平较高等特征，旅游者能以自身的意识形态和生活方式影响老区，引起老区人民思想观念的转变，这种示范效应能有效帮助老区人民改掉陈规陋习，提高文化修

---

① 井冈山市招商局：“井冈山市招商局引资势力迅猛”，http://jgshan.vip.sina.com/shishi/jgzs.htm.

② 全国红色旅游工作协调小组办公室：《中国红色旅游发展报告2005》，中国旅游出版社2005年版，第36页。

养[1]，为老区经济的全面、健康发展创造良好的人文环境。随着井冈山红色旅游资源的开发和红色旅游经济的发展，先进的思想和文化正教育和引导农民进一步解放思想，更新观念，树立现代人的开放意识和市场经济的竞争意识。市场机制的引入，让当地农民开始转变原有的封闭落后观念，进行有效的合作经营。他们利用井冈山天然的资源，例如木、竹、石、茶、菇等，依托井冈山红色旅游发展带来的广阔市场，共同出资创办旅游商品生产企业，同时又联合各家小型商铺组成大型的销售市场，形成产、供、销一条龙服务。这样既提高了产品市场竞争力，扩大了产品市场份额，又增加了合作经营者的利润。位于井冈山脚下的桥头镇，随着红色旅游的发展，当地100多农民联合办起了度假村、漂流、餐馆、工艺品专卖店等旅游项目，合作经营、按股分红，经济收益大幅度增加。现在的井冈山，合作经营已经蔚然成风。

4.3.4　井冈山开发红色旅游资源的主要措施及其成果

4.3.4.1　完善交通和通信设施

为了实现井冈山旅游尤其是红色旅游的可持续发展，将井冈山市建成全国红色旅游“第一城”，于2004年5月18日，开通井冈山机场；2005年7月1日，又开通了吉安至北京西和吉安至深圳两趟始发旅客列车，结束了没有始发旅客列车的历史，解决了游客“进得来，出不去”的后顾之忧。2007年“五一”前夕，井冈山铁路正式开通运行，井冈山站开行至南昌、北京西、上海南、深圳始发列车5对。随着泰井高速、吉井铁路的建成通车，井冈山已形成四通八达的立体交通网络。连接省内两处最负盛名的旅游区庐山和井冈山的“井冈山—九江”的红色旅游列车已经开通。山上各旅游景点间交通也十分便利，凡已开发、开放的游览点，都有柏油公路相通。市内三家旅游客运公司的300辆大中小型汽车能提供周到的服务。[2] 井冈山市的邮电通讯发展迅速。2007年实现了村村通电话，全市基本实现了无线寻呼、移动通讯信号的无隙覆盖，保证了井冈山与世界各地的迅速沟通。便

---

① “井冈山接待能力提高3倍”，《江南都市报》，2005年2月4日。

② 贾浩华：“井冈山红色旅游发展与老区农民收入增加”，《党史文苑》，2004年第2期，第60页。

利的交通和通信不仅使游客的到访量不断增加，而且使井冈山农民的出行与交通更加便利。

4.3.4.2 开展红色旅游宣传促销

按照市场规律，搞好宣传推广是发展红色旅游的重要环节。井冈山市充分把握这一生命线，强化市场意识、宣传意识、促销意识，变等客人上门到上门请客。通过多形式、多渠道、多层次搞好宣传推广，启动和培育一个长期、稳定、健康的旅游市场。井冈山市旅游管理部门紧扣每年的旅游主题，抓住机遇，积极在北京、上海、广州、长沙等地开展红色旅游宣传推介活动，扩大了井冈山红色旅游的吸引力、感召力和影响力。江西省旅游局和井冈山市旅游局等单位共同发起的“2004 年中国红色之旅万里行”活动，在中国工农红军长征七十周年的十月举行。2005 年 7 月 8 日，井冈山又举行“全景中国”大型系列丛书首发式，向与会的各国大使和领事推介井冈山，让世界认识和了解井冈山。同时在中央电视台、《人民日报》、《解放日报》等诸多媒体上专题专版宣传井冈山。[①] 2005、2006、2007 年分别成功举办了中国红色旅游文化节、中国井冈山红色旅游高峰论坛和井冈山革命根据地创建 80 周年系列纪念活动等，使井冈山景区的文化表现力和旅游吸引力得到不断增强；2007 年举办了第二届中国红歌会，成功打造出“中国红歌会·放歌井冈山”品牌；引进大型实景演出《井冈山》，于 2008 年 4 月份试演推出“五彩井冈”系列活动；构建北京、深圳、湖北、湖南等 10 大重点客源地营销网络，推出 VIP 服务，与新浪、新华网等知名网站建立良好合作关系。加大新闻媒体宣传力度，有关井冈山旅游的新闻媒体报道不断增加，2007 年仅在中央电视台的报道近 20 次，市场效果及影响日益扩大。[②] 这些旅游促销举措取得了巨大成功，促销活动的声势之大、品位之高、影响之广、效果之好是井冈山有史以来绝无仅有的，进一步提升了井冈山“红色旅游”在全国的影响力和知名度，使上山游客逐年增长。

---

① 刘福明：“井冈山市红色旅游业纪实”，新华网江西频道，http：//www. jx. xinhuanet. com.

②“新起点，新跨越，新成就——井冈山管理局成立以来工作情况综述”，井冈山市人民政府网，http：//www. jgs. gov. cn/bmdt19. asp？id =411. 2008 -4 -23.

4.3.4.3　提升食宿服务条件

夜宿井冈山，游客可以随心选择饭店、宾馆。2006—2007 年井冈山引进两家五星级宾馆，结束了井冈山无五星级宾馆的历史，截至 2007 年年底井冈山三星级以上宾馆达到 30 多家①。同时游客还可以选择干净、实惠的农家乐，在井冈山，游客可以享受到极具地方传统特色的井冈山风味餐饮，菜肴多以当地土特产为原料，配以独具地方传统的烹饪工艺，天然、无污染、色香味俱全。另外游客还可以切身体验一下当年红军的艰苦生活，吃一顿红米饭、南瓜汤红军套餐。完善的食宿服务对于吸引游客过夜有巨大的促进作用。

4.3.4.4　提供诚信优质服务

2007 年井冈山成功创建国家 5A 级风景旅游区，全面推进 ISO9001 质量管理体系和 ISO14001 环境管理体系，加快了旅游行业管理的规范化、标准化、制度化步伐。通过加强旅游从业人员的管理和旅游市场监管，旅游从业人员素质明显提高，旅游市场秩序进一步优化；建设“井冈山红色旅游电子商务综合服务平台”和改版完善井冈山旅游网站，开发红色旅游展示交易系统、旅游服务和管理系统，建设旅游资源数据库，对各景区实行智能化、数字化管理。② 井冈山加强了对旅游市场的整治、净化工作，确保全面履约；以“诚信服务，游客第一”的意识，全力打造全国文明风景旅游区品牌：通过对旅游从业人员进行遵守职业道德、规范旅游服务和熟悉旅游产品的培训工作，提高了景区红色旅游业服务质量③。诚信优质的服务既体现了革命老区人民优良淳朴的革命传统，又让游客有宾至如归的感觉。游客对井冈山优质旅游服务的好评，将会成为吸引更多游客的口碑效应，同时也会大大提高游客的回访率。

---

① “新起点，新跨越，新成就——井冈山管理局成立以来工作情况综述”，井冈山市人民政府网，http：//www. jgs. gov. cn/bmdt19. asp？ id = 411. 2008 - 4 - 23.

② “新起点，新跨越，新成就——井冈山管理局成立以来工作情况综述”，井冈山市人民政府网，http：//www. jgs. gov. cn/bmdt19. asp？ id = 411. 2008 - 4 - 23.

③ 江西省统计局：“江西省 2007 年国民经济和社会发展统计公报”，江西省档案局网，http：//www. jxdaj. gov. cn/Article_ Show. asp？ ArticleID = 2927.

4.3.5 当前井冈山红色旅游资源开发的主要问题及解决途径

井冈山红色旅游资源的开发面临两大主要问题：一是开发方式简单化、程式化问题，许多景点都是博物馆式陈列和静态式景观景物展示，加上千篇一律的讲解，很难对游客产生吸引力；二是红色旅游产品的生命周期问题，旅游产品逐步老化和陈旧，渐渐推出市场而无人问津。只有把红色旅游的主题回归到历史文脉的人文精神中，融入庐陵文化这种地域文化中，才能保证红色旅游产品的独特性和生命周期的可持续性。

4.3.5.1 发展战略

企业产品战略——变依托资源提供产品或服务为依托资源营销产品或服务。

区域竞合战略——加强与全国其他九大红色旅游基地以及省内南昌、瑞金、萍乡、上饶四个红色旅游区及其节点城市的联系，联合打造红色旅游精品线路。

4.3.5.2 行动计划

(1) 延展目的地发展计划。井冈山红色旅游目的地的发展要放眼于“五百里井冈”，突破井冈山市的行政区划界限，把外围的重要革命纪念地纳入目的地体系，统一进行规划构思和规划布局，以便全面系统地体现中国革命开拓地和毛泽东思想形成地的历史背景。重点发展三大红色旅游区域：一是井冈山红色旅游区（包括茨坪、砻市、茅坪），二是永新三湾红色旅游景区，三是东固红色旅游景区。其中井冈山红色旅游区要积极响应国家“红色旅游工程”的要求，加快井冈山现有红色景区的深度开发和品质提升，提高现有红色旅游产品的参与性和文化品位，开发文化生态旅游产品，如面向国际市场开发军事文化生态旅游产品，将井冈山建设为国内外知名的红色旅游第一品牌。要加快“三湾改编”纪念设施建设和景区的公路建设，积极修缮毛泽东旧居等革命旧址，开拓“红枫沟”山溪湿地生态休闲景区和“红湖湾”水域景观旅游休闲景区建设，改善三湾的旅游基础设施；东固红色旅游区要重点进行革命遗址、遗迹的抢救性保护开发，并提升青原至东固的公路等级，建设各个红色景点之间的连接公路，增加可进入性。

（2）重点产品开发计划。大力发展政务会议休闲旅游产品，促成红色革命教育与绿色生态休闲的完美结合。重点项目计划——以梨坪会议培训中心、井冈山国际旅游文化节为重点发展项目。在井冈山梨坪这一非常适宜学习革命精神、开展旅游休闲和进行身心疗养的地方，高起点建成集旅游、观光、会议、学习为一体的国际一流的会展旅游基地。凭借大自然的旖旎风光，建造一批别墅、酒店公寓和大型会议中心，并配以运动、休闲、购物等设施。重点营销推广计划——由市红色旅游工程领导小组专门负责红色旅游产品的策划和营销活动。在中央级新闻媒体和全国性报纸媒介上开展红色旅游形象宣传，并在市内新闻媒体上开设红色旅游专栏。通过重大旅游节庆活动推动红色旅游的深入开展，如策划筹办井冈山红色旅游文化节和红色旅游“井冈论坛”，赴全国各大城市如北京、上海、广州等地举办红色旅游大型推介会，并赴全国大中城市举办井冈山精神大型巡回展，拓展海外华人市场。

（3）会议接待提升计划。提升井冈山的会议接待设施，包括宾馆、饭店、会议场所等。尤其是会议场所，应按照国际标准建造多功能会展中心，满足各种规模的会议、展览的需求。同时以井冈山的整治为核心，以井冈山城市开发为重点，做好会议基础设施建设和软环境建设，以及周围景区的培育工作。

（4）优质旅游服务计划。通过提高旅游从业人员素质和强化旅游景区建设质量，提升井冈山旅游服务水平；通过提供具井冈山客家“好客”风格的服务，尽可能向游客提供个性化服务；通过对销售旅游纪念品的商贩进行严格有效的管理，避免出现对游客纠缠兜售的状况。

总之，通过红色旅游目的地的内涵开发，以井冈山为核心，联合周边地区，推出观光、度假、修学、专门兴趣旅游等复合型产品。通过这一行动计划，将井冈山建设成全国首选的红色旅游目的地，充分发挥品牌效应和辐射效应，带动井冈山地区发展。

红色旅游资源的开发与老区的现代化关系紧密，相互影响，相互促进。其中红色旅游资源的开发在促进老区经济发展方面发挥的作用是最大，体现在：提高了老区 GDP，降低了农业在 GDP 中所占的比重，提高了第三产业比重，调整了产业结构，改善了农民收入结构。同时，红色旅游资源开发在促进老区社会发展、提高老区人民生活质量方面也发挥了比较大的作用，体现在：带动了当地经济发展，促进了老区通信工程及互联网建设；加快了老区社会现代化的进程；降低了人口自然增长率；减轻了环境污染，提高了环境治理率；提高了老区人民收入，降低了老区人们的恩格尔系数；带动了当地医疗水平提高和住房条件改善。此外，红色旅游资源的开发对提高老区科技教育和居民素质水平也有一定的积极意义：对红色旅游者，对当地的老区人民尤其是青少年发挥了教育作用；改善了老区教育设施和条件；加快了实现老区教育现代化；与革命老区科技的进步和应用相互促进等等。因此，在开发红色旅游资源时，不仅要考虑到经济效益，同时也要关注社会效益、生态效益。红色旅游资源的有效开发，使老区得到健康发展并加快老区现代化进程。而老区的现代化建设又促进红色旅游品质提升和环境改善，使红色旅游资源得到有效的保护。

第5章

红色旅游资源开发与老区文化传承

目前关于红色旅游的研究文章中，少有涉及老区特色文化的研究，系统深入地论述红色旅游资源开发与老区文化传承的关系的文章暂付阙如，对红色旅游作为一项“文化工程”的研究相对滞后。因此，本章就红色旅游资源开发、老区特色文化传承等问题做一些探讨，希望能够丰富红色旅游的理论研究，探索红色旅游资源开发对老区文化传承的意义，从而更好地引导老区的红色旅游发展。

5.1 红色旅游资源开发分析

5.1.1 红色旅游资源开发的意义

开发红色旅游资源，发展红色旅游，对于加强革命传统教育，增强全国人民特别是青少年的爱国情感，弘扬和培育民族精神，带动革命老区经济社会协调发展，具有重要的现实意义和深远的历史意义。①

---

① 曹月：“对我国红色旅游资源开发的探讨”，《法制与社会》，2006年第7期，第121页。

(1) 有利于加强和改进新时期爱国主义教育。在深入贯彻落实科学发展观，构建和谐社会的新的历史时期，面对新形势新任务，迫切需要改进和创新爱国主义教育方式。积极发展红色旅游，寓思想道德教育于参观游览之中，将革命历史、革命传统和革命精神通过旅游传输给广大人民群众，有利于传播先进文化、提高人们的思想道德素质，给人们以知识的汲取、心灵的震撼、精神的激励和思想的启迪，增强爱国主义教育效果，从而更加满怀信心地投入到中国特色社会主义事业之中。

(2) 有利于利用和保护革命历史文化遗产。中国共产党第十六次全国代表大会提出大力扶持对重要文化遗产的保护工作，扶持老少边穷地区和中西部地区的文化发展，其重要目的就是建设和巩固社会主义思想文化阵地。革命历史文化遗产是中华民族宝贵的精神财富。遍布全国各地特别是革命老区的纪念馆、革命遗址、烈士陵园等爱国主义教育基地，是社会主义思想文化的重要阵地。通过开发红色旅游资源，把这些革命历史文化遗产保护好、管理好、利用好，对于建设和巩固社会主义思想文化阵地，大力发展先进文化，支持健康有益文化，努力改造落后文化，坚决抵制腐朽文化，具有重要而深远的意义。

(3) 有利于带动革命老区经济社会协调发展。革命老区大多地处偏远的地区，经济发展水平普遍不高。开发红色旅游资源，发展红色旅游，可以将历史、文化和资源优势转化为经济优势，推动经济结构调整，培育特色产业，促进生态建设和环境保护，带动商贸服务、交通电信、城乡建设等相关行业的发展，扩大就业，增加收入，为革命老区经济社会发展注入新的活力，是带动老区人民脱贫致富的有效举措。

(4) 有利于培育旅游业发展的新的增长点。随着我国人均收入水平的不断提高，居民的旅游消费支出逐年增长，对旅游内容和产品提出了新的要求，迫切需要旅游业进一步调整和完善产品结构，更好地满足人们多样化、多层次、多形式的精神文化需求。开发红色旅游资源，发展红色旅游，对于开拓更广阔的旅游消费市场，具有积极作用。

5.1.2 红色旅游资源开发中的问题

20 世纪 90 年代以来，红色旅游在中国大地迅速兴起，并呈现排浪式发展态势。由于中央政府的大力推动、中国旅游界的积极介入和旺盛的旅游市场需求拉动使红色旅游事业在中国盛况空前。目前，红色旅游的发展已经呈星火燎原之势，其发展的喜人势头和蕴藏的巨大商机已引起了很多地区的重视。但是和其他一切事物一样，我们也应该以清醒的头脑和理性的眼光来看待红色旅游资源开发中的问题。起源于20世纪六七十年代瞻仰革命圣地热潮的红色旅游，在数十年的发展过程中，出现了很多著名的红色旅游景区建设典范，例如，凭借着独一无二的红色旅游资源，韶山已经发展成为成熟的红色旅游基地。虽然各地红色旅游资源开发取得了阶段性成效，但在具体实施过程中也出现了一系列问题，如滥开发、过度开发、庸俗化开发和产品程式化、趋同化等现象层出不穷，严重影响了红色旅游事业的发展。

5.1.2.1 红色旅游景区方面

（1）红色景区并不红火。部分景区由于资源品位偏低，吸引力差，加上缺乏营销意识，又忽视宣传作用，造成景区游客稀少，门可罗雀，红色景区并不红火的现象很多。

（2）红色景区趋同严重。多数红色景区建设采用博物馆、纪念馆的展示陈列，有些游客不禁发出了“红色景区咋都一样”的感叹。这样的趋同化无疑会使游客产生厌倦心理和“游一当十”的心理，从而影响整个红色旅游市场的发展。

5.1.2.2 红色旅游产品方面①

（1）旅游产品形式单一和雷同。以纪念碑、纪念塔、人物塑像、纪念馆和博物馆展览等为主，走到哪里，看到的都是相同的外在表现形式。

（2）景区管理机制与市场脱轨。全国红色旅游景点大多隶属民政、文化部门管理，其管理运行机制和市场结合不紧，开发旅游市场的意识严重不足。

（3）景点可说的多但可看的少。对革命遗迹、遗址的包装不足，不能充分满足旅游者的游览需要，看后总感到不够味、不解渴。

（4）讲解内容忽视旅游者需求。各地红色旅游景点的解说词大都是由

---

① 王东峰：“我国红色旅游发展存在的问题及对策”，《商场现代化》，2006年第11期，第210页。

研究党史、革命史的研究人员撰写的，其历史性和科学性是不言而喻的，但严肃说教有余，生动有趣不足，未能充分考虑游人接受心理，难免让一般游客听起来感到枯燥乏味，不符合旅游业所要求的老少咸宜，雅俗共赏。

（5）展示方式落后、制作粗劣。由于经费等原因，未能充分运用时尚现代的科技手段诠释红色内容，难以真正有效吸引旅游者，从而达到感染效果。

5.1.3 红色旅游资源开发的原则①

国内外区域旅游合作的实践证明，区域合作开发红色旅游资源有利于各地组合产品、联合促销进而实现客源共享与效益最大化②。红色旅游资源区域合作开发必须根据当前旅游市场需求特点，确定合理范围。现代社会，由于出游机会增多和人们对休闲生活的重视，中短途旅游路线正成为旅游市场消费的主导产品。过大范围的区域旅游合作推出的旅游产品由于旅游时间成本、经济成本和社会成本过高而使旅游消费需求受到遏制。建立在有效需求不足基础上的红色旅游区域合作往往只能停留在概念上，而不能对红色旅游开发工作起到实质性的推动作用。根据旅游者的出游习惯与出游时间规律，红色旅游区域合作推出的旅游路线最佳时间跨度是2—6小时，景区景点之间的最佳时间距离是汽车行驶4小时以内。长时间、高经济成本的空间移动会导致旅游者旅游成本过高、身心疲倦等问题。因此，各地红色旅游发展需立足于资源基础，进行统一规划，集中力量实施以重点开发、梯度发展和区域合作为主要内容的极点小区域合作开发策略，确立几个具备核心竞争力和辐射带动能力的红色景区进行重点开发，以大景区的发展带动小景区的开发，最终实现区域红色旅游资源的整体开发。只有集中有限的资金和人力等资源进行重点开发，才能达到景区建设高起点、高标准要求。对小规模分散的红色旅游资源目前宜采取立足资源保护的策略，暂缓对其进行全面开发。当区域内形成一批以主要红色旅游景区为主构架的多极点红色旅游发展格局时，网状结构的旅游生产力扩张必然带来区域红色旅游资源的纵深开发。当

---

① 龚志强、江小蓉：“浅议红色旅游开发的新思路”，《商业研究》，2006年第16期，第201页。

② 吴必虎：《区域旅游规划原理》，中国旅游出版社2001年版，第356—363页。

主要红色旅游景区进入快速发展轨道，带来资金、技术、人力等开发条件的丰厚积累时，其游线拓展和产品升级换代等内在扩张性需求增长，将为滚动开发周边红色旅游资源提供动力源泉。实施多极点小区域合作开发策略有利避免当前红色旅游资源开发过程中出现的“马太效应”，即大型红色旅游景区人满为患，小景点经营难以为继的现象。一拥而上的红色旅游资源开发导致的景区市场开发各自为政、产品有机组合度欠缺等问题在所难免，将直接影响到小景区的生存和大景区的发展。因此，在多极点小区域合作思想的指导下，根据区域内红色旅游资源品位和市场需求特点，对各地红色旅游开发工作合理安排，梯度开发与差异化开发相结合，形成以大景区树品牌、开拓市场，以小景区拓展游线、深化内涵为构架的区域红色旅游合作机制，最终达到共享客源，共享发展的双赢局面。

5.1.3.1 系统科学的保护性开发

红色旅游开发的主要资源凭借是指中国共产党领导的革命和战争活动所形成的历史遗物、遗迹、革命精神及其所处的原生自然与人文环境风貌。红色旅游资源是一笔珍贵的历史文化遗产，其中大量有形资源都属于各地文物保护单位，其资源本体及其所处的原生自然与人文环境都应在得到科学保护的前提下进行旅游开发。随着旅游景区商业化、现代化、舒适化程度的提高，红色旅游产品中的资源本体、淳朴的民风、低廉的价格、原真的自然与人文环境等都遭到严重的挑战。“红色”本质和“红色”意境是红色旅游产品最吸引旅游者的两大卖点，如何继续保护并深化它们是红色旅游资源开发中的核心问题。失去了它们，红色旅游就失去了生命力。因此，红色旅游资源开发必须贯彻“保护为主、抢救第一、合理利用、加强管理”的文物工作方针，把保护工作放在第一位，在保护资源本体的同时，注重其所处的原生自然与人文环境的保护，实施系统化保护性策略。

(1) 科学地保护红色旅游资源本体。对红色旅游资源本体进行保护主要包括维持历史遗迹的现存状态和对其损毁部分进行抢救性修复两个方面。对红色旅游资源本体的保护应本着尊重客观历史存在的原则进行，杜绝根据现代人的审美好恶对其原有风格进行人为的改变。一些地区为了适应旅游业发展需要，把革命历史建筑推倒重建，或用贴瓷砖、浇筑水泥等现代装修手段对其进行包装，这种名为保护，实为破坏的开发行为应得到及时纠正。修复革命历史建筑时，旅游部门与文物部门应通力合作，应本着“修旧如旧”、“修新如旧”的原则进行，从选材到建筑风格都应服从恢复历史原貌的总体要求，同时在合理而可能的范围内，对其旅游功能进行配置。红色旅游资源保护性开发过程实质上就是尊重历史的过程，而尊重了历史也就尊重了旅游者的审美情趣及其思想价值取向。

（2）保护和维护红色旅游资源的原生人文环境。由于分布地域不同，红色旅游资源在具备“红色”共性的同时，还具有地域文化个性。这些极具个性的地域文化丰富了各地红色旅游的内涵，使各地红色旅游更具鲜明的个性色彩，是发展红色旅游不可或缺的资源要素。在红色旅游资源开发过程中，一方面应十分重视地方传统文化内涵的挖掘和整理，并使之与“红色文化”有机结合，从而摒弃过去标准化、脸谱化的红色旅游开发方式；另一方面，要警惕旅游开发导致的景区过度商业化对当地传统文化的冲击。商业文化的侵入，往往导致地方建筑风格、民族风情、群体语言乃至居民好客程度的巨大变化，从某种程度上说，红色旅游景区的商业化、时尚化过程实际上就是红色旅游内在品质的降低过程，这不仅与旅游者在红色旅游过程中所表现的崇尚质朴、原真的心理需求相违背，而且也偏离了我们发展红色旅游把社会效益摆在首位的初衷。

（3）保护和营造红色旅游资源的原生自然环境。旅游活动是一个充满审美情趣的过程，发展旅游事业，营造充满美感的优良自然生态环境十分重要。与红色旅游景观朴实、庄重的风格相适应，红色旅游景区的自然环境应体现出原真的自然生态意境，给人以“天人合一”的高度和谐统一感。对于景区的原生自然生态环境，保护是第一位的，要采取有效措施防止建设性破坏和应对自然灾害侵蚀。同时，对景区自然生态环境不足和被破坏之处，采取适度适量的人工营造措施进行弥补和修复，但应避免整齐划一、人为痕迹过重的偏向。整齐的树林，平整的草坪足以破坏红色旅游景区的历史意境。其营造方法可以充分借鉴中国古典园林的构景手法，讲求“师法自然，顺其自然”，在植物种类的选择和水流、山石等各种自然要素的配置上都应符合当地自然环境的基本特征，不应过度粉饰。

5.1.3.2 深挖内涵的本色开发

红色旅游产品目前广泛存在展示手段简单化、程式化，展示内容单调，旅游功能参与性不强等问题，难以对旅游者产生强烈的吸引力。红色与旅游的有机结合，不能违背旅游者的心理需求规律，要在准确把握旅游活动本质特征的基础上充分挖掘红色旅游资源内涵，打造特色旅游产品。现代旅游活动实质上是一种体验活动，其价值就在于满足人们的审美、愉悦、求知、休闲等需要。红色旅游的突出价值是能够为旅游者提供一种蕴涵独特历史文化内涵的心灵体验。这种体验价值的有效传递要求开发情景化、参与性、互动式、体验型的红色旅游产品。红色旅游产品不能单纯地理解为红色遗址、革命纪念馆，还应该包括必要的旅游设施、旅游环境、旅游观赏和参与的活动项目以及旅游服务等。复原红色旅游景观历史风貌在红色旅游资源开发中只是最基础的工作之一。而如何展示其中蕴涵的革命历史、红色精神以及当地的传统文化才是开发的核心工作。因此，要深度挖掘红色旅游资源内涵，再现历史场景，走本色开发道路，给游客以全方位的切身体验。深挖内涵，注重本色要从细节入手，许多红色旅游景区都存在旅游设施风格现代化、旅游项目展示静态化、旅游讲解服务说教化等问题，不但破坏了红色景区的整体协调感，而且降低了红色旅游的吸引力。红色旅游产品开发的任何一个细节部分都应注重红色意境的协调和营造，突出其“红色”本质。如，江西瑞金红色旧址群的讲解员身着红军服装为游客讲解，有时还即兴为游客演唱当地的革命歌曲，特色化服务给游客留下了深刻的印象。从旅游活动的发展过程来看，旅游是一种复杂的社会现象，但审美和娱乐是其核心本质。红色旅游资源开发应顺应体验经济潮流，突出旅游项目的参与性，在保持红色旅游教育和文化传播功能的同时，加强其审美和娱乐的体验功能。“革命摇篮”井冈山近年推出的“吃一顿红米饭、唱一首红军歌、走一趟红军路、读一本红军书、听一堂传统课、扫一次烈士墓”的红色旅游项目，就是以革命传统教育的老内容，采取游客参与互动的新形式，受到普遍欢迎。

5.1.3.3 多种资源复合型开发

红色旅游的定义明确了红色旅游开发的主要资源凭借和旅游产品的主要内涵，但是在红色旅游资源实际开发过程中，市场需求特点决定其开发范围要更为宽泛。旅游者购买旅游产品时遵循的是收益最大化原则，同时旅游者在旅游活动中的单一性需要和复杂性需要达到平衡是旅游审美活动的基本规律。[①] 因而，红色旅游资源开发应是一个多种资源复合型开发过程，应采取主题性开发与综合性开发紧密结合的形式，深入分析各类旅游资源的内在历史延续性特征、地缘性特征和人缘性特征，本着“红绿辉映、红古相衬、红彩相间”原则，组合各类型旅游资源，推出主题突出、内涵丰富、形式富于变化的综合性旅游产品。多种资源复合型开发应根据区域内红色旅游资源的数量和品质的不同采取不同的运作方式。首先，区域内有较强市场号召力的红色旅游资源，旅游产品突出体现的应是红色主题，而其他类型旅游产品作为红色旅游产品的重要补充和拓展。主题突出有利于加强旅游者对旅游地的认同感，对旅游产品的整体市场营销有着强大的推进作用；产品组合则有利于提升旅游者对旅游产品的满意度，扩展红色旅游的社会效益和经济效益。其次，当区域内散布各地的红色旅游资源规模小、数量少、知名度低时，红色旅游开发应积极主动地融入其他类型旅游资源的开发过程中，发展红色点缀型旅游产品，通过资源组合，联点成线，共享客源，借船出海，才可以获得理想社会效益和经济效益。总之，多种资源复合型红色旅游开发就是要整合资源、市场、资金和人力，破除当前流行的脱离资源基础的一切以“红色”为中心的旅游开发观念，立足实际，用大旅游、大开发的开放型思维，开创各种旅游资源相互结合，各种旅游产品相互配套的红色旅游开发的局面。

5.2 革命老区的文化

5.2.1 老区特色文化的概念

文化是一个抽象的概念，它包括知识、信仰、艺术、道德、法律、习俗

① 甘朝有：《旅游心理学（修订版）》，南开大学出版社2001年版，第33—36页。

等，以及人作为一名社会成员所获得的任何其他能力与习惯所构成的复杂综合体。革命老区因承载着一段革命斗争的历史，蕴含着无私奉献的价值观，形成了老区自身的文化，给人一种既熟悉又神圣的感觉，令人神往。从狭义上来说，老区特色文化主要指的是红色文化，也包括老区的风土人情、风俗习惯和老区人民的纯朴与善良、友好与诚信。红色文化最集中、最具有震撼力的表现是红色精神。中国革命所形成的红色精神既是中华民族的创新文化，也是十分重要的世界文化遗产。它包括井冈山精神、长征精神、延安精神、西柏坡精神等。

5.2.2　老区的发展现状①

就一般的状况进行比较，我们不难发现，大多数革命老区经济社会文化发展仍然相对滞后。

（1）自然环境相对恶劣。老区通常地处偏远，在中国发展的地区格局中，经济区位较差，交通闭塞，自然环境比较恶劣。“山高路远坑深”，给人们的出行以及生产、生活等带来极大的不便。

（2）基础设施落后。由于多处偏远山区，地形复杂，大多数人民生活在崇山峻岭中，交通条件差，交通等基础设施建设也不平衡，有的地方至今没有通公路。常常是“晴天扑面灰，雨天泥腿子”。同时，水、电、通讯设施严重滞后，对外交通和信息交流不畅。

（3）经济水平落后。革命老区遍布中国的28个省（区、市）的1389个县，占全国总县城数的65.5%，其中460多个县是需要国家和省重点扶持的贫困县。对于仍然徘徊在贫困中的老区来说，普遍存在着生产力水平比较低，经济结构不合理、经济发展滞后等突出问题。如革命老区井冈山，全国刚解放时其农民平均收入才19元。自从发展红色旅游以来，作为中国重要的红色旅游区，红色旅游为井冈山老区人民带来了可观的经济效益，让老区人民走上了脱贫致富之路。2007年井冈山农民的人均纯收入高达3655元，然而即使如此，与2007年全国农民人均纯收入的4140元钱相比②，仍

① 阎友兵、曾妍：“红色旅游与革命老区全面小康建设”，《湖南城市学院学报》，2006年第1期，第23—24页。

② “2007年全国农民人均纯收入4140元，实际增长9.5%”，新华网，http://news.xinhuanet.com/video/2008-03/10/content_7758618.htm.

然存在着差距。著名革命老区的经济发展尚且如此，其他地方革命老区的情况也就可想而知了。

（4）文化教育程度低。教育是立国之本，对于老区的发展也是至关重要的。近年来老区的教育事业有了一定程度的发展，九年义务教育得到了相当的普及，大部分地区文盲率大幅度降低，有的老区还建立了属于自己的大学和科研院所。尽管如此，目前老区的文化教育事业还有许多不足之处，面临着诸多亟待解决的问题。如教育人才严重缺乏、教育资金严重不足等。2006年，贫困人口大都分布在西部太行山区的河北省保定市还有658个贫困村39.5万人没有摆脱贫困。从总体上来看，老区农村劳动力整体素质低下。据抽样调查，贫困地区农民初中以下文化程度的占67%，高中文化程度的只有7%，另有近15%的文盲。在调查的20个贫困村中，有7个村近10年没有出过一名大学生。[①] 与全国同期相比，据2008年最新统计数据，2006年末全国农村劳动力资源中，小学文化程度17341万人，占32.7%；初中文化程度26303万人，占49.5%；高中文化程度5215万人，占9.8%；大专及以上文化程度648万人，占1.2%[②]；文盲3593万人，占6.8%。这说明老区人民接受文化、科学知识教育的程度与全国平均水平相比仍有很大差距，青壮年文盲率较高。这些因素都严重制约了老区生产的发展，阻碍了劳动生产率和产品科技含量的提高。

（5）思想观念陈旧。由于经济落后、交通闭塞，出行能力有限，与外界联系少，且人们受教育程度低，文化生活缺乏，老区人民思想观念相对陈旧和保守，思想意识跟不上改革开放的新形势，很多人的思想仍然停留在“人民公社”时代，缺乏竞争年代的主动性和拼搏精神。同时，人们还普遍存在“等、靠、要”的思想，一些人常年享受救济粮款而心安理得，一些力所能及的事情，也要政府帮忙协调解决，由此衍生出对政府的严重依赖性和自身工作学习上的懒惰性。

---

① 段丽军：“搞好扶贫开发，建设和谐农村——对保定市农村扶贫开发工作的调查与思考”，河北扶贫开发信息网，http：//www. fpb. heagri. gov. cn/asp/detail. asp？id = 1716&typeid = 30. 2006 - 6 - 25.

② 国务院第二次全国农业普查领导小组办公室、国家统计局：“第二次全国农业普查主要数据公报（第五号）”，国家统计局网，http：//www. stats. gov. cn/2008 - 2 - 27.

（6）专业人才匮乏。由于经济滞后，社会封闭，文化活动缺乏，加上又没有相对宽松的用人环境和激发潜能的用人机制，所需的农业、教育、会计、管理、科技等专业人才纷纷外流，自身培养和锻炼能力有限，造成人才的生成机制缺失，人才严重匮乏。

5.2.3 老区特色文化传承的意义

我国现在已进入了飞速发展的时期，正在大踏步地向现代化国家行进。虽然革命老区相对于日新月异的现代化进程来说，显得有些“原始”与落后。但其所拥有的特色文化——红色文化、红色精神却不仅是我们当代人要继承与发扬的，也是后代人要学习与铭记的，它像接力棒一样需要一代一代中国人传承下去。传承革命老区特色文化，对于我们建设有特色的社会主义事业意义重大。

（1）可以为社会主义经济建设提供精神支柱。目前，我国市场经济欣欣向荣，活力四射。但在发展市场经济的同时，受一些不良思想的影响，可能会出现偏离社会主义荣辱观的问题，如投机取巧、好逸恶劳、诚信透支等。当下我们需要优良的革命传统、高尚的革命风格、积极的革命心态、伟大的革命精神来改变这种状况。老区特色文化所散发出来的开拓进取、艰苦奋斗、坚定信念的精神光芒能照亮我们的心灵，引导我们的心智，感染我们的心怀，成为我们在市场经济建设道路上一种用之不竭的精神动力。

（2）能够为社会主义先进文化建设增添“养分”。老区特色文化是中国历史文化长河中的精英文化和典范文化。当代中国的先进文化，就是以马克思主义为指导，以培养有理想、有道德、有文化、有纪律的公民为目标，面向现代化、面向世界、面向未来的，民族的、科学的、大众的、健康向上的，具有中国风格、中国特色的社会主义文化与文明。老区特色文化博大深邃的内涵与当代我国的先进文化内容非常吻合，它对建设社会主义具有推动、启示作用，属于社会主义精神文明的重要源头，其文化特质以各种形式延续至今，可以成为我国先进文化的有机组成部分，很好地补充与完善了我国社会主义先进文化，为之给予了合理的活跃的“养分”。

（3）有利于发扬民族精神和继承优良革命传统。老区特色文化体现了我国特有的民族精神，大力发展红色旅游，传承老区特色文化，有利于加强青少年思想政治教育，提高人们的思想觉悟与精神境界，弘扬民族精神。一方面，国内旅游者慕“革命圣地”之名而来，参观中国共产党历史上遗留的革命遗迹、遗物，聆听当地导游员讲述英勇事迹、革命故事，了解欣赏老区特色文化，身临其境，接受教育，既净化了灵魂，又怡养了身心，从中可以熏陶启发游客对革命历史的思考，使其从中感受到一种精神力量。这种精神力量慢慢地渗透到以后的生活中，所谓“润物细无声”和“潜移默化”，就是如此。另一方面，老区革命文化是中国特有的、不可复制的文化。当把国内红色旅游投向海外市场，进行文化营销时，外国人对创造了中国奇迹的革命历史充满浓厚的兴趣，想来了解红土地上发生的故事，以满足其猎奇之心、以释怀其神秘之感。当红色旅游走向国际化时，中国的红色精神也随之传到了海外。大力发展红色旅游的举措，不仅有利于光大中华民族的优良革命传统，而且有利于宣传积极向上和奋发有为的中国革命精神，让更多的外国人了解我们的文化，使他们对有着如此宝贵文化遗产的中国充满仰慕和钦羡之情。这也是作为世界文化遗产的红色精神应该起到的作用。因此，不管是国内还是国外游客来到革命老区瞻仰、寻访，带走的是鼓舞和传承，留下的是思考和感叹。

（4）抵制西方不良文化和弘扬祖国优秀传统文化。当今世界是个政治多极化、经济全球化、文化多元化、军事多事化的世界。我国在这样的环境中，也慢慢地走向国际化，呈现多元化态势。中国传统的儒家文化、现代的革命精神、时尚的西方文化构成我国多样文化中的主要元素。随着国门的大开放，西方文化几乎渗透到我们生活中的每一个角落，严重地冲击着我们自身的文化传统。受其影响，人们的思想观念、生活方式、生产方法发生了很大改变。比如，我们发现人们慢慢淡化了春节等传统节日，使其“年节味”越来越淡，相反圣诞节、情人节、愚人节等西方节日却过得“津津有味”。这对于有着优良传统、悠久历史的国家来说显然有些异样，更何况西方的不良文化也在腐蚀着我们一些人的思想、改变我们青少年的行为方式。可想而知，西方文化在当今我国文化中延伸得越来越快，长此以往，我们将可能会丧失自我，无所适从。令人高兴的是，目前，我国积极发展红色旅游，通过大力宣扬红色精神，让我们时刻不忘革命历史，达到传承老区特色文化的目的。要更重要的是，我们已深深意识到，西方文化的盛行，往往造成我们自身固有的优秀传统和革命精神被弱化了。为了扭转这种情况，加强传统文化和革命精神的学习与倡导，强化毛泽东思想、邓小平理论、“三个代表”重要思想的指导作用，贯彻落实科学发展观，开发红色旅游资源，发展红色旅游就成为必然的选择。革命老区是革命战争发生过的地方，毛泽东思想文化已深深融入老区特色文化之中。通过红色旅游，人们寻访、瞻仰圣地，感受老区特色文化，实质上是在学习与领悟毛泽东思想，宣传毛泽东思想，弘扬毛泽东思想，最终可调整我国文化中的文化结构，扩大毛泽东思想的影响范围，抵制某些西方不良文化的影响。

5.3 资源开发与文化传承的关系

5.3.1 老区特色文化与红色旅游的内在联系

文化是非物质的、无形的、精神的。文化的形式和表现有赖于负载其意义的符号系统。要传承老区特色文化，需在文字上将其准确地表述出来，不仅如此，通过挖掘老区某些实物所具有的文化内涵、所负载的文化信息或利用承载老区特色文化意义的某种形式，起到的传承效果将会更好、更显著、更直接。而红色旅游正是对老区某些实物文化内涵和文化信息的深度挖掘，也是承载老区特色文化的重要形式。老区的革命遗址、遗迹以及老区所保存下来的种种红色文化和精神，都应成为红色旅游中重要的部分。事实上，近年来广受关注的红色旅游，从形式上讲，确实更强调到一些边远老区进行探访革命遗迹，寻访伟人足迹，以重走革命之路，重温革命岁月。从某种意义上来说，旅游是一种文化形式，利用红色旅游来传播老区特色文化，能达到既保护与传承文化遗产，又发展经济与改善生活的“双赢”的目的。因此，开发红色旅游资源对传承老区特色文化具有不可替代的作用。

文化交往向来是旅游活动的重要组成部分，不管是被动还是主动，落后地区的文化总会被先进地区的强势文化慢慢渗透和逐渐改造。因此，要促进老区红色旅游业繁荣，可以通过吸收外来文化以改进思想、技术和方法，进而提高社会生产力，促进当地经济的发展。但同时，老区的人民也在保护和守卫着传统的革命文化与革命精神，这种不屈不挠和坚韧不拔的意志是我们民族的精神脊梁和文化精髓，是我们在各种困境中制胜的法宝，但这样的意志，又恰恰是我们普通民众所缺少的。因此，开展红色旅游，让旅游者通过对老区淳朴民风和革命热情的感受，以自我吸收来实现革命素养的提升，以老区特色文化的传播达到地区间文化的交流。这样，就能达到对老区进行现代化熏陶、对全社会进行革命传统的教育的“双向”“双重”目的。另外，通过发展红色旅游，一大批革命遗址和先进人物的事迹被发掘出来并得到系统的整理，使革命历史与文化更加丰富和完整。更重要的是，这些红色资源得到了妥善的保护，对延续革命精神与传承老区特色文化发挥了重要作用。

5.3.2 红色旅游资源开发对老区特色文化传承的作用

（1）有效地保护与展示了老区特色文化资源。红色旅游资源包括革命遗址、纪念场所以及相关的人造景观。其中革命遗址主要包括重要会议旧址、革命活动旧址、伟人与英雄故居与战斗战场遗址等；纪念场所主要包括纪念馆、博物馆、陵园等；人造景观主要包括雕塑、石刻、主题公园等。这些红色旅游资源具有厚重的历史内涵与人文价值，展现了革命精神。适度地对之进行规划与开发，能保护它们所承载的历史文化信息，彰显其特色文化。游客来到革命老区旅游，也能从这些资源中体味到浓厚的积极向上的革命文化氛围，达到寓教于游、寓学于游的目的。

（2）积极地推动和促进了老区特色文化发展。革命老区大多地处偏远，老区的群众存在较强的小农意识，安于现状、不思进取，再加上文化水平比较低，在一定程度上影响老区特色文化的发展。旅游是一种跨文化交流形式，开发红色旅游资源，能够吸引众多游客前来旅游。这些游客大多来自大城市和经济相对发达的地区，他们文化水平较高，思想相对开放。通过旅游活动和老区人民的接待活动，外来的旅游者以自身的意识形态与生活方式影响老区的人们，引起老区人民思想观念的转变。这种示范效益能有效帮助老区人民改掉陈规陋习，提高文化修养，为老区特色文化全面、健康发展创造良好的人文环境，推动文化积极变化。

（3）极大地宣传并弘扬了老区特色文化精神。在红色旅游资源开发的过程中，势必进行“红色文化”品牌的旅游营销，极大地宣传了红色文化，推广了红色文化。旅游者对老区特色文化的憧憬、遐想等文化介入冲动所导致的文化需求，使老区文化更具神秘性与神圣性，会吸引更多的旅游者前往革命圣地旅游参观以满足其心理需求。他们在借助一定的工具与手段的条件下，在充满革命历史和红色文化氛围和的场景中参观、游览甚至学习，所看、所触、所思加深了对老区特色文化的理解，接受了一次心灵的洗礼，内心为之震撼。旅游者回来后向家人、朋友、同事等讲述经历时，口头宣传了老区特色文化，扩大了其影响范围，而心灵、思想上的收获则会成为他们以后生活中的精神动力，使他们朝着崇高的具“红色”特征的积极向上的精神境地迈进。这其实就是在弘扬老区特色文化。

（4）提供了创新与完善老区特色文化的途径。文化是随着时代的发展而发展，不同的时代，某种文化的意义会有所不同。老区特色文化是在革命年代积淀形成的，在当今新的时代，它仍具有特殊的意义。但事物都是发展的，老区文化也要与时俱进，需要创新发展。我们在对待这种文化时要秉着“取其精华，去其糟粕”的原则予以继承与发扬，对其中不适应时代的内容进行革新，使之符合时代精神的主旋律。在红色旅游资源开发的过程中，我们以现代人的眼光审视这些资源，对之进行系统的规划与设计。为适应现代潮流与满足现代人的文化需求，我们要在保持老区文化特色、历史风貌的基础上，加入一些现代元素或时尚元素，对其进行创新与完善，达到传统与现代、革命与时尚相结合的效果。在开发革命历史文化资源时，对老区文化内涵进行更深层次的挖掘，对老区文化形式进行更多样化的包装，同时进行规范介绍和提升推广，会极大地丰富与完善老区特色文化。

根据以上论述和分析，可以看出开发红色旅游资源对老区特色文化的传承起着举足轻重的作用。所以，我们必须非常重视红色旅游资源的开发，利用开展红色旅游的方式来传承老区特色文化，形成在资源开发中传承文化、在传承文化中促进资源开发的良好格局。

5.4 红色资源开发中老区文化传承思路

5.4.1 精心策划，追求红色精神主题

从国内红色旅游发展总体状况来看，目前各地红色旅游产品开发模式雷同，在市场上的主题形象不突出，降低了吸引力。这就要通过高智力，大投入的策划，追求主题化、特色化和个性化发展。鲜明的主题有助于在市场上形成显著的形象，打开市场，扩大市场份额。所以，在开发某地的红色旅游资源时，要先做资源分析和市场调研，搜集各方材料与信息，并对之评估与策划，整体性把握开发思路，同时要确定景区开发主题和发展方向。红色旅游景区的主题，是向游客展示在这里发生的革命事迹和故事，可以通过影视、戏曲、歌舞表演等方式展现主题，突出当地革命历史文化特色。江西瑞金是全国发展红色旅游较晚的地区，经过几年的努力，不仅瑞金的旅游产业起步发展了，更重要的是其红色旅游正朝主题化方向发展，取得了成效。如瑞金市突出的鲜明主题是共和国的摇篮，井冈山突出的主题是中国革命的摇篮，南昌突出的主题是人民军队的摇篮，安源突出的主题是中国工人运动的摇篮。这些不同的主题成为它们各自的“红色”名片，在市场上的定位很清晰，游客一感知就有相应的心理预期。

5.4.2 注重细节，突出红色文化特色

旅游者寻求差异，旅游经营就要创造差异，差异形成了一个目的地的特色，也是一个旅游地的生命力所在。如果说文化是旅游之魂，那么特色就是旅游之基。文化是指一个目的地的人文活动积淀与人文精神体现。文化积淀主要是地方文化、传统文化、民俗文化的表现，通过对各种文化的挖掘与展

示，形成一个旅游目的地的文化物质载体展示体系。[①] 红色旅游资源是一种极具特色的资源，其所蕴含的红色文化是其核心。然而，目前许多红色旅游资源开发的产品同质化现象严重，如红色旅游设施风格现代化、旅游项目静态化等问题，未能体现差异性，抹杀了自身的文化特质。因此，要展现革命老区特色文化，需从细节着手，本着“文化搭台，经济唱戏”的理念，在开发的任何一个细节部分都应注重红色意境的协调与营造，突出其红色特质。为此，可以做的工作主要有：一是在靠近革命老区旅游目的地的路途中建造一些石碑，上面刻一个红五星或红色旗帜，石碑上主要记录此地的革命历史、英雄事迹、主要景点等，这样游客在路途中就能感受到红色文化的氛围，拉近与红色旅游目的地的距离。二是在旅游目的地入口处的合适场地插几面红旗，红旗在微风中飞舞着，似乎在欢迎游客的到来，此情景让游客欢心、愉快，增添对红色旅游目的地好感和认可度。三是导游员、讲解员应讲究服饰与红色环境氛围的协调性，最好着当年红军服装或当地居民的传统服装为游客讲解。有时也可即兴为游客演唱当地的革命歌曲和民歌，此种定向性特色化服务能给游客留下深刻的印象。四是在旅游纪念品的包装与销售，红色旅游宣传册、纪念册的编排、插图，标语的设计等方面也要注入红色文化元素。五是有条件的地方可在旅游活动中心地或游客聚散中心建造红色文化长廊，营造红色文化氛围，使游客在中转或休息时也能“亲密”接触红色文化，加深对“红色”的印象。

总之，让任何过程和细节都注入红色文化元素，游客在如影随形、寸步不离的红色文化氛围中能时时刻刻感受到这种文化的存在，受其文化的熏陶，体验其文化的价值，满意度必然提高，旅游目的地形象也随之会提升。

5.4.3　利用场馆，传承老区特色文化

革命纪念馆、博物馆、主题园是红色旅游资源之一，充分开发、利用革命纪念场馆，不仅能推动红色旅游的发展，打造红色旅游品牌，而且能有效地传承老区特色文化。革命纪念场馆是中国共产党领导的中国革命历史的实物见证，也是红色文化的主要载体之一。它集红色文化物质遗产与非物质遗产于一身，是展现老区特色文化的重要“窗口”。在开发过程中，应从以下

---

① 魏小安：《旅游目的地发展实证研究》，中国旅游出版社 2002 年版，第 52—55 页。

两方面进行，充分发挥其作用。一是注重精神营销。革命纪念场馆是历史的一个缩影，集中体现了红色精神。游客前来瞻仰，有着强烈的精神诉求。因此革命纪念场馆应以人为本，以游客为中心，通过对基本陈列设计不同的讲解词、丰富展示内容、营造浓厚红色文化氛围等方式向游客传达目的地的红色精神与精髓，满足游客的精神诉求，使其享受一场“精神盛宴”，从而铭记于心，达到全力弘扬革命精神的目的。二是打造精品陈列。革命纪念场馆承载着革命传统和爱国主义教育功能，若要增强对观众的感染力，充分发挥教育功能，则应针对观众对象的不同，在陈列内容上突出主题，形式上独具一格，讲解上要因人而异。在陈列内容不变的情况下，革命纪念场馆要融入当地特定的历史文化及其地域文化，打造个性独特、主题突出、品牌鲜明纪念场馆，对其精心维护与不断更新充实，使其本底特质不变和内容不断扩充、形式不断更新的品牌现象深入观众、感染观众，从而树立革命纪念场馆的不朽品质，吸引更多游客，壮大老区特色文化传承的群体并扩大其传承空间。

总之，革命纪念场馆要以鲜明的个性特征与丰富的文化内涵去吸引游客、教育观众，使之真正成为弘扬革命文化的圣地，传承老区特色文化的载体。

5.4.4 以人为本，服务大众旅游市场

开发红色旅游资源最终要形成红色旅游产品，吸引游客。老区特色文化是一种精英文化，由于旅游者自身素质，如文化知识、理解力、智力等差异，不可能都正确理解、真正欣赏这种精英文化。所以，从适应大众旅游市场需求来说，红色历史文化必然要拉近与大众旅游文化的距离，向大众性的旅游文化流动和渗透，但这种文化之间的流动和渗透，必须要以游客能够接受的方式进行，以游客的心理需求为依据，也就是要坚持“以人为本”。红色旅游场景布置及线路设计应以“人性”为中心，“人”是旅游中的旅游者，其旅游需求及审美心理均具有一定的时代特点，作为旅游从业人员应该做好雅俗文化之间的过渡工作，比如针对旅游者返璞归真、亲近自然的心理，针对不同地区的具体情况，在资源的组合过程中应该加大各种资源的整合作用，如将“红”与“绿”、“红”与“古”、“红”与“俗”等相结合，创新性地开发旅游产品，使红色旅游目的地的旅游产品最大限度地满足不同

旅游者的需求。

5.4.5　强化体验，开发红色旅游资源

2005年，由中央电视台组织、崔永元主持的“我的长征”活动在全国招募志愿者重走红军走过的长征路。开展这种体验式的活动，不仅给参与者留下了深刻的印象，而且大大地提高了红色旅游的知名度，宣传效果非常显著。然而，由于目前一些新兴的红色旅游地的旅游资源开发尚处于起步阶段，还存在开发形式单一，以橱窗展示、形态观赏的内容居多，文物的陈列与展示没有考虑到游客的视角，参与性、互动性的活动较少，缺乏新奇感致使吸引力不大等问题。为了激发更为浓厚的红色旅游热情，将红色旅游资源开发与体验经济紧密结合起来，开发游客喜闻乐见、愿意接受的红色旅游产品。

（1）增强纪念品的体验性。纪念品的收藏与观赏实际上是一种让个人体验社会化的途径和方法。人们通过它体验珍藏的社会价值或与他人分享负载其上的各种信息和审美功能。然而不少红色旅游景区忽视了纪念品的这一特征的重要性，只是简单地复制其他景区的旅游纪念品，使旅游纪念品变得缺乏个性与特色。[①] 增强纪念品的体验性，要让纪念品具有以下几个特性：一为差异性，既要有独特个性又要具“第一”的特征，能为游客提供某种独特的旅游体验；二为创新性，任何旅游商品都有观赏周期，维持其独特性与新鲜性的根本是不断推陈出新；三为参与性，体验的前提是参与，旅游纪念品大多是现成的物件，游客只能通过购买而获得，这种现成的纪念品让游客获得体验价值的空间非常有限，只有通过让其参与设计、制作等过程，增加其体验性。如让游客参与某种活动以免费获得景区赠送的纪念品，或让游客参与制作某些旅游纪念品，如红军的草鞋、草帽等，让游客真正体味其中的乐趣。

（2）让游客做一回“演员”。身临其境的经历不仅能满足游客的猎奇心理，还能提高旅游的满意度。旅游开发经营者可利用老区的红色资源，模拟革命时期的场景，以当年此地发生的革命事迹为内容，让游客穿上红军服装、戴上红军草帽、背上红军步枪，进入已布置好的场景内，像一名演员一

---

① 师守祥、热娜：“论体验经济与红色旅游开发”，《甘肃农业》，2006年第4期，第105页。

样真真切切体验一回战争环境，感受战争文化、军事文化和艰苦奋斗的革命历史。这样的旅游经历对他们来说是新鲜的，能激发他们的兴趣，极大地满足他们的参与愿望，令人难忘。另外，针对游客的需求，适当地举行一些红色文化知识竞猜活动，猜对了可获得红色纪念品，这样也能激发其兴奋点，调动游客的积极性。同时，也可在红色旅游目的地举办歌颂红色革命事迹的各种文艺表演，在表演当中设置一些环节，让游客登台表演，展现自己，他们可以唱“红歌”，讲革命历史故事或朗诵红色文艺作品等，开展与革命主题有关的各种文艺活动。通过这些互动、参与的方式，让游客乘兴而来，满意而归。

老区特色文化蕴含着丰富的内容，对我国社会主义经济、社会、文化发展具有重要启示、推动作用。因此，树立坚定不移的传承老区特色文化的信念，是我们必然的选择。采用“红色旅游”与“文化传承”相结合的方式，通过开发红色旅游资源，推动老区特色文化的传承，最终形成在资源开发中传承文化、在传承文化中促进资源开发的良好格局，是我们工作的重心。此外，中国革命的时空跨度大，几乎每个地区都有与革命相关的人物、事迹和遗迹，这些地方能否开发成红色旅游景区点应视条件而定，要防止以发展红色旅游为借口，大搞形象工程、政绩工程的追风赶潮的做法。在红色旅游资源开发的过程中，应与发扬和传承革命老区的红色文化结合起来，不能盲目地一味追求经济效益，而忽视对中华民族传统美德文化的传承和发展，甚至破坏和扭曲老区的红色文化资源。力求能在带动老区经济发展的同时，通过宣传和弘扬“红色精神”，以达到教育大众、促进社会和谐发展的目的。

第6章

红色旅游资源开发与中部崛起战略

国民经济和旅游业的快速稳定发展是红色旅游发展的宏观背景。现阶段国家和地方政府在政策上给予了红色旅游较大的支持，为红色旅游的发展提供了政治优势。根据马斯洛需求层次理论，随着人们收入的增加和地位的提升，需求层次也在不断提升，人们对旅游的需求也越来越个性化。红色旅游是一种较高层次的文化旅游，面对旅游需求的个性化和多样化，红色旅游占据了一定的市场。但由于红色旅游起步较晚，旅游实践发展和理论研究仍是一个新领域。2007年中部崛起上升为国家战略，并进入实质性的实施阶段，成为中部六省发展的重要契机和国家加快区域经济发展的重要举措。在各方为中部崛起出谋划策的同时，中部旅游崛起问题也成为探讨和研究的重点。这个时期红色旅游的火爆又为中部旅游崛起注入了新的活力，其政策特殊性和政治关注度给中部地区带来了深刻的影响。中部红色旅游资源类型和数量丰富，资源质量和品质优越，是实现中部旅游崛起的重要资源依托，而红色旅游资源通过开发带来的经济效益、社会效益为中部崛起战略添砖加瓦。

本章的相关理论综述，以中国知网搜索为基础，采用了中国知网的“中国期刊全文数据库”、“中国博士学位论文全文数据库”、“中国优秀硕士学位论文全文数据库”、“中国重要会议论文全文数据库”、“中国重要报纸全文数据库”等。检索时间为1979—2008年5月25日。从改革开放到2001年，对红色旅游的讨论和研究主要集中在各大报纸上，通过中国知网以“红色旅游”为题名搜索出21篇相关文章。这些文章基本上是对红色旅游现象的评述。从2002年至2008年5月，关于“红色旅游”的讨论和研究文献迅猛发展，达到2592篇之多。其中发表在期刊上的595篇，优秀硕士论文26篇，重要会议论文15篇，重要报纸文章1956篇。这些文章从不同的角度对红色旅游进行了相关的探讨和论述。关于红色旅游的功能，魏国英①（2002）、殷盈②（2006）、张建宏③（2005）、沈乔④（2004）、刘建平等人⑤（2005）、李宗尧⑥（2002）等，主要论述了红色旅游的政治教育、社会经济、文化三大功能。白珊⑦（2001）、毛日清⑧（2002）、阎友兵等人⑨（2005）、刘小泉⑩（2006）、李永乐⑪（2007）等对红色旅游与老区的建设和发展进行了研究。在红色旅游开发方面，关于红色旅游与开发的共检索出189篇，其中大多是对个案进行的研究，缺乏对红色旅游开发基础和共性理论的研究。如姚治国等人⑫（2007）对安徽省黟县、定远县红色旅游的联动开发模式进行了探讨；杨洪等人⑬

---

① 魏国英：“开展红色旅游，拓宽教育功能”，《文物世界》，2002年第4期，第71—73页。

② 殷盈：“试论红色旅游的教育功能”，《广西青年干部学院学报》，2006年第3期，第14—18页。

③ 张建宏：“试析红色旅游的功能”，《商场现代化》，2005年第12期，第137—138页。

④ 沈乔：“党史研究在红色旅游中的功能取向”，《沧桑》，2004年第3期，第19—21页。

⑤ 刘建平、伍先福、黄玲：“红色旅游的三大功能”，《学习导报》，2005年第5期，第19—21页。

⑥ 李宗尧：“论‘红色旅游’功能的多样性——兼谈蒙阴县野店镇旅游业的综合开发”，《山东省农业管理干部学院学报》，2002年第4期，第66—67页。

⑦ 白珊：“挖掘老区优势，发展红色旅游——记太行革命老区黎城”，《经济问题》，2001年第8期，第64页。

⑧ 毛日清：“老区建设与‘红色旅游’事业的发展”，《求实》，2002年第12期，第49—50页。

⑨ 阎友兵、王琳、唐峰陵：“红色旅游与革命老区经济社会的协调发展”，《湖南科技大学学报》，2005年第10期，第198—200页。

⑩ 刘小泉、袁金宏：“老区发展红色旅游对策研究——以吉安市为例”，《当代经理人》，2006年第4期，第162—163页。

⑪ 李永乐：“革命老区红色旅游发展对策探讨”，《商业时代》，2007年第1期，第104—105页。

⑫ 姚治国、苏勤、陆恒芹：“论红色旅游的联动开发模式——以安徽省黟县、定远县比较研究为例”，《桂林旅游高等专科学校学报》，2007年第1期，第45—48页。

⑬ 杨洪、陈亚召、阎友兵：“湖南红色旅游开发创新研究”，《湖南科技大学学报（社会科学版）》，2006年第4期，第80—84页。

（2006）对湖南红色旅游开发创新进行了研究；朱多生[①]（2006）、余凤龙等人[②]（2005）对井冈山红色旅游的开发进行了多方面的论述，并从中得出了开发红色旅游的启示。

检索“中部崛起”题名的文献资料（报纸除外）共计文章1129篇。这些文献资料，大到对中部崛起的意义、对策、问题、政策措施、区域合作等方面，小到对各省针对中部崛起战略所采取的措施、存在的问题、政府主导等，都进行了探讨和研究。同时还有借鉴国外经验来阐述中部崛起战略的相关文章。如章海鸥[③]（2007）对中部崛起战略的意义和理论创新进行了论述，白玉英[④]（2007）对山西经济在中部崛起战略中的定位和策略进行了研究，刘芳等人[⑤]（2007）对中部崛起的人才战略进行了研究。

由于红色旅游起步较晚，在探索红色旅游与中部崛起方面的研究还非常薄弱，理论研究方面还存在许多有待深入探索的方面。检索以“红色旅游与中部崛起”为题名的文献，只有1篇——《中部崛起进程中的红色旅游价值分析》[⑥]（符太浩，2006）。该文从发展红色旅游对中部地区的影响和作用来论述“发展红色旅游成为中部崛起战略中的一个选项，不仅是可能的，而且是可行的”。卢丽刚、周琰培[⑦]（2007）论述了中部地区红色旅游十个形象设计。李娟文等人[⑧]在《关于中部六省旅游联动共

① 朱多生：“红色旅游开发中‘井冈山模式’的提出”，《职业技术》，2006年第16期，第84—85页。

② 余凤龙、陆林：“红色旅游开发的问题诊断及对策——兼论井冈山红色旅游开发的启示”，《旅游学刊》，2005年第4期，第56—61页。

③ 章海鸥、王涵林：“论中部崛起战略的意义及其理论创新”，《江汉论坛》，2007年第3期，第44—47页。

④ 白玉英：“山西经济在中部崛起战略中的定位与策略”，《太原城市职业技术学院学报》，2007年第1期，第12—13页。

⑤ 刘芳、杨华：“实现中部崛起的人才战略研究”，《科技创业月刊》，2007年第1期，第134—135页。

⑥ 符太浩：“中部崛起进程中的红色旅游价值分析”，《江西财经大学学报》，2006年第3期，第87—90页。

⑦ 卢丽刚、周琰培：“中部地区红色旅游形象设计”，《求索》，2007年第11期，第44—46页。

⑧ 李娟文、倪外、沈华玉：“关于中部六省旅游联动共谋中部崛起的探讨”，《桂林旅游高等专科学校学报》，2007年第1期，第24—28页。

谋中部崛起的探讨》（2007）和《中部崛起中的六省旅游联动发展》（2007）两篇文章中论述了中部地区旅游联动发展以带动中部崛起的途径和方法。籍振芳[①]（2006）论述了如何加强区域协作联合，促进中部旅游产业崛起。还有两篇文章分别从河南[②]和山西[③]旅游发展的角度来论述促进中部崛起的关系。

在区域红色旅游的研究方面，共检索到8篇相关文章。粟娟[④]（2006）在调查红色旅游与区域经济协调发展现状的基础上，分析了红色旅游与区域经济协调发展存在的“软”、“硬”障碍因素，提出了加大投资，改进基础设施，加强区域合作，搞好与区域绿色旅游、扶贫旅游的多产品结合，做好区域整体营销策划，打造好红色旅游品牌的建议和措施，为最终实现与区域经济协调发展的目标提供可靠的途径。罗小斌、方世敏[⑤]（2006）探讨了区域红色旅游品牌整合的问题，从区域的角度对我国红色旅游品牌整合的动因、障碍、目标与运作模式等进行了探析。阎友兵、肖瑶[⑥]（2005）分析了将红色旅游作为区域旅游业新的增长点来培育的可行性，认为它具有资源比较、市场需求、政策扶持等三大优势，同时指出发展红色旅游应注意的问题。王发兴[⑦]（2005），孙海燕、董明辉[⑧]（2006），吴郭泉、刘加凤[⑨]（2006）分别以湘粤赣红三角、泛珠三角和湖南红三角三个地区作为个案对

---

① 籍振芳：“加强区域协作联合，促进中部旅游产业崛起”，《山西旅游》，2006年第2期，第4—5页。

② 李祥民、周宗乾：“河南省以旅游促发展，推进中部崛起”，《宏观经济管理》，2005年第1期，第48—49页。

③ 薛占金、孟宪文：“发展山西旅游，推进中部崛起”，《长治学院学报》，2006年第3期，第15—17页。

④ 粟娟：“论红色旅游与区域经济协调发展”，《北方经贸》，2006年第3期，第104—106页。

⑤ 罗小斌、方世敏：“区域红色旅游品牌整合问题探析”，《怀化学院学报》，2006年第3期，第62—65页。

⑥ 阎友兵、肖瑶：“红色旅游开发与区域旅游业新增长点的培育”，《湘潭大学学报》，2005年第6期，第130—132页。

⑦ 王发兴：“区域红色旅游产品营销策略初探——来自湘粤赣红三角的实证分析”，《韶关学院学报》，2005年第7期，第52—56页。

⑧ 孙海燕、董明辉：“泛珠三角框架下红色旅游开发的区域合作分析”，《生态经济》，2006年第2期，第182—184页。

⑨ 吴郭泉、刘加凤：“论红色旅游文化与区域旅游经济的关系——以湖南‘红三角’为例”，《武汉职业技术学院学报》，2006年第5期，第85—88页。

区域红色旅游合作发展进行了研究。

6.1 红色旅游资源开发的SWOT分析

6.1.1 优势分析

（1）红色旅游资源异常丰富，不仅数量大而且精品多。我国红色旅游资源遍布全国各地，几乎每个省（市、区）都拥有红色资源。而且精品资源多，这些资源有的已经得到很好的开发，如井冈山、韶山、延安、西柏坡、四川广安、上海、北京等等。这些精品的开发与发展，给我国红色旅游的发展提供了可资借鉴的开发模式和经验，一定程度上引导着我国红色旅游的发展方向。

（2）红色旅游资源分布广泛，分散布局与相对集中相统一。《纲要》确定的12个“重点红色旅游区”、30条“红色旅游精品线路”、100个“红色旅游经典景区”分布于全国各省市区，但又具有相对集中的特点：中国共产党初创时期旧址主要集中在上海等少数几个城市；农村包围城市、武装夺取政权的革命道路导致革命活动遗迹大多集中在中西部偏远落后的山区；抗日战争遗存则主要集中在东北、华北、华东和华南等区域；我国现代历史上一批名人或杰出人物的诞生地主要集中在湖南、四川等地区。红色旅游资源此种分布特点有利于各地区有针对性地进行开发。

（3）红色旅游市场潜力巨大，值得政府扶持和多元投资。近几年来，我国红色旅游市场在旅游业中所占比重越来越大，红色旅游市场呈现出火爆的场面。由于红色旅游的特殊功能，市场潜力巨大，同时国家和地方以及私人投资红色旅游资金加大，资金来源的多元化有利于促进红色旅游资源的深度开发。红色旅游的火爆必将带来红色旅游开发投资的升温，并促使产生新的开发形式。

(4) 红色旅游资源多在老区，旅游开发与新农村建设相结合。红色旅游资源的开发促进了老区和少数民族地区经济和社会的发展，使这些地区的人民生活水平提高、物质文化需求提升、教育发展，老区以红色旅游发展为契机，大力改善基础设施和生产生活环境，促进新农村建设。老区的发展又给红色旅游资源开发以人力、物力、智力上的支持，改善了红色旅游资源开发的环境。两者互惠互利，相互促进发展。

(5) 红色旅游资源政治性强，经济功能和社会功能高度融合。红色旅游资源特殊的政治功能和教育价值，对中国共产党保持党的先进性，巩固党的执政地位、发扬和继承先进文化具有深远的意义，在发挥其经济功能的同时，促进文化进步和社会和谐。

6.1.2 劣势分析

(1) 红色旅游资源可进入性较差，开发难度相对较大。我国红色旅游资源多分布在革命老区和少数民族地区，这些地区经济落后、基础设施薄弱、可进入性差，一定程度上阻碍了红色旅游资源开发，加大了开发难度。

(2) 红色旅游资源开发形式单一，与科技结合程度不够。目前，我国红色旅游资源的开发多以遗址考察、博物馆式展览、专人讲解的被动形式来进行，各红色旅游景点景区的特色不突出，甚至出现雷同，运用科学技术改进旅游形式不够。过重强调红色旅游教育意义的灌输，缺乏参与式、互动式、体验式、立体多维式的旅游形式。

(3) 红色旅游客源市场限制性较强，游客可选择性不够。目前，红色旅游主要的客源市场还是以公费团队旅游为主，尽管自费旅游市场的比重不断增加，但对自费旅游市场吸引力有限。一方面红色旅游资源与其他旅游整合开发不够，导致了旅游者在酝酿旅游的过程中选择的趋向性不强，另一方面红色旅游产品同质化较严重，导致游客选择性不强。

(4) 红色旅游资源开发投资来源主要是政府部门，多元投资格局有待建立。以江西省为例，近年来江西省红色旅游总投资达 19 亿多元，其中国家财政投资 4 亿多元，地方财政投资 9 亿多元，社会、民营资金达 5 亿多元。红色旅游投资主要来源于国家和地方的财政投资，社会、民营投资相对较少，投资多元化局面有待进一步的改善。

6.1.3 机遇分析

（1）国家出台了一系列促进红色旅游发展的政策，支持和扶持红色旅游资源的开发。

（2）党和国家加强思想政治教育的方针，为红色旅游资源的开发提供了政治上的支持。

（3）国民经济和旅游业的持续快速发展，为红色旅游资源的开发提供了宏观环境。

（4）国家区域发展战略的出台，有利于旅游（包括红色旅游）与区域发展结合起来。

（5）革命事件周年纪念活动提高了老区的知名度，带来了红色旅游排浪式的发展。①

6.1.4 威胁分析

（1）其他可替代性旅游产品和形式的挑战。红色旅游资源开发和市场的不成熟，及其较强的政治教育性，容易受到其他观光、娱乐、体验型旅游产品的威胁和替代。

（2）受政治因素波动和政策因素变动影响。红色旅游资源具有较强的政治性，因而容易受到政治和政策上的影响。

总之，通过对红色旅游资源的优势、劣势、机遇和挑战的分析，才能掌握红色旅游资源开发的动态发展因素。当前红色旅游资源具有自身的资源特质、市场特点和政治特性等内部优势，并面临着当前政策和社会经济发展的良好机遇，有助于克服其自身存在的不足和外部的竞争威胁，立足于市场经济大潮中。红色旅游资源开发与区域经济合作发展相结合，将会推动旅游经济和区域经济全面健康持续发展。

---

① 庄东泉："江西发展红色旅游SWOT分析与可持续发展对策"，《江西财经大学学报》，2005年第3期，第71页。

6.2 中部崛起战略

6.2.1 中部崛起问题的提出和发展现状

中部地区一般意义上包括山西、安徽、江西、河南、湖北、湖南六个省份。中部六省位于我国的中部地区，与东西部交接，既不沿海也不沿边，是我国的内陆地区，总面积102.8万平方千米，约占中国国土总面积的10.7%。中部六省人口3.66亿，占全国总人口的28.1%。2007年中部六省地区生产总值（GDP）51864.28亿元，占全国GDP的20.78%。

随着经济全球化的发展，“珠三角”开放、“长三角”开放、“沿海开放”、“浦东开发”、“西部大开发”、“东北振兴”等一系列区域经济发展政策相继出台，而对中部地区很长时间没有出台相应的区域经济发展的政策，于是，在国内一度出现“中部塌陷”的舆论。

2004年3月，国务院总理温家宝在《政府工作报告》中，首次明确提出“促进中部地区崛起”，引起中部省份极大关注。同年12月初，中央经济工作会议再次提到“促进中部地区崛起”。温家宝总理在2005年的政府工作报告中提出“用科学发展观统筹社会发展全局”，要统筹区域协调发展，“西部开发、东北振兴、中部崛起、东部升级”，东西互动、优势互补。这是党中央和国务院从经济发展的全局出发，顺应经济发展规律而做出的战略抉择。

针对中部地区六省发展相对缓慢的状况，2006年4月，国务院出台了《关于促进中部地区崛起的若干意见》，出台了36条政策措施，提出要把中部建成全国重要的粮食生产基地、能源原材料基地、现代装备制造及高技术产业基地以及综合交通运输枢纽。中部崛起成为继东部沿海开放、西部大开发和振兴东北等老工业基地之后的又一重要的国家经济发展战略。2007年4月13日，国务院批准设立国家促进中部地区崛起工作办公室，负责研究中部地区发展战略、规划和政策措施，协调和落实促进中部崛起的有关工作。国务院还下发了《关于中部六省比照实施振兴东北地区等老工业基地和西部大开发有关政策范围的通知》，根据这一政策，中部六省将享受历史欠税豁免、税收优惠等多项优惠政策。[①] 一系列优惠政策的颁布和国家促进中部地区崛起工作办公室的设立将中部崛起推进到实质性实施阶段。

6.2.2 中部崛起战略的机遇和有利条件[②]

（1）良好的国际国内环境为中部地区崛起提供了千载难逢的历史机遇。在经济全球化以及区域经济一体化日益加深的形势下，国内外产业正在进行新一轮的战略调整和转移。中部地区人口和城镇稠密，生态条件优越，工农业基础较好，劳动力和自然资源丰裕。中部省份通过扩大开放，改善环境，承接国际国内产业转移，能够培育出新的经济增长点，增强区域的产业竞争力。

（2）独特的区位和良好的交通条件为中部地区崛起提供了强有力的保障。中部六省起着承东启西、接南进北、吸引四面、辐射八方的作用，拥有多种现代化方式组成的交通运输网。境内铁路纵横交错，公路星罗棋布，水运极其畅通，民航方便快捷，这些将成为中部地区崛起的有力保障。

（3）丰富的自然资源和人文资源为中部地区崛起提供了可持续发展的后劲。中部六省地处亚热带和温带，矿产资源种类齐全，储量丰富；气候温和，拥有宜农平原、宜林山地、宜牧草场和宜渔湖泊等多种农业自然生态系统；在全国十大流域中，中部地区拥有长江、黄河、淮河、海河流域及众多的大淡水湖；在全国共六批187个国家级风景名胜区中，中部六省拥有50个。中部人文资源丰富，有多样的宗教资源、红色资源、人文古迹资源等等。保护、开发和利用好这些资源，将为中部地区崛起带来无限的生机。

（4）较强的经济基础为中部地区崛起提供了极具潜力的自主增长能力。中部六省是全国重要的农副产品生产与输出基地，是全国著名的粮棉油生产基地，是全国重要的能源生产与输出地区，尤其以水能资源和煤炭资源为

---

① “中部崛起战略步入实质性实施阶段”，新浪网，http：//finance. sina. com. cn/g/20070425/14553540218. shtml. 2007 - 04 - 25

② “中部崛起的战略目标与实现思路”，中部崛起论坛，http：//www. zbjqlt. com/page/read-news. asp？ newsid = 18344.

著。六省拥有全国最大的中、厚、薄板和特殊钢基地，最大的中型货车生产基地，最大的重型机床和包装机械生产基地，第二大汽车生产基地等，已形成以煤炭、电力、冶金、机械、化工、纺织等为主的门类齐全的工业体系。这些都是中部地区自主增长的希望所在。

同时，国家经济的持续稳定发展和区域经济合作的加强、国家政策的支持和优惠政策的实施为中部崛起提供了有利的条件和良好的发展环境。

6.2.3 中部崛起的主要目标和实现步骤

中部崛起的主要目标和实现步骤是中部地区加快崛起进程的动力源泉、战略举措和指导方向。科学而适度的战略目标和战略步骤有助于中部地区稳定和谐的发展。

中部崛起的总体战略目标：一是经济社会发展水平要达到或超过全国平均水平，人均 GDP 达到或超过全国平均水平，经济社会发展水平明显高于西部、明显与东部的差距缩小，中心城市或核心城市群的发展水平赶上沿海发展水平；二是建立完善的经济内生的自主发展机制，发展速度快，经济结构优，增长质量高，经济效益好，经济活力足，发展动力大，增长后劲足，发展潜力大，把中部地区打造成为中国“新的经济增长极”；三是建立符合“五个统筹”的科学发展机制，中东西三大地带实现互动协调发展。以上三条既是中部崛起的目标又是检验中部崛起的标准，力争经过 5—15 年基本实现上述目标。[①]

《落实科学发展观学习辅导百问》[②] 一书简要地介绍了中部崛起的具体目标以及近阶段的实现步骤。

该书中概括了 21 世纪头 20 年中部崛起的具体目标为：第一，坚持以新型工业化道路为核心，以大开放为主战略，以体制机制创新为强大动力；第二，大力推进信息化、城镇化、农业产业化和生态化；第三，牢牢把握投资是“第一拉动力”、科学技术是“第一生产力”、人力资源是“第一资源”等加速经济增长的三大要素，并将其作为全面提高区域综合竞争力的切入

① 岳文海：“中部崛起的基本思路和政策选择”，中国经济网，http：//www.ce.cn/ 2005 - 6 - 23.

② 于今：《落实科学发展观学习辅导百问》，中国经济出版社 2006 年版，第 164—165 页。

点；第四，大力建设长江中游、黄河中游、黑龙江—吉林三大经济区以及十多个都市圈和一大批经济强县；第五，创立现代制造业、生态农业加工与供给、能源和原材料加工与供给三大基地和国内外旅游胜地；第六，在积极参与国内经济大循环和国际经济大竞争中全面建设小康社会。

书中简要概括了中部崛起发展目标的实现步骤为：第一，用8年左右的时间，即到2010年使中部地区人均GDP达到全国平均水平，即由2002年人均GDP占全国平均水平的87%提高到2010年的100%，这是主要指标。同时，三产结构、城镇化水平、开放度和人均收入等均接近或达到全国平均水平。第二，再用10年左右时间，到2020年使中部八省[①]人均GDP超过全国平均水平8%—10%。这一水平即为中部崛起的主要定量目标。同时，三产结构、城镇化水平、开放度和人均收入等达到或好于全国平均水平。

6.3 红色旅游资源开发与中部崛起战略的关系

红色旅游的提出和兴起与中部崛起问题的提出和进入实质性实施几乎处在同一时期。中部红色旅游资源丰富，市场潜力巨大，给中部崛起注入了新兴的动力；中部崛起战略在政策上给旅游业（包括红色旅游）提供了支持，又由于红色旅游特殊的政治性和教育性，使得两者形成更多的契合。同时，红色旅游在中部崛起的战略目标和实现步骤中也扮演着重要的角色。两者关系紧密，相互促进，协调发展，共同为中部地区经济社会的发展和人民生活水平的提高发挥作用。

6.3.1 红色旅游与中部主要经济指标

红色旅游是一项政治性较强的经济活动，中部是中国红色旅游的重点地

---

① 中部八省是早期提法，指晋、豫、鄂、湘、皖、赣、黑、吉八省，现在所讲中部地区一般不再包括黑、吉两省。

区，红色旅游对中部地区经济发展的影响不是客观存在的。在分析中部近四年主要经济指标的基础上，可以对红色旅游的发展与中部地区主要经济指标关系进行简要地论述。详见表 6－1。

表 6－1　　2004—2007 年中部六省主要经济指标比较

年　份	GDP（亿元）	第一产业增加值（亿元）	第二产业增加值（亿元）	第三产业增加值（亿元）	城镇居民人均可支配收入（元）	农民人均纯收入（元）
2004	32102.36	5719.93	15304.66	11084.66	7886.61	2721.64
2005	37060.29	6155.33	17390.34	13514.62	8830.42	2980.84
2006	42961.60	6611.20	20967.10	15383.30	9911.33	3280.00
2007	51864.28	7837.86	25780.2	18246.22	11585.93	3845.48

资料来源：根据武汉市经济技术协作办公室网站相关数据整理。

6.3.1.1　红色旅游与中部六省 GDP

中部六省 2004—2007 年的生产总值呈现出逐年增长的趋势，增长比率分别为 22.06%、15.44%、15.92%、20.72%。由于 2003 年“非典”的影响，当年 GDP 总量基数较小，所以出现 2004 年 GDP 增长率略高于其他年份。总体上，中部六省生产总值出现良好的发展势头，这为中部崛起和中部旅游（包括红色旅游）的发展提供了良好的发展环境。

由于目前并没有完善的红色旅游统计制度，导致了红色旅游相关数据的缺失，无法从总体上分析红色旅游各项数据指标对区域经济发展的贡献。因此，只能通过个案加以探讨。

国家旅游局对全国部分重点地区红色旅游统计显示，各地发展红色旅游的积极性和热情持续升温，红色旅游接待人数和综合收入稳步增长，红色旅游正在成为当地经济新的增长点。2007 年全国红色旅游人数超过 2.3 亿人次，同比增长 16.96%；红色旅游综合收入达 917 亿元，同比增长 22.83%；红色旅游直接就业人数 37.17 万人，间接就业人数 143.72 万人。[①] 据不完全

① 全国红色旅游工作协调小组办公室：“全国红色旅游发展取得五大可喜成绩”，中国红色旅游网，http://www.crt.com.cn/2008-3-24.

统计，2004—2007年红色旅游综合收入超过1500亿元；接待人数累计超过4亿人次，年均增长18%，超出《规划纲要》预定增长目标三个百分点。2007年，江西省红色旅游接待人数为2804万人次，同比增长27.4%，综合收入188.25亿元人民币，同比增长28.4%，分别占到江西省接待旅游总人数和旅游总收入的40%和40.60%。2007年湖南省各主要红色旅游区（点）共接待国内外旅游者1890万人次，实现红色旅游综合收入56.5亿元人民币，分别比上年增长19.6%和22.4%。

2007年红色旅游的增长比率高于GDP的增长率。江西省红色旅游的增长率高于中部六省GDP的增长率，湖南省2007年红色旅游的增长率高于全国GDP的增长率，也高于中部地区GDP的增长率。除此之外，还应看到红色旅游作为一项新兴的相对独立的旅游活动，其对经济发展是一种额外的增加。

因此，红色旅游的发展对经济的发展和GDP的增长都起到了很大的作用。红色旅游在红色旅游资源丰富的中部地区的不断发展，也将对中部地区经济发展和GDP的增长作出更大的贡献，同时可以发挥其联动作用，促进旅游业及其他行业的发展，为中部崛起带来直接的经济效益，并为实现中部崛起人均GDP的发展目标作出贡献。

6.3.1.2　红色旅游与中部地区产业结构调整

推进产业结构调整升级，走新型工业化道路。抓好能源和重要原材料基地建设，推进老工业基地调整、改造和振兴，发展有竞争力的制造业，发展高新技术产业和服务业。这是中部崛起战略的一个工作重点，也是中部崛起战略的目标之一。

从中部六省2004—2007年主要经济指标中可以看到，近年来中部六省产业结构经过调整总体上得到了不断优化，第一产业的比重下降，第二、三产业的比重增加。工业和以服务业为主的第三产业的发展成为了中部地区产业结构调整的关键。随着旅游业在国民经济中所占比重的加大，中部各省注重旅游产业的效益，有助于中部地区第三产业的发展。红色旅游作为旅游业新兴的旅游形式及其对经济的影响，促进了旅游产业内部的结构优化，旅游产品的完善升级，带来了新的发展动力，同时，使得旅游业在第三产业中的比重加大，发挥其较强的经济联动性和协调性，可以进一步促进了中部地区产业结构的调整和优化。

6.3.1.3 红色旅游与中部地区基本建设投资

中部地区经济发展相对落后，加上地理环境的因素，中部地区存在许多交通不发达、基础设施不完善、经济发展水平低、劳动力过剩的贫困地区，而这些地区主要集中在革命老区和山区，这成为实现中部地区崛起必须解决的障碍性问题。针对该问题，中部地区必须加大对基本建设的投资，加强对老区基础设施建设的支持力度。

2003年中部各省加大了对基本建设的投资累计值，河南、山西、安徽、江西、湖北、湖南对基建投资增长速度分别为：34.4%、28.7%、30.3%、62.9%、10.9%、13.1%。近年来，中部各省仍在不断的加大对中部地区基建的投资，在一定程度上改善了中部地区基础设施建设。国家旅游局在对红色旅游工作的综述报告中指出，国家在2005—2006年的国债资金中安排红色旅游专项资金11亿元，共支持了101个红色旅游基础设施项目建设。其中，2005年安排7亿元，支持48个项目，其中中部10个；2006年安排4亿元，支持53个项目。2007年安排项目80个，总投资76148万元，其中，中央投资40000万元，地方配套36148万元。这几年中央加大了对红色旅游的支持与投入，2004—2007年共安排项目投资21.54亿元；中央财政新增文物专项经费近1亿元用于红色旅游经典景区的补助；中央财政投资1亿元用于红军烈士及抗战烈士等纪念设施的全面维修；安排车购税投资19.5亿元，建设红色旅游公路里程2400多千米；123个红色旅游经典景区，已有106个开通了铁路线路；民航部门投资约40亿元新建、改扩建多个边远地区红色旅游机场，目前，延安、井冈山、赣州、百色等机场已建成通航。2007年中央投资估算超过5亿元的资金打造江西省18个红色旅游重点景区基础设施项目，包括井冈山爱国主义教育基地，南昌八一起义纪念馆，萍乡、九江、宜春三地的秋收起义红色旅游景区，瑞金、于都、兴国、会昌、吉安、抚州等地的中央苏区红色旅游景区和上饶集中营革命烈士陵园、方志敏纪念馆等。国家支持红色旅游基础设施与红色旅游景区建设，可以很大程度上改善革命老区、山区和少数民族地区的基础设施，也可以进一步完善红色旅游景区，增强其可游性。中部地区许多革命老区都将受益于国家的政策性投入。

因此，红色旅游资源的开发带来的基础设施建设将对中部地区基本建设的改善提供很大的帮助。同时红色旅游带动地区经济的发展也将促进地区基建的改善。中部地区对基建投资的加大，也可以促进红色旅游的发展。

6.3.2　红色旅游与中部崛起的政策互助

2006 年 4 月，国务院公布《关于促进中部地区崛起的若干意见》，出台了一系列政策措施，提出要把中部建成全国重要的粮食生产基地、能源原材料基地、现代装备制造及高技术产业基地以及综合交通运输枢纽。2007 年 4 月 13 日，国务院批准设立国家促进中部地区崛起工作办公室，同时还下发了《关于中部六省比照实施振兴东北地区等老工业基地和西部大开发有关政策范围的通知》，根据这一政策，中部六省将享受历史欠税豁免、税收优惠等多项优惠政策。2007 年 5 月财政部、国家税务总局制定了《中部地区扩大增值税抵扣范围暂行办法》，该政策实施将有力推动中部地区产业结构调整和产品更新换代。

2004 年的《纲要》是发展红色旅游的总体思路、总体布局和主要措施做出明确规定。在《中华人民共和国国民经济和社会发展“十一五”纲要》中，明确提出继续推进红色旅游的政策。在中部崛起进程中，中部各省都将旅游业作为新兴或新型的支柱产业、主导产业、重要产业来发展，其中强调了各省重视发展红色旅游的决心。

因此，在中部地区，发展红色旅游获得政府双重政策上的支持。中部崛起战略在中部丰富的红色旅游资源的基础上，也将受益于红色旅游发展的政策支持。中部崛起战略下红色旅游迅速发展，红色旅游兴盛下中部崛起不断前进。两者在政治上高度一致，政策层面上积极互动，促进经济发展共同繁荣，为中部地区的发展提供新动力。

6.3.3　红色旅游与中部“三农”问题

中部地域广阔，人口数量大，其中农村人口占了很大比重。中部是我国粮食的主产区，农业问题在中部崛起进程中不能忽视。在抓农业发展的同时注重协调产业结构，走农业产业化的道路。科学发展观要求工业和农业互为市场、互相促进、协调增长、统筹发展。由前面的表 6 - 1 可以看出，中部六省城镇居民人均可支配收入和农民人均纯收入都在逐年增加，但总体上低于全国平均水平。农村剩余劳动力多、就业困难、收入水平低是中部地区“三农”问题的重要表现。红色旅游给革命老区人民带来了可观的经济效益，成为许多革命老区经济发展的“切入口”和“催化剂”。中部地区所处的红色旅游优势地位，大力发展红色旅游产业为解决“三农”问题提供了新的出路，并且效果显著。

发展红色旅游可以促进革命老区和山区的农村基础设施建设、转移农村劳动力、增加农村就业人口、转变农民增收方式、切切实实调整农业产业结构、发展农村经济、提高农民收入。中部地区发展红色旅游，可以利用农业、工业和以旅游为主的服务业互相促进、协调发展，在一定程度上缓解“三农”问题，促进农村社会的和谐发展。2006 年长沙市注重把建设好革命先辈家乡“三镇十二村”与社会主义新农村发展紧密结合起来，作为新形势下红色旅游和新农村建设协调发展的示范和样板，全年“三镇十二村”发展“农家乐”46 家，接待游客餐饮 26.7 万人次，收入 1378 万元，同比分别增长 27.9% 和 42.7%。井冈山市通过发展红色旅游，带动当地旅游纪念品和农副产品的加工生产，2007 年全市农民人均从“红色产业”中获益近 2000 元。

6.3.4 红色旅游与中部“文化崛起”

文化与政治、经济的关系密切，中部地区的崛起同样不能忽略“文化”的崛起。红色旅游是依托在红色革命历史文化上的旅游，红色文化作为中部文化的一个重要组成部分，其发展关系到中部的“文化崛起”。

6.3.4.1 红色旅游与中部文化产业

2006 年首届中部地区文化产业博览会成功举办，参加这届“文博会”的中部六省共签下了 129 亿元的订单。这些项目包括文化娱乐、媒体传播、出版发行、旅游休闲、文化设施、创意设计等。[①] 中部地区孕育了荆楚文化、中原文化、湖湘文化、徽文化、晋文化、客家文化、红色文化等等带有地域色彩的文化类型。中部地区深厚的传统文化为文化产业的发展提供了丰

---

① 周梦榕：“文化产业为中部崛起提供动力”，浙江在线新闻网站，http://www.zjol.com.cn/ 2006-11-03.

富的资源。红色旅游作为一项文化旅游，其性质和依托都属于红色文化的范畴。中部地区丰富的红色旅游资源寄托的红色文化伴随着红色旅游资源的开发和发展而形成经济优势，同时带动相关的文化产业的发展。中部崛起的"文化崛起"离不开中部红色文化的优势，红色旅游的发展是红色文化宣传和产生效益的过程，中部地区应重视红色旅游的发展，并以此来带动其他文化产业的发展。中部地区具有发展文化产业的资源优势，这种资源优势正逐步转化为竞争力十足的产业优势和市场优势，中部崛起一个新的经济支撑点正在形成。以湖北省为例，湖北省文化产业的发展目标是，到"十一五"期末，文化产业经济指标在全国位次稳定上升，文化产业增加值占全省国内生产总值的份额明显提升，占 GDP 的 6% 以上，使之成为湖北省新的经济增长点和支柱产业之一。红色文化作为一个文化新形式，具有政治文化特殊性，并且中部红色文化资源丰富，其文化产业的发展潜力巨大。江西推出的"中国红歌会"，将传统与时尚紧密结合，文化活动与红色旅游融为一体，许多媒体进行了宣传，在全国引起了强烈反响，创新了红色旅游发展的形式，也拓展了红色文化发展的方式。

以江西瑞金为例。2005 年开始瑞金向市场上推出四朵红色"文化奇葩"：一是以"追寻红色记忆"为主题的红色小影厅，在著名景点沙洲坝"二苏大"礼堂放映《红孩子》、《党的女儿》、《长征》、《心动岁月》等经典红色电影，让游客在怀旧中重温过去的峥嵘岁月；二是以"体验红色感动"为主题的红色歌舞，在叶坪、红都影剧院等地演出音乐报告剧《红都，生命的礼赞》、《红井水》、《大柏地》、《血洒长征路》等红色歌舞节目；三是以"倾听红色经典"为主题的珍藏红色故事大家点，瑞金党史、文化、纪念馆等部门搜集、精选了130 多个苏区革命历史小故事，供游客随时、随地点听；四是以"寻根红色中华"为主题的"中华苏维埃共和国与瑞金"专题历史报告会，聘请党史专家、学者在中华苏维埃共和国中央政府诞生地—叶坪"一苏大"礼堂，为游客作精彩的苏区历史报告。通过发展红色文化，使红色文化参与到旅游活动中，加快了瑞金红色旅游的发展，也使旅游产业与文化产业相得益彰、和谐并进。瑞金红色文化产业直接创造的经济效益也相当可观。以苏区时期沙洲坝一家八兄弟全部参加红军、最后全部为革命捐躯的真实故事创作的四场音乐报告剧——《红都，生命的礼赞》，还相继走入福建、广东、海南等地文化市场，该剧已在外省演出几百场，观众达数百万人次，演出收入相当可观。瑞金市将文化旅游、文化娱乐、文化艺术和文化教育为主要内容的红色文化产业体系与红色旅游密切的结合起来，带动了文化产业的发展，使文化产业逐渐成为瑞金市经济发展中不可或忽视的组成部分，同时促进了红色旅游的发展。

6.3.4.2 红色旅游与中部文化事业

文化事业主要是指与文化产业相对的整个文化事业，具体包括公益性文化和部分亚市场文化，其特点主要是国家投资为主，其他投入（包括社会基金会、社会捐赠等）为辅，主要目的是为了满足公众文化需要，不是盈利。在这里文化事业还包括文化事业单位，主要有音乐、歌舞、戏曲、话剧、杂技等艺术表演团体，地方公共图书馆、博物馆、文化馆等，文学艺术、文物研究单位，画院等。红色旅游将红色文化进一步以活跃的形式推广开来，红色文化得到各种形式的传播。红色旅游的发展带动了以红色文化为龙头的社会公益性文化的发展，也使一些文化事业单位转变了经营机制和体制，如艺术表演团队以红色文化为舞台走向市场，创造自身发展，瑞金文化产业发展也是这种转换的典型；红色文化博物馆和纪念馆的免费开放使红色文化与其他公益性文化一起融入社会文化生活中。中部地区可以依托红色文化的优势，进一步推进文化事业体系的转轨，进一步完善公益性文化体系，丰富群众的社会文化生活。

中部崛起离不开科教文化事业的支持，中部崛起战略必须重视对人才的培养和文化教育事业的发展。红色旅游的发展一定程度上带来中部落后地区基础设施的改善，同时也带来了基础教育和文化传播条件的改善。红色旅游具有学习革命传统和革命精神、培育民族情感和道德操守、开展政治思想和理想信念教育等功能，对中部地区精神文明建设起到良好的促进作用。红色旅游在老区的发展，也有助于促进老区教育事业的发展，提高老区人民素质和智慧水平，提升老区社区文明程度，进而以教育来促发展，形成老区社会经济良性的循环发展，实现社会经济的和谐发展。红色旅游所倡导和发扬的革命优良传统，有助于人们思想道德素质的提高，精神境界的提升，为中部崛起提供精神支柱。因此，红色旅游的发展将促进中部地区精神文明建设和文化教育事业的发展，为中部崛起提供强有力的精神支柱。

红色旅游实现了革命传统教育的大众化和常态化。2006 年参观红色旅游点的青少年学生超过1000万人次。中宣部、财政部、文化部、国家文物局2008年1月联合下发了《关于全国博物馆、纪念馆免费开放的通知》。根据通知，全国各级文化文物部门归口管理的公共博物馆、纪念馆，全国爱国主义教育示范基地将全部实行免费开放。博物馆、纪念馆向全社会免费开放是党的十七大关于社会主义文化大发展大繁荣的具体实践，是加强社会主义核心价值体系建设和公民思想道德建设的有效手段，是进一步提高政府为全社会提供公共文化服务水平的重要举措，是实现和保障人民群众基本文化权益的积极行动。博物馆、纪念馆免费开放符合世界文物展示业的发展趋势，有利于发挥博物馆和纪念馆作为公益性文化机构的社会价值，有利于加强国际文化交流和中华民族优秀文化的宣传推广。

6.3.5 红色旅游与中部行政管理能力建设

6.3.5.1 红色旅游与中部行政能力提高

红色旅游发展与中部崛起战略实施，都是政府主导较强的工程，而政府行政能力和行政素质的提高与提升对两者的发展具有重要意义。中部崛起战略的实质性实施，需要各省进行制度创新，打破地方行政区划，形成区域合力，加强区域的合作管理，提升区域行政能力。红色旅游特殊的政治性与经济性，区域旅游合作的可行性和必然性，也要求在红色旅游开发和发展的过程中，提高管理水平和创新管理模式，掌握行政能力和经济发展的能力。红色旅游发展，离不开管理水平的增强和制度的创新。因此，红色旅游资源的开发一定程度上能够诱导制度和管理的创新，提升区域行政管理水平，提高政府办事效率。然而，也正是红色旅游的特殊性，政府决策和管理过程中容易产生贪功求利、盲目发展的弊端以及行政干预过强等问题，应当高度关注此类问题。

6.3.5.2 红色旅游与中部防腐倡廉

防腐倡廉是我国政治建设的一项重要任务。随着红色文化的深入，其中防腐倡廉的思想文化成分也渐渐突出来，老一辈革命家、军事家、领导人们树立了防腐倡廉的丰碑，形成了优良的政治传统和作风。红色旅游资源的开发，将这些传统和作风以游乐的形式展现出来，更形象的更生动的引导人们防腐倡廉。通过红色旅游的形式，经常开展防腐倡廉的教育活动，时刻警醒公务人员，使红色文化的精髓潜移默化到每一个行政管理者的心中。中部可以依托丰富的、知名度高的红色文化旅游资源，形成防腐倡廉教育基地，如井冈山、韶山等，开展中部地区乃至全国的防腐倡廉教育活动，从思想上杜绝腐败。

6.3.5.3 红色旅游与中部思想教育建设

思想教育是红色旅游的一大功能。红色旅游以红色文化和红色资源为基础，这些基础承载了大量的优良传统和思想精神，通过旅游的形式向旅游者开展思想教育活动，让他们在游乐的过程中受到思想教育，激发他们在实际学习工作生活中处处严格要求自己，以优良的革命传统与革命精神激励自己，保持艰苦朴素的生活作风、任劳任怨的工作作风，从而形成红色旅游文化的思想教育风气。中部地区丰富的红色文化和资源，大量的爱国主义教育基地和红色博物馆、纪念馆，将发挥其在思想教育中作用，一来可以加强中部地区群众的思想教育，二来可以促进全国范围内的思想教育的开展。

6.3.6 红色旅游与中部的“绿色崛起”

“绿色崛起”就是要突破中国现有经济发展模式，在中国经济发展的全局中，定准中部地区的位置，将中部地区建设为中国现代农业产业区、中国“绿色之都”、中国文化产业区、中国“大花园”。“中部绿色崛起”能直面当今我国发展中存在的问题，促进我国经济全面、协调、可持续发展，又能充分发挥中部地区的优势实现中部崛起。①

环境问题是一个地区发展必须考虑的问题。中部地区在中部崛起的进程中，随着工业化、城市化进程的加快，环境问题也成了中部地区面临的考验。旅游是无烟产业，本身不会产生环境污染，然而通过旅游资源的开发和利用来对内外部环境进行保护。红色旅游资源开发与中部环境问题是开发与保护的关系，并且红色旅游资源开发在一定程度上促进了对地区生态环境的保护。

红色旅游资源多集中在中部革命老区，那里自然生态条件良好，但环境

---

① 郑州市人民政府办公室：“突破经济圈旧发展模式，中部崛起应是绿色崛起”，郑州市人民政府网，http：//www. zhengzhou. gov. cn/html/4028809d1b87cf8b011b8b7fe5180051/070517085831. html.

脆弱，易遭到破坏。通过对红色旅游资源的合理开发，以开发促保护，以发展促保护，一方面能改善老区社会经济环境，另一方面起到了保护老区生态环境的作用，避免了恶性开发与利用。因此，我们应看到红色旅游资源的开发不仅给老区带来经济社会的发展，同样也使生态环境得到保护。红色旅游资源可以结合当地的“绿色”资源及其他资源进行整体开发利用和保护，进而扩展了对这些地区生态环境改善和保护。

中部崛起战略必须是一个可持续发展、“绿色崛起”的战略，中部地区不能因为短期的经济发展而违背可持续发展的原则。中部崛起的可持续发展应当建立在科学的总体规划和具体措施上。红色旅游资源开发也必须遵循可持续发展的原则，这样才能保证红色旅游资源的合理开发与有效保护，延续红色旅游的生命力，推动红色旅游长期健康稳定发展。红色旅游所具有的政治、经济、文化及环境功能和对可持续发展的要求，决定了它能对中部“绿色崛起”起良性促进作用。两者在可持续发展上具有同种性质的要求和密不可分的关系。

6.3.7　红色旅游对中部崛起的贡献率

红色旅游与中部崛起两者在发展进程上相互促进。为了更好地说明红色旅游资源开发与中部崛起的作用和关系，在收集中部红色旅游数据的基础上，红色旅游对中部崛起的贡献便清晰起来。由于红色旅游统计还处在初始阶段，各省对红色旅游统计情况也不一样，甚至一些省份还没有具体的红色旅游的相关统计。在此，仅从中部六省中的江西、湖南、安徽三省的红色旅游与三省 GDP 作为分析，以说明红色旅游对区域经济发展的贡献。

6.3.7.1　江西、湖南、安徽三省红色旅游发展情况

江西、湖南、安徽是中部地区红色旅游起步较早的省份，尤其是江西和湖南，红色旅游在全国都有较重要的地位和较大的影响力。近几年来，围绕着《纲要》，红色旅游取得了较好的发展，如表 6－2。2005—2007 年，三省的红色旅游接待人次、红色旅游收入及旅游总收入出现逐年增长的势头。其中江西是三个省份中红色旅游发展得最好的。

表 6-2　2005—2007 年江西、湖南、安徽各省红色旅游发展情况表

年份	江西			湖南			安徽		
	接待人次（万）	红色旅游收入（亿元）	旅游总收入（亿元）	接待人次（万）	红色旅游收入（亿元）	旅游总收入（亿元）	接待人次（万）	红色旅游收入（亿元）	旅游总收入（亿元）
2005	1760	110	320	1420	41.18	421.2	500	26	308.6
2006	2200	146.58	390.9	1580	46.14	588.39	600	31.5	411.5
2007	2804	188.25	463.7	1890	56.5	732.71	720	38	576

6.3.7.2　江西、湖南、安徽三省红色旅游发展对 GDP 的贡献率

表 6-3 是对江西、湖南、安徽三省红色旅游收入、旅游总收入和 GDP 进行了求和，得出三省三个数据的总数。在这里将红色旅游作为一个变量，来分析对江西、湖南、安徽这个区域经济发展的影响与贡献率。从表中可以看出，三省红色旅游总收入逐年增长，增长率超过了 20%（2004 年数据不全，2005 年增长率除外），几乎是三省 GDP 平均增长率的两倍，其在三省 GDP 总量中所占的比重也越来越大。

贡献率是分析经济效益的一个指标。它是指有效或有用成果数量与资源消耗及占用量之比，即产出量与投入量之比，或所得量与所费量之比。贡献率也用于分析经济增长中各因素作用大小的程度。计算方法是：

贡献率（%）=某因素贡献量（增量或增长程度）/总贡献量（总增量或增长程度）×100%

以 2006 年为例计算，红色旅游总收入对三省 GDP 总量的贡献率（%）=红色旅游总收入增量/三省 GDP 总增量=2.00%；红色旅游总收入对三省旅游总收入的贡献率（%）=红色旅游总收入增量/三省旅游总收入增量=13.80%。这表明，三省总 GDP 每增长 100 亿元，红色旅游贡献 2 亿元；三省旅游总收入每增长 100 亿元，红色旅游贡献 13.80 亿元。红色旅游作为旅游业的一个新兴分支，作为国民经济中第三产业一个微小的分支，在发展时间如此短暂的情况下，对国民经济、对旅游业发展作出了相当可观的贡献。因此，加快对红色旅游的发展，也将在一定程度上促进区域经济的发展。

表 6－3　2005—2007 年江西、湖南、安徽三省红色旅游发展总和对比表

年份	红色旅游总收入（亿元）	旅游总收入（亿元）	GDP 总量（亿元）	GDP 平均增长率（%）	旅游收入平均增长率（%）	红色旅游收入增长率（%）	红色旅游收入占 GDP 比重（%）	红色旅游占旅游收入比重（%）
2005	177.18	1049.8	15905.61	12.1	23.6	—	1.11	16.88
2006	224.22	1390.79	18253.87	12.4	28.4	26.5	1.23	16.12
2007	282.75	1772.41	21960	13.8	27.7	26.1	1.29	15.95

6.4 实现中部崛起战略的红色旅游资源开发对策

“十五”以来，中部六省的旅游业一直呈增长的态势，无论是接待旅游者总人数，还是旅游业总收入都逐年增加（2003 年受“非典”影响除外）。“十一五”期间中部各省普遍把发展旅游业作为国民经济新的增长点和支柱产业来发展。旅游经济对促进国民经济与社会发展的潜力很大，在经济结构调整和产业结构升级过程中扮演着重要的角色。

6.4.1　中部各省崛起过程中旅游定位

中部是华夏文明发祥地，具有悠久深厚的历史文化底蕴、得天独厚的山水自然风光、丰富多样的人文风情资源。在国家国民经济和社会发展“十一五”纲要中，明确提出继续推进红色旅游发展。① 在中部崛起过程中，中部六省基本上将旅游业作为支柱产业来发展，实现中部地区的“旅游崛起”，与中部崛起协调发展，尤其在“十一五”规划目标中，旅游业在 GDP 中的比重更大。详见表 6－4。

① “中华人民共和国国民经济和社会发展‘十一五’纲要”，中国网，http://www.china.com/zh_cn/ 2006－3－16.

表 6－4　　　　中部六省“十一五”旅游业定位

省份	旅游业定位	旅游业发展目标	红色旅游
山西	将旅游业培育成为四大新兴支柱产业之一，建成中西部旅游经济强省、全国新兴旅游热点省	2010 年旅游业总收入达到 800.95 亿元，相当于当年全省 GDP 的 11.4%左右	把红色经典旅游线路作为六大精品线路之一来发展
河南	使旅游产业成为竞争优势突出的战略性支柱产业，变旅游资源大省为旅游经济强省	到 2010 年旅游业总收入 1500 亿元，相当于 GDP 的 9%左右	将红色旅游作为旅游业发展的重要组成部分
安徽	把旅游业培育成支柱产业，成为旅游大省	旅游业总收入力争达到 800 亿元，旅游业总收入相当于全省 GDP 的 8%	打造成全国著名的主题教育型红色旅游胜地之一
湖北	旅游业成为全省重要支柱产业。实现旅游资源大省向旅游经济大省的跨越	旅游业总收入超过 800 亿元，年均增长 13.8%	将红色旅游作为专项旅游业来发展，建设成我国红色旅游的重要目的地之一
江西	将旅游业培育成为江西省国民经济的重要支柱产业和建设红色旅游强省、旅游经济大省	旅游业总收入 900 亿元，相当于全省生产总值的 10%—12%	将红色旅游作为龙头来发展，并提出红色旅游领跑战略和精品战略，到 2010 年，全省红色旅游综合收入达到 300 亿元，相当于全省 GDP 的 4.28%
湖南	努力建成旅游产业大省，将旅游业培育成第三产业的龙头产业，新的支柱产业	到 2010 年实现旅游总收入 1100 亿元	以韶山为重点发展红色旅游

资料来源：根据各省“十一五”旅游发展规划纲要整理。

6.4.2　中部崛起背景下的红色旅游资源开发与整合

中部六省具有光荣的革命传统和丰富的红色旅游资源。“军旗升起的地方”南昌，“中国革命摇篮”井冈山，“人民领袖故里”韶山，“中国工运摇篮”安源，“红色故都”瑞金，“中国将军县”红安、金寨、兴国和新县，“刘邓千里跃进”大别山，“新四军的诞生地”武汉和南昌，抗日根据地太行山，无不承载着重要的历史价值和深刻的教育意义。随着中部崛起战略的推进，区域旅游合作的加强，红色旅游在中部地区的区域合作也得到了发展，并逐渐形成区域优势，为促进中部地区的发展发挥作用。下面就“中部崛起”中的红色旅游开发重点、开发举措和资源整合进行阐述。

6.4.2.1 开发重点

中部崛起背景下的红色旅游开发应着重以《纲要》规定的位于中部的4个“全国12个重点红色旅游区”、10条“全国30条精品红色旅游路线”、32个“全国100个红色旅游经典景区”为重点，带动其他红色旅游资源的开发与发展。中部地区应形成以井冈山、韶山、大别山为核心的三个红色旅游圈，并以其辐射力影响周边红色旅游的发展。井冈山模式的成功也将促进中部地区红色旅游的发展。面对众多红色旅游资源，要突出各地方资源特色，形成独特的旅游形式，加强红色旅游的深度开发，同时应与科学技术相结合，采用多种手段展示红色旅游资源。

6.4.2.2 开发举措

红色旅游资源的开发要避免出现单一的政治教育性，适当辅以休闲功能和体验经历，增强红色旅游产品的可游性、参与性。主要开发建设方案是：

（1）在基础设施建设方面，位于老、少、边、穷地区的红色旅游区应首先解决可进入性问题，加快对旅游六要素“吃、住、行、游、购、娱”等设施的建设。

（2）在旅游产品开发方面，培育有历史感的红色旅游产品和具地方性的红色旅游商品，使红色旅游产品多元化，旅游商品多样化，与政治性节庆活动和地方性节日庆典相结合。

（3）在开发资金筹措方面，采取多渠道的资金融入和筹集方式，避免“等、靠、要”，发挥投融资的主动性和灵活性，尽快形成多元化投融资机制和方式。

（4）在旅游品牌建设方面，中部地区应加强对本地区内重点线路产品的建设，形成区域品牌优势，提升品牌影响力，带动其他红色旅游产品和其他旅游产品的发展。中部地区较好的红色旅游品牌主要有韶山、井冈山、瑞金、大别山等，应注意加强对这些品牌的建设和提升，形成品牌凝聚力。

（5）在旅游人才培养方面，加强对红色旅游专业人才的培养，建立旅游经营与管理人才快速成长机制，为红色旅游资源的开发提供智力支持。

(6) 在旅游资源保护方面，在红色旅游资源开发过程中要注重开发与保护并重的原则，使红色旅游资源开发获得可持续发展。

(7) 在旅游市场开发方面，市场开发是关系到红色旅游资源开发经济收益和发展前景的重要问题。加大对红色旅游的宣传促销力度，运用各种宣传手段对地区红色旅游资源进行宣传促销，提高知名度和美誉度。注重开拓不同年龄段、不同层次的旅游市场，同时应合理开拓海外市场，尤其是海外华侨华人市场，最大程度上延伸红色旅游的经济效益和社会效益。

(8) 在区域旅游合作方面，加强中部地区区域合作开发，开发建设一系列区域内红色旅游产品线路，并实现区域旅游资源、信息、政策、市场、管理、人才的共享和协作。如江西井冈山与湖南的韶山形成红色旅游专线，起到了良好的经济效益和社会效益。

6.4.2.3 资源整合

由于红色旅游的特殊性，受到众多传统旅游项目的激烈竞争。单一的开发红色旅游资源显然是孤掌难鸣，产品组合度低，竞争力不强，难以满足旅游者个性化和多元化选择的需要。因此在红色旅游开发过程中，应注重“红、绿、古、蓝”色旅游资源和游乐休闲设施的整合开发与联合开发，形成资源整合优势，促进红色旅游持续发展。井冈山“红绿相映”型的发展模式的成功，很大程度上得益于其对红色革命资源与绿色山水资源的有效整合和合理利用。

红色旅游资源的开发，是一种特殊形式的旅游发展。通过对红色旅游、红色旅游资源开发、中部崛起战略进行阐述，对红色旅游资源开发与中部崛起战略关系展开论述，我们认为，红色旅游与中部崛起两者在政策支持、管理实施和联动发展上能够协调一致。“发展红色旅游成为中部崛起战略中的一个选项，不仅是可能的，而且是可行的”。[①]

促进中部崛起，是进入 21 世纪党中央、国务院做出的统筹全国区域经济社会发展的重大战略部署。中部旅游崛起对中部崛起有着重要的实际意

---

① 符太浩：“中部崛起进程中的红色旅游价值分析”，《江西财经大学学报》，2006 年第 3 期，第 87 页。

义，而红色旅游开发和发展可以为促进中部旅游崛起发挥作用。发展红色旅游是21世纪党中央和国务院加强思想道德建设和促进经济发展尤其是老区经济发展的新举措。中部六省拥有良好的资源优势、区位优势、市场优势和文化优势，旅游业在中部各省国民经济发展中均作为优势产业、支柱产业或重点产业，并特别突出了发展红色旅游的重要价值。因此，在中部崛起进程中，中部各省应加强对红色旅游资源的开发，促进红色旅游持续、健康、稳定的发展，进一步促进中部崛起。

第7章 红色旅游发展与老区产业结构调整

7.1 产业结构概论

7.1.1 产业结构的概念与内涵

产业结构是指各产业的构成及各产业之间的联系和比例关系。在经济发展过程中，由于分工越来越细，因而产生了越来越多的生产部门。这些不同的生产部门，受到各种因素的影响和制约，会在增长速度、就业人数、在经济总量中的比重、对经济增长的推动作用等方面表现出很大的差异。因此，在一个经济实体当中（一般以国家和地区为单位），在每个具体的经济发展阶段、发展时点上，组成国民经济的产业部门是大不一样的。各产业部门的构成及相互之间的联系、比例关系不尽相同，对经济增长的贡献大小也不同。因此，把包括产业的构成、各产业之间的相互关系在内的结构特征概括为产业结构。①

7.1.2 产业结构变动理论解读

经济发展是社会经济运动的长期发展变化趋势，是经济规模的扩大和经济结构的演进。一般来说，经济发展是经济增长和产业结构演进共同作用的

---

① 杨为众："产业结构与经济结构的辨析"，《内蒙古统计》，2006年第5期，第55页。

结果。不同的产业结构具有不同的整体效益，必然导致经济以不同的速度增长；不同的经济增长又对产业结构产生不同的要求，促使产业结构进行合理化调整。

根据配第—克拉克定理，随着经济的发展，国民收入水平的提高，劳动力首先从第一产业向第二产业移动；当人均收入水平进一步提高时，劳动力便向第三产业移动①。劳动力在产业之间的分布状况是：第一产业比重不断减少，第二产业和第三产业将顺次不断增加。劳动力在不同产业间的流动原因在于不同产业之间收入的相对差异。一般而言，第二产业的附加价值高于第一产业，而第三产业的附加价值又高于第二产业。库兹涅茨通过进一步研究提出人均收入影响论，指出在人均产值较低的阶段，随着经济发展，农业部门的份额显著下降，而工业和服务部门的份额则大幅度上升，但其内部的结构比例则变化不大；在人均产值较高的阶段，农业部门的份额与非农业部门的份额之间变动不大，但非农业部门内部的结构变化则比较大。这一理论揭示了产业结构变动的一般规律，是对三大产业演进具体轨迹的深入阐述，同时也是对配第—克拉克定理的修正，说明产业结构变动并不一定严格遵循第一产业向第二产业再向第三产业移动的路径，为特殊情况下第三产业先于第二产业得到快速发展奠定了理论基础。

从产业序列的角度看，主导产业的成熟和高度对于整个产业链条起着关键性作用。主导产业是指在经济发展的某一阶段对产业结构和经济发展起着较强的带动作用和广泛的直接、间接影响的产业部门。它的存在和发展与国民经济的整体发展关系密切，是国民经济发展的支柱和核心。主导产业一般具有较高的生产增长率、较大的生产规模和较好的经济效益，是代表先进技术水平的产业，能为经济发展创造良好的技术条件，是处于生产联系链条中的关键环节，其产品具有较高的生产增长率和出口创汇能力。它通过后向关联效应、前向关联效应和旁侧关联效应影响经济增长。主导产业发展一般分为五个历史阶段，第一阶段是棉纺工业，第二阶段是钢铁工业和铁路修建业，第三阶段是电力、汽车、化工和钢铁工业，第四阶段是汽车、石油、钢铁和耐用消费品工业，第五阶段是信息产业。这一过程说明了发展中国家或落后地区在选择、确定和建设主导产业及其群体时，在循序渐进的基础上，综合主导产业及其群

---

① 钟敏、朱敏：“区域经济理论下的永州县域经济发展模式”，《湖南科技学院学报》，2007年第11期，第130页。

体的优势，充分利用发达国家或地区的先进技术和产业建设成果，争取在某些领域实现“跳跃式”的跨越，可以在尽可能短的时期内，实现经济的现代化。①

7.1.3 我国产业结构调整的思路

我国产业结构调整按两个思路进行：一是按三次产业调整。以此把第二、第三产业在GDP中所占份额的提高作为产业结构优化和升级的重要标志。我国制定了强化第一产业，优化第二产业，加快第三产业发展的方针。然而，在执行过程中出现了一些问题，导致产业政策指向不明，针对性不强。由于每个产业有若干部门，它们的发展状态极不平衡，其中有加速发展的，也有衰退的，因此，每个产业几乎都存在加强、优化、发展的问题，抓不住战略重点。产业升级本身是要落实到具体的产业群，而三次产业划分没有提出具体的产业群。这就暴露出三次产业理论的缺陷。显然，在三次产业层面谈产业结构调整还比较粗糙。

另一个思路是以基础产业、主导产业和支柱产业调整产业结构。这比三次产业具有更清晰的结构层次，对于实施产业结构的战略性调整具有更直接的作用。正确规划一个时期的主导产业，是制定产业政策的核心内容，也是迅速提高整个经济实力和国际竞争力以及加快经济发展的迫切要求②。

7.2 老区区情和产业结构现状

7.2.1 我国革命老区的基本区情

我国的革命老区遍布全国大陆除新疆、青海、西藏以外的28个省（区、市）的1389个县，占全国总县数（市、旗、区）65.5%；18955个乡

① 李悦、李平：《产业经济学》，东北财经大学出版社2002年版，第79—127页。

② 蒋晓泉：“主导产业规划政策研究”，《经济研究》，1994年第5期，第21页。

(镇)，占全国乡镇总数的41.7%。老区中被列入国家重点扶持的贫困县305个，占全国592个国家贫困县的51.5%，列入省区市重点扶持的156个，二者合计461个县①。

老区为中国革命作出了巨大的贡献，在中国革命历史上占有绝对的"红色"优势，红色旅游资源是丰富多样的。无论是自然旅游资源，还是人文旅游资源都极其丰富，具有民风淳朴、物产丰厚、山青水秀等资源优势，并且许多旅游资源还具有独特性和垄断性。这里历史悠久、人文荟萃、风景秀丽、风情浓郁；奇山、秀水、幽洞、民居、民风、名城、名镇、名人交相辉映，编织出一幅幅神奇的老区红色风情画卷。此外，革命老区还有着得天独厚的政治优势，优越的历史地位和宽广的政治联系、人际关系网络，吸引着越来越多的人前来投资。

然而由于历史的、自然的诸多因素的制约，老区发展的基础差，底子薄，资金匮乏，人才缺少，其经济、政治、文化与发达地区比较，发展是缓慢的，老区的贫困面仍然相当大。老区经济发展落后，综合实力差，地方财政困难，产业结构不合理。由于老区地处偏远，长期封闭落后，缺少发展商品经济应有的历史冲动，加之自身经济技术水平低下和自然环境条件的恶劣，商品经济很不发达，市场发育程度较低；社会进步缓慢，思想观念滞后，文化卫生事业和教育科技落后；自然环境恶劣，地质地貌复杂，气候干旱多灾，耕地承载能力脆弱；生存环境不佳，需搬迁移民人口众多等。

7.2.2 老区产业结构的基本特征

老区的经济构成中以农业为主，而在农林牧副渔中，又以种植业即狭义的农业为主，种植业内部以种粮为主。而在农业结构中，农产品大路货多，优质品少，优质农产品产出率低，名牌产品更少；农产品科技含量低；区域性结构雷同，地区比较优势未能充分发挥。农业产业加工链较短，农产品附加值低；以农产品加工业为主的乡镇工业是一块"短板"，影响了大量商品性农产品的加工、增值和销售；第三产业不能适应第一、第二产业发展的需要，交通运输和农村贸易还比较落后，其他各种服务业跟不上去等等。

---

① 徐强国："中国革命老区大有希望"，中国老区建设网，http://www.zhongguolaoqujianshe.com/Article_Show.asp?ArticleID=405.

总体上说，老区的产业结构还比较单一，有的地方传统农业生产方式仍占统治地位，自给自足的自然经济色彩很浓重，商品率很低，市场经济发展缓慢，有的地方忽视价值规律，商品流通不畅。

老区所种植物基本为粮食，经济作物很少，在有些地区，收入还来源于伐木业、捕捞业等，但种粮还是主业。许多老区几乎没有工业，服务业、商业等零星、分散，在经济中所占份额十分有限。整个经济构成呈现一种“单打一”的局面。农业生产基本还是采用传统的方式方法，生产效率提高相当缓慢。出产的产品（主要是农产品）表现出品种结构单一、品质一般化、地区相似度大、缺少优特产品等现象，并且绝大多数都是原材料和初级产品，附加值极低，经济效益不高。由于国企的困难和乡镇企业的发展缓慢、技术的制约等原因，对这些初级产品的吸收能力有限，并且加工链较短，无法进行深加工，对附加值贡献有限。由于商业的发展落后，严重阻碍了商品的流通，并且营销理念的缺乏，使得老区在市场经济竞争激烈的今天很难与其他地区相抗衡，产品外销困难。

7.2.3 老区产业结构调整的重要性

我国老区的经济发展缓慢，除了受历史和自然环境的制约外，还有一个重要的原因就是老区的产业结构不合理。

改革开放到今天，我国的老区经济逐渐打破了原有的单一农业为主的产业结构，正在形成比较完整的产业体系。从当前的情况看，我国老区产业结构调整与国民经济发展的要求又出现了新的不适应，与国民经济结构演变的态势和格局相比，老区的经济结构转换中存在的矛盾和问题较为突出。调整产业结构是一场牵动整个老区经济各方面关系的复杂变革，直接关系到老区改革的深化和老区经济的发展，关系到小康目标的实现。老区产业结构调整的三个方面：农村产业结构调整的基本思路是，根据市场需求、资源优势与产业政策，合理调整农村三个产业结构，加强带动第一产业，优化提高第二产业，大力发展第三产业。① 通过农村工业结构调整，从根本上解决农副产品加工的问题；通过农村服务业的调整和发展，解决农副产品的销售问题；带动和促进农业结构调整，解决农产品相对过剩和农民增收问题。

---

① 尹君琳：“农村产业结构调整初探”，《新疆社科论坛》，2005年第4期，第24页。

7.2.4　红色旅游对老区产业结构调整的意义

7.2.4.1　促进落后思想观念的转变

革命老区的发展，首先要转变观念。随着老区红色旅游的日渐兴盛，不仅能使外来的旅游者充分获取老区传统的革命思想的洗礼。同时，众多游客的不同文化修养、素质、阶层和观念，也给老区人民带来了实际的影响。老区人民受到了外来文化的冲击，开阔了视野，势必要求解放思想，实事求是。老区人民具有勇往直前的思想能动性，继往开来，改变原来落后的思想，跟上时代的潮流，这会直接影响到老区人民对产业结构的看法，为推动产业结构调整提供思想上的支持。

7.2.4.2　对老区原有产业结构提出了新要求，是老区产业结构调整的推进器

老区的经济基础差，经济发展缓慢，明显低于全国经济发展水平。发展红色旅游，可以增加老区人民的收入，壮大老区经济实力，加快对老区基础设施的建设，旅游业是关联度较高的产业，直接影响着交通运输、通讯、建筑、轻纺和食品加工等产业。红色旅游的深层次发展，开拓了更广的需求，同时为了满足消费市场的需求，就会对一些传统的产业提出新的要求。例如，红色旅游的发展，对老区原来的交通运输从形式到质量都提出了新的要求，如铁路的不断提速、公路网的铺设、水上交通工具的多样化以及层出不穷的新娱乐设施，都为老区产业结构的调整提供了动力。

7.2.4.3　使资源得到更好的开发利用与保护，是老区产业结构调整的孵化器

红色旅游的进一步发展，使老区的资源得到了更好的开发利用。以前由于种种原因没有得到开发的自然资源和人文资源，不同程度上得到了有效开发。还有传统的文化娱乐活动、民俗风情也得到了传继和发扬，这不仅增加了旅游吸引力，也获得了更大的经济效益，激发老区人民更自觉地保护资源，优化生态，保护环境。另一方面政府也会采取有效的措施，对其进行开发指导监督。这些工作做好了，红色旅游就成为在“人与环境共生”的时代要求中，产业与环境互利的最优质产业。

7.2.4.4 能够有效增加老区人民就业和创业，是老区产业结构调整的发动机

国际上普遍重视旅游业，一个重要的原因就是旅游业是一个劳动密集型产业，吸纳劳动力能力强，就业门槛低且范围广。这正是老区实现跨越性发展所需要的。革命老区由于第二、第三产业难以发展，就算发展也比较缓慢，提供的就业机会有限，使老区存在大量剩余劳动力，而红色旅游的发展大大有助于解决这一问题。同时，旅游也会促进其他相关产业的发展，直接和间接地提供更多的就业机会。老区人民的有效就业和积极创业，对本地的产业结构调整能起到积极的推进作用。

7.2.4.5 对老区的产业部门起到了优化的作用，是老区产业结构调整的整合器

老区旅游业的发展，红色旅游的进一步推进，突出的亮点是“红色”。围绕这个主题，势必要求其他相关的产业综合协调发展，林业部门以森林旅游为主，农业部门以生态农业观光为首选，文化市场中以革命书籍出版、红色歌舞演出、红色历史纪念品销售为主的商业不断发展，促进了民族内在文化的发展。为了适应市场的要求，红色旅游直接促进了这些产业的发展，使其由传统的红色观光游过渡到综合性的文化休闲游。由此形成的红色旅游集散带，不但冲击老区原来的产业结构，而且使其与周边的地区产业结构进一步的整合、综合，从而优化了产业结构，取得了更好的社会经济效益。

7.3 老区相关产业优势及其结构调整分析

7.3.1 红色旅游与农业产业结构调整

7.3.1.1 农业更新优势

我国传统的老区农村产业结构的基本特征是种植业内部以种粮为主，农

林牧渔业以种植业为主；整个农村经济中以种植业、养殖业为主。[①] 老区农业的产品基本是属于原生态的，符合现代人追求的环保健康产品要求，具有很大的开发优势。当今生态旅游日益兴盛，老区的环境适合发展生态旅游，红色旅游中的一大部分就是重现当年历史，保护好生态，利用好生态，做好红色生态旅游。此外还可侧重发展观光果园和花卉园、盆景园，特色农业博览园，园区内可选择本地典型的农业景观，分区进行建设。起点低，是个劣势，但是也便于更新改变。可以走科技兴农的发展道路，在农业上，推动传统农业向现代农业的转变，大力发展高产高质高效的“三高”农业。

7.3.1.2　老区农业产业结构调整

农业产业结构是一个复杂的多层次的综合体系，第一层次包括农业、林业、牧业、渔业在内的部门结构；第二层次是农、林、牧、渔各部门内部的生产项目结构；第三层次是产品的品种结构。因此，农业产业结构就是指农、林、牧、渔业各部门之间、生产项目之间以及产品品种在社会再生产过程中质的相互联系和数量比例关系。红色旅游的发展，是市场经济作用的结果，是经济规律在老区经济中的客观表现。农业结构调整其实质是对农业各种生产资源，进行优化配置，使其发挥出最大的经济效益。[②]

在老区的农业产业结构中，农业生产结构与市场需求结构的矛盾非常突出，根本的问题是农业面临农产品的品种结构和品质结构这样一个深层次的结构问题。农产品品种雷同多，特色品种少，低质产品多，优质产品少，不能满足市场对产品优质优化和多样化的需求。农业各业和各业内部结构不合理，种植业比重高，养殖业比重低，粮食作物比重大，经济作物比重小。农业区域性结构雷同，地区比较优势未能得到充分发挥，特色经济不突出。一些地方政府往往为了所谓的“政绩”存在着“一哄而上”、“一哄而下”的现象，没能找到农业发展的优势和突破口。农业产业化经营发展缓慢，农业资源的综合开发利用率低，产业链条短，农产品以单一原料和初级产品生产为主，附加值低，缺乏具有市场竞争力的知名品牌，抵御风险的能力差。农

---

① 熊健益、肖洪安、漆雁斌：“论农村产业结构调整与农业产业化”，《农村经济》，2003年第1期，第32页。

② 陈柳钦：“农村产业结构调整的内涵、特点及对策”，《重庆邮电学院学报（社会科学版）》，2004年第1期，第43页。

业产业结构调整缺乏科技支撑，劳动者文化素质低，商品意识差，农业基本上还属于“靠天吃饭”的传统农业阶段。

因此，面向红色旅游，首先，要以旅游消费为主导，优化农业生产结构，发展旅游市场看好的本地特色的畜牧业和农产品加工业，扩大其份额，以获得更大的效益。要加快林业的发展，其调整的方向是以保护和发展森林资源为基础，建设比较完备的林业区域结构，以确保其原生态环境，配合红色旅游活动的环境发展需要；要加强农业区域之间的分工与协作，充分发挥区域比较优势，实行区域化、规模化开发；要注意避免区域农业产业结构雷同，着力形成有区域特色的农业产业带和关联产业群。其次，要将农业产业结构调整与农业产业化经营结合起来，走产业化之路。

7.3.2 红色旅游与工业产业结构调整

7.3.2.1 工业后发优势

革命老区的工业由于起步晚、底子薄、资金缺，发展受到极大的限制。虽说如此，但也有自身的优势：一是包袱轻，能轻装上阵，而且革命老区的工业由于起步晚，规模小，没有国有大中型企业存在的设备旧、雇员多，技术改造和退休养老花费大等缺点；二是当今社会技术、资金、信息流动极快，革命老区应依靠政策优惠，积极吸收外来资金，移植、借鉴发达地区（国家）的技术力量、管理经验，积极打造一批有竞争力的企业，为老区的进一步壮大提供经济、技术和管理支持①；三是老区适合发展劳动密集产业，老区的人口多，劳动力薪酬相对较低，对吸引外资是一种看得见的实惠。从总体上说，由于老区的工业化程度偏低，因而工业技术起点不可能太高。在此情况下，一定要注重地方特色的打造，以独特的地方物质资源和文化资源为加工对象，只要切合市场需求，只要不断提高加工层次，就一定能创造出具有地方特色的“名牌”产品。

7.3.2.2 老区工业产业结构调整

以农业为主的老区工业基础薄弱，老区农村工业结构与城市工业的重复率高，农村特色工业少，不能充分发挥农村工业的比较优势。工业与农业的关联

---

① 杨益华：“贵州革命老区人口与经济发展问题研究”，《湖南科技学院学报》，2005 年第 6 期，第 77 页。

度很低，不能使绝大多数农产品就地加工增值。加工工业规模小而且不全，布局结构具有分散性，分散布点、遍地开花的状况，不符合工业聚集的基本规律，不能产生集成效益。企业资产结构不合理，老区农村集体工业的传统产权制度，已经不能适应市场竞争的新形势，并导致过高的负债与过低的盈利能力。工业企业的产品结构不能适应市场竞争要求。发展老区经济，必须对此加以调整。

要调整老区的企业组织结构，打破社区限制，以市场为导向大力促进专业化的发展，形成合理的分工协作关系。面向旅游市场，彻底克服计划经济体制下形成的城乡之间、企业之间的各种制度与观念壁垒，在市场作用下，进行广泛的专业化分工协作，互通有无，互惠互利。要调整企业产品结构，目前老区工业及我国工业结构的突出矛盾，主要不是产业之间的矛盾，而是产品结构的矛盾。一方面，技术含量低、质量性能差、附加价值低、不适应市场需求的中低档产品数量严重过剩，并导致大量生产能力闲置；另一方面，国内需要的高技术、高性能的中高档产品又不能满足需求，不得不大量进口。在市场经济条件下，大力发展老区农产品加工业特别是精深加工业不仅能有效提高附加值，而且能够创造新的市场需求。为此，要加快现有农产品加工企业机制转换和技术改造，提高加工能力、产品档次，提高适应市场需求变化的能力；通过股份合作、企业兼并等方式组建或投资新建现代化的农产品加工龙头企业，使加工产品有市场销路和竞争能力。深加工的旅游产品更受欢迎，也能提高红色旅游产品的品位以及相关商品的价值。①

7.3.3　红色旅游与服务业结构调整

7.3.3.1　服务业人口优势

老区的人口众多，而且文化素质相对偏低，就业压力大。服务业的发展能够缓解这一问题。老区的服务业本身由于就业门槛低，素质要求不高，可进入性强，老区人民参加服务业的机会多。可以参与旅游商品的销售，本地特色风味小吃的经营和地方特色的工艺品的制作销售等，又如提供旅游交通服务、餐饮住宿接待服务、地方导游服务等。发展“红色”旅游业，提高第三产业比重，老区应以当地丰富的旅游资源为依托，以革命文化为背景，以

---

① 陈柳钦：“农村产业结构调整的内涵、特点及应采取的对策”，《资源产业》，2003年第3期，第65页。

旅游景点为中心，打造“红色”品牌。革命老区的旅游业在优质服务的基础上一要做好包装，更要做好宣传，使老区的红色旅游成为经济增长的新亮点。如遵义市以2004年、2005年长征70周年和遵义会议70周年为契机，面向中外旅游市场开发和推出“贵州长征文化游”、“文化名城遵义游”及跨乌江、游遵义、渡赤水、登娄山关等多项旅游产品，开展红色之旅系列主题宣传和经营活动。①

7.3.3.2 老区服务业结构调整

老区服务业对老区经济的发展也起着重要的作用。但老区服务业历来主要重视农业生产资料的生产、销售和农业技术推广等生产性服务，而忽视农产品市场流通体系的建立和市场信息发布等经营性服务。

老区的服务业必须要走信息化道路，要建立好产业信息的宣传和产品销售的渠道，改造传统农村服务业的关键是要建设好服务的流通网络和流通设施，以便老区的产业发展能更好地跟上时代。老区现代服务业必须提高技术含量。红色旅游要求老区服务业面向市场，要不断地满足旅游消费者的新需求，旅游交通、旅游讲解、旅游景区提供的相关服务都要与时俱进。必须建立配套完善的社会化服务体系，老区社会化服务体系是专门从事为农业生产提供产前、产中和产后服务的各行业、各部门、各单位按社会化分工协作的要求组成的服务系统。老区社会化服务是现代老区发展的必然趋势，是优化老区服务业结构，提升农业运行质量的必然选择。我国社会化服务体系的总目标应是：建立健全农业服务组织，强化服务功能，提高服务质量。当然，完善社会化服务体系，也必须规范政府服务行为。政府必须大力支持旅游服务业的发展，制定出相关的支持政策和管理法规，发挥引导作用。这个建设目标和要求无疑也是符合老区建设需要的。

7.3.4 老区产业结构调整——以井冈山为例

开发红色旅游以后，老区经济普遍得到较大的发展。旅游产业相关行业主要是服务行业首先得到发展。旅游包括行、住、游、食、购、娱六大要素，大量游客的到来使老区的交通闭塞状况得到极大的改善，基础设施如公

---

① 杨益华：“贵州革命老区人口与经济发展问题研究”，《湖南科技学院学报》，2005年第6期，第77页。

路、水电都有提升和完善，公路通车里程越来越长、等级不断提升，铁路、航空等交通方式也开始发展，彻底改变了老区闭塞孤立的环境。在建设星级宾馆的同时，一大批社会旅社和家庭旅馆纷纷出现，满足游客不同的消费需要，提供各种特色和个性服务。老区一些有风味的当地饮食如农家饭菜吸引了许多游客，这些饮食都是天然有机食品，新鲜、营养丰富，不少游客到这些地区游览都希望能够品尝当地的风味食品如井冈山的红米饭和南瓜汤。农家饭庄和特色餐饮店大行其道，投资不多又能吸引游客，为当地人民收入增加提供了渠道。另外，旅游购物促进了当地商业的发展，出现了井冈山"天街"那样的特色购物街，商品种类大大丰富。各种娱乐服务设施也发展迅速。旅游产业的发展对传统农业结构产生了深远的影响。以前农业生产主要是单一的种粮，发展红色旅游以后，拓宽了农产品的销路，使得农民更多地转向种植水果、茶叶等附加价值较高的经济作物。另外，由于土特产品受到普遍欢迎，一些副业如特色食品制作、手工编织等的比重也大幅度增加。旅游和农业的结合—休闲农业得到很大发展，各种休闲农庄、农家乐、农业生态园发展态势良好，促进了农业的产业化、集约化经营，提高了农业的市场化程度，为农业发展提供了新的思路。旅游业的发展同样拉动了第二产业发展。旅游购物增加了旅游商品的需求，一些副食品、旅游工艺纪念品加工企业首先发展起来，随着积累增多，投资额增加，日用品制造业接着得到发展的契机，然后是耐用消费品制造业。第三产业的发展还直接为第二产业积累了必要的资金。旅游活动还对金融业、邮电通讯业、房地产业、信息产业等产生巨大的影响，推动产业结构高度化。

井冈山，位于江西省西南部，地处湘赣两省交界的罗霄山脉中段，1984年建市，2000年5月与原宁冈县合并成新的井冈山市。全市现辖21个乡镇场和街道办事处，总人口14.97万人，其中农业人口约占全市总人口的80%。① 以前，井冈山农民的主要收入来源于种植业和伐木业。由于小农经济的普遍存在，生产效率低下，加上山区气候条件限制，粮食年平均亩产量250—300千克，远远低于山下平均产量。由于发展旅游业的需要，山上树木已经禁止砍伐，伐木业不再有发展甚至存在的空间。同时乡镇企业发展缓慢，国有企业下岗人员增加，农村大量富余劳动力无处转移。② 发展红色旅

① "井冈山基本情况介绍"，井冈山政府网，http：//www.jgs.gov.cn/dlwz.asp.

② 贾浩华："红色旅游发展与农民经济生活变迁"，江西师范大学硕士学位论文，2006年，第12页。

游以前的井冈山，农业是主要产业，但发展十分缓慢，并且受到传统生产方式限制，已经出现“瓶颈”效应，工业基础十分薄弱，第三产业发展明显滞后。中共十一届三中全会以来，井冈山市依托丰富的旅游资源和日趋完善的区位优势，制定了“旅游兴市”的发展战略，并不断加大改革开放步伐，经济由封闭迈向开放，由贫困走向繁荣。至2005年时，全市地区生产总值完成12.69亿元，比2000年增加6.23亿元，财政收入完成1.23亿元，比2000年增加6000万元，超出“十五”计划数2300万元，年均递增19%；全年接待游客达218.5万人次，旅游总收入11.28亿元；城镇居民人均可支配收入8035元，比2000年增加2188元，农民人均纯收入2913元，比2000年增加962元。第一、第二、第三产业结构为18.2∶30.2∶51.6，“旅游兴市”发展框架已经形成。工业从无到有，已发展工业企业80余家，并形成了造纸、瓷业、硅酸盐、花岗岩、木材加工、竹制品、土特产加工等特色工业。农业生产已由传统型向科技型、开发型、集约型方向转化，特种养殖、特种水产、三高旅游农业等科技示范基地建设初见成效，农业生产商品化程度明显提高。旅游业已成为全市经济的主体，呈蓬勃发展趋势。2006年，井冈山市对外招商的18个项目几乎都是旅游方面及旅游相关的项目，包括度假村、休闲旅游、民俗文化街区等的建设，一些副食品如矿泉水、茶叶等的加工，公路、煤气管道等基础设施的建设，以及工艺品开发和旅游学校的筹办。这些项目具体地体现了旅游产业对当地经济的导向性影响和对其他产业的拉动作用。①

7.4 红色旅游促进老区产业结构调整

7.4.1 传统产业结构与现代市场需求的矛盾

红色旅游中，旅游者以其本身的言行举止影响着老区人民的思维，满足

---

① “井冈山基本情况介绍”，井冈山政府网，http://www.jgs.gov.cn/dlwz.asp.

旅游者消费需求的同时，老区已在悄悄地改变一些原来的思想观念，思想决定行动，如此一来对老区的产业结构产生冲击。老区的红色旅游要注重老区当年的艰苦奋斗史，发扬其革命精神，就得保护其原来的文化环境、生活习俗、耕作方式乃至产业结构等，以图重现当时的大体环境，给人一种身临其境的感觉。但是由于社会发展和现代化的需要，老区必须跟上时代的潮流，改变一些生产生活习俗，产品也要针对旅游者的不同需求进行改造、创新，从而导致了传统产业跟着市场方向发生变化，产业结构的内容排列也相应地发生变动，一些优秀传统将被现代潮流淹没。诚然，固步自封可以保持老区原有的产业结构，但又不符合市场发展的需求，不符合政府的致富小康政策，而且对国家的整体计划发展不利。因此，要发展就无法避免地发生老区产业结构内容的变迁。只有在通过科学的方法和先进的理念去改造与规划传统产业和红色旅游业的同时，又保持老区红色旅游资源的吸引力，保持其独特性、垄断性，才能实现可持续发展。

7.4.2　红色旅游的独立性与合作性的矛盾

由于中国革命走的是农村包围城市的道路，大部分的红色旅游资源分布在偏远的“老、少、边、穷”地区，红色旅游资源在全国范围内分布广泛。老区红色资源属于不同的行政区管理，有的甚至跨越了几个省。红色旅游资源不可再生，不可复制，具有惟一性和独特性。但在市场化的今天，必须在保持红色旅游资源奇特个性的同时，对区域的红色旅游资源进行优化配置，以取得更大的产业效益。这就要求各景点、景区、区域放开手脚，统一进行资源的整合与优化，进行区域内的产业结构调整、实现跨区域的互补，既可以突出个性又能显示出全局性。这样一来老区的红色旅游发展导致的产业结构变动不仅要求在本景点、本区进行，还要在全省、全国较大范围内进行产业互补调整。在政府方向性政策的引导下，老区人民要开阔眼界，充分发挥主观能动性，实事求是，扬长避短，进一步推进红色旅游的发展。

7.4.3　站在产业的高度发展红色文化的问题

革命老区的红色文化是革命先驱在苏维埃斗争时期、抗日战争时期、解放战争时期留下的大量精神财富和珍贵的革命活动旧址、遗迹，代表着中华民族宝贵的精神财富和光荣传统，具有强大的教育意义和警示作用。开展红色旅游，老区人民在保护好其吸引力—原有的文化遗产、精神遗产的同时，要将红色文化的弘扬上升到产业发展的高度来认识，宏扬革命精神，继承先烈遗志，让革命精神在现代的产业中重现，勇敢地面发展中的困难，开拓创新，以适应现代文化的发展需要。红色旅游的新需求拓展了老区革命文化产业结构的方向与思路。对“红色”的理解，进行适当的拓展、创新和突破。基于文化创新和拓展，深化红色旅游产品的组织。从广义上来看，红色可以分为六个层次：革命红、中国红、生命红、生态红、世界红、时尚红，能否融多“红”魅力为一体，是红色旅游革命性、时代性、生活性能否有机结合，从而形成市场号召力的关键。红色是生命的基本色、大自然中的基本色、中国的国色、一种世界流行的时尚色。红色旅游要回归自然、回归生命、回归中国传统文化，挖掘培育和打造红色时尚。① 坚持改革开放，创造性地发展老区文化产业，并使文化进一步升华，是老区文化保护和发展的方向。

7.5 老区产业结构调整的趋势和方向

7.5.1 科学编制产业结构调整规划

编制老区产业结构调整规划，首先要求老区对红色旅游市场进行准确定位，对老区产业结构的优势、劣势、机会和风险进行全面的分析。之后要对产业结构调整的深度进行科学论证，从而使产业结构得以科学的、合理的、有序的调整。根据市场需求、资源优势与产业政策，合理调整三个产业结构，加强带动第一产业，优化提高第二产业，大力发展第三产业。在红色旅游进一步发展的前提下，老区原来的产业结构已经不适合现在的市场需求

① “抓住难得机遇，海南有望领跑红色旅游第二代产品”，南海网，http：//www. hinews. cn/news/system/2006/03/07/000092306. shtml.

了。红色旅游市场的进一步拓展，就势必要大胆地引用、启用当前的市场机制，改变原有的产业结构体制，促进产业结构的转变，市场才会出现更具活力的老区旅游。

7.5.2　处理好红色旅游与结构调整关系

在老区，红色旅游和老区产业结构调整之间的关系是互相促进、互相依赖的。红色旅游的发展促进老区产业结构的调整，与此同时，产业结构调整也促进了老区红色旅游的发展。

红色旅游中，老区产业结构调整要与老区人民全面建设小康社会紧密结合起来。对老区来说，红色旅游是一个点石成金的所在，其发展要求老区在产业结构调整中把丰富的革命资源变成能产生经济效益的经济优势。红色旅游会成为老区人民的致富工程。如沂蒙老区有感于革命战争年代的布鞋，开发建设的“布鞋城”拥有 300 家企业，年产 1.8 亿双鞋，年创收 7 亿多元，净利税达6000 万元。[①] 其中，加大对产业结构调整的力度，多方位、多层次地深度开发相关产业，积累资金，进而促进红色旅游的进一步发展，最终达到提高老区人民生活水平的目的。

7.5.3　产业结构调整要创新和与时俱进

(1) 在思想文化建设上：在红色旅游的发展中，不管是主动的还是被动的，落后的文化总会被先进的文化所取代。老区的红色文化有强烈的开拓意识和进取精神，是我们中华民族的精髓，是积极向上的。这种优秀的文化是不可以埋没的，要用批判的眼光来区别对待老区的其他文化，去粗存精。在老区的产业结构变动中，必须保证其原有的优秀文化，再与现代文化进行融合、创新，与时俱进，为老区文化产业提供新的发展契机。

(2) 在区域旅游合作上：市场化大潮下，老区要促进经济繁荣，要使红色旅游向纵深发展，就要进行区域内外的产业合作。要打破行业和行政壁垒，地区封锁，统筹兼顾区内外的产业开发与调整，加强区域之间的合作，不但获得“共赢”，更能充分地带动交通娱乐饮食等行业的同步发展。

(3) 在乡村产业模式上：红色旅游要求的老区产业结构调整，必须服

---

① 陈佳平：“我国红色旅游开发的对策探讨”，《商场现代化》，2006 年第 22 期，第 279 页。

从老区整体经济建设。由于老区的基本情况是乡村占了大多数，在这种情况下，老区中的乡村小产业模式很有潜力。调动老区人民的积极性，直接投身于乡村产业发展中，参与乡村产业的调整，如直接进行旅游商品的生产，直接参与乡村旅游服务（如旅游交通服务、餐饮住宿接待服务、旅游商品销售、地方导游服务等），经营乡村旅游中介机构，以及参与旅游管理等。这样的经营活动，比较灵活，成本也比较小。有的生产过程和经营活动一个家庭就可以完成，像风味小吃的经营。乡村小产业的发展，间接地支持了全局的产业结构调整。

（4）在资源环境利用上：要不遗余力地保护好老区的红色旅游资源及其所处的环境，不仅是自然环境，还有人文环境，传统民俗和文化活动，以确保其品质的原汁原味；深入挖掘红色文化的内涵，进行不断地创新和发展，防止游客视觉疲劳；不断升华原产品的文化品位和档次，以保持对游客的吸引力。

（5）在整合协调发展上：产业结构调整不能简单地认为是一个产业的上升或是一个产业的下降，产业结构是一个关联的综合的整体，必须要综合地协调其他产业的发展，争取最大的经济效益；老区的产业结构调整要以红色旅游为龙头，涉及吃、行、游、购、娱等各个业内行业；处理好与其他农、渔、林、副业的关系，综合起来发展，争取综合效益最大。这里经济具有自发性，政府要积极地当好引路人，对产业结构调整进行有效的支持指导和监督。政府要不断地提高执政水平，制定出相关的保护健康发展的法规，保证其合理性和协调性的发展。

进入21世纪，中国旅游产业蓬勃发展，红色旅游在国家政策的积极引导下更是发展迅速，尤其是在革命老区，开发红色旅游已经成为促进当地经济发展和提高人民生活水平的一个重要途径。老区的红色旅游处在高速发展阶段，这里介绍了中国红色旅游发展的历程及其特点，分析了革命老区的区情，老区的产业结构现状，红色旅游发展对发展老区经济和提高老区人民生活水平的意义。随着红色旅游的不断深入，客观推进了老区产业结构的调整。红色旅游的发展促进革命老区落后思想观念的转变，是老区产业结构调整的思想源；对老区原有产业结构提出了新要求，是老区产业结构调整的推进器；使资源得到更好的开发利用与保护，是老区产业结构调整的孵化器；能够有效增加老区人民就业和创业，是老区产业结构调整的发动机；对老区的产业部门起到了优化的作用，是老区产业结构调整的整合器。老区在发展红色旅游过程中具有农业、工业和服务业相关产业优势，但是产业现状中也存在着不少问题，对此在发展红色旅游中要采取积极的应对措施来对老区的产业结构进行调整。在老区产业结构调整的大趋势下，要科学编排产业结构调整的计划，处理好红色旅游与结构调整关系，同时产业结构调整要创新和与时俱进。当然，这里未能全面指出老区产业结构调整中的问题，如，产业结构调整中的产品开发与线路整合，产品开发的深度与市场分销，三大产业的契合度等，还有待探究。

第8章 红色旅游发展与老区“三农”问题

我国是一个农业大国，农业、农村、农民（简称“三农”）问题一直是人们所关注的焦点问题。随着我国工业化、城市化和现代化进程的逐步加快，“三农”问题日渐凸显，成为制约我国农村经济进一步发展，乃至整个国民经济继续前进的“瓶颈”。革命老区大都地处偏僻的山区，农村人口占很大比例，普遍存在经济基础差、劳动力富余、劳动力素质不高、经济收入渠道单一等问题，是我国“三农”问题最为突出的地区。如何解决好老区的“三农”问题，加强老区建设是实现中国社会主义现代化发展战略的重要组成部分，也是关系我国改革开放事业能否进一步发展和构建社会主义和谐社会的关键所在。2006 年 3 月 5 日在北京开幕的十届全国人大四次会议就提出了“推进社会主义新农村建设的若干意见”，“意见”中指出：统筹城乡经济社会发展，扎实推进社会主义新农村建设；推进现代农业建设，强化社会主义新农村建设的产业支撑；促进农民持续增收，夯实社会主义新农村建设的经济基础；加强农村基础设施建设，改善社会主义新农村建设的物质条件；加快发展农村社会事业，培养推进新农村建设的新型农民；全面深化农村改革，健全社会主义新农村建设的体制保障等。这些问题也都集中在促进农村经济发展，增加农民收入上①。二十一世纪初，党和国家提出了“加快发展红色旅游的重大举措”，2004 年 12 月，中共中央办公厅、国务院办公厅印发了《2004—2010 年全国红色旅游发展规划纲要》，明确提出要重

① 刘艳红、袁毓玲：“社会主义新农村建设体系研究”，《广东经济》，2007 年第 7 期，第 57 页。

点规划出12个“重点红色旅游区”，配套完善30条“红色旅游精品线路”，重点打造100个左右的“红色旅游经典景区”，形成红色旅游产业化，将红色旅游产业作为区域性重要产业来发展，这将有利于带动革命老区经济社会的协调发展，将老区的红色历史、红色文化和红色资源优势转化为经济优势，促进老区农村经济的发展，调整其产业结构，提高农民的收入，促进老区“三农”问题的解决。

8.1 我国“三农”问题的由来和考察

8.1.1 中国“三农”问题的由来

农民、农村和农业问题合称“三农”问题，概括来讲就是农民苦、农村穷、农业弱，其集中表现是农民收入低、生活苦。“三农”问题由来已久。对此，人们提出了各种各样的理由：其中有农业弱质、比较效益低、农村经济规模狭小等等。“三农”问题是中国实行“重工业优先发展战略”的直接后果。新中国成立初期，为了抵御帝国主义的侵略，必须在很短的时间内迅速建成社会主义的国家工业化体系，形成强大的国民经济实力。为此，我国政府在严重缺乏资本原始积累的条件下，不得不采取以牺牲农业为代价的重工业优先发展的“非均衡发展战略”。即依靠从农业抽取资金，换得重工业的优先发展。这种战略跨越了轻工业的资本原始积累阶段，而重工业属于资本密集型产业，需要巨额资金投入，同时必然产生对过多劳动力的自然排斥。其结果是，一方面以工农业产品价格“剪刀差”的方式从农业源源不断地抽取剩余。据统计，1952—1978年国家以工农业产品价格“剪刀差”的形式从农村共抽取建设资金达9494.9亿元，相当于同期农业净产值的57.5%，即农业产出的一半以上被国家无条件抽走。另一方面，又严格排斥从农村土地上游离出来的剩余劳动力。而几十年来在计划经济体制下，城乡管理体制长期实行的是“城乡分治、一国两策”。为了不让农村人口涌入城市，在城市的就业制度方面，一开始实行的劳动用工制度，原则上就只负责“非农人口”在城市的就业安置，不允许农村人口进入城市寻找职业，农业剩余资金的过度抽取与农村剩余劳动力的严格限制流出，导致了农村经济发展严重受阻、城市化进程滞后，农业剩余劳动力过分滞留于土地，农民收入持续走低。[①] 所以“三农”问题的产生，是实施重工业优先发展战略的直接后果，从某种程度上可以说是计划经济的产物。

8.1.2 老区“三农”问题的考察

所谓革命“老区”是指红军长征时期、抗日战争时期及解放战争时期，在中国共产党和毛泽东等老一辈无产阶级革命家领导下创建的根据地。我国革命老区遍布全国大陆除新疆、青海、西藏的28个省、自治区、直辖市。可以毫不夸张地说，革命老区占了中国的半壁江山，虽然革命老区不等于贫困，但我国大部分贫困地区的确均为革命老区，这样的现状是事实[②]。改革开放以来，老区虽然与全国其他地方一样有了长足的发展，然而，老区农民收入不高，增收缓慢，生活水平还基本处于全国平均水平以下；老区农村依然落后；农业也仍然停留在传统的粗放式经营上。可以说老区“三农”问题十分突出，是中国“三农”问题的典型。解决好老区的“三农”问题，尽快推动老区人民脱贫致富，对中国“三农”问题的解决具有一定的促进作用。

实际上，老区“三农”问题归根结底是一个如何促进农业产业结构不断调整升级，增加农户收入，推动农村经济协调发展的问题。简括而言，就是在新时期如何增加农民收入。老区“三农”问题集中反映在三个方面：农民收入问题、农村劳动力转移问题、农业发展方面问题，其他问题要么由此引发而来，要么与此紧密相联。

（1）农民收入问题。农民收入问题是当前老区“三农”问题的核心，其突出表现为老区农民收入增长缓慢，城乡差距持续扩大。由于城乡居民收入分配格局的不断变化和收入渠道的不断拓宽，城乡居民间收入差距不断扩

---

① 刘铮、董亚珍：“解决三农问题全面建设小康社会”，《税务与经济》，2004年第3期，第29页。

② 强国、周逸：“今日老区透视”，《中国老区建设》，2003年第1期，第23页。

大，富者越富，贫者越贫，收入分配的集中度越来越高，社会财富逐渐向少数人集中。除此，农民经济利益得不到有效维护。首先是由于缺乏风险分散机制，长期以来农民是农产品价格的被动接受者，农业的自然风险和市场风险主要由农民来承担；其次是缺乏利益保护机制，在土地等生产要素的非农化转移中，农民只有被动地接受低价格而不能享有其应得的利益；最后在劳动力转移方面，农民作为最弱势群体，常常是最低工资的接受者，创造着城市经济财富而不能分享其利益。[①] 虽然在2000年，我国总体上实现了小康，但这是低水平的、不全面的、发展很不平衡的小康，差距主要在老区和农村，由于老区农民收入少、经济不发达，造成老区农民的生活质量差、文化教育水平、卫生医疗条件、社会福利设施等都比沿海发达地区落后。

（2）农村劳动力转移问题。中国是一个农业大国，在我国广大的革命老区其主要产业是农业，农民问题也是老区“三农”问题的根本问题。所以要从根本上解决老区的“三农”问题，关键在于减少农民。只有把大量的老区富余劳动力转移出去，才能达到提高农民收入及加快老区农业现代化进程的目的。20多年来，随着老区农村产业结构的调整和城乡经济一体化的发展，一批批农民离开了世世代代耕作的农田，涌向勃兴的城市和沿海地区，形成了全国瞩目的民工潮。由于我国的特殊国情，加之老区农村人口基数大，所以农村剩余劳动力转移的制约因素仍十分突出。主要表现在四个方面：一是农村劳动力素质低下。在老区，初中及以下文化水平的劳动力的比重高达80%，文盲半文盲占15.68%，高中以上文化程度仅占6.64%。在农业劳动力中，受过职业技术教育和培训的仅占农业劳动力总数的5%。劳动者素质低下已成为阻碍农业劳动力转移的“瓶颈”因素。二是城市就业压力增大。由于经济体制转轨和现代企业制度改革的积极推进，我国城市职工下岗数量增加，城里就业压力日益增大，这无疑为农村剩余劳动力转移带来了困难。三是除了我国少数发达地区外，我国总体城镇化水平较低，在一定程度上影响农村剩余劳动力的转移。四是城乡“二元”户籍制度及由此衍生的城乡居民身份差异给老区农村劳动力的自由迁移设置了重重障碍。既增加了劳动力流动的成本和风险，又使进城民工遭受歧视，其权益屡受侵害，

---

① 邹继业、郑志远、旷青春、伍文能、刘进：“城乡协调发展是构建和谐社会的重要环节——以柳州市为例”，《学术论坛》，2006年第5期，第79页。

现在农民工权益保障问题成为阻碍老区农村乃至全国农村剩余劳动力转移的一个重要因素。①

（3）农业发展问题。老区在农业发展上的问题主要表现在两个方面：①缺乏专业化分工导致的生产低效率。对于绝大多数老区农村地区，在实行联产承包责任制以后，二十多年来，实际上没有进行更深入的制度变革，传统农业并没有得到根本的改造，分家分户经营、自给性生产为主，出售剩余产品为辅的格局没有从根本上改变。由于生产方式落后，农业生产效率十分低下。土地产出率不高、劳动生产率也不高，因此日益缺乏竞争力。②老区农产品结构与市场结构不相适应，导致农产品出售难。由于缺乏强有力的沟通城市、面向国内外大市场的流通体系，千家万户的小生产与千变万化的大市场缺乏有效的联结手段，难以避免产生农业结构调整的盲目性，农产品滞销现象时有发生。另外产品结构不合理、产品质量不高、不适应市场对农产品需求多样化、优质化和精细化的需求，致使农业发展长期缺乏有效的市场拉动力。②

8.2 红色旅游对促进老区“三农”问题解决的积极意义

红色旅游资源是指中国共产党领导的革命斗争中所形成的伟大革命精神及其载体，包括重要的革命纪念地、纪念物、标志物等及其所承载的革命历史、革命事迹和革命精神。红色旅游，主要是指以红色资源为载体，组织接待旅游者开展缅怀学习、参观游览的主题性旅游活动。

由于历史的原因，红色旅游资源大多分布在省区交界地带，区位偏僻、经济发展相对落后是这些地区的共性。这些珍贵的具有特殊意义的革命历史文化遗址和遗物，既是中国革命各个历史时期的实物见证，又是当今老区独

① 揭润年、王家茂：“三农问题是构建社会主义和谐社会的首要问题”，《中共南昌市委党校学报》，2006年第1期，第49页。

② 郑新立：“关于建设社会主义新农村的几个问题”，《农业经济问题》，2006年第1期，第1页。

有的发展"红色旅游"事业的重要资源。这些丰富的红色旅游资源是老区发展红色旅游的前提和基础；在《纲要》规划的全国12个"重点红色旅游区"中，除了京津和上海等局部地区外，其余大多分布在革命老区，具体分布情况见表8-1。

表8-1　　　　全国十二个重点红色旅游区

红色旅游区名称	旅游区主题形象	地域范围	地带划分
沪浙红色旅游区	"开天辟地，党的创立"	以上海为中心	东部
京津冀红色旅区	"人民胜利，国旗飘扬"	以北京、天津为中心	东部
左右江红色旅游区	"百色风雷，两江红旗"	以百色地区为中心	东部
鲁苏皖红色旅游区	"东进序曲，决战淮海"	以皖南、苏北、鲁西南为主	东部、中部
太行红色旅游区	"太行硝烟，胜利曙光"	以山西、河北为主	东部、中部
大别山红色旅游区	"千里跃进，将军故乡"	以鄂豫皖交界地域为中心	中部
东北红色旅游区	"抗联英雄，林海雪原"	以松花江、鸭绿江流域和长白山区为重点	中部
湘赣闽红色旅游区	"革命摇篮，领袖故里"	以韶山、井冈和瑞金为中心	中部
陕甘宁红色旅游区	"延安精神，革命圣地"	以延安为中心	西部
雪山草地红色旅游	"艰苦卓绝，革命奇迹"	以滇北、川西为中心	西部
川陕渝红色旅游区	"川陕苏区，红岩精神"	以渝中、川东北为重点	西部
黔西北红色旅游区	"历史转折，出奇制胜"	以遵义为中心	西部

资料来源：梁峰："我国红色旅游资源分布特点及其开发策略研究"，《桂林旅游高等专科学校学报》，2005年第5期，第48页。

早在2003年12月，中共中央总书记、国家主席胡锦涛在山东、河南等革命老区专门就解决好农业、农村和农民问题进行考察时强调，解决好"三农"问题，加快农业和农村发展，是保持国民经济持续快速协调健康发展的必然要求，是实现全面建设小康社会宏伟目标的必然要求，是维护社会稳定和国家长治久安的必然要求。从党和国家提出大力发展红色旅游以来，红色旅游极大地促进了广大革命老区经济社会的发展，让广大老区人民走上了脱贫致富路，为解决老区突出的"三农"问题开辟了新的途径。

第一，有效促进革命老区经济的增长。大多数红色旅游景区（点）地处贫困、欠发达地区，经济发展水平比较低，人民群众的生活比较艰苦。红色旅游为老区奔小康提供了新的契机。发展红色旅游，加快了革命老区的基础设施建设，扩大了招商引资，带动了相关产业的发展，刺激消费，提高人民生活水平，使老区与发达地区产生良性互动，为老区带来巨大的经济效益。

第二，增加革命老区人民的就业机会。革命老区由于第二、第三产业发展缓慢，提供就业机会很有限，存在大量剩余劳动力，发展红色旅游则可改变这一现状。旅游业是一项就业成本较低的劳动密集型产业，因而所需就业人数相对其他产业要多得多，且就业层次多、范围广；同时，发展旅游业也会带动其他相关行业的发展，间接提供就业机会。如红色旅游会促进运输业、餐饮服务业、农特产品生产、工艺美术品、纪念品制造等的发展，这些行业的发展，又拓展了就业的渠道，从而缓解了老区的就业压力。

第三，增强革命老区自身的“造血”功能。革命老区由于历史原因和自然条件的限制，社会经济发展缓慢，但在一定的时期内，通过国家支援建设和扶贫开发获得一定程度的发展。通过发展红色旅游，可以优化老区产业结构，带动关联产业的发展。据统计，目前我国各地的红色旅游景区每年旅游综合效益约为200亿元人民币，同时还推动建筑、商贸、交通、电信、加工业和农业等相关产业的发展，形成了“一业兴，百业旺”的良好局面。利用红色旅游“点石成金”，将“输血”变“造血”，增强革命老区的自我积累、自我发展能力，可使老区人民短期内摆脱贫困，走上富裕道路。①

8.3 红色旅游对促进解决老区“三农”问题的功能效应

8.3.1 老区红色旅游产业的发展形势分析

自20世纪90年代中后期开始，几年一次的重大纪念活动为红色旅游发

① 罗明义：《旅游经济研究与探索》，云南大学出版社2003年版，第68页。

展注入了强大动力。以抗战胜利50周年、新中国成立50周年以及建党80周年等纪念活动为契机，红色旅游逐渐在革命老区得以展开。进入新世纪后，由于各地对红色旅游的高度重视，特别是国家明确制定红色旅游发展规划和国家旅游局将2005年确定为“红色旅游年”以后，红色旅游正逐步按照旅游发展的规律走向产业化，步入了健康、有序的良性发展阶段。

早在2004年12月，《纲要》明确提出：“要实现红色旅游产业化，使其成为带动革命老区发展的优势产业。”同时还提出发展红色旅游要实现“六大”目标：一是加快红色旅游发展，使之成为爱国主义教育的重要阵地，2004—2007年参加红色旅游人数的增长速度要达到15%左右，2008—2010年要达到18%左右。二是培育形成12个“重点红色旅游区”，使其成为主题鲜明、交通便利、服务配套、吸引力强，在国内外有较大影响的旅游目的地。三是配套完善30条“红色旅游精品线路”，使其成为产品项目成熟、红色旅游与其他旅游项目密切结合、交通连接顺畅、选择性和适应性强，受广大旅游者普遍欢迎的热点旅游线。四是重点打造100个左右的“红色旅游经典景区”，使80%达到国家旅游景区3A级以上标准，其中40%要达到4A级标准。到2007年，争取有50个“红色旅游经典景区”年接待规模达到50万人次以上；到2010年，争取有80个“红色旅游经典景区”年接待规模达到50万人次以上。五是重点革命历史文化遗产的挖掘、整理、保护、展示和宣讲等达到国内先进水平，列入全国重点文物保护单位的革命历史文化遗产，在规划期内普遍得到修缮。六是实现红色旅游产业化，使其成为带动革命老区发展的优势产业。到2010年，红色旅游综合收入达到1000亿元，直接就业人数达到200万人，间接就业人数达到1000万人。①

目前，红色旅游的发展已呈星火燎原之势，其发展的喜人势头和蕴藏的巨大商机已引起了很多地区的重视。以红色旅游大省江西为例，江西省从2005年起，每年举办中国（江西）红色旅游博览会和红色旅游高峰论坛，每年8月1日至7日在南昌举办英雄城国防教育周（“八一”建军节在八一广场举行隆重的升军旗仪式、举办大型主题文艺晚会等），策划推出“军旗升起的地方”、“星火燎原——岁月井冈山”等红色主题文艺节目；2006年，

① 范方志、林澍：“论发展中国‘红色旅游’”，《恩施职业技术学院学报（综合版）》，2006年第1期，第41页。

红色旅游继续成为江西旅游新的社会热点、新的文化亮点和新的经济增长点。据统计，2006年江西红色旅游接待人数2210万人次，旅游综合收入达146亿元①；2007年恰逢八一南昌起义80周年、秋收起义80周年、井冈山革命根据地创建80周年，江西游客人数创历年之最。据统计，仅各红色旅游点接待的人数就达2800万人次，带来188亿元人民币的收入。② 另据相关统计，2006年井冈山共接待国内外游客250万人次，旅游总收入达13.4亿元，实现门票收入8867万元；2007年旅游人次306万人次，增长22.5%；旅游收入19.32亿元，增长44.18%；门票收入1.04亿元，增长15.71%。③ 在红都瑞金，近几年来游客接待量持续快速增长，旅游经济不断壮大。2006年接待游客80.8万人次，实现旅游收入2.45亿元。④ 2007年，该市成功举办了第二次全国苏区精神研讨会，再次提升了红色故都的美誉度和吸引力。2007年瑞金接待游客突破100万人次，实现旅游收入3.2亿元，分别同比增长25.8%、28.6%。⑤

8.3.2 红色旅游开发与促进老区农村发展功效

2000年，中国农村人均收入大约是2253元，这个收入水平比国际贫困人口标准——每人年均收入人民币3000元（每人每天1美元）还要低747元。在革命老区问题更为突出，主要表现在：①贫困范围广：老区列入国家重点扶持的贫困县305个，占全国592个国定贫困县的51.2%；②革命老区的贫困程度深：老区乡村贫困程度让人吃惊，有的老区近一半群众仍未解决温饱；可以说贫困问题已经成为老区“三农”问题的核心问题。实践证明，红色旅游业的发展为老区经济发展创造了新的契机，提供了新引擎，是一项

---

① “江西红色旅游2006年十大亮点”，中国经济网．http：//www．ce．cn/newtravel/shou/hs/200702/06/t20070206_ 10335260．shtml．

② 国家发展和改革委员会地区司中部地区发展处：“2007年江西省红色旅游业发展势头良好”，国家发展和改革委，员会网站，http：//www．ce．cn/newtravel/shou/hs/200702/06/t20070206_ 10335260．shtml．

③ “盘点2007井冈山旅游—写在井冈山旅游品牌建设研讨会举行之际”，中国旅游营销社区网，http：//www．chinatmc．net/thread－15728－1－1．html．

④ “革命圣地、共和国摇篮——瑞金欢迎您”，2007中国（江西）红色旅游网上博览会，ht-tp：//redtour．jx163．com/SupplyInfo．aspx？id＝136．

⑤ 苏卫军、林雅红：“厦门赣州瑞金确定联手打造红色旅游线路”，网上旅行社，http：//www．tripc．net/news/news_ info/2803_ 12/2008－7－24．

切实提高农民收入的扶贫工程。发展红色旅游，可调整老区农业结构、优化农业生产布局，发展农业产业化经营，推进农产品转化、加工、增值，扩大畜牧、水产、园艺等劳动密集型产品和绿色食品的生产。另外，可以转变农业增长方式，扩展非农产业，促进乡镇企业和农村个体私营等非公经济发展，开拓农民外部增收潜力，增加当地政府收入和群众收入。[①] 因此，开展红色旅游将一改往日的“输血式”扶贫为“造血式”扶贫、“救济型”扶贫为“开发型”扶贫，在旅游业的带动下，各个产业间相互促进，共同发展，为老区农民脱贫奠定坚实的基础。目前，中国各地的红色旅游景区每年旅游综合效益约为200亿元人民币，并带动一系列相关产业的发展。

8.3.2.1 红色旅游与农民收入的增加——以江西井冈山为例

近几年，红色旅游在老区蓬勃发展，以江西井冈山为例，2005年，仅15万人口的井冈山市接待游客达到218万人次，旅游收入达11亿元，旅游税收占全市财政收入的45%，旅游就业人数超过2万人；2006年，井冈山市以旅游业为龙头的第三产业增加值已占国民生产总值的51%，井冈山市已从传统的农林业山乡，转变为一个欣欣向荣的全国优秀旅游城市，旅游产业对当地财政的贡献率超过35%。据井冈山市旅游局统计，2006年井冈山共接待游客250万人次，旅游收入达13.4亿元人民币；2007年井冈山共接待游客306万人次，实现旅游收入19.32亿元，旅游业及相关第三产业收入占全市财政收入的一半以上。[②] 2007年上半年，井冈山入境旅游一路飙升，共接待入境游客2.7万人次，创汇574.73万美元，与上年同比分别增长15.95%和17.74%。据了解，2007年上半年，井冈山入境游客主要来源于香港、澳门及东南亚等客源市场，自助游客、商务游客占一定比例。[③] 井冈山革命博物馆、黄洋界保卫战哨口、毛泽东等领导人的旧居等景点参观者众多。随着红色旅游的升温，井冈山农民的收入也日益增长，根据新华网的一篇报道，红军医院旧址所在地小井村，过去村里年人均收入仅300元左右，

---

① 袁纳宇：“红色旅游与新农村建设”，《集团经济研究》，2006年第26期，第44页。

② “大江网问计全国网友，井冈山会议旅游如何裂变”，大江网，http：//jiangxi. jxnews. com. cn/system/2008/07/17/002799676. shtml.

③ 廖昔君、郭欢：“井冈山红色旅游上半年创汇574.73万美元”，中国红色旅游网，http：//www. crt. com. cn/news2007/News/jxhsly/2007－7/24/07248571. html.

如今村民有的经营工艺纪念品，有的开餐馆，人均年纯收入在5000元以上。优越的地理位置使他们享受到“红色旅游”带来的诸多好处。从上面的例子我们不难看出，井冈山市政府因地制宜，大力发展旅游业，使风景区内的经济结构发生了重大的调整，农业已经不再是农民们谋生的主要手段，旅游业的发展对景区内农民收入的增加起着决定作用。[①] 详见表8-2。

表8-2　　1998—2007年井冈山风景区内农民收入　　单位：元

年份	1998	1999	2000	2001	2002	2003	2004	2005	2006	2007
农民人均纯收入	1876	1916	1876	1921	2077	2184	2304	2518	3288	3655

资料来源：根据1998—2007年《江西统计年鉴》制表。

根据上表我们可以看出井冈山农民收入逐渐在增加，根据井冈山市统计指标提要，1997年井冈山农民纯收入为1814元，而在发展红色旅游以后的2003年，井冈山农民纯收入为2184元，2006年井冈山农民收入高达3288元，到2007年已经稳步增长到3655元。可以说，在井冈山发生的变化只是红色旅游在广大革命老区的一个缩影。红色旅游的兴起，让老区人民走上了脱贫致富路，对老区的经济繁荣发挥了巨大作用。人们有理由相信红色旅游业前程似锦，老区农民的明天会更好。

8.3.2.2　红色旅游发展帮助老区转移农村剩余劳动力

革命老区地处偏远山区，当前的主要情况为经济不发达，普通劳动力相对充裕，资本短缺，高新技术人才不足，土地成本较低。这就决定了老区在发展过程中应当首选劳动密集型的轻工业和服务业，因为它可以最大限度地利用中部最丰裕的要素即普通劳动力，对扩大就业指标和改善从业结构极为有利。而且按照产业结构演进的规律，只有当劳动密集型产业发展到一定程度之后，才能逐步沿着资本密集型、技术密集型、信息密集型产业轨道发展。而旅游业是一个非物质生产部门，也是一个劳动密集型的综合产业，同时，它对其他产业具有较强的带动效应。有关研究表明：1998年，全球平

① 陈李龙、卢丽刚、林少红：“井冈山旅游资源的开发与利用”，《发展论坛》，2004年第11期，第19—20页。

均每10.7个就业人员中就有1个是直接或间接从事旅游工作，在APEC经济中平均每12.8个就业人员中就有1个从事旅游工作。一些旅游专家认为，在我国，每接待20名国外游客，就可为我国创造一个就业机会，每接待150名国内游客，也为地方创造一个就业机会。例如在井冈山，红色旅游开发为茨坪镇吸纳就业人口近6000人。河北西柏坡通过接待参观旅游者，直接收入达800多万元，综合效益7500万元，吸纳就业3300多人。可以看出，发展红色旅游能够扩大老区的就业机会，转移农村剩余劳动力。其作用主要体现在以下几点：第一，可以优化老区的就业结构。老区就业结构主要以单一的农业和劳务输出为主，开展红色旅游可以改善单一的就业结构，使大量富余人口向餐饮、交通、住宿、小商业经营、家庭旅馆业转移。第二，为弱势群体提供就业机会。老区的妇女就业率低，单纯从事农业和家务劳动，处于弱势地位。红色旅游可以为她们搭建就业平台、提供就业机会和收入机会，如从事小商品经营、家庭餐馆、传统手工艺品的加工制作等，增加妇女的经济收入，提高妇女的经济地位。第三，减少就业成本、提高就业效益。从事农业和劳务输出的就业成本和交易成本较高，在当地从事旅游业能减少就业成本，合理配置人力资源。第四，直接或间接带动交通运输、商业服务、建筑业、邮电、金融、地产、轻纺工业等相关产业的投资和发展，促进农村劳动力向非农产业的转移，加快老区农村城镇化速度。①

8.3.2.3　红色旅游发展促进老区农村基础设施的完善

革命老区大都地处偏僻的山区，生存环境恶劣。大多数人民生活在崇山峻岭之中，交通条件差，交通建设不平衡，天然形成的屏障使人们出行受到很大限制，生产、生活极不方便。由于地形复杂，有的地区至今没有通上公路，常常是“晴天扑面灰，雨天泥腿子”，同时，水、电、通讯等基础设施严重滞后，信息闭塞。改革开放以来，老区虽然与全国其他地方一样有了长足的发展，但在吃粮、住房、行路、看病、用电、收听收看广播电视等方面仍存在许多困难，生活水平基本处于全国平均水平以下。红色旅游在老区的发展，可以极大地促进老区农村基础设施的完善。

旅游资源开发不是一件孤立的事情，它是一个综合的主体开发过程。第

---

① 严彭：“红色旅游的双赢作用”，《中国旅游报》，2004年12月3日。

一，发展红色旅游可进入性是关键，交通必须先行，要使旅游地同外界的交通联系以及实现旅游地内部交通运输的便利和畅通。因此，必须完善各种交通基础设施的建设和各种交通运营的安排。例如，在江西省，有了红色旅游的项目牵引，昔日的革命老区水、电、路等基础设施有了彻底的改观，百姓生活更加便利。2006 年，江西省瑞金市借助赣龙铁路通车，已聚集八方人气，前来洽谈首乘游的旅行社络绎不绝。井冈山市已建成机场，高速公路也已经贯通，吉（安）井（冈山）铁路业已建设完成。除此之外，还要在旅游区内建设和完善包括供水、供电、通讯、车站、码头以及相应的银行、保险、医院、商店等在内的旅游基础设施，建设和完善包括饭店、餐饮、娱乐场所等在内的旅游服务设施。这些旅游基础设施和服务设施是旅游开发中要实现的基本物质条件，它们既满足旅游者的旅居生活需要，同时当地居民也受益，更加速了老区的城市化速度。第二，红色旅游的开展，必然改善农村居民生活基础设施状况，加大对农村道路、安全饮用水、农村能源、改厨改厕等设施的投入，完善电力广播、通讯、电讯等配套设施建设，加强农村环境建设，开展对农村生活垃圾、沟渠水塘、院落畜圈的整治，危旧房屋更新改造，搞好乡村建设规划，因地制宜地建设具有民族特色和地域风情的民居民宅，美观实用，节约土地，改善村容村貌，提高农民生活质量，使老区农民能够真正享受现代化成果。[①] 第三，随着老区行路难、用电难、饮水难等状况的改善，将逐步解决了制约老区社会经济发展的“瓶颈”，促使老区经济、社会文化全面发展，促进老区“三农”问题解决。

8.4 发展红色旅游建设旅游型新农村

建设社会主义新农村，是中共十六届五中全会提出的一项重大历史任

① 叶利军：“建设社会主义新农村必须正确处理好的四个关系”，《求实》，2006 年第 4 期，第 81 页。

务，是新时期“三农”工作的主题。胡锦涛同志将建设社会主义新农村的目标和要求概括为：“生产发展、生活宽裕、乡风文明、村容整洁、管理民主”。这20个字，内容丰富，含义深刻。既包括农村生产力的发展，又包括农村生产关系的调整；既包括农村的经济基础，也包括农村的上层建筑，既有物质文明建设，也有政治文明、精神文明建设，还有生态环境保护，包括内容非常广泛，与过去的“三农”政策比较起来，目标更明确、内容更全面，涵盖了农村工作的各个方面。[①] 可以看出社会主义新农村建设与解决“三农”问题的农村工作思路是一脉相承的，如改善农村的生产和生活条件、发展现代农业、增加农民收入、改善农村的公共服务、在农村中实行管理民主等，只不过在社会主义新农村建设中把各方面的内容全面化、系统化，有机的统一起来，以此统领农村工作的全局。[②] 所以说，建设社会主义新农村是一个新的提法，但解决的是老问题——“三农”问题；农村工作的中心仍然是发展生产，增加农民收入。只有农民收入增加了，新农村建设才有可靠的物质基础，农民才更有积极性和能力参与新农村建设。红色旅游持续发展将为老区农民增收提供新的路径，为新农村建设提供物质基础，必将成为社会主义新农村建设的助推器。

8.4.1　根据老区实际，发挥主观能动性，制定“红色旅游规划”

我国广大的革命老区面临的实际情况是，底子薄，资金匮乏，其经济社会发展与发达地区比较，仍然相对缓慢和滞后，很多现代新兴工业产业不适合在老区发展。但是，老区的另一大实际情况就是，近几年兴起的红色旅游，其资源多集中在这里。由于旅游资源的不可移动性和旅游产品的不可运输性，革命老区形成其独一无二的旅游资源优势，红色旅游成了发展老区经济，解决老区“三农”问题的一项新途径。但是发展红色旅游也不能就资源论资源，必须在依托资源、紧追市场的基础上，充分发挥人的主观能动性和创造性，规划先行，科学打造红色旅游精品，共同形成红色旅游大品牌。同时也不能简单地把红色旅游规划等同于一般的旅游规划，需要认真挖掘红

① 郑新立：“关于建设社会主义新农村的几个问题”，《农业经济问题》，2006年第1期，第12页。

② 陆利华：“关于建设社会主义新农村的几点思考”，《农村经济》，2006年第8期，第50—51页。

色文化本质，深入挖掘红色旅游的独特内涵与规律，通过规划，认真提炼主题，设计有吸引力的旅游产品。旅游部门要与当地其他有关部门主动协调配合，高起点地做好规划编制工作。从全国的层面来说，加强对重点地区的指导，主要做好跨省区市的“红色旅游区”规划编制工作。在整体规划的指导下，精心策划建设样板，使之符合教育规律、旅游规律，给游人以深切体验和感受，真正产生震撼力，产生比较强大的社会影响，并抓好红色旅游的线路组织，重点景区重点保护。相关省区旅游部门对有关红色旅游线路进行实地考察，提出连线规划，并有针对性地加强薄弱环节建设，不断提高接待能力和旅游吸引力。

8.4.2 推动社区参与，调动群众积极性，产生良性循环效应

老区的人民群众在红色旅游开展过程中具有举足轻重的作用，群众的言行举止，都体现了老区的整体精神面貌。在革命战争时期，老区的群众作为党组织和人民军队的坚强后盾发挥出了巨大的作用，为革命事业作出了巨大的贡献。因此，老区群众的潜力是不可估量的。在革命老区开展红色旅游，首先要让群众意识到参与红色旅游的重要意义，在这一点上关键是靠领导，领导要有创新的意识，机遇就在眼前，优势就在身边，领导者要认清优势，抓住机遇，充分调动人民群众的积极性，使群众参与到红色旅游事业中。当老区群众真正得到了红色旅游带来的实惠，便会更加支持政府的相关旅游政策，并运用智慧，借旅游发展的东风，加紧创业，创造更多的财富，产生一系列的良性循环效应。[①] 红色旅游的开展可以逐渐引导老区人民增强劳动致富意识、积累意识、商品意识、科技意识，使之产生脱贫致富的内在动机，教育老区群众克服长期困扰老区经济发展的旧思想、旧观念、旧习惯，树立文明、科学的生活观和生活习惯。使农民的思想道德、科学文化水平、民主法制观念在潜移默化中得到提高，从而提升整体素质，造就“有文化、懂技术、会经营、守法纪、讲文明”的新型农民。[②] “人口不满两千、产谷不满万担”，这是刚解放时井冈山贫穷落后的面貌。如今，井冈山通过大力发

① 阎友兵、王琳、唐峰陵：“红色旅游与革命老区经济社会的协调发展”，《湖南科技学院学报》，2005 年第 10 期，第 199 页。

② 袁纳宇：“红色旅游与新农村建设”，《集团经济研究》，2006 年第 26 期，第 44 页。

展红色旅游，带富了大山里的“老表”们，2007年全市农民人均从“红色产业”中获得的收益近2000元。[①] 全市实现了乡镇通柏油（水泥）路、行政村通等级公路；全市村通电率已达100%；改水、改厕、改栏，家家建沼气池，千百年来农民已形成的生活方式和行为习惯正在深刻地改变着；农村“五保户”做到了应保尽保。新农村建设让老百姓走上了平坦路、喝上了干净水、有了卫生厕所，农民收入大幅度提升，2007年全市农民人均纯收入3655元。井冈山人尝到了大力发展旅游的甜头，井冈山目前有50%的农民直接或间接从事旅游行业，使农民收入增加，农村和谐发展。在当地红军医院旧址所在的小井村，如今的农户们有了商业头脑，充分利用红色旅游的大好机会，有的经营纪念品商店，有的开餐馆或搞相关行业，家家户户迈上了小康路。

8.4.3 改善基础条件，解决发展“硬瓶颈”，夯实老区发展基础

交通、能源、水利、通信等重要基础设施是地区经济发展的基础条件，它的建设具有投资额高，影响面广的特点。目前，老区的交通运输线路密度、通讯密度仅分别相当于全国平均水平的49.8%和21.7%，相当于东部沿海地区的18.3%和1.7%，严重制约了地区经济的发展。发展红色旅游，可进入性是关键，交通必须先行，交通便利快捷了，加上完善的配套服务设施，才能够吸引更多的国内、国际旅游者。老区在发展红色旅游过程中，其交通、电力、水利及通讯等基础设施的建设，既要考虑旅游发展的需要，更要考虑老区人民生产与生活的需要，改变人们行路难、用电难、饮水难等状况，解决制约老区社会经济发展的“瓶颈”，大大促进老区与外界联系的便捷度和快捷度，促使老区社会经济文化全面振兴。[②]

8.4.4 结合老区扶贫，延长旅游产业链，促进产业结构优化

大多数革命老区是“老少边穷”地区，在较长时期内还存在贫困地区、贫困人口和贫困现象。1994年4月，中央政府制定并实施“八七扶贫攻坚

---

① “红色旅游3年综合收入突破1000亿元”，人民网海南视窗，http：//hi. people. com. cn/2007/12/27/353611. html. 2007 - 12 - 27.

② 刘学斤、闫海生：“关注‘西柏坡老区发展论坛’红土地新解读”，《燕赵都市报》，2004年3月29日。

计划”，确定我国扶贫方式由救济式扶贫转向开发式扶贫转变，实行以促进贫困地区区域经济发展来实现稳定地减缓和消除贫困目标的战略。2001 年 5 月，国家制定并开始实施《中国农村扶贫开发纲要（2001—2010）》，这是继“八七扶贫攻坚计划”之后又一个指导全国扶贫工作的行动纲要，它以贫困人口相对集中的中西部少数民族地区、革命老区、边疆地区和一些特困地区为重点，以尽快解决少数贫困人口的温饱问题、为进入小康生活创造条件为基本内容。大力发展革命老区红色旅游业，需要把红色旅游与老区扶贫工作结合起来，这一扶贫战略具有三个特点：一是将革命老区独有的、天然的资源作为突破口，通过开发老区资源来实现区域经济的增长；二是通过发展红色旅游带动相关产业的发展，促进产业结构调整和优化，推动老区经济的全面增长，从而减缓贫困；三是注重改善革命老区的基础设施条件和提高老区人口利用资源促进发展的能力。为此，要把旅游业的发展作为最重要的增长极来抓。首先，把红色旅游与发展生态旅游、民族文化旅游、工农业旅游等形式密切结合起来，延长旅游产业链，形成复合型的旅游基地和产品线路，如“红绿结合”、“红古结合”、“红土结合”等旅游产品；其次，主动扶优扶强，打造区域特色，塑造红色旅游品牌，把特色资源产业真正做大做强，优化老区产业结构；最后，还要广泛调动老区群众的积极性、主动性和创造性，使红色旅游业成为老区新的经济增长点和重要支柱产业，成为老区扩大就业，提高人民生活水平，增加群众收入的重要途径。①

农业、农村、农民问题，是广大革命老区在发展中面临的主要问题，关系到我国改革开放和现代化建设全局。要把红色旅游产业作为建设老区新农村的重要内容，努力做好“创意经济”、“体验经济”等旅游新文章，引导个体、私营经济积极参与发展红色旅游，鼓励农民积极参与红色旅游商品的开发、生产、销售等旅游经济活动，经营旅游项目，开展“农家乐”、“千家居”等特色接待。让红色旅游在老区产业结构调整和构建社会主义和谐社会中挑大梁，发展老区农业、繁荣农村、富裕农民。实践已经证明，红色旅游业的发展给老区农民带来了更多的实际利益，缓解了老区最为突出的“三农”问题，有效拉动了革命老区经济的发展，促进了老区和谐社会建设。

---

① 陈李龙、卢丽刚、林少红：“井冈山旅游资源的开发与利用”，《发展论坛》，2004 年第 11 期，第 19—20 页。

第9章

红色旅游发展与老区社会生活变迁

在以往的研究中，毛日清（2002）指出江西老区拥有独特而丰富的“红色旅游”资源，老区建设要利用良好的外部条件，抓住“红色旅游”发展的良机，充分利用和保护好“红色旅游”资源①；阎友兵等（2005）针对革命老区在社会经济协调发展中存在的问题，提出了红色旅游促进革命老区经济社会协调发展的功能优势和主要思路②；邱小燕，赖双奇（2005）从红色旅游促进革命老区经济社会的协调发展这一功能来阐述社区参与红色旅游开发的必要性，以及社区通过哪些活动来实现红色旅游的整体发展③；贾浩华等（2005）提出井冈山市政府认真贯彻“三个代表”重要思想，利用区内丰富的“红色”旅游资源，大力发展旅游经济，为解决老区“三农”问题找到了可行之路④；贾浩华（2006）论述了井冈山红色旅游的发展历程，当地农民过去和现在的经济生活状况，提出了发展中的隐患和对策，通过案例分析，对扩大井冈山红色旅游的经济辐射能力提出了新的思路⑤；阎友

---

① 毛日清：“老区建设与‘红色旅游’事业的发展”，《求实》，2002年第12期，第49—50页。

② 阎友兵、王琳、唐峰陵：“红色旅游与革命老区经济社会的协调发展”，《湖南科技学院学报》，2005年第10期，第198—200页。

③ 邱小燕、赖双奇：“从促进革命老区经济社会协调发展看红色旅游的社区参与”，《福建党史月刊》，2005年第12期，第96—97页。

④ 贾浩华、张英明、方淑婷：“井冈山红色旅游的发展与农民收入的增加”，《党史文苑》，2005年第8期，第60—61页。

⑤ 贾浩华：“红色旅游发展与农民经济生活变迁——以井冈山为中心”，江西师范大学硕士学位论文，2006年，第1—41页。

兵，曾妍（2006）分析了革命老区发展现状，指出红色旅游是革命老区加快全面建设小康社会步伐的有效途径，同时提出了主要的思路①；周文丽（2007）针对革命老区在经济社会发展中存在的问题，论述了 CCGV 式红色旅游在促进老区经济社会协调发展中的作用②；李永乐（2007）指出红色旅游的发展为改善老区面貌提供了一条有效的途径，同时提出革命老区发展红色旅游的对策③等等。然而这些文章没有系统深入地阐述红色旅游为老区社会生活带来的深刻变化。红色旅游与老区社会生活变迁之间有着怎样的联系，是很值得探讨的一个问题。加强老区建设是中国现代化发展战略的重要组成部分，是实现中华民族共同富裕目标的应有之义。老区建设要充分利用社会经济发展良好的外部条件，充分挖掘老区建设中一切可利用的内部资源，包括红色旅游资源，不断拓展社会经济发展新的空间。本章主要从表层文化变迁和深层文化变迁两个方面重点探讨了红色旅游中老区社会生活变迁的特殊性，论述了红色旅游对老区经济、教育、文化建设和环境的影响，阐述了老区红色旅游可持续发展的原则，并对红色旅游发展和老区社会生活变迁的趋势进行了展望，以期为革命老区现代化建设提供借鉴。

9.1 老区社会生活

9.1.1 老区及老区社会生活内涵

正如前面所讲，老区是指第二次国内革命战争和解放战争时期，中国共

① 阎友兵、曾妍：“红色旅游与革命老区全面小康建设”，《湖南城市学院学报》，2006 年第 1 期，第 23—26 页。

② 周文丽：“CCGV 式红色旅游与革命老区经济社会的协调发展”，《发展》，2007 年第 6 期，第 62—63 页。

③ 李永乐：“革命老区红色旅游发展对策探讨”，《商业时代》，2007 年第 1 期，第 104—105 页。

产党领导创立的革命根据地，它们所在的地区即为老区。老区划定标准是：曾经有党的组织，有革命武装，发动了群众，进行了减租减息运动，建立了抗日民主政权，并进行了武装斗争，时间在一年以上的①。由于历史的原因，老区一般都比较贫穷和落后，加强革命老区建设是实现中国21世纪发展战略的重要组成部分，是全面建设小康社会与构建社会主义和谐社会所不可忽视的。老区社会经济发展的速度直接关系到中国实现社会主义现代化的历史进程②。加强老区经济建设，促进老区发展是全面提高我国经济水平的一个关键因素。

但是，随着经济的发展尤其是近几年红色旅游的发展，老区的社会结构和生活方式出现了显著的变化。社会生活是人们以一定生产方式结合起来而进行的共同活动过程，是人类与生活环境以一定方式相结合的特殊活动形式。社会生活是人们物质生产方式的体现，是与一定的社会物质生产活动相联系的。人类的社会生活是非常丰富多彩的，其内容和形式也是多种多样。广义上的社会生活分为物质生活和非物质生活两部分。物质生活又分为物质资料的生产活动和物质生活资料的个人消费活动。物质资料的生产活动是人类社会首要的和最根本的实践活动，它构成人在其他一切社会生活领域中的全部生活的基础，是物质生活的主要内容。物质生活资料的个人消费活动是人类赖以生存和发展的必要条件。不同社会、国家、地区和民族的物质生活资料的个人消费活动有其不同的形式和特点。非物质生活又称为精神生活，它以物质生活为基础，也是社会生活中的重要方面。它的内容包括哲学、伦理、民俗、道德、教育、文艺等精神产品的生产活动，以及满足人们精神需要像文娱、社交、旅游、学习、体育、集邮、书画等的消费活动。社会物质生活和社会精神生活又是密切联系着的，如衣着服饰和房屋建筑以及饮食烹调等，它们既属于物质生活又属于精神生活，家庭生活也是物质生活和精神生活的结合体。正是社会物质生活和精神生活两者间的相互结合、难分彼此，正是由于两者诸方面的复合，才构成了丰富多彩的社会生活的有机整体。

商品经济的发展促进了社会生活的变化，生产力决定生产方式，而社会生产力同样决定了社会生产方式。在现代经济发展潮流中，城乡生活方式都

① 通河县人民政府："革命老区由来"，通河县革命老区网站，http：//www. hrbtonghe. gov. cn/0_ 1_ thlq_ thlq. asp.

② 王理政："浅谈江西红色旅游与发展之现状"，瑞金风情网，http：//www. rjcn. net/showart. asp? art_ id =1219.

在不断的变迁，以适应当代的经济发展。社会生活的变迁可以从表层和深层文化来探讨。表层中以生计、居住、生活方式、服饰、职业、环境等方面变化为主；深层中以思想意识、思维方式、价值观念、宗教信仰、民族精神等为主要变化范围。老区社会生活是其中的一个小分支，它有着不同的生产方式，在社会生活方面也存在着特殊性。

9.1.2 老区社会生活和发展现状

全国共有1389个老区县，分布在28个省、市、自治区，涉及3.7亿多人口，占全国总人口的29.3%。[①] 由于自然地理条件和社会历史原因，大多数革命老区都处于经济比较落后的贫困地区，一些地区的人民生活水平尚处于温饱或准温饱状态。所以，中国经济要平衡发展就要解决革命老区社会经济发展问题。老区的社会生活现状体现在以下几方面：

（1）自然环境恶劣，基础设施不健全。革命老区遍布全国大陆除新疆、青海、西藏的28个省、自治区、直辖市的1389个县（市），占全国总县（市）的66.5%；老区的乡镇有18955个，占全国乡镇总数的41.7%。那里大多地形复杂，高山险阻，工业区位很差，诸多行业及部门难以生长壮大，第二产业和第三产业很少，导致第一产业比例过大，一般高达50%。产业结构不合理，造成长期发展速度缓慢，经济发展后劲明显不足[②]。由于经济落后，生活贫困，很难开展基础设施建设。目前也只实现了县与县之间通水泥、柏油路，一些乡镇之间少有水泥、柏油路相通。有的老区无水、无电，甚至人畜饮水都成问题。甘肃省庆阳市环县境内沟壑纵横、地形复杂，乡村道路建设严重滞后。2007年，是环县的道路建设年，先后开工建成通乡柏油路（当地称油路）2条，通村砂砾路和农机路90多条，这是环县历史上修路最多的一年，这个时间已是中国改革开放第29个年头。据了解，在环县20个乡镇中至今仍有12个乡不通油路，8万多人行路难的问题没有得到解决。[③] 在白求恩、柯棣华战斗过的革命老区河北唐县，目前有274个缺水

---

① 谷玉芬："红色旅游成功因素分析"，《商业经济》，2006年第2期，第114页。

② "连片开发促老区新农村建设"，新华网，http：//news.xinhuanet.com/newcountryside/2006-08/14/content_4957534.htm.

③ "革命老区基础设施建设亟需提速——甘肃省庆阳市、环县调查"，《中国经济时报》，2008年6月3日。

村，其中65个村严重缺水。在这些村庄中，很多都是一口水井都不曾有过的“老大难村”。上世纪90年代以来，为了解决吃水问题，下三土门村先后投入资金60余万元，尝试了大口井、钻井等多种取水方式，可除了村前村后的14眼“干窟窿”，村民们一无所获。[①]

（2）农村劳动力弱化，自我发展能力差。自20世纪80年代以来，中国乡村社会发生了根本性的改变，获得了长足的进步。尤其是农村土地承包政策的实施，增加了农民收入，解决了温饱问题。随着城市经济的发展和农村剩余劳动力的增加，乡镇企业由原来的迅速发展到现在的辉煌不再，20世纪末出现了农民工进城务工的大潮。根据官方最新的统计，截至2006年年末，农村外出从业劳动力即农民工总量为1.3181亿人，其中男劳动力占64%[②]。江西是劳务输出大省，2006年，全省跨省劳务输出人数达到550万人，全省70.8%的农民工是初中及以下文化程度，外出务工普遍缺乏一技之长。[③] 由于农业增产增收困难，农村青壮年大多外出务工，剩余的大多是妇女、老人和小孩，劳动力结构改变了。

（3）思想观念陈旧，专业人才缺乏。由于落后闭塞，与外界联系少，且人们受教育程度低，文化生活贫乏，老区人们思想观念相对陈旧、保守，思想意识跟不上改革开放形势，很多人的思想仍停留在“人民公社”时代，缺乏竞争年代的主动性和拼搏精神。同时，人们还普遍存在着“等、靠、要”的思想，一些人常年享受救济粮款而心安理得，一些力所能及的事情，也要政府部门协调解决，由此衍生出对政府的强烈依赖性和懒惰性。观念的落后，发展的迟缓，有限的人才资源得不到充分的运用，使得人才流失，所需要的农业、教育、管理、会计等专业人才严重匮乏。[④]

---

① “太行山老区有望告别吃水难，中国地调局在河北唐县打出七眼示范水井”，《中国矿业报》，2007年11月1日。

② 国家统计局：“中国农民工总量近1.32亿人”，中国农业信息网，http：//www.agri.gov.cn/.

③ 徐光明：“江西省加大培训力度，今年培训农民工91万人”，中国教育新闻网，http：//www.jyb.com.cn.

④ 阎友兵、曾妍：“红色旅游与革命老区全面小康建设”，《湖南城市学院学报》，2006年第1期，第24页。

9.2 红色旅游中老区社会生活变迁的特殊性

社会生活会由于社会生产力的进步而不断变化，人类从原始社会到封建社会、资本主义社会、社会主义社会，这其中社会制度的变革，社会生产力的进步都是引起社会生活变迁的主要原因。① 变迁是一切文化的永存现象，也是人类文明的恒久因素，文化的均衡稳定是相对的，变化发展是绝对的。促使文化变迁的原因，一是内部的，由社会内部的变化而引起；二是外部的，由自然环境的变化及社会文化环境的变化如迁徙、与他民族的接触、政治制度的改变等而引起。当环境发生变化，社会的成员以新的方式对此做出反应时，便开始发生变迁，而当这种方式被这一民族（或地区）的足够数量的人们所接受，并成为它的特点以后，就可以认为文化已发生了变迁。进化、发明、发现、传播或借取，是文化变迁的过程或途径。

发展红色旅游，为革命老区发展增添了新的动力，对老区社会生活的变迁有着重要影响。传播（借取）是文化变迁的重要发生机制，林顿认为每个民族文化成分中仅有10%是自己创造的，90%是靠传播而来的。② 在红色旅游发展过程中，随着民间交往的频繁，很多思想与行为流入老区并传播、流行开来，使得老区接触到更多的外界文化，受到更多潜移默化的影响，带来了老区社会生活的一系列变迁。这种变迁不仅体现在生计模式、居住文化、生活方式、生态与环境等表层文化上，而且还渗透到思想意识、价值观念、民俗文化等深层文化中。

9.2.1 表层文化的变迁

(1) 生计模式的变迁。所谓“生计模式”是指人民的生存组织以及谋

---

① 向德平：《城市社会学》，武汉大学出版社2002年版，第98页。

② 郭育晗：“现代化进程中的壮族社会文化变迁——以平果县龙来村必罗屯为例”，广西民族大学硕士学位论文，2007年，第7页。

取生活资料的策略和技术。老区以前主要的生计模式是以农耕、伐木、畜牧业等为主的传统自然经济，第一产业比重过大，红色旅游的发展促进了老区产业结构的调整，使老区的第二、第三产业都得到了发展。一些老区还把红色旅游作为支柱产业来发展。

目前，井冈山“红色旅游”呈现出了良好的发展势头，2007 年井冈山共接待游客 306.1 万人次，实现旅游收入 19.32 亿元，与 2006 年同比分别增长 22.5% 和 44.18%，旅游业及相关第三产业收入占全市财政收入的一半以上①。2007 年上半年，井冈山入境旅游也一路飙升，共接待入境游客 2.7 万人次，创汇 574.73 万美元，与 2006 年同比分别增长 15.95% 和 17.74%。据了解，上半年井冈山入境游客主要来源于香港、澳门及东南亚等客源市场，自助游客、商务游客占一定比例②。井冈山革命博物馆、黄洋界保卫战哨口、毛泽东等的旧居参观者众多。根据新华网的一篇报道，在当地红军医院旧址所在的小井村，过去村里人均年收入只有 300 元，如今 39 户人家，有的经营纪念品商店，有的开餐馆或搞其他相关服务业，人均年纯收入达 5000 元，家家户户迈上了小康路。职业的选择也不只是开餐馆，卖小商品，红色旅游的发展带动了其他行业的发展，吃住行游购娱一条龙服务，自然职业也就有更多的选择。

依靠旅游业的发展，老区的农民收入逐渐在增加。井冈山市通过发展红色旅游，带动当地旅游纪念品和农副产品的加工生产，2006 年全市农民人均从“红色产业”中获得的收益已达 1200 多元，2007 年全市农民人均从“红色产业”中获益近 2000 元。目前，全国红色旅游直接就业人数为 37 万余人，间接就业人数达 143 万余人。③

（2）居住文化的变迁。民居建筑及其居住习俗是民族（地区）居住文化的载体和表征。不同地区或民族，其建筑形式多不相同，并且与其民族（地区）的生活环境、生产方式、宗教信仰、审美观念乃至建筑技艺等密切

---

① “大江网问计全国网友：井冈山会议旅游如何裂变？”，大江网，http：//jiangxi. jxnews. com. cn.

② 廖昔君、郭欢：“井冈山红色旅游上半年创汇 574.73 万美元”，中国红色旅游网，http：//www. crt. com. cn/news2007/News/jxhsly/2007－7/24/07248571. html.

③ “红色旅游 3 年综合收入突破 1000 亿元”，人民网海南视窗，http：//hi. people. com. cn/2007/12/27/353611. html. 2007－12－27.

相关。

建筑结构的改变。原来老区的房子多是土房或者属于砖瓦结构（陕西采用的是窑洞），房子一般比较低矮、潮湿。有些也采用大庭院的格式，这样可以整个家族生活在一个屋檐下，院落中隔出一个角落养家禽，这也是一种自给自足的小农经济模式，把生活固定在一个狭小的空间。由于旅游开发，需要为游客解决住宿，游人不适应那种光线灰暗的房屋，一方面为了适宜旅游的发展，另一方面为了自己住居舒适，人们已经改变了建筑结构，如建筑材料大多采用钢筋水泥混凝土，使房屋更加坚固和敞亮。例如，2007年黑龙江省海林市老区人民住房砖瓦化率就已达到了100%[①]；再如，散落于井冈山丛林中的老式江西民居，无论是毛泽东茨坪旧居、造币厂，还是练兵场、红军医院，都有一个共同的特点：矮。所造成的效果就是压抑，采光很差。大多数房子，只有一面开窗，窗户千篇一律，较为狭小。现如今，随着红色旅游的发展，井冈山老区人民的房屋建筑结构已经发生了明显的变化，房屋更加宽敞明亮，宜居性更强。但是一些有特殊文化意义的住房是不能拆迁的，只能进行修缮和内部宜人性装饰。

建筑功能的改变。到了旅游旺季，游客有时找不到住宿。为了解决这个问题，农民把原来的房子改变一下，开了家庭旅馆，自己搬出来，把家禽放养在其他地方或者不养了，建设更多的住宿地，扩大餐厅面积，改变自己的产业结构，以发展旅游业为主。同时一些有重要意义的房子已经是旅游观光的一部分。例如，瑞金市九堡镇密溪村农民以厚重的客家古民居为依托，精心策划，推出“民俗游”和“农家乐”旅游项目，很受游客欢迎。

家具用品的变化。电脑、电视、电冰箱、电话、消毒柜等已经进入部分老区农民的家庭，传统的土楼已经与外界相通，缩短了与外界的距离。通信设施的完善，彻底改变了山区信息闭塞的现状，电脑的安装，使得中外游客有了上网的天地，加强了与外界的交流。2007年黑龙江省海林市老区人民电话、有线电视入户率达到95%以上，老区正步入蓬勃发展的快车道。[②]

建房习俗在改变。过去建房需要举行上梁等仪式，现在为了节省时间，

---

① 陶晓红、杜欢：“老区建设成果喜人”，中国海林网，http：//www.hailin.gov.cn/xinwen/2007/07/18/05.htm.

② 陶晓红、杜欢：“老区建设成果喜人”，中国海林网，http：//www.hailin.gov.cn/xinwen/2007/07/18/05.htm.

上梁仪式一般免了。房子建好以后，也不请客吃饭，直接开张投入旅游经营。现在建房都是承包，而不再是原来亲戚朋友帮忙。建房速度加快有利于尽快投入使用。

(3) 生活方式的改变。生活方式是一个民族的经济文化折射的结果，它体现在多个方面，比如饮食、消费、活动作息等。①

饮食结构。人们的食物结构及其饮食习俗，主要是由其民族或地区的传统经济类型和生产方式决定的。在发展红色旅游的老区，本地的特色饮食和乡土菜品走上了游客的餐桌，为了满足游客的需要，还引进其他地区的大众食品，在一定程度上改变了当地的饮食结构。例如，井冈山大力挖掘和推出反映当地红色文化的特色菜肴和食品，推出吃一顿红米饭、南瓜汤红军套餐。除此以外还有特制的"表妹汤"(用豆皮做成)，此菜带有浓厚的老区风味，是红军套餐中必不可少的一道菜肴。

消费形式。由于旅游开发，游客多了，需求量增大，内需拉大，自给自足的自然经济被打破，形成了各种各样的小商品市场，一个市场的出现不仅意味着商品需求量的增加，而且意味着消费形式也在发生改变。例如，井冈山的旅游商品销售点"天街"，整洁繁华而且商品多样，目前已经具有一定的规模性。在满足外来游客购物需求的同时，也改变了原本自给自足的生产、消费结构，改变了当地老区人民的消费形式。

活动作息。老区人民原都是以农业为主，由于基础设施和公共活动设施不完善，很少有娱乐场所，过着日升而作、日落而息的生活。红色旅游的发展带来了更多符合现代人的生活方式，老区人民收听收看广播电视的机会更多了，有了电话，与外界联系更加紧密，社区配套的娱乐休闲设施渐趋完善，人们的生活日益丰富多彩，作息时间也随着游客的滞留而变化。

服饰变化。一些多民族杂居的老区，其民族服饰和地方传统服装主要是用在节日中，现在为了展示多彩的民族和地方文化，民族服饰和地方传统服装得到了广泛的运用，旅游业的发展是让民族服饰走向世界的一个途径。商品经济不断丰富和改变人们的物质需求，老区人民收入水平提高了，首先就

---

① 国家旅游局、中共中央文献研究室：《党和国家领导人论旅游（1978—2004）》，中国旅游出版社/中共中央文献出版社2005年版，第85页。

会在物质方面进行改善，时尚、名牌等都成为人们谈论的话题。例如，云南新平傣族服饰也在随着时代的发展而变化。傣族过去缝制衣物，均用自己的布。如今，年轻人都不再穿自己织的土布，缝衣服时都是买现成的布做，只有老年人还保持自己织布的传统，并且穿自己织出来的布做的衣服。

（4）生态与环境的退化。随着旅游业的不断发展，自然生态环境也在不同程度上受到了破坏，影响着旅游业的可持续发展，影响着老区人民的生活。环境的退化主要体现如下：

第一，一些游客随地丢弃塑料盒、饮料瓶等，污染了景区的环境；有些素质低的游客，在景物上乱踩、乱涂、乱刻等，肆意破坏旅游资源。例如，井冈山的百竹园，很多竹体上都清晰可见游人乱涂乱刻的字迹。“××到此一游”这样的涂鸦，大大破坏了旅游资源的完整与美观。

第二，随着大量游客的进入，排污量不断增加，但景区的排污设施却跟不上发展的需要。绝大部分的家庭旅馆没有排污设施，大量的污水等废物任由村民随意排放。

第三，历史上山区的生态环境很少受外界影响，都是较为封闭和比较脆弱的，游客不断增加，容易给环境带来压力，加上旅游公司管理不到位，更加剧了环境的破坏。

以井冈山为例，井冈山自然风景优美，但地域比较狭小，核心景区茨坪面积只有3平方千米，生态环境承载力较小。近几年来，茨坪人口增长较快，人口密度较大。虽然2005年井冈山市政中心所有单位搬至山下的新城厦坪，但是这部分搬迁人口只占总人口的一小部分，居民日常生活排放的大量废气、废水、噪声以及固体垃圾对主景区环境造成较大污染。随着红色旅游大规模开发建设，茨坪景区的建筑密度进一步加大，在旅游旺季，茨坪景区人满为患，必然对生态环境和绿色旅游资源产生严重破坏。[①]

9.2.2 深层文化的变迁

表层文化的变迁是有形的，是人们可以看到的，而深层文化的变迁却是潜移默化的，如思想意识，思维方式，价值观念，民族精神等的转变。

---

① 易清传、付小刚：“井冈山红色旅游开发对策探讨”，《安徽农业科学》，2007年第9期，第2706页。

（1）思想意识的变迁。思想意识是民族在长期与自然、与其他民族、与本族人的交往中积淀而形成的观念。红色旅游的发展，不仅带来了大量的游客，而且也带来了更多山外的先进思想和文化。老区农民原来落后的思想意识主要表现为对过去沿袭的行为和做法有高度认同，而对新的事物和理念难以接受；对外面世界的发展状况了解甚少，“等、靠、要”的依赖性较强，这些落后的观念很难适应现代市场经济的发展。现在，伴随着红色旅游发展而来的先进的思想和文化正教育和引导农民进一步解放思想、更新观念，树立现代人的开放意识和市场经济的竞争意识。例如，红色旅游的发展，已经大大改变了“老表”们的思想观念，井冈山农民利用天然的资源，木、竹、石、茶、菇等，依托红色旅游发展带来的广阔市场，形成供、产、销一条龙，这样既提高了市场的竞争力，又增加了自身的利润。提升了江西对外开放的形象，还带富了大山里的“老表”们。

（2）价值观念的变迁。原来老区的经济收入主要来自种植业、林业，畜牧业等，对于革命遗址遗迹没有进行精心的保护。从2004年红色旅游《纲要》发布之后，老区的投资很多是用在发展红色旅游上。许多农民就不理解：我们靠的是土地的出产，为什么要花巨资修葺这些古老的传统的东西呢？不过，随着红色旅游的发展，老区人民从中得到的实际收入在改变着他们当初的想法。只有合理利用自身的资源，把发展的重点放在红色旅游上，把自己的特色展现出来，形成系列精华旅游产品，才能真正发家致富。例如，四川巴中老区人民充分认识到发展红色旅游的重要意义，多年来，老区人民发扬红军精神，不断深入挖掘红军文化，开发红色旅游产品，拓展红色旅游市场，真正从红色旅游的发展中得到了实惠。如今，红色巴中已经成为全国12个重点红色旅游区并入选全国30条红色旅游精品线路之一。2007年巴中旅游收入11.04亿元，同比增长33.0%，游客人数达到294.9万人次，同比增长20.4%。[①]

（3）民俗文化的淡化。婚姻是民俗中比较重要的一项，现在包办婚姻越来越少，婚姻的礼数也是能省则省，主要是现代社会生活节奏加快，而且年轻人都比较新潮。像闹新房、对歌都已经很少了。现在民俗节日观念在人

---

① “巴中市2007年国民经济和社会发展计划执行情况及2008年计划（草案）的报告”，四川省发展和改革委员会网，http：//info. sc. cei. gov. cn/. 2008－1－23.

们头脑中越来越淡化，但“没有民俗办不成旅游”是每个地区旅游都要重视的一个问题，民俗越来越由一个民俗生活事项变成民俗表演活动，民俗文化的保护和生存就成为问题。在第31届世界遗产大会上，中国的颐和园、丽江古城、故宫、天坛、布达拉宫等六大自然、文化遗产被挂黄牌警告。虽然这六项自然、文化遗产各有各的被警告的原因，但都与各地保护不力有关。丽江古城修好的古民居，办起了酒吧等营业场所，铜臭味儿使得纳西族聚居地那种原始的民俗文化氛围已荡然无存。连驰誉世界的文化、自然遗产都会陷入如此尴尬的境地，更甭提那些目前没有级别的文化、自然遗产了。①

9.3 红色旅游对老区社会生活的影响及调适

红色旅游不仅在经济发展方面对老区有重要的作用，而且还在社会文化、教育、环境等方面产生重要的影响。

9.3.1 红色旅游对老区经济发展的作用

新中国成立以来，老区开发扶贫工作力度不断加大。但是，由于历史、自然、地理等方面的原因，大部分革命老区仍然比较贫穷。2005年有关专家对《中国农村扶贫开发纲要（2001—2010年）》实施情况进行的中期评估显示：革命老区县的发展依然落后于全国平均水平，以国家统计局监测的第二次国内革命战争时期的237个老区县为例，第一、第二产业增加值、城乡居民人均储蓄存款余额和人均地方财政收入分别是全国平均水平的58%，35%和23%；农民人均收入是全国平均水平的57%；劳动力文盲率9.4%，比全国平均水平高1.9个百分点。在同一省区内老区县的发展水平也明显偏低。2005年，陕西省56个老区县农民人均纯收入1740元，比全省农民人

① 姚卿善：“老区发展红色旅游的思考”，《商场现代化》，2008年第8期，第226页。

均纯收入2052元低312元，仅为全国农民人均收入的53%。由于基本生产生活条件和基础设施改善缓慢，已经初步解决温饱的地区，群众生活仍然困难，极不稳定。

革命老区在社会发展进程中呈现的明显落后态势说明，我们必须加快老区的发展。红色旅游浪潮的掀起，使革命老区迎来史无前例的发展契机。科学地规划老区红色旅游发展，加大红色旅游开发的力度，促进老区经济社会的协调发展，进一步推进全面建设小康社会的进程是我们时代的责任。通过红色旅游大发展，宣传并展示老区的革命精神、历史传统、自然环境和社会风貌，使红色旅游成为发展老区经济、造福老区人民的重要产业，以促进中西部和东部发达地区的接轨、发达地区和欠发达地区的交流。

第一，增加老区经济收入，提高人民生活水平。红色旅游发展能够带动第三产业的兴旺，同时政府也因此增加投资力度。加强革命老区建设是实现中国21世纪发展战略的重要组成部分，是全面建设小康社会与构建社会主义和谐社会的大事。老区社会经济发展的速度直接关系到中国实现社会主义现代化的历史进程。《2004—2010年全国红色旅游发展规划纲要》提出，在未来6年，国家将培育形成12个包括京冀在内的重点红色旅游区，打造100个左右的红色旅游经典景区，并逐步产业化，带动革命老区发展。到2010年，红色旅游综合收入将达到1000亿元，直接就业人数达到200万人，间接就业人数达到1000万人。目前革命老区要以红色旅游为产业纽带，把革命精神财富转化为社会财富，把红色旅游资源开发成有震撼力的旅游产品，形成革命老区经济新增长点。我国五个主要红色旅游地区经济收入状况①，详见表9－1。

---

① “盘点2007井冈山旅游——写在井冈山旅游品牌建设研讨会举行之际”，中国旅游营销社区网，http：//www. chinatmc. net.

“2005－2008年遵义市国民经济和社会发展统计公报”，遵义市统计局网，http：//www. zyrs. gov. cn.

“2005－2008年延安市国民经济和社会发展统计公报”，陕西省人民政府网，http：//www. shaanxi. gov. cn.

“2005－2008年韶山市国民经济和社会发展统计公报”，韶山网，http：//www. shaoshan. gov. cn.

“历史变迁积淀文化底蕴，广安创新思路旅游得发展”，新浪城市网，http：//city. finance. sina. com. cn.

表 9－1　　2005—2008 年五个红色旅游地区经济收入状况

景区	2005		2006		2007		2008	
	接待人数（万）	旅游收入（亿元）	接待人数（万）	旅游收入（亿元）	接待人数（万）	旅游收入（亿元）	接待人数（万）	旅游收入（亿元）
井冈山	218.50	11.28	250.00	13.40	306.10	19.32	367.00	26.04
遵义	323.00	15.10	575.10	35.50	782.00	55.20	1086.00	81.50
延安	509.42	20.23	564.50	25.61	650.12	35.01	746.00	43.03
韶山	305.10	3.96	310.40	4.79	328.90	5.62	360.00	6.53
广安	249.00	12.18	258.00	12.68	276.00	14.88	661.20	38.00

从表 9－1 可以看出，在我国五个主要红色旅游地区中，旅游经济发展势头良好，旅游接待人数和旅游收入都呈逐年上涨的趋势，为推动老区经济的快速增长做出了积极的贡献，这是革命老区选择开发红色旅游促进地区经济发展、把政治优势发展转化成红色旅游品牌优势的原因。据初步统计，2005 年江西、湖南、陕西、重庆等 13 个省市的 150 多个主要红色旅游景区接待人数约 2000 万人次；2006 年春节期间，红色旅游更是红火，毛泽东的故乡湖南韶山仅在大年初一就迎来 5000 多人；2007 年井冈山共接待游客 306.1 万人次，延安市旅游接待人数突破 600 万人次大关。① 在江西省井冈山把红色旅游与绿色旅游相结合，2007 年实现旅游收入 19.32 亿元，旅游业及相关第三产业收入占全市财政收入的一半以上②，同年井冈山市农民人均从“红色产业”中获得的收益预计近 2000 元。老区经济发展，人民收入提高，直接带来的就是增加了政府税收。税收增多也会给旅游业及其他行业带来新的发展契机，政府会提供更多的优惠条件来发展当地经济。

第二，加强老区与沿海的交流，缩小地区差异。老区经济的发展得到社会各界的广泛关注，在“共同富裕”目标下，发达地区采用帮扶政策，解决老区交通问题，以加强外部世界与老区的联系。人们收入的不断提高，所追求的精神文化也在不断的变换，红色旅游正好给旅游者提供了新的旅游方

① “2007 年延安红色旅游十大新闻”，延安新闻信息网，http://www.sn.xinhuanet.com/misc/2008－02/22/content_12515768.htm. 2008－02－22.

② “大江网问计全国网友：井冈山会议旅游如何裂变?”，大江网，http://jiangxi.jxnews.com.cn.

式。一方面发展红色旅游，可以将历史、文化和资源优势转化为经济优势，推动经济结构调整，培育特色产业，促进生态建设和环境保护；另一方面随着旅游者的不断进入，老区人们思想不断开放，新的经济模式也进入老区。比如遵义市推出以“四在农家”（即富在农家增收入、学在农家长智慧、乐在农家爽精神、美在农家展新貌）为载体的红色旅游与新农村建设相结合的经济模式，2007年全市仅“农家乐”就有3500余家，年接待游客350余万人次，综合收入达8.75亿元。[①] 发展红色旅游改变了老区生活环境和传统的生活方式，给老区人民带来了实实在在的好处，成为老区社会主义新农村建设的新途径，经济的发展逐渐缩小了革命老区与其他发达地区的差异。

第三，带动相关行业的发展，增加就业机会。红色旅游是一种效果良好的扶贫式旅游开发活动。首先，红色旅游完善了当地的基础设施建设，有利于推动区域经济进入良性循环的轨道；其次，旅游发展带来的就是“吃、住、行、游、购、娱”一条龙服务，旅游业发展必须有赖于目的地中的其他经济部门或行业的跟进和支持；再次，红色旅游提升老区形象，优化老区环境，有利于吸引外资，促进其他行业的发展；最后，发展红色旅游有利于解决当地剩余劳动力问题，增加就业机会。旅游业本身就是一项劳动密集型行业，带动相关行业发展就可以增加就业机会，2007年，临沂旅游总收入突破110亿元，占全市GDP比重近7%，其中红色旅游占到“半壁江山”。沂蒙小调、孟良崮等红色品牌被做成了文化产业，全市文化企业发展到6779个。当年沂蒙红嫂做的“拥军布鞋”，如今做成了大产业，形成了占地800亩的“中国布鞋城”，年产布鞋1.8亿双，产值7亿多元，农民人均增收3000多元[②]。另外，发展红色旅游，有利于优化当地产业结构，提高经济增长质量。旅游消费涉及吃、住、行、游、购、娱等方面，为了适应旅游业发展的多样化就必须调整当地经济结构，尤其是与旅游密切相关的服务业结业。据统计，2007年全国红色旅游综合收入达917亿元，同比增长22.83%；红色旅游直接就业人数37.17万人，间接就业人数143.72万人，

---

① 王志发：“2007年工作总结和2008年工作要点”，国家旅游局网，http://www.cnta.gov.cn.

② 郇恒赛、周宝云：“全国人大代表张少军谈临沂文化产业发展”，山东新闻网，http://linyi.sdnews.com.cn/2008/3/7/475862.html. 2008-3-7.

带动了建筑、商贸、交通、电信、加工业和农业等关联产业的发展。[①] 红色旅游也给贵州省遵义市发展带来了极大利益，具体参见表9-2。

表9-2　2002—2007年遵义市红色旅游发展前后经济发展对比

指标＼年份		2002	2003	2004	2005	2006	2007	2007年比2002年增长（%）
生产总值（万元）		2674437	2974750	3490314	3974015	4645307	5405353	102.1
人均生产总值（元）		3668	4052	4738	5360	6239	7229	97.08
当年价格居民消费水平（元/人）	均值	1819	2524	2524	3080	3260	3928	115.94
	农村居民	1280	1380	1380	1743	1830	2192	71.25
	城镇居民	5089	5510	5510	6412	6727	8015	57.50
平均每人年总收入（元）	农村居民	2549.05	2938.50	2938.50	3183.44	3294.91	3840.91	50.68
	城镇居民	6092	7541	7541	8486	9208	11699	92.04
恩格尔系数（%）	农村居民	59.19	54.52	54.52	48.60	51.13	52.17	-11.86
	城镇居民	38.35	40.58	40.58	37.96	37.56	41.1	7.17
消费性支出（元/人）	农村居民	1222.66	1343.11	1343.11	1683.95	1632.62	2157.81	76.48
	城镇居民	4635	5393	5393	6098	6455	7760	67.42
非消费性支出（元/人）	农村居民	165.08	246.16	246.16	182.82	221.03	278.85	68.92
	城镇居民	1348	1388	1388	1470	1459	1960	45.40

资料来源：《遵义市统计年鉴》2004—2008年。

9.3.2　红色旅游对老区教育的影响

几十年来老区的教育事业有了很大的发展，九年义务教育得到相当的普及，有的老区还建设了属于自己的大学和科研院所。尽管如此，目前老区的文化教育事业还有许多的不足之处，面临着诸多亟待解决的问题。如教育人才严重缺乏、教育资金严重不足等。而且老区人民接受文化、科学知识教育的程度不高，青壮年文盲率较高。根据2007年的南充调研资料，革命老区四川南充的5401个行政村中，人口众多，整体素质较差。全市贫困村劳动

① 王志发："2007年工作总结和2008年工作要点"，国家旅游局网，http：//www.cnta.gov.cn/html/2008-6/2008-6-2-21-18-35-166.html. 2008-4-8.

力中文盲半文盲率达18.3%，具有高中以上文化程度的劳动力仅占6.8%，具有初中文化程度的占32.1%，小学文化程度的占42.8%。贫困人口由于知识贫乏，文化水平低，现代科技意识弱，商品意识不强，这些因素都严重制约了革命老区生产的发展，劳动生产率和产品科技含量的提高。[①]

红色旅游是一项重大的教育工程，是培育“红色”下一代的新课堂。用革命传统教育下一代是关系到我们如何继续建设中国特色社会主义的重大战略问题。对在新环境下成长起来的一代，不能简单采取传统教育方式。旅游是青少年普遍喜欢进行的既时尚又具有文化品位的兼具生活、学习、教育功能的消费活动。结合团日、队日活动，组织团员青年和少年儿童参加红色旅游，到革命圣地、根据地、纪念地接受教育，将革命传统和爱国主义、集体主义、社会主义等有机结合起来，使红色旅游成为“红色”下一代的新课堂。红色旅游的主题就是把革命精神传达到人们思想中去，让现代的青年有更大的斗志和抱负来建设我们美好的家园。为了更好的实施红色旅游对青少年教育的功能，中央还出台了《中共中央、国务院关于进一步加强和改进未成年人思想道德建设的若干意见》，充分肯定红色旅游资源对青少年道德教育有重要的现实意义。

这个教育工程是针对整个社会的。一个地区受教育程度的高低是其经济社会发展水平的重要标志之一，目前老区教育相对落后，文盲、半文盲仍占总人口的20%至30%，其中5%左右的乡村没有小学。老区人民学习文化、提高素质困难，大多数的农民群众缺乏文化和科技知识，改善生产力乏术。老区人民的意识也陈旧落后，创新意识缺乏，市场意识淡薄，科技先导不足，增收无门。教育是红色旅游的主题之一，通过它可以逐步改变人们陈旧的观念，塑造“新农民”，大大提高老区人民素质，提高旅游文化内涵和服务质量。开展红色旅游，需要老区在职业专业人才上加强对人才的培养，提高老区人民的职业、专业素质。以革命老区瑞金为例，瑞金近几年来大力发展红色旅游，红色旅游规模逐年扩大，红色旅游效益日渐增加。2007年由于适龄入学人口基数的下降，瑞金基础教育的招生总人数为35556人，低于2006年的38074人；然而在职业教育上，瑞金2007年新增两所中等职业学

① “2007年南充调研第17期（总第541期）”，南充政研资讯网，http://www.nczy.gov.cn/onews.asp? id=4731. 2008-3-3.

校，在校学生2344人，比2006年增加了64.8%。

在发展过程中，老区也在不断地引进人才，据悉，9000多名大学生争相到老区农村就业。大学生“就业难”和基层“人才荒”，是当前我国人才市场看似矛盾的难题。从2005年开始，江西省赣州市每年面向全国高校选拔大学生到基层乡镇培养锻炼，迄今已有9000多人次报名参考，成功选拔464人。贵州省遵义市的情况也很说明问题（参见表9－3）。

表9－3　2002—2007年遵义市红色旅游发展前后教育情况对比

年份 指标	2002	2003	2004	2005	2006	2007	2007年比2002年增长（%）
学校数（所）	3350	3304	3366	3410	3364	3388	1.13
教职工人数（人）	64995	66582	69057	70228	71297	72753	11.94
专任教师（人）	56043	58047	60055	61134	62097	64101	14.38
招生数（人）	327511	322159	329251	333307	332534	464698	41.89
在校学生（人）	1472706	1500936	1518270	1522667	1493533	1515025	2.87
毕业生数（人）	266061	279669	287673	301661	302840	311022	16.90

资料来源：《遵义市统计年鉴》2002—2008年。

9.3.3　红色旅游对老区文化建设的影响

红色旅游是一项重大的文化工程。“红色精神”集中体现了中国共产党的奋斗精神，这是中华民族伟大复兴的重要精神支柱，是中国优秀传统文化的杰出代表和集中体现。同时，这种追求独立解放、挑战生命极限的超越精神，也是全世界反压迫、反殖民统治、追求正义事业的壮丽篇章，理当成为一种十分重要的世界文化遗产，向世界展示它的魅力。发展红色旅游，实质上就是实施保护和利用革命历史文化遗产的一项伟大工程，它突出彰显了具有震撼力的伟大的民族精神，凝聚了一个震动世界的民族所进行的革命事业的伟大历程。同时，抢救、挖掘和展现各类红色旅游资源，也是一项刻不容缓的文化建设工程。把这些革命历史文化遗产保护好、管理好、利用好，以建设和巩固社会主义思想文化阵地，大力发展先进文化，支持健康有益文化，努力改造落后文化，坚决抵制腐朽文化。以革命老区瑞金为例。伴随着瑞金红色旅游的发展，2005 年开始瑞金面向市场上推出四道文化大餐：一是以“追寻红色记忆”为主题，在沙洲坝“二苏大”礼堂放映经典红色电影；二是以“体验红色感动”为主题，在叶坪、红都影剧院等地演出红色歌舞节目；三是以“倾听红色经典”为主题的珍藏红色故事大家点；四是以“寻根红色中华”为主题在叶坪“一苏大”礼堂举办《中华苏维埃共和国与瑞金》专题历史报告会。此外，以苏区时期沙洲坝一个真实故事创作的四场音乐报告剧——《红都，生命的礼赞》，还相继走入福建、广东、海南等地文化市场，该剧已在外省演出几百场，观众达到百万人次，演出收入相当可观。瑞金市将文化旅游、文化娱乐、文化艺术和文化教育为主要内容的红色文化产业体系与红色旅游密切的结合起来，带动了文化产业的发展，使文化产业逐渐成为瑞金市经济发展中不可忽视的组成部分，同时促进了红色旅游的发展。

中宣部、财政部、文化部、国家文物局 2008 年 1 月联合下发了《关于全国博物馆、纪念馆免费开放的通知》。根据通知，全国各级文化文物部门归口管理的公共博物馆、纪念馆，全国爱国主义教育示范基地将全部实行免费开放。博物馆、纪念馆免费开放有利于发挥博物馆和纪念馆作为公益性文化机构的社会价值，有利于加强国际文化交流和中华民族优秀文化的宣传推广，同时对老区的博物馆、纪念馆的免费开放能促使红色文化和其他精髓文化的大众普及，提高老区人民的文化修养。

老区的开发建设，是用老区精神建设老区。做好对老区的调研工作，因地制宜，把革命精神运用到工作中并且不断地延续下去。这是革命老区的特殊文化，也是发展红色旅游所必须挖掘的“求实”文化。红色旅游的发展不仅可以保护当地的文物古迹和纪念物，同时也可进一步发扬革命年代不畏艰难险阻，吃苦耐劳，勇于为新中国建设而献身的伟大精神。革命老区承担着政治教育的职责，要充分利用优质政治资源，把其中的重要资源实事求是地运用到工作中去。不能让游客只看到一些遗留的古迹、纪念物等，还必须要游客尤其是青少年一代亲身体验革命先辈艰辛的历程，要让他们同吃、同住、同乐、同体验，给他们灌输更多的实事求是、艰苦奋斗的革命思想。要在老区建立图书馆，收集有关革命书籍及其诗词歌赋，把这项文化工程努力做好并不断产生新的文化内涵。参见表 9－4。

表 9－4　2002—2007 年遵义市红色旅游发展前后文化事业发展比较

指标 \ 年份		2002	2003	2004	2005	2006	2007	2007 年比 2002 年增长（%）
文化事业	机构总计（个）	256	258	262	264	288	593	131.5
	人员总计（人）	850	920	918	1213	1236	1632	92.00
公共图书馆情况	机构数（个）	13	13	13	13	13	13	—
	总藏量（万册）	86	91	94	111	110	115	33.72
	建筑面积（平方米）	13939	15000	19840	20465	21030	30498	118.80
文物保护管理事业	机构数（个）	14	17	15	15	15	14	—
	从业人员（人）	42	43	44	44	47	46	9.52
文化馆情况	文化馆单位数（县以上级）（个）	14	14	14	14	14	14	—
	乡村文化站（个）	204	205	208	208	234	242	18.63
博物馆基本情况	机构数（个）	3	3	3	3	3	4	33.33
	从业人员（人）	55	59	97	97	223	234	325.45

资料来源：《遵义市统计年鉴》2002—2008 年。

9.3.4　红色旅游对老区环境的影响

一般意义上的旅游环境，包括社会文化环境、自然生态环境、旅游景区环境和旅游资源整合条件等。革命老区地处边远山区，早期都处于闭塞状态与外界交流不多，拥有纯朴的民风、完整的生态、良好的环境。红色旅游的发展往往使僻静的山区发展成为热闹的城镇，商品经济改变了人们的一些价值观。旅游业发展依托优质的资源和良好的生态，发展红色旅游大多要求互动发展古色、绿色旅游，以达到资源的综合开发和合理利用。但自 2005 年红色旅游年后，到革命老区的游客日益增多，这对当地的环境承载量产生了威胁，也给生态环境带来一定的负面影响。

因此，老区要发展，就得处理好经济发展与环境保护的问题，正如红色旅游资源和环境的开发与保护，既要经济效益、也要兼顾社会效益、生态效益。广西百色市既是革命老区，又是边远地区，也是全国 28 个连片贫困地区之一。又由于地处邕江上游，生态环境地位高。然而，地区经济发展和人民生活水平的提高离不开引进项目、进行经济建设和资源开发。百色市依托自身丰富的旅游资源采取了通过旅游开发的形式来实现生态和经济的双赢，在激活了红色旅游的基础上进一步推动绿色生态旅游，这改善了老区人民的社会生活环境，又促使了生态环境在旅游开发的视角下得到有效的保护。2007年，百色市接待游客520万人次，旅游综合收入22亿多元，同时老区的社会环境面貌得到了很大的改观。井冈山在开发红色旅游的同时，尤其注重对整体生态环境的保护。例如在水土保持的管理上，在景区建设、公路改造及新城区、工业园建设中，牢牢把握“在保护中开发，在开发中保护”的原则，按照人与自然和谐相处的理念，积极推进水土保持预防监督和综合治理工作，不断加大水土保持宣传力度，增强广大干部群众的水保意识。同时，采取各种措施有效地控制人为水土流失。2006年井冈山市被水利部命名为“全国水土保持生态环境建设示范城市”，是全国18个获此殊荣的城市中江西省唯一一座城市。因此在红色旅游的开发中，应最大程度地减少红色旅游资源开发对环境的影响，并做好对生态环境的保护工作。

为实现红色旅游的健康发展，减少旅游业对环境造成的破坏，我们应采取如下措施：

（1）加强旅游环保研究工作，做好宣传教育。从环境承载量研究确定景观美学质量标准、自然生态质量标准、旅游区环境质量评价方法；从美学、心理学角度研究旅游环境保护的工程方法；同时要进行旅游环境保护政策研究，为做出正确的决策奠定基础。同时要加强旅游环境保护的宣传，增强人们的旅游环境保护意识，向全体游人、旅游从业人员和附近居民宣传旅游环境保护知识，也可以在景区征集环保标语，让游客参与到环保中去。

（2）做好旅游景区环境规划，优化标示系统。环境的破坏是由于经济活动的不规范造成的，旅游规划是景区运营成败的关键，旅游规划必须遵循经济发展规律与旅游区环境美学规律，对经济活动和旅游活动的结构、规模和布局实行统筹规划，达到既发展经济、扩大旅游又不破坏旅游区环境的目的。指示牌是给游客的向导，为游客提供寻找目标的快捷方式，应该放在出入口或者人多的地方，还应写上一些规章制度或者环保宣传口号，以营造人与自然和谐统一的旅游氛围。

（3）保护好当地的特色文化，弘扬老区精神。红色旅游属于文化旅游范畴，它蕴涵的是特殊的文化，我们拥有井冈山精神、长征精神、延安精神、西柏坡精神、大庆精神、“两弹一星”精神、98抗洪精神等，这些都是红色旅游要挖掘的精神文化。从接受心理学来分析，游客愿意选择到革命老区来进行政治教育，一定程度上也是因为老区的自然环境优美，历史神奇，民风纯朴，人民热情。在商业文化的冲击下决不能舍弃这些淳朴的东西。否则，红色旅游的吸引力将大大降低。参见表9-5。

表9-5　2002—2007年遵义市红色旅游发展前后环境变化比较

指标	年份	2002	2003	2004	2005	2006	2007	2007年比2002年增长（%）
环保系统	机构数（个）	41	41	45	45	47	45	9.76
	人员数（人）	267	288	314	341	341	351	31.46
环境质量	大气总量浮微粒年平均值（毫克/立方）	0.121	0.098	0.113	0.107	0.108	0.10	-17.36
	区域环境噪声平均值（分贝）	64.1	57.6	59.1	57.1	56.9	54.70	-14.66
污染控制	工业废水排放达标率（%）	47.99	55.86	53.28	89.54	84.57	85.9	79.0
	工业固体废物综合利用率（%）	38.87	71.86	77.39	79.4	65.43	93.8	141.32
	危险废物处置率（%）	3.56	—	100	100	72.6	99.3	2689.32
环境建设	城市污水处理率（%）	33.2	33.2	87.06	66.7	66	38.2	15.06
	城市气化率（%）	95.9	95.9	—	93.28	—	—	—
	建成区绿化覆盖率（%）	41.9	41.9	42.43	42.33	42.95	43.6	4.06
环境处理	“三同时”合格执行率（%）	100	97.3	81.6	86.26	66.95	—	—
	污染防治设施运行率（%）	91.8	91.8	—	—	—	—	—
	生活污水处理率（%）	—	—	49.13	66.7	66	38.2	-22.25（与2004年相比）
	生活垃圾无害化处理率（%）	—	—	95	95	100	100	5.26（与2004年相比）

资料来源：《遵义市统计年鉴》2002—2008年。

9.4 红色旅游发展与老区社会生活变迁趋势

9.4.1 老区红色旅游开发的原则

中国红色旅游资源数量众多，内容丰富，类型多样，反映的是中国共产党成立后，新中国建立前以及解放初期留下的革命遗址和纪念物。这些旅游资源分布相对集中而且具有特色。红色旅游开发的目的是为了发挥、改善和提高旅游资源的吸引力，发展旅游业，推动老区经济发展。为此，老区红色旅游开发应遵循以下原则：

（1）突出特性。老区在发展红色旅游时，一定要避免千篇一律，避免庸俗泛滥。要充分展现优质资源，并结合当地的“绿色”、“古色”资源统一开发。由于各地发生的历史事件不一样，红色旅游的开发要反映当地的主要历史文化内容，如广州红色资源以辛亥革命时期为主，而江西主要是土地革命时期，陕西主要是抗战时期，西柏坡主要是解放战争时期。在开发中尽可能保持自然和历史的原始风貌，突出自身的优越性，即所谓“人无我有，人有我优”，确保吸引力。

（2）三大效益。老区发展红色旅游的主要目的之一是为了发展区域经济，但开发要从全局出发，根据自己的实力和有关开发项目的投资效益预测，分批分期有重点地开展。在开发时不能一味地追求经济效益，还要综合考虑不能超过社会和环境的限度，以免造成资源破坏、环境质量下降、社会治安混乱等问题，使当地旅游业可持续发展。

（3）综合开发。把红色旅游与发展生态旅游、民族文化旅游、工农业旅游等形式密切结合起来，形成复合型的旅游基地和产品线路，如“红绿结合”、“红古结合”、“红土结合”等；另一方面，扶优扶强，打造区域特色，打造红色旅游品牌。要做大做强红色旅游还要考虑区域合作，不同地区的政府部门必须做好沟通工作，发挥政府主导作用，政策上大力支持，做到区域间信息畅通无阻，相互协调，合理整合资源，设计经典线路，推动不同区域的红色旅游产品捆绑销售，形成系列产品，促进旅游市场的统一管理和红色旅游可持续发展①。

（4）环境保护。旅游开发前要做好旅游规划，避免为了当前利益而大肆兴建与景区不协调的景观或者废除原有建筑，注重在开发中保护革命历史遗迹和周边的自然景观。要以“防”为主，以“治”为辅，防治结合，综合运用法律、行政、经济和技术等手段，加强对旅游资源的管理和保护。

9.4.2 老区红色旅游开发的展望

作为革命老区脱贫致富的一条新路，红色旅游将来的走势如何？如何延长红色旅游的生命周期，使其得到健康持续稳定的发展，主要做好如下几点：

（1）多目的的旅游方式②。游客出游时，其需求是多方面的，希望能观赏到更多的景点，红色旅游应该是多重游憩需求的组合，在延安，除了参观红色产品外，还可以体验窑洞生活、欣赏陕北民歌、识别黄土地貌等。如果仅靠红色旅游景点吸引游客是远远不够的，将红色旅游变成药引子，多重旅游共同发展，既会让游客得到满意，又会使地方得到可观的收益。发展多目的的旅游方式，要注重“四个结合”：“红·红”结合—红色旅游目的地和其他相关的目的地的结合；“红·绿”结合—红色主题，绿色背景的结合，如井冈山的红色内涵、绿色景观；“红·古”结合—红色旅游和历史文化遗迹的结合；“红·土”结合—红色旅游和当地的民俗文化的结合。再者，从国际潮流看，红色旅游景点作为“遗产旅游”“文化旅游”的一部分，属于公共产品的组成部分，是要逐步免费开放的，地方政府也只有从多种游憩需求的组合来实现其经济效益，这也是今后的发展方向。

（2）红色旅游的边界共生。老区特殊的地理位置，人类干扰较少，城市化步伐较慢，减少了经济发展机会，反过来却保护了原生态的环境。从旅游角度而言，良好的自然环境和浓郁的地方文化成为了“卖点”，于是形成

---

① 伍锦昌：“旅游开发与民族文化变迁—以广西龙胜各族自治县龙脊平安壮寨个案”，广西师范大学硕士学位论文，2005 年，第 47—64 页。

② 吴必虎、余青：《红色旅游开发管理与营销》，中国建筑工业出版社 2006 年版，第 1—10 页。

了边界资源的竞争。一些红色旅游资源处于省、市、县际的边缘地带，分布在多个行政区域内，造成多重管理，各自为政的现象。因此，只有将这种边界竞争变成边界共生，红色旅游才能得到更好的发展。大别山红色旅游区是全国12个重点红色旅游区之一，地跨鄂豫皖3省。2007年9月大别山旅游区的鄂豫皖3省6市36县签订了《大别山红色旅游区域协作联合宣言》，进一步加强区域旅游联合，建立大别山旅游区域协作联合体，以红色旅游为特色，以绿色旅游为主线，突出“千里跃进，将军故乡”主题，打造一批以原生态和红色旅游为品牌的旅游区。通过红色旅游的区域联合与边界共生形成红色旅游开发优势，进而带动老区社会经济的发展。

（3）红色旅游的国际化①。随着中国将逐步成为第一大旅游目的地国，大量海外游客来中国旅游，红色旅游也会因为其特殊性和神奇性，成为吸引国际游客的一种新的旅游形式。实际上，并非只有中国才有“红色旅游”，国外也有类似于红色旅游的特殊“遗产旅游”，如美国的南北战争遗址旅游和欧洲的“二战”遗址和纪念物旅游。我们应该把红色旅游放在国际的高度加以研究、发展。历史上我国是亚洲反法西斯的主战场，留下了许多的世界性反法西斯战争胜利的遗迹遗址，一些重大影响事件及伟人对整个世界的影响巨大，还包括一些外国知名人物在中国的活动，这些都可以形成国际性红色旅游资源，借此向国际社会推介我国的红色旅游。当然，红色旅游国际化需要在不断提升红色旅游的国际价值的基础上，对国际市场进行有针对性的宣传促销，使红色旅游在资源优势和市场引导上走向世界。

另外，城市反哺农村，红色旅游才会发展起来，在处理好老少边穷地区和富裕地区的关系中，红色旅游是一种好的方式，各种世界组织都在关注贫困问题，甚至出现了“减贫旅游”（PPT），即：用旅游的方法减轻贫困，使得贫困地区的经济得到改善，文化和环境得到保护。通过PPT，将游客带到中国革命老区，增加老区人民在旅游发展中的净收益，是红色旅游国际化所带来的效果之一。

9.4.3 老区社会生活变迁趋势

（1）健全老区社会保障体系。社会保障是现代文明发展的产物，主要

---

① 吴必虎、余青：《红色旅游开发管理与营销》，中国建筑工业出版社2006年版，第1—10页。

内容包括社会保险，社会福利，社会救济和社会优抚；主要功能是“稳定社会，促进经济，安定生活，调节分配”。在新中国成立初，为了发展经济，我国采用了“城乡分治，一国两策”的治理方式，20 多年来，造成城乡差距越来越大。目前农村建立的社会保险主要有养老保险和农村合作医疗，这些都是强调农民个人和集体交款。合作医疗保险每年缴费标准不应低于 10 元，但参加保险的人还是很少。随着我国农村人口老龄化趋势迅猛，传统的家庭养老难堪重负，而农村养老保险又不健全，有些老人无法得到衣食保障。如 2000 年农民参加养老保险的人数为 6172.34 万人，比 1999 年减少了 287.65 万人①。到 2006 年末，全国参加农村养老保险人数为 5374 万人。相比较来说，农村养老保险人数出现了下降的现象，这需要国家与地方对农村保障体系的建立提供更多的支持与帮助。老区通过发展红色旅游，“自身造血”促进其社会经济的发展，在老区人民保障体系的建立上，发挥更多的主动性。此外，中国农村隐性的失业保险也要加强，要扩大农村保险范围，不能只停留在那些“五保户”、“困难的人”、“光荣的人”、“富裕的人”上。经济发展了就要把保障体系建立起来，才能优化经济发展，才能真正保障老区人民的社会生活。

（2）提高老区人民整体素质。应该承认，几十年来老区的教育事业有了长足的进步，不过，我们也不得不承认目前老区的教育事业还有许多不足之处。许多地方政府把经济发展的指标放到了第一位，把教育事业的发展放在了从属地位，从而影响了对教育事业的投资和扶持。另外，农村地区的部分学生家长对子女上学读书重视不够，学生辍学现象时有发生，这些都应引起我们足够的重视。以江西为例：江西教育有所改善，但最大的困难是教育观念陈旧，片面追求升学率现象严重，为当地经济社会的发展培养身心健康的居民和建设者的意识淡薄，造成教育功能的严重缺失，制约了市民或者村民素质的提高和当地经济发展。解决这个问题，需要结合实施“科教兴国”战略，进一步完善并全面落实以“奖、贷、助、补、减”为主要内容的资助家庭困难学生的政策和制度，促进教育公平。现在有国家贫困地区义务教育工程，农村中小学现代远程教育工程，农村中小学危房改造工程等为支

---

① 中国人民共和国科学技术部农村与社会发展司、中国农村技术开发中心：《2004 中国农民素质发展报告》，中国农业出版社 2005 年版，第 13—20 页。

持、扶持老区教育发展的政策。老区要努力落实政策，加强教育工作[①]。发展老区教育是直接提高老区人民文化素质的主要途径，除此之外，还应该借助社会文化公共设施场馆向老区人民进行文化宣传教育，使老区文化素质的提升广泛化和社会化；借助红色旅游的深入开展，以旅游意识与旅游社区居民自身素质提高为突破点，强化老区人民的旅游意识与旅游素质。从政府角度来看，提高老区人民的整体素质离不开政府在教育文化方面的投入与支持，以及对旅游意识和旅游文化教育的宣传。

(3) 加强农村小城镇建设。红色旅游依托的旅游资源带有明显的政治色彩，红色旅游资源开发和保护可以享受政府专门的拨款，定期进行维护、维修和宣传。红色旅游是一种特殊的旅游活动，早期是以政府主导型为主，以接待党政机关参观者为主，但从直接的经济效益来看，一般接待量越大财政负担越重，所以红色旅游景点的收入成本核算往往处于亏损状态。现在红色旅游景区管理遵循“谁投资，谁受益”的原则，产权和经营权分离。新农村建设是老区发展的一个目标，同时还要向小城镇发展，减少农村人口，减少农民工外流，增加就业机会。小城镇建设是解决“三农”问题、推进城镇化、实现统筹城乡社会发展的有效途径。革命老区依托红色旅游富集的地区，大力发展红色旅游，以红色旅游促进红色小城镇的形成。红色小城镇在老区的形成，有助于进一步推进城镇化建设，也有利于加快老区的现代化建设。通过红色小城镇，形成老区市场与技术的集结地，客观上能促进新技术的发展、老区农业经济的发展以及吸引一定量的工业投资和建设。同时，小城镇在基建上更高的要求，有助于促进老区人民社会生活的改善。

红色旅游的发展受到社会各界的广泛关注，它的发展是人们日益增长的物质文化需求与精神文化需求相结合的产物，同时也是建设有中国特色社会主义文化的必然要求。红色旅游给老区的发展注入了新的活力，为老区社会生活带来了显著变化，从表层文化看，老区社会生活的变迁包括生计模式的变迁，居住文化的变迁，生活方式的改变，生态与环境的退化等。深层文化的变迁，主要包括思想意识的变迁，价值观念的变迁，民俗文化的淡化等。同时，红色旅游在经济发展方面对老区产生了重要的影响，它增加了老区经

① 国家科学技术部农村与社会发展司、中国农村技术开发中心：《2004 中国农民素质发展报告》，中国农业出版社 2005 年版，第 168—172 页。

济收入，提高了人民生活水平；加强了老区与沿海的交流，缩小了地区差异；带动了相关行业的发展，增加了就业机会。此外，它还在社会文化、教育、环境等方面对老区产生了重要的影响。革命老区应大力发展红色旅游，为使红色旅游得到健康持续稳定的发展，应坚持多形式的旅游方式，红色旅游的边界共生以及国际化发展。同时，将发展红色旅游与帮助老区脱贫致富、转变老区群众思想观念、加强老区先进文化建设和基础设施建设、提高老区人民整体素质和加强老区教育建设、加强农村小城镇建设、建立老区社会保障制度与实现老区可持续发展相结合，加快全面建设小康社会的进程。

第10章

红色旅游与老区经济社会环境关联度

2005 年初，国家发展和改革委员会、中共中央宣传部、国家旅游局等 13 个部门联合下发通知，公布了全国 12 个重点红色旅游景区，30 条红色旅游精品线路和 100 个全国红色旅游景点景区。在此背景下，红色旅游迅速升温，各省市都纷纷制定红色旅游发展规划，打造红色旅游精品线路，目的是通过发展红色旅游来进一步发展社会经济。的确，旅游业是一项综合性产业，它可以带动与之相关联行业的发展，如餐饮业、住宿业、娱乐业、零售业等行业，而且也可以增加更多的就业机会和岗位，红色旅游也不例外。一方面，红色旅游的发展会对革命老区的经济、社会环境产生一定的影响和作用，另一方面，老区经济社会环境的发展将反作用于红色旅游，进一步影响红色旅游的深度开发。到底怎样才能更好地发挥旅游的作用，怎样才能把旅游带来的负面影响降到最低程度，怎样才能让红色旅游在革命老区长久地发展下去，使得红色旅游与老区经济、社会环境之间的发展形成一个良性运作的业态，我们认为，只有更好地了解它们之间的联系，解读它们之间存在的关联度，才能提出正确的发展对策和调适机制，从而实现红色旅游的可持续发展。

从经济环境角度来看，革命老区大都地处偏僻的山区，生存环境较差，交通条件落后，交通建设难度大，建设的成本高，收益率低。“山高路远坑深”，较为真实地反映了老区的交通地理条件。天然形成的屏障使人们出行受到很大限制，生产、生活极不方便。由于地形复杂，大多数人民生活在崇山峻岭之中，有的地区至今没有通公路，常常是“晴天扑面灰，雨天泥腿子”，同时，水、电、通讯等基础设施严重滞后，信息闭塞。对于仍然徘徊在贫困中的老区来说，普遍存在着生产力发展水平低、经济结构不合理、经济发展滞后等突出问题。如 1949 年刚解放时，井冈山农民人均收入才 19 元，1998 年全市财政总收入 4086.5 万元，是 1960 年的 449 倍，是 1977 年的 56.8 倍，全市人均财政收入 699 元，但与沿海发达地区同期相比，差距比较大。① 2005 年全市财政收入 1.23 亿元，较过去有了大幅度的增长，但同经济发达地区相比，还是存在很大的差距。

从社会环境角度来看，教育是立国之本，对于老区的发展也是至关重要的。几十年来老区的教育事业有了一定程度的发展，大部分地区文盲率与新中国成立以前相比大幅度降低、九年义务教育得到了相当程度的普及，有的老区还建设了属于自己的大学和科研院所。但是，目前老区的教育事业仍然存在许多不足之处，面临着诸多亟待解决的问题，如教育人才严重缺乏、教育资金严重不足等。教育的落后直接导致了老区人民思想陈旧保守，思想意识跟不上改革开放的新形势和市场经济发展的新需求，很多人都缺乏竞争意识和拼搏精神。由于经济滞后，社会封闭，没有相对宽松的用人环境和激发人力潜能的用人机制，老区经济社会发展所需的农业、教育、会计、管理、科技等专业人才纷纷东流，人才严重匮乏。

10.1 红色旅游对老区经济和社会环境的影响

红色旅游给老区带来的影响，最直接的反映在经济上，这也是大多数人所看到的，但是，只说经济上有了变化是不全面的，一项新的产业的兴起能够引起系列连锁反应。就红色旅游与老区之间相互作用的关系来说，主要体现为两种效应：一种是向前诱发（拉动）效应，即红色旅游的发展需要老

① “江西省井冈山市财政局简介”，21 世纪中国信息网，http：//www.21sjzg.com.com/zgjx/jgssczj.htm. 2005－03－10.

区提供必要的基础设施、服务环境等，需要其他产业的有力支撑，从而促进自身的发展完善，体现出红色旅游对其他产业的依存性；另一种是红色旅游的向后波及效应，即红色旅游的发展，为老区提供了基础性服务，从而带动相关产业产出的增加，如道路的贯通、建筑物的修建、环境的改善所创造的间接效益。[①]

10.1.1　红色旅游对革命老区经济发展的影响

（1）红色旅游拓展了老区社会经济发展空间。旅游业对区域经济发展具有很强的拉动作用，可以成为区域经济发展的支柱产业。老区经济基础差，经济发展缓慢，滞后于全国经济发展的平均水平。旅游业对经济发展的贡献率高，是老区实现跨越式发展的良好助推剂。作为新的经济增长点，它为老区的建设和发展创造了新的机遇。有资料反映，2004 年 7 月 1 日前后，有 20 架次旅游包机，58 个团队近 10 万人赴井冈山开展社会实践，接受革命传统教育；红都瑞金以纪念长征 70 周年为契机，举办了一系列红色纪念活动，使 2006 年到瑞金旅游的人数比上年净增 15 万人次，达到历史性的 60 万人次。[②] 红色旅游作为推动剂的作用主要表现在以下几个方面：第一，红色旅游可以真正地将老区的资源优势转化为资本优势，增加老区的经济收入，提升老区的竞争能力；第二，红色旅游属于第三产业，它的快速发展，可以促使革命老区的产业结构朝着合理的方面转变，优化产业结构；第三，红色旅游可以带动其他相关行业的发展。旅游包括六大要素，即吃、住、行、游、购、娱，这六大要素又涉及了很多行业，如饮食业、住宿业、交通业、零售业、娱乐业等，红色旅游的发展给这些行业带来了更多的消费人群；第四，增加老区人民的收入，帮助贫困的人群走出贫困的状态。相关研究表明，由旅游业解决的贫困人口数占全部脱贫人口的 10% 左右，红色旅游作为老区的特色旅游形式，成为老区脱贫致富的重要途径之一，实现旅游扶贫的目的；第五，培育和做强旅游企业，促进景区、旅行社、宾馆等相关企业的发展，使这些旅游企业真正成为市场竞争的主体，加快老区的市场化

---

① 刘立秋、赵黎明、王连叶：“我国旅游业的关联效应及发展对策”，《天津大学学报（社会科学版）》，2005 年第 3 期，第 196 页。

② 贾浩华、张英明、方淑婷：“井冈山红色旅游的发展与农民收入的增加”，《党史文苑（学术版）》，2005 年第 16 期，第 61 页。

发展进程。

（2）红色旅游给老区带来了更多的就业机会。老区多处于偏远的地方，交通不方便，而且普遍存在着经济基础差、经济收入渠道单一、劳动力素质不高、劳动力剩余等问题，这些问题都成为老区发展的“瓶颈”。红色旅游对经济的拉动作用强，能为老区贫困人口创造更多就业机会和收入机会。首先，它可以增加就业岗位，红色旅游作为一项综合性的服务型产业，它的发展需要大量劳动力的支撑，从而可以为老区人民提供更多的就业机会；其次，它为老区人民创造了更多生财途径，老区人民的收入主要是以农业和外出打工为主，收入结构非常单一，开展红色旅游可以改善单一的就业结构和收入结构，使老区大量富余人口向餐饮业、交通业、住宿业、小商业经营、家庭旅馆业等转移；最后，它可为弱势群体提供更多的就业机会，老区的妇女就业率很低，仅限于单纯地从事一些农业和家务劳动，属于她们自己的独立收入来源是很少的，红色旅游的发展给她们搭建了一个就业的平台，如她们可以从事一些小商品经营、家庭餐馆经营、传统手工艺品的加工制作等，增加妇女的经济收入，提高妇女的经济地位。

（3）红色旅游给老区带来自主发展经济的机会。由于自身一些因素的限制，老区经济发展比较困难，多年来国家采取诸如专项拨款等的一些做法来帮助老区的发展，取得了显著的成效，但是如果长此以往，老区的后续跟进发展就会比较困难。因为这种由外因作用引起的变化，如果没有内因联动配合的话，任何事物都很难得到根本性的转变。结合国家发展红色旅游的政策优势，革命老区对其独有的革命历史文化和生态资源进行开发，自主地发展旅游业，将其拥有的资源优势转化为经济优势，大大地增强了其自主发展经济的能力。

井冈山就是一个很好的例子。井冈山红色旅游的发展很好地反映出旅游给当地带来的经济影响。井冈山市自1988年以来，主打“红色旅游”的牌子，同时整合“绿色旅游”资源，并且依靠旅游行业自身的滚动积累和政府的导向性投入，使旅游业不断壮大，保持了良好的发展势头。2003年井冈山全市客流、货流和信息流明显升温趋旺。其中，货运周转量达到3865万吨/每千米，比上年增长了20%；邮电业务总量达6338万元，比上年增长了16.3%；移动电话用户21940户，比上年增长了62.5%。运输和邮电事业的发展又进一步为风景区内旅游业的发展提供了可靠的物质保证。① 井冈山市对内依托丰富的旅游资源，对外积极做好旅游宣传促销，狠抓旅游经济，使全市的经济结构发生了质的变化，2002 年“三、二、一”产业分别占国民经济生产总值的 42.58%、33.37% 和 24.05%，旅游业已成为全市国民经济的主导产业，并且每年以高于 20% 的速度递增。发展红色旅游，使井冈山地区农民收入得到了显著提高，如表 10－1 所示。

表 10－1　1998—2008 年井冈山风景区内农民收入

年份	农民人均纯收入（元）	年份	农民人均纯收入（元）
1998	1876	2004	2304
1999	1916	2005	2518
2000	1876	2006	3272
2001	1921	2007	3655
2002	2077	2008	4130
2003	2184		

资料来源：1998—2008 年根据井冈山市统计数据整理。

10.1.2　红色旅游对革命老区社会环境的影响

对老区来说，红色旅游是一项系统的社会工程，有一个统筹协调的过程；红色旅游的发展过程是统筹经济与社会协调发展的过程。红色旅游的发展对老区社会环境带来了一定的影响，主要体现在以下几个方面：

（1）有利于老区社会福利的优化。根据新福利经济学的观点，如果既定资源配置经过调整能够使某个人的福利增加，而又不使其他人的福利减少，那么这种配置就是帕累托最优的。就红色旅游区而言，通过利用红色旅游资源，发展红色旅游业，可以增加红色旅游区人民的收入，提高当地人民的物质生活水平，改善当地人民的生活质量，进而提高当地人们的福利水平，且不会损坏和降低其他地区人们的福利，使社会福利整体向帕累托最优

① 贾浩华、张英明、方淑婷：“井冈山红色旅游的发展与农民收入的增加”，《党史文苑（学术版）》，2005 年第 16 期，第 61 页。

状态趋近。[①] 老区通过充分利用发展红色旅游的机会，可以不断完善当地的基础设施建设，逐步提高老区人民的生活水平，逐渐增强老区自我发展和积累的能力，还可以保护老区的革命历史文化遗产和自然生态环境，带动其他相关产业的发展，为老区社会发展带来新的活力，促进老区社会和谐发展。

（2）有利于人民精神生活的进步。首先，红色旅游可以为老区经济全面健康发展创造良好的人文社会环境。革命老区人民主要生活在山区，大山阻隔了他们与外界的联系，再加上接受教育的机会比较少，致使革命老区人民的思想意识还处于一种比较单纯、封闭的状态。传统的小农经济意识、安于现状的思维、不思进取的思想观念等等都深深影响着他们，造成他们对外界环境产生一种恐惧感和陌生感。但是他们却热情淳朴、甘于奉献，这构成吸引游客的因素之一。而红色旅游的游客，大多来自城市，他们拥有比较高的文化素养，先进的思想观念和较高的文化水平，他们身上所体现出来的性格和气质与当地的人民有强烈的反差，这给当地人民带来了冲击，老区人民逐渐意识到了自己的落后，开始转变自己的思想观念，这种示范效应能够帮助老区人民改掉陋习，提高自身文化水平，从而可以为老区经济全面健康发展创造一个良好的人文社会环境。其次，红色旅游是革命老区继承和发扬革命传统的良好载体。红色旅游的发展，红色景区的开发，可以使老区人民更好地学习革命前辈艰苦创业的精神。通过发展红色旅游可以使老区群众重温历史并更加深刻地了解他们的父辈以至祖辈的光荣历史，这有利于老区群众树立信心，积极投身于老区大发展的浪潮中。[②]

（3）有利于革命老区形象的提升。开展红色旅游，可以促进老区基础设施建设的完善与老区可进入性程度的提高，使得革命老区的社会发展环境得以改善，老区的社会发展更和谐、旅游形象更鲜明；同时使老区的区位形象和知名度得到提升。过去因交通不畅、信息不通、宣传不力，老区所拥有的很多经济、文化资源不为人所知，但是作为革命圣地，利用“革命圣地”、“红色旅游”的知名度，可以大大提升老区的整体形象。

（4）确保经济社会利益和谐统一。“红色旅游”在本质上是一种经济活

① 阎友兵、王琳、唐峰陵：“红色旅游与革命老区经济社会的协调发展”，《湖南科技学院学报》，2005 年第 11 期，第 198 页。

② 阎友兵、王琳、唐峰陵：“红色旅游与革命老区经济社会的协调发展”，《 湖南科技学院学报》，2005 年第 11 期，第 198 页。

动，红色旅游区从中追求经济效益是天经地义的。旅游者参加红色旅游活动，一方面为老区的经济发展作出贡献，另一方面又是红色旅游社会利益的获得者。“红色旅游”所承载的革命精神和红色文化教育、震撼、净化和感染一批批旅游者，这些旅游者用行动感化更多的社会成员，从而有利于实现整个社会的和谐统一①。

10.2 老区经济与社会环境对红色旅游的影响

以上谈到了红色旅游的发展给老区带来的一些影响，总的来说，红色旅游能够很好促进老区的发展。那么老区经济与社会环境发展又会给红色旅游带来什么影响呢?

10.2.1 促进旅游基础设施建设

首先，红色旅游为老区经济的发展带来了新的机遇。借着这个机遇，老区的经济得到了很大的发展，经济发展了，老区必然会加大对公共基础设施建设的投入力度，进而对地区整体环境进行改造。其次，由于红色旅游给老区创造了巨大的效益，政府必然重视红色旅游在本地区的可持续发展，要想实现可持续发展就必须给这个行业创造一个良好的发展环境，那么，基本的行业规范，产业政策，市场秩序等等就会相应跟进并且得到进一步发展完善。最后，随着红色旅游的开展，老区原先几乎被遗忘的得天独厚的红色资源和不可多得的生态环境重获重视，当地一些传统习俗和文化活动得到及时有效的抢救和整理、继承和弘扬，恢复和重构，保存完好的历史建筑又得到维护和管理，这不仅增强了旅游吸引力，也使老区人民对革命历史文化遗产的价值有了新的认识，从而提高老区人民保护资源的自觉性，并促使政府有关部门更加重视保护和有效利用红色资源，增加必要的投入，使后代也能享

① 曾国平等：“我国发展‘红色旅游’的经济学分析”，《经济论坛》，2005年第11期，第65页。

用到这些弥足珍贵的红色历史文化遗产。

从瑞金旅游事业发展情况（表 10 - 2），我们可以看到，旅游事业在瑞金得到了良好的发展，进而对其经济与社会环境发展起到积极的影响和促进作用。

表 10 - 2　　2000—2008 年瑞金市旅游事业发展情况

年份	接待旅游总人次（万人次）	同比增长（%）	实现旅游总收入（亿元）	同比增长（%）
2000	27.8	17	0.55	22.2
2001	35.5	28	0.67	21.8
2002	42	18	0.82	22.3
2003	45	7.1	1.17	43
2004	53.5	18.8	1.56	33
2005	64.5	20.6	1.92	23
2006	80.8	25.3	2.44	27.4
2007	100	23.8	3.14	28.7
2008	111.7	11.7	3.46	10.3

资料来源：根据瑞金市 2000—2008 年旅游统计数据整理。

瑞金通过建设“一个中心”、推进“四个打造”，确立了把瑞金打造成为国内外著名的红色旅游名城的发展目标，瑞金市委市政府对旅游工作保持“高位推动，强势推进”的工作态势。在江西，瑞金被列为全省“四大红色摇篮”和“十大旅游目的地”之一，并被列入全省产业经济“十百亿工程”重点支持的“六大旅游集团”之一；在全国，瑞金被列为全国“50 个红色旅游经典景区信息季报点”之一和全国 39 个“黄金周”重点监测城市之一；瑞金市还先后被权威部门授予“全国十大红色景区之一”、“新赣鄱十景之一”、“江西省十大最佳景区之一”等殊荣；瑞金连续三年被省政府授予“全省旅游产业发展先进县市”的荣誉称号。

红色旅游的发展给瑞金带来两大明显变化，一是交通条件加快改善。连接大京九的赣龙铁路已于 2005 年通车，通往福建的高速公路也于 2007 年通车，距瑞金 130 千米处有赣州和龙岩两座民用机场，穿越瑞金市的昆明—厦门、济南—广州的两条高速公路将于2010年建成。此外，还有三条国道经过城区，比较完善的旅游交通体系已在瑞金形成。便利的交通使游客的到访量不断增加。二是接待功能大幅度提高。到目前为止，瑞金旅行社增加到5家，星级酒店10家，其中四星级酒店1家，三星级酒店5家，在建（或待评）的三星级酒店有3家，标准接待床位达到2600个。

10.2.2 推动旅游产业发展规划

经济社会的发展，使当地政府更有发展远见，更加注重旅游产业发展规划。而我们知道，规划先行，受益的是整个旅游业，因为有了规划，才能使红色旅游在有序的环境下健康发展；有了规划，才能使红色旅游工作有明确的努力方向；有了规划，才能使旅游区的接待量控制在其承载力之内，才能有效地防止红色旅游的破坏性开发和恶性发展；有了规划，才能更好地指导我们保护好革命老区不可再生的革命遗迹等旅游资源；有了规划，才能更有针对性地建设红色旅游精品。比如，近年来，伴随着经济社会的不断发展，红色旅游典范——井冈山市陆续编制了一系列旅游发展规划，对全市旅游资源进行了统一整合，并付诸实施。及时成立了风景名胜区规划委员会及景区规划评审专家组，严把规划审批关，杜绝了资源的盲目、低级开发。同时，按照“在保护中开发，在开发中发展”的原则，高标准开发建设旅游产品，着力打造旅游精品。[①]

10.2.3 提升红色旅游品牌建设

老区经济与社会环境的发展，会促进老区环境的改善和对外整体形象的提升，而这本身就会提高老区的知名度和美誉度，使老区形成发展的品牌。老区经济与社会环境的发展，带来的是集约化的经济增长，和谐的社会关系，天人合一的自然和人文环境，这将构成红色旅游的一道靓丽的风景线，有助于形成备受旅游者青睐的红色旅游品牌。同时，老区经济与社会环境的发展，使老区人民打造品牌的意识更强，打造品牌的决心更大，打造品牌的创意更多。比如井冈山，在经济快速发展，社会事业快速进步的基础上，依

① 王华明、龙江辉、刘斐：“依托资源优势，巧做三篇‘文章’——井冈山旅游业实现可持续发展纪实”，中国红色旅游网，http：//www.crt.com.cn/2006-9-12.

托丰富的旅游资源，全力打造红色旅游首选地，努力建设“共和国的摇篮”这一红色旅游品牌。总之，老区经济与社会环境的发展会促进当地红色旅游品牌的建设。

10.3 革命老区红色旅游的可持续发展

“可持续发展”这个概念在我国已经提出很久了，它是指在对资源的开发和利用中，在不影响后代人生存和发展的条件下，尽量满足当代人生存和发展的需要。红色旅游的可持续性健康发展是老区实现经济与社会的可持续发展的一个很重要的方面，因为在相当一部分革命老区，很大程度上，红色旅游已经成为当地的经济支柱。红色旅游的可持续发展必须做好以下几方面工作：

10.3.1 合理开发旅游资源，科学规划旅游产业

对红色旅游资源必须进行合理的规划，着力打造红色旅游的大品牌。不能把红色旅游的规划简单地等同于其他旅游的规划，而应该具体情况具体分析，抓住红色旅游的特点，进行深层次内涵挖掘，提炼鲜明的旅游主题，设计有吸引力的旅游产品，打造本地独有的红色旅游品牌。在规划的同时必须注意以下几点：

(1) 政治性与经济性、文化性相结合。红色旅游既是一项政治工程，又是一项经济、文化工程。在编制红色旅游规划时，既要突显其爱国主义、社会主义的教育功能，又不可忽视其带动老区脱贫致富、增强旅游业发展后劲以及推动社会主义先进文化健康发展等的多重功能。

(2) 教育性与娱乐性相结合。在旅游过程中使旅游者受到爱国主义、社会主义教育是红色旅游规划的目标之一，而寓教于乐则是使这一目标得以顺利实现的有力法宝。通过设计一些娱乐性、参与性项目，例如“吃红军饭、穿红军鞋、唱红军歌”等，提高旅游者的积极性和能动性，使旅游

者更深切地体会那段艰苦的革命岁月，从而达到自我反省和自我教育的目的。

（3）参观与体验相结合。将观光型旅游与体验型旅游结合的混合开发模式是保持红色旅游生命力的不二选择。以传统的观光讲解模式和简单、橱窗式的图片、文物静态展示，将红色内涵讲授给游客，使之重温革命光辉历程，是红色旅游开发的根本所在；利用光、声、电等高科技手段，配合开发互动性、参与性项目，构建体验参与项目体系是增强红色旅游目的地吸引力的重要途径①，两种开发方式的有机结合，将会极大拓展红色旅游的发展空间和提升红色旅游的市场竞争力。

10.3.2　重视资源整合，注重深度开发

资源整合包括两方面的内容，一是指整合区域内不同类型的旅游资源，做到红色旅游资源与其他资源的结合，将红色与秀丽的自然山水风光和充满原野风味的田园山水风光组合起来，设计出更有竞争力的旅游线路。红色旅游资源大多分布在革命老区，当地不仅保留了丰富的革命遗址遗迹等红色旅游资源，而且自然环境保护较好，山清水秀。在革命老区，红色旅游资源往往与其他种类的旅游资源相伴而生，在这些地区进行旅游资源综合开发的价值较高。如鄂豫皖革命根据地、井冈山革命根据地都位于大山之中，这些地方不仅拥有良好的生态环境和文物古迹、风情民俗等旅游资源，而且很多红色遗址遗迹依山傍水，与这些旅游资源相伴而生。因此，在红色旅游开发过程中，必须抓好资源整合，以红色旅游产品为主轴，带动其他旅游产品的发展；以其他旅游产品为后盾，推动红色旅游的发展，达到资源共享、客源互流、共同发展的目的。如湖北洪湖将红色景点与洪湖联系起来，共同打造一条“红+绿+蓝”的精品红色旅游线路。国内旅行社也要推荐更多的将红色旅游与绿色观光旅游、历史文化考察旅游与休闲度假旅游相结合的路线，更好地整合自然环境资源和人文历史资源，红、绿、古、蓝结合，优势互补。通过与周边临近的著名景点（区）和热门线路的整合联动，促进红色旅游的发展。同时，发挥旅游业的关联

---

① 成红波、阎友兵：“红色旅游规划探析”，《内蒙古农业大学学报（社会科学版）》，2006年第3期，第257页。

带动作用，推进经济结构调整，促进生态建设和环境保护，扩大就业，增加收入，形成大旅游格局。[①] 二是指整合周边区域旅游资源，加强区域间的联系与合作。如以瑞金为中心的原“中央苏区”在红色旅游发展过程中，借鉴了发展较为成熟的红色旅游区的经验，如韶山、井冈山、延安等，利用其自身的后发优势，积极打造红色旅游精品，还尝试与陕甘宁、冀鲁豫等红色革命根据地组合成一条革命根据地旅游线路。

革命老区的旅游资源主要由两部分构成，一部分是充满原野味的自然旅游资源，另一部分则是具有特殊历史价值的红色旅游资源，包括很多的革命历史遗迹。自然旅游资源主要包括山岳、森林、河川、地貌等自然之物，但往往我们最容易忽视这些旅游资源的深度开发，觉得它们给人们带来的只是一种纯粹的欣赏而已。其实不然，这些自然资源中蕴涵了很多的知识，比如说地貌就涉及很多的地理知识，森林又涉及很多的生物知识等等，这都是我们能够开发的内容，它们能够增加革命老区旅游业的丰富性和多样性。再说红色旅游资源，在开发过程中，有一个宗旨需要我们牢记，就是要让旅游者在旅游中接受爱国主义教育，接受革命传统教育，使他们的身心受到爱国精神和革命精神的洗礼，让他们对中国的革命历史有更深的了解和正确的认识。所以，要进行红色旅游的深度开发，就要对红色旅游资源所蕴含的历史内涵进行深层挖掘。在挖掘红色革命文化资源、将无形的文化内涵有效地转化为有形的产品时，要科学设计，丰富类型，提高红色旅游产品的吸引力。如开发革命纪念地观光、修学、会议旅游，红军战斗、生活探险、竞技、体验型旅游等多种类型的旅游项目。要增强红色旅游的吸引力，就必须在保证思想性的前提下，努力提高观赏性、趣味性、体验性和参与性。例如，可以展开红军会议、红军生活、红军训练等场景模拟表演；举行革命文艺表演，由专业演员和游客共同演出；利用战争遗迹进行战争场景再现；策划攀爬、穿越、探险、竞赛等参与性项目，提高游客的兴趣。[②]

① 盛正发：“红色旅游的可持续发展研究”，《广西社会科学》，2006年第1期，第52页。

② 刘建平、刘琼艳：“井冈山红色革命文化资源的深度开发”，《河北理工大学学报》，2007年第1期，第85页。

10.3.3　加强旅游资源保护，坚持在保护中发展

红色旅游要实现可持续健康发展，应当制定相应的法律法规来规范红色旅游景点（区）的管理，红色旅游资源具有很强的历史背景和事件氛围，一旦被破坏了就很难恢复，因而具有不可再生性，所以我们要预防破坏和保护红色历史遗迹。

在旅游的过程中，要吸纳大量的游客，这在一定程度上会造成旅游目的地原生环境和文化资源的破坏。而且，旅游目的地的群众在对待旅游发展上，更多的是看到它带来的正面经济效益，往往忽视它所带来的负面危害，在对旅游破坏性的预见性程度上比经营管理者低很多，他们觉得旅游给他们的生活环境带来了很大的改善，觉得旅游带来的益处要大于劣处。[①] 所以应该通过系列法律法规的规范约束作用，以及积极的宣传教育活动，帮助当地群众树立和加强资源保护的意识，以长远的眼光来对待现有的旅游资源，以负责任的态度来经营好现有的旅游资源，进而为红色旅游的可持续健康发展提供牢固的资源基础。

10.3.4　强化从业人员培训，提高经营服务水平

景区应注重加强对从业人员的培训，积极提高他们的经营管理水平和服务水平。首先，对管理人员进行定期培训，灌输一些先进的管理理念，及时更新他们对于景点的认识，这样他们在对景点的管理上就不会总是停留在一个层次上，有利于促进红色旅游景点（区）更好更快的发展；其次，对导游人员进行培训，提高红色旅游景点（区）导游人员的素质，使其充分认识到他们在导游服务中，不仅仅是在讲解一处景点，更是在对游客进行一次爱国主义宣传教育，他们在那一刻成为传播爱国精神的使者。在红色旅游服务行业中，导游人员的素质是该行业发展中一个非常重要的影响因素，因此要注重提高导游人员的素质，杜绝脱离历史现实而胡编乱造故事，使导游人员充分认识到对红色历史知识的客观讲解是对国家、对民族、对历史的一种尊重。

---

① Nyaupane; G P; Thapa; B. Perceptions of Environmental Impacts of Tourism: a Case Study at ACAP, Nepal. *The International Journal of Sustainable Development and World Ecology*, p51.

10.3.5 营销产品宣传形象，扩大市场培植品牌

营销产品宣传形象具体是指，要抓住建党、建军、建国和其他重大历史事件、重要历史人物周年纪念的机遇，由宣传、文化、广电、旅游等部门密切配合，以群众喜闻乐见的形式，寓政治性于旅游性之中，搞好红色旅游产品的系列化宣传活动，提升红色旅游的品牌形象。例如，通过举办诸如"井冈山精神"、"红旗渠精神"、"西柏坡"、"上饶集中营"等红色旅游主题展，进行红色旅游的形象宣传。

扩大市场是指要在革命老区充分发挥红色旅游经济工程的功能，使之成为老区经济发展的"助推器"，确实促进老区经济生活水平的提高。因此，我们必须使红色旅游成为一项经济事业，尽力避免其走向公费接待事业，努力增加红色旅游的经济收入。以江西瑞金为例，近年来，红色旅游游客虽然快速增长，但游客构成中，政府工作人员占了52.3%（见表10－3），而这些人员大多属学习考察性质的旅游者，他们一般不购买门票，而且需要政府接待，从长远来看，这不利于红色旅游事业的发展壮大。所以，红色旅游景区要想真正做大做强，就必须要将市场摆在突出的位置。见表10－3。

表10－3　　瑞金旅游游客职业构成分析　　单位：%

政府工作人员	企事业管理人员	专业技术人员	商务人员	工人	军人	教师	离退休人员	其他
52.3	16.0	5.0	6.1	2.4	0.2	1.0	1.0	2.8

资料来源：瑞金市旅游局。

10.3.6 挖掘红色文化内涵，延伸红色旅游产品

挖掘红色文化内涵就是要使红色旅游的主题回归到历史文化的人文精神中去，融入"和而不同"的地域文化中去，尽可能地保持红色旅游产品的独特性。延伸红色旅游产品是指红色旅游要从目前单纯的政治思想教育形式向多形态的红色旅游产品转变，开发红色产品，开展红色旅游活动，提供红色旅游体验。如四川开展重走长征路活动，河北提供地道战体验，井冈山开发红军饭系列，韶山推出毛家连锁饭店等，都极大地丰富了红色旅游产品，延长了旅游地的生命周期，促进了红色旅游的

可持续发展。

红色旅游发展经历了由小到大，由不规范到规范的过程，并且已经发展成为老区一个举足轻重的产业，革命老区伴随着红色旅游的发展不断取得进步，而革命老区经济与社会的发展反过来为红色旅游提供了一个更为广阔的发展空间。通过本章的分析，可以明晰红色旅游与老区经济社会环境发展之间相互促进、互为条件的关系，单纯看到其中一方面的发展及其作用是片面的，必须把二者的发展和互动结合起来，才能寻求红色旅游更长远的发展前景。

第11章

以红色旅游驱动的传统村镇发展模式

——以江西瑞金为例

进入21世纪，旅游业已经成为新世纪发展最快的产业之一，对世界经济的飞速发展具有重要推动作用。旅游业已经成为我国国民经济新的增长点，人们对旅游的需求也越来越大，旅游呈现出多元化的趋势。红色旅游是在中国新的历史条件下伴随着有组织的革命传统教育和爱国主义教育活动的开展而产生、形成，并随之不断推进和发展起来的。江西著名的革命圣地瑞金已将红色旅游作为地方经济发展的重要增长点，并且逐渐形成了自己的品牌。瑞金与井冈山、吉安一起被列入全国12个“重点红色旅游区”之一的“湘赣闽红色旅游区”，其主题形象是“革命摇篮，领袖故里”。基于“农村包围城市”的中国革命道路，瑞金的红色旅游资源大都位于村镇之中，面对红色旅游热潮，传统的村镇将以什么样的方式来应对和承接？红色旅游将如何驱动传统村镇的发展，增加当地农民的收入？研究以红色旅游驱动的传统村镇经济发展模式就显得至关重要。虽然近几年来红色旅游实践取得了快速发展，但是红色旅游的理论研究却明显滞后和不足。本章试图揭示以红色旅游驱动的传统村镇发展的一般模式，从而为建设具有中国特色的旅游型新农村提供理论指导，为全国其他红色旅游村镇发展红色旅游提供示范经验。

11.1 传统村镇经济与社会发展

11.1.1　传统村镇的界定

传统村镇是指“建筑遗产、文物古迹和传统文化比较集中，能较完整地反映某一历史时期的传统风貌、地方特色和民族风情，具有较高的历史、文化、艺术和科学价值”的村镇，现存有清代以前建造的或在中国革命历史中有重大影响的成片历史传统建筑群、纪念物、遗址等①。传统村镇的基本风貌大都保存完好。

红色革命村镇是传统村镇中的一个重要组成部分，它是指在革命历史上发生过重大事件，或曾为革命政权机关驻地而闻名于世的村镇，适合发展红色旅游。

11.1.2　研究传统村镇经济与社会发展的意义

就我国目前情况而言，传统村镇经济增长与社会发展问题已经成为我国经济健康发展需要解决的重要问题。传统村镇要保留和不断发展起来，需要经济与社会的和谐发展。经济发展是人类福利增进、社会发展和政治稳定的前提条件，经济发展与社会发展是相互促进、相互影响的。目前，已经有大量的理论探讨与经验研究去努力解决传统村镇经济增长与社会发展问题。这些研究主要从要素积累、资源配置、技术进步、土地政策、农村教育甚至宗教信仰等角度来展开，以期研究如何促进我国村镇经济发展，解决我国村镇经济增长乏力问题。本文则是从红色旅游的驱动作用角度来研究传统村镇的发展模式。

---

① 中国人民共和国建设部、国家文物局：《中国历史文化名镇（村）评选办法》（建村2003199号），黑龙江建设网。

http：//www.hljjs.gov.cn/a/chengshiguihua/jianshe－dongtai/hetongfa/2006/0609/20127.html.

11.1.3 传统村镇经济与社会发展中存在的问题

传统村镇的居民主要是农民，农民是生活和生产的主体。所谓农民，是指中国政府自20世纪50年代实行严格的户籍管理制度后，以父母的户籍为唯一标准划分的，与城市居民形成二元结构的弱势群体。[①] 这部分人口约占我国总人口的70%。长期以来，农民在为中国工业化的进程提供源源不断的劳动力和原始资本的同时，自身权益被忽略，由此积累了不少社会问题。传统村镇经济与社会发展过程中存在的突出问题主要表现在以下几方面：

（1）居民收入增长缓慢，城乡和地区差距拉大。进入新世纪，我国国民经济一直维持着7%—8%的较高的增长速度，在城市居民的收入水平和生活水平大幅度提高的情况下，村镇农民收入增长缓慢问题日益突出。"九五"期间农民收入的增长幅度远远低于"八五"期间，也大大低于同期城镇居民的收入增长，且呈逐年下降的趋势。1990年到2001年，农民人均纯收入增长了61.89%，年均增长4.48%，比80年代增长速度几乎慢了一倍，而同期内，城市居民人均可支配收入增长由慢变快，11年里居民收入增长了110.15%，年均增长7%，比80年代增长快54%。从近几年数据来看（如表11-1），2003—2009年，农村居民人均纯收入呈现逐年增长的趋势（不考虑价格因素），然而每年的增长速度均低于城镇居民人均可支配收入增长速度1—3个百分点，城乡居民实际收入比总体是增大的趋势，仅在2004年和2008年略有下降。近年来，城镇居民年收入增幅均在10%左右。如果将城镇居民享受的医疗、福利等因素考虑在内，城乡居民实际收入比至少在5∶1以上。同时，就东西部农村来看，差距也在继续拉大。2009年全社会固定资产投资224846亿元，比上年增长30.1%。分城乡看，城镇投资194139亿元，增长30.5%；农村投资30707亿元，增长27.5%。分地区看，东部地区投资95653亿元，比上年增长23.0%；中部地区49846亿元，增长35.8%；西部地区49662亿元，增长38.1%。从固定资产投资这个角度来看，东中西部的差距也相当明显[②]。农民收入增长的长期滞缓，东西部差距

---

① 刘斌等：《中国三农问题报告》，中国发展出版社2004年版，第2—3页。

② 国家统计局："中华人民共和国2009年国民经济和社会发展统计公报"，中广网，http://www.cnr.cn/2010-02-26.

和城乡差距的持续扩大，以及农村消费的疲软，已经成为严重制约我国国民经济健康发展的刚性因素。

表 11－1　　2003—2009 年全国城乡人均收入对比表

年份	农村居民人均纯收入（元）	增长速度（%）	城镇居民人均可支配收入（元）	增长速度（%）	城乡居民实际收入比
2003	2622	4.3	8472	9.0	3.23∶1
2004	2936	6.8	9422	7.7	3.21∶1
2005	3255	6.2	10493	9.6	3.22∶1
2006	3587	7.4	11759	10.4	3.28∶1
2007	4140	9.5	13786	12.2	3.33∶1
2008	4761	8.0	15781	8.4	3.31∶1
2009	5153	8.5	17175	9.8	3.33∶1

资料来源：国家统计局：《中华人民共和国 2009 年国民经济与社会发展统计公报》。

（2）农民合理负担下降，不合理负担仍然比较重。在我国政府采取积极政策措施的情况下，农民合理负担的增长基本得到了有效控制，而与之相对应，农民承受的不合理负担仍然呈越来越重的发展趋势。有关调查结果表明，不合理负担占农民人均纯收入的 5%—7%，大大超过农业部的统计结果，不合理负担远远超过了中央规定的 5% 的警戒线①。

（3）资源瓶颈较为突出，传统农业生产难以为继。首先，在目前的技术条件下，耕地仍然是发展农业的基本要素。但是，长期以来，由于人口增长过快，先进农业生产技术推广不力，我国农业发展基本上走了一条低水平的平面垦殖、面积扩张、以追求农产品数量增长为主的发展道路，致使我国有限的耕地正以每年上百万亩的速度急剧减少，加之建工厂、修公路、盖住宅、发展小城镇及遍地开花的开发区，大量挤占了农用耕地，人多地少的矛盾越来越尖锐。在现有的耕地下，工业污染、生态破坏、环境恶化、洪涝灾害、过度放牧和掠夺式耕种，使大量耕地和草场越来越趋向贫瘠化和荒漠化。其次，中国的淡水资源严重不足，人均占有量仅及世界平均数的 1/4 至 1/5，可用于灌溉的水源日益减少。再次，农业的资金投入严重不足。农民

① 郭永中：“当前中国农民负担的现状分析”，中国文秘网，http://wzsec.com.

由于负担沉重，收入增长缓慢，以及农地产权制度上的缺陷所引发的短期行为，没有能力或不愿意向农地投资。政府财政用于农业的公共投资占财政支出的比例越来越低，致使大量农用水利设施年久失修，农村公共用品供给严重不足。

（4）村镇劳力大量转移，村镇建设人力资源不足。人力资源是发展农业的主体要素。农村劳动力过剩是一个总量概念，而从结构上看，有知识、有文化、掌握现代农业技术和市场流程的新型农民却数量有限，极为稀缺。更为可怕的是，这种状况不是在向好的方向转变，而是朝着更加恶化的方向加速发展。农村的优秀青年，通过考学、参军等途径一去不复返；农村的不安于现状的青年则进城打工，宁可做“流浪汉”也不愿再种田；而留在村里的青年，大多无心务农，只是混饭吃。剩下的主要是妇女、儿童及老弱病残者留守着农村这块天地，用他们瘦弱的身躯勉强支撑起农村和农业这片天。

（5）涉农收入逐渐减少，收入增长来自非农领域。农民第一大收入来源应该来源于农业。但近几年来，农业收入对农民收入的贡献率为负增长，非农收入成为农民收入增长的主要来源。2004—2007 年的有关指标分别是：农民人均家庭经营纯收入由 1746 元增加到 2194 元，年均增长 7.9%（未扣除价格因素，下同），但是家庭经营收入占农民人均纯收入的比重由 60% 下降到 53%。其中，工资性收入成为农民增收的重要来源，农民人均工资性收入由 999 元增加到 1596 元，年均增长 16.9%，占农民人均纯收入的比重由 34.0% 上升到 38.6%，对农民增收的贡献率由 25.5% 上升到 40.0%，成为拉动农民增收的重要因素；转移性收入成为农民收入新的增长点，农民人均转移性收入由 116 元增加到 222 元，年均增长 24.4%，占农民人均纯收入的比重由 3.9% 上升到 5.3%；财产性收入为农民增收开辟了新的空间，农民人均财产性收入由 77 元增加到 128 元，年均增长 18.7%，占农民人均纯收入的比重由 2.6% 上升到 3.1%。[①] 虽然农业收入仍然是农民收入增长的重要来源，但已不再是农民收入增长的主要来源。

（6）城镇产业化水平低，农村社会保障体系不健全。经过 50 多年尤其

① 孙政才：“国务院关于促进农民稳定增收情况的报告”，中国人大网，http：//www.npc.gov.cn/2008－8－28.

是改革开放30年的努力，中国的工业化取得了很大成绩。2009年国内生产总值335353亿元，比上年增长8.7%。分产业看，第一产业增加值35477亿元，增长4.2%；第二产业增加值156958亿元，增长9.5%；第三产业增加值142918亿元，增长8.9%。第一产业增加值占国内生产总值的比重为10.6%，比上年下降0.1个百分点；第二产业增加值比重为46.8%，下降0.7个百分点；第三产业增加值比重为42.6%，上升0.8个百分点[①]。但是整体来看，城镇化水平与第二、第三产业发展却极不适应，目前，我国城镇人口占总人口的45.68%，还有54.32%的人口居住在农村。截至2008年末，中国城镇化水平已达45.68%，然而城镇化水平还远远落后于工业化的水平以及我国经济的发展速度。[②] 典型的城乡二元结构不仅阻碍了农村剩余劳动力向非农领域的转移，也在农民与诸如城市人口最低生活保障、养老保险、医疗保险等城市人口可以享受的一切福利待遇之间划上了一道难以逾越的鸿沟，致使社会保障制度的改革无法惠及农村，农民的生活还停留在以地为保障，以儿为保障（即养儿防老）的基础上。反过来，社会保障制度的缺位又成为加速农村城镇化进程的重大制约因素，于是，城镇化水平低尤其是城镇产业化水平低与社会保障制度缺位之间互相影响，相互制约，形成了恶性循环的怪圈。

（7）民风受到外界影响，风气和秩序有下滑趋势。伴随着经济的发展，传统村镇与外来文化的交流逐渐增多，外来文化中不好的方面也被盲目地吸收了，传统村镇居民的思想和观念有所改变，如性开放、离婚率增高等等，这些都对传统村镇的社会与文化产生了不利的影响。

11.1.4　搞好传统村镇的经济与社会建设

基于解决上述问题的需要，党中央提出了建设社会主义新农村的战略举措。党的十六届五中全会提出建设“生产发展、生活宽裕、乡风文明、村容整洁、管理民主”的社会主义新农村的目标，全面体现了新形势下农村

---

① 国家统计局：“中华人民共和国2009年国民经济和社会发展统计公报”，中广网，http：//www. cnr. cn/2010 - 02 - 26.

② 国家统计局：“我国城镇人口已超6亿”，新浪网，http：//www. sina. com. cn/2009 - 2 - 16.

经济、政治、文化和社会发展的要求[①]。

11.1.4.1 搞好传统村镇建设的必要性

传统村镇建设是新农村建设的重点。村镇建设是经济社会发展的基础工程，是新形势下社会发展的客观要求，有利于加快小城镇工业和第三产业的发展，有利于扩大需求，拉动经济增长，促进农村基础设施建设，有利于提高农村的物质和文化生活水平，实现城乡经济、社会的协调发展，对全面实现小康目标有着直接的带动作用。

当前，我国的工业化已经进入中期阶段，但是农业在国民经济中的比重仍然偏高，而且农业的经营规模较小，农业劳动力的数量过多，劳动者的文化和科技素质过低。发展农业经济，增加农民收入，这个巨大的任务就只能靠发展乡镇经济，加速农村工业化和城镇化来解决；靠推进农业规模经营，用新的技术改造传统农业，提高农业现代化水平，使农业与工业持续、稳定、协调发展来实现。改革开放以来，乡镇企业的涌现与发展，吸引了大量的农村剩余劳动力，减缓了农村人口向大城市转移的压力，发展了农业和农村经济，提高了农民的收入水平，为改造传统农业打下了基础。中国经济的建设与发展离不开农村经济的发展，更与村镇建设息息相关。村镇建设和发展从一个侧面来说直接关系到农村经济的发展，甚至可以说是农村经济的助推器，同时村镇的建设和发展也能促进城市经济的进一步发展，有利于形成一个三者良性互动循环过程。

11.1.4.2 我国村镇建设中存在的主要问题[②]

（1）村镇规划意识淡薄。村镇规划建设指导思想存在偏差，脱离实际，规划建设起点低，村镇建房布局混乱，带有很大的盲目性和随意性；

（2）村镇居民素质不高。村镇居民对规划建设和特色村镇建设认识不够，普遍存在封建迷信思想，建房看“风水”，不按规划布建住宅、布局商业网点；

---

① “建设社会主义新农村”，新华网，http：//news. xinhuanet. com/ziliao/2006 - 02/07/content_ 4146460. htm. 2006 - 02 - 7.

② 汪光焘：“加快村镇建设，促进镇域经济发展的几点建议”，中国文秘网，http：//wzsec. com.

（3）忽视基础设施建设。基础设施和市政公用设施市场化运作进展较慢，粗放建设和随意建设比较普遍，造成对土地资源的浪费和生态环境的破坏；

（4）政策措施不配套。指导村镇建设发展的政策措施不到位，扶持资金分散，集体经济脆弱，建设资金严重不足，城市反哺农村的力度不够，缺乏有效的分类指导和区域协调政策和措施；

（5）城镇无产业支撑。大多数城镇没有产业支撑，在农民成为城市居民后，无就业渠道，只有少量从事居民生活必需品销售，大多数居民仍然是选择到大中城市打工。

11.1.4.3　村镇建设的具体措施

近几年随着城镇化进程的推进和新农村建设的开展，村镇硬件较之以前有所改善。但总的来说，我国村镇建设发展还很不平衡，整体水平不高，要突破这些障碍，提升村镇建设的水平，关键在于在加快住宅建设的同时，还要加强环境建设；不仅要加强商业建设，还要加快产业建设；不仅要加强娱乐设施建设，还要加强道德建设；不仅要调整产业布局，还要形成地方特色。主要应从以下几方面着手实施：

（1）要有科学规划。牢固树立规划是法、规划是龙头、规划的节约是最大的节约的观点，切实抓好村镇规划的编制、实施和管理工作。在规划编制工作中，站位要高、定位要准、谋划要远，不仅要注重规划的系统性、完整性，更要在提升质量和水平上下工夫，保证规划的科学性、系统性和可行性，而可操作性是关键。全国的村镇规划工作进展很快，但科学合理、梯度发展的城镇体系还没有完全建立起来，要协助乡镇规划建设一批特色新村，在新农村建设规划中就要做到因地制宜，注重特色，不搞“一个模式一刀切”，建设体现地方风情和产业特色的人文新村、生态新村、社区新村、旅游新村和产业新村。扶持牵动力强的中心乡镇、特色乡镇，改善城镇面貌，增强城镇凝聚力。[①]

（2）要有产业支撑。要把产业发展放在突出的位置，积极培育经济基

① 中共甘肃省华池县委调研督查室：“关于加快村镇经济发展的几点建议”，城市规划网，http：//www.upla.cn/news/_ contents/2006/11/52 - 7266.shtml.

础，大力发展第二、第三产业，通过产业的发展带动村镇发展，以村镇建设促进产业发展。同时大力推进教育、科技、文化、卫生等社会事业的发展，增强小城镇的服务功能，促进农村劳动力、资金、信息、技术等生产要素的优化配置，带动村镇经济结构的优化，吸引村镇人口和农村非农产业向小城镇集中，推动三次产业协调发展。

（3）要有地方特色。一是注重产业特色。充分考虑本地资源，在产业特色上狠下工夫，培育具有比较优势的地方特色产业。旅游资源丰富的村镇，着力打造特色旅游小城镇。江西瑞金的红色旅游资源丰富，村镇建设中要着重于将其打造成红色旅游村镇，成为全国最重要的红色旅游基地之一。二是注重文化特色。重视和加强民族历史文化的保护、挖掘和利用，重视人文精神培养，不断丰富村镇的文化内涵和底蕴，营造独具特色的文化氛围。三是注重建筑特色。结合民族历史文化和自然环境，确定相对统一的建筑风格，体现本地历史、文化、民族特色。通过地方特色的培育，做到自然、人文景观与现代气息交相辉映，相辅相成，创造出既有地方特色，又有时代气息的新型村镇。

（4）做到节约集约。按照“严控增量、盘活存量、管住总量、集约高效”的要求，强化节约和集约利用土地，指导村镇按照集约利用土地的原则做好规划和建设，以节约和集约利用土地来保障发展。完善土地使用市场准入制，合理确定城镇建设规模，严禁建设脱离实际、违反标准的“形象工程”，严格控制工业项目土地投资强度。传统村镇保存有许多古建筑、古民居、古遗迹，如果生活在这里的村民不知道它们的价值，盲目拆迁，建设新的楼房，这些村镇的风貌将不再保留，且会失去其原有价值，因此，需要政府投入资金大力保护、修缮与维护，对村民进行培训与宣传教育，增强他们的保护意识，使之珍惜具有历史价值的土地资源。当然还要建立适当的保护补偿机制，以使保护工作可持续发展。

（5）注重生态保护。按照可持续发展的要求，坚持经济建设、村镇建设和环境建设同步规划、同步实施、同步发展，注重保护和改善生态环境，做到经济效益、社会效益和生态效益相统一，实现经济、社会、人口、资源、环境的协调发展，避免走“先污染后治理、先破坏后恢复”的老路。

11.2 红色旅游开发与传统村镇发展的互动关系

红色旅游的开发促进了传统村镇的经济与社会发展，与此同时，传统村镇的经济与社会发展反过来对红色旅游的开发也有重要的促进作用。

11.2.1 红色旅游开发对传统村镇的经济与社会发展的影响

传统村镇一般是建筑遗产、文物古迹和传统文化比较集中，能较完整地反映某一历史时期的传统风貌、地方特色和民族风情的村镇。这些传统村镇都具有较高的历史、文化、艺术和科学价值。传统村镇大多拥有在中国革命历史中具有重大影响的成片历史传统建筑群、纪念物、遗址等，这些都可以作为传统村镇重要的资源基础，通过大力开发红色旅游产品，发展红色旅游，使之成长为传统村镇经济发展的新的增长点，不仅可以增加居民收入，而且有助于改善当地的产业结构。

总的来说，红色旅游作为整个旅游业的一个重要组成部分，在扩大内需、拉动投资、带动脱贫、促进区域经济发展、发挥教育功能，特别是在构建社会主义和谐社会方面，发挥了积极的作用。红色旅游成为传统村镇经济与社会发展的驱动力，它能有效地整合、优化传统村镇的经济社会资源，激活传统村镇经济，促进传统村镇经济社会的全面发展；激活当地群众的市场经济意识、对外开放意识、勤劳致富意识、自主发展意识。

（1）红色旅游正在成为村镇经济新的增长点，促进了区域经济发展。全国部分重点地区的红色旅游统计显示，各地发展红色旅游的积极性和热情持续升温，红色旅游接待人数和综合收入稳步增长，重点地区红色旅游发展形势喜人，2006 年通过对江西、湖南、陕西、四川等 11 个省（区、市）及井冈山、瑞金、韶山、延安、广安等 7 个红色旅游重点城市进行的跟踪统计和抽样调查，2006 年红色旅游接待总人数达到 13405.8 万人次，同比增长

20.19%；旅游综合收入525.28亿元，同比增长25.54%。[①] 2007年全国红色旅游人数超过2.3亿人次，同比增长16.96%；红色旅游综合收入达917亿元，同比增长22.83%；红色旅游直接就业人数37.17万人，间接就业人数143.72万人。2008年全国红色旅游人数达2.72亿人次，同比增长18.26%；综合收入达1239.35亿元，同比增长35.15%。红色旅游直接就业人数达43.7万人，同比增长17.59%；间接就业人数达207万人，同比增长40%。[②]

（2）红色旅游对传统村镇产生了社会效益，激发了居民创新意识。红色旅游发挥了重要的教育功能，激活了当地群众的市场经济意识、对外开放意识、勤劳致富意识、自主发展意识。红色旅游是以革命纪念地、纪念物及其所承载的革命精神为吸引物，组织旅游者进行参观游览的活动，它在宣传革命历史、振奋革命精神、进行革命传统教育等方面发挥了非常重要而独特的作用。红色旅游是人们普遍喜欢进行的时尚型、文化性的高层次生活消费活动，具有很强的学习、教育功能。它的开展，不仅丰富了人们的革命历史文化知识，促使人们的思想意识发生深刻变化，还起到了缅怀前人、教育今人、激励后人的积极作用，从而有利于革命优良传统的传播，有利于社会主义文化事业的发展。据不完全统计，2006年全国11个重点红色旅游省（区、市）红色旅游参加者人数逾1.3亿人次，受教育面进一步扩展。另据教育部门提供的信息，2006年参观红色旅游点的青少年学生超过1000万之众。据有关方面对全国5个主要红色旅游区的抽样调查，绝大多数旅游者反映"深受教育"，"增加了对党的感情和革命先烈的崇敬"，"心灵受到震撼"，"坚定了理想信念"。游客和参观者的积极反应也深深地教育和影响了战斗在红色旅游一线的工作人员，激励他们"讲红色事，做革命人"。[③]

（3）红色旅游进一步丰富了我国旅游产品，促进了全国旅游发展。传统村镇的红色旅游发展极大满足了旅游者的旅游需求，使传统村镇成为吸引

---

① 钱春弦："红色旅游伴随中国成为世界旅游大国的过程而崛起"，中央政府门户网站，http://www.gov.cn/ztzl/2007-05/16/content_616568.htm.

② 王志发："2008年中国红色旅游接待人数同比增18.26%"，新浪网，http://finance.sina.com.cn/roll/20090120/18092638780.shtml. 2009-01-20.

③ 钱春弦："红色旅游伴随中国成为世界旅游大国的过程而崛起"，中央政府门户网站，http://www.gov.cn/ztzl/2007-05/16/content_616568.htm.

客源的重要旅游目的地，这不仅极大丰富了旅游者对旅游目的地的选择余地，使更多的旅游者来到传统村镇进行消费，增加传统村镇旅游经济收入，而且也大大促进了全国旅游的良好发展。

（4）红色旅游地的建设繁荣了村镇的经济，促进了村镇产业发展。红色旅游招徕了外来资金和企业对村镇的投资，引进了外来企业的先进技术和优良资金，加强了村镇金融建设，繁荣了村镇的贸易，促进了村镇的经济建设。作为一项综合性的服务型产业，红色旅游带动了与之相关联的产业发展，延长了旅游的产业链条，促进了旅游产业化的发展，最终有利于加速传统村镇的城镇化发展进程。

（5）红色旅游提高了村镇的对外开放水平，加强了与国内外的交往。以旅游客流为载体，红色旅游的发展促进了客源地与传统村镇之间资金流、信息流和商品流的形成，从而提高了传统村镇的对外开放水平，加强了传统村镇的对外交往，促进了贫困的革命老区经济社会的发展。例如，近几年来，瑞金市吸引了长江三角洲、珠江三角洲和闽东南等发达地区的数百万游客前来旅游，这不仅为农民提供了大量的就业机会，转移安置了农村剩余劳动力，增加了农民收入，提高了老区人民的生活水平，而且大大增强了当地村镇居民的开放和开拓意识，他们在政府各项优惠政策的鼓励下，加强对外交往，探索自主创业之路，驱动了村镇经济的快速发展。

（6）红色旅游加强了对纪念设施的建设，提升了村镇的文化品位。红色旅游对解决革命纪念馆、陈列馆等单位的资金困难和改善其宣传、展示、管理、保护状况发挥了比较明显的作用。在没有开展红色旅游时，这些纪念设施的建设、维修、陈列、展览等费用都是来源于政府的财政拨款，经费困难是各单位面临的共同问题。红色旅游的开展，为革命纪念馆、陈列馆等单位提供了十分重要的资金来源，对改善村镇中纪念设施的宣传、展示、管理、保护状况，并增强其教育功能起到了非常明显的作用，[①] 伴随着文化建设的加强，传统村镇的文化品位大大提高。另外重要的一点是，开展红色旅游在构建社会主义和谐社会方面，建设社会主义先进文化方面发挥了积极的作用。

---

① “瑞金市旅游资源开发和革命历史资源开发情况汇报”，瑞金市人民政府网，http：//www. ruijin. gov. cn. 2006 - 10 - 18.

11.2.2 传统村镇的社会经济发展对红色旅游的影响

反之，传统村镇经济的发展也为红色旅游提供了推动力，极大地促进了红色旅游的发展。

（1）传统村镇的城镇化促进了红色旅游的产业化。城镇化建设使村民的市场意识明显提高，促使其在经营红色旅游的过程中，坚持以市场需求为中心，不断提高红色旅游的市场化和产业化程度，使得红色旅游的经营更加适应市场的需求，更加规范有序。

（2）村镇第三产业促进了旅游要素的进一步优化。村镇第三产业的发展与完善为红色旅游以及相关服务行业的发展提供了支持，能更好地满足旅游者的“吃、住、行、游、购、娱”等多方面的需求，有利于提高红色旅游的服务质量。

（3）村镇基础设施建设完善了旅游区的服务功能。村镇基础设施的建设和配套服务设施的建设为红色旅游的发展提供了积极的支持和保障，极大地完善了红色旅游区的服务功能。例如，村镇建筑业的大力发展使红色旅游景区的建设更加有保障。

（4）村镇建设培养锻炼了一批懂经营的村镇干部。村镇通过自身发展，培养和锻炼出一批有素质的管理与经营人员，这些人员可为发展红色旅游事业服务，从而可以更好地规范红色旅游行业的经营管理，促进红色旅游的科学发展。

11.3 江西瑞金红色旅游发展概况

11.3.1 瑞金红色旅游发展条件优越

近几年来，瑞金市的旅游产业呈现出了良好的发展势头：旅游基础设施不断完善，旅游宣传力度不断加大，旅游管理和服务水平不断提高，旅游人数每年均以20%以上的速度递增。

(1) 旅游品牌价值巨大。瑞金的红色旅游资源在全国具有垄断性，“红色故都”是其最响亮的品牌。“红色故都”瑞金是中国第一个全国性红色政权——中华苏维埃共和国临时中央政府诞生地，是中央革命根据地的中心，是举世闻名的红军二万五千里长征的出发地。历史选择了瑞金，瑞金孕育了共和国。在这块红色土地上造就了一批政治领袖和治国精英。毛泽东、周恩来、朱德、刘少奇、邓小平等老一辈无产阶级革命家，共和国十大元帅中的九位、十位开国大将中的七位都曾在瑞金或以瑞金为中心的中央苏区纵横驰骋、屡建功勋。

(2) 旅游资源赋存优越。瑞金的旅游资源赋存条件优越，不仅拥有丰富的红色旅游资源，而且拥有多样的伴生旅游资源，集中表现在“红色、绿色、土色”三种形式的资源优势，便于进行组合开发与品牌推广。

①红色旅游资源富集。瑞金红色旅游资源丰富且具有极高的品位。瑞金保存的革命遗址和建筑物多达180多处，其中国家重点保护文物17个，各类珍贵革命文物1万多件，红色旅游资源遍布叶坪、沙洲坝、大柏地、象湖、泽覃、武阳、云石山等乡镇，大多数集中在叶坪村、沙洲坝这两个村镇。此外，兴国、会昌、寻乌、于都、长汀、上坑等周边县也有丰富的红色旅游资源，都在“2小时红色旅游圈”内，形成以瑞金为中心的红色旅游板块。总之，江西瑞金是典型的红色旅游区，拥有富集而优质的红色旅游资源。其中，叶坪和沙洲坝作为瑞金市红色旅游资源的富集区，是瑞金需要重点建设的传统村镇，叶坪村、沙洲坝村所形成的“一村一都市、一地一国家”的完整国家体系，在全国绝无仅有。

叶坪村：叶坪是中华苏维埃共和国的诞生地。叶坪革命旧址群距离瑞金市区6千米，内有7个全国重点文物保护点和国家银行、新华社、全国妇联、全国总工会、外经贸部、公安部、新闻出版总署等中央和国家机关之原旧址。1931年，为了建立、发展和巩固中央革命根据地，中国共产党苏区中央局机关迁驻这里；同年11月1日至5日，在这里召开了中央苏区党的第一次代表大会；11月7日至20日，又在这里召开了中华苏维埃第一次全国代表大会，成立了临时中央政府，其领导机关就设在这里。叶坪革命旧址群的景点主要有毛泽东和朱德旧居、中央工农民主政府旧址、“一苏大”会址、红军检阅台、红军战士纪念塔、公略亭、博生堡等。以“一苏大”会址为例，该旧址原是谢氏宗祠，已有几百年的历史，是中华苏维埃共和国临时中央政府的诞生地和其在1931年11月至1933年4月的驻地，旧址于1953年修复开放，现为全国重点文物保护单位——瑞金革命旧址群的重要保护点。

沙洲坝村：1933年4月至1934年7月，中央工农民主政府从叶坪迁到沙洲坝办公，现存的革命遗址有临时中央政府大礼堂（“二苏大”会址）、中央政治局旧址（沙洲坝下霄村）、中华全国总工会旧址（沙洲坝棘子排）、中国工农红军总政治部旧址（沙洲坝白屋）、红井（沙洲坝前水塘边，井旁立碑“吃水不忘挖井人”）、列宁小学旧址等。

其他红色景点：1934年国民党军队对中央苏区进行大规模的第五次围剿，中央政府、中央政治局、中央军委曾一度由沙洲坝迁入云石山古庙办公。在瑞金还有其他著名的革命旧址和纪念设施，有大柏地的“弹洞壁”、乌石垄的中央军委旧址、瑞金革命烈士纪念馆、红军烈士纪念亭（全国重点文物保护单位重要保护点）、中央革命根据地历史博物馆（2007年开放，总投资7000多万元，现成为瑞金旅游新亮点）、洋溪祠堂的中央党校、大阜乡的红军大学以及“长征第一山”云石山、“长征第一桥”武阳桥等胜迹。

②绿色旅游资源多样。瑞金还有丰富的绿色山水风光旅游资源，如日东的赣江源，壬田的罗汉岩（“江西十大名山”之一，不仅汇佛、儒、教于一体，还集雄、奇、秀于一身，以“奇山、邃谷、怪石、幽泉”为最。景区内有“试剑石、蜡烛峰、撒珠泉、千丈崖”等十二处佳景，还有陈石水库，绵江浸月、笔架凌霄及双狮岩等多处胜地。2005年，澳门飞达国际发展有限公司与瑞金市人民政府签订了罗汉岩风景区综合开发项目投资意向协议书，三年内投资1亿元用于罗汉岩景区、景点以及配套服务设施的建设，力创国家AAAA级风景旅游区），黄柏万亩脐橙园和铜钵山等，都是红色旅游产业的补充和延伸，通过对这些绿色旅游资源的配套开发，可以起到为红色旅游锦上添花的作用。

③土色旅游资源丰厚。九堡的密溪村现存近百幢大大小小的古民居，多为明清时期所建。其中，规模宏大的主要有罗氏大宗祠、罗应文公祠、应宗公祠、石泉公祠、淳夫公祠、皋泽公祠、密峰太公祠、凤岗客家古民居

（凤岗的钟屋古祠）、杨氏宗祠（红军大学旧址）等十几处。[①]

瑞金拥有的旅游资源非常丰富，但是却缺乏系统利用和深入开发。为了更好地发挥红色旅游资源的经济社会效益，真正做大做强红色旅游产业，迫切需要对瑞金市丰富的红色、绿色以及土色旅游资源进行整合，实行整体开发，在对外进行红色旅游宣传推介时，统一集中打好“红色故都”这一龙头品牌。在“红色故都”这个龙头品牌下，各县市要根据自身的特点，分别突出不同的细分品牌形象。例如，于都县应主打“长征”牌，主要做好“中央红军长征集结出发地”这篇文章；兴国县应主打“将军”牌，做好“将军县”、“模范县”、“苏区干部好作风”文章；宁都县应主打“中央苏区反‘围剿’”牌，做好“中央苏区反‘围剿’”文章；会昌县应主打“会昌山”和“筠门岭”牌，做好“毛泽东登会昌山”和“邓小平在赣南”文章；寻乌县应主打“寻乌调查”牌，做好“毛泽东寻乌调查”文章；大余县应打好“红军三年游击战争”牌，做好“梅岭星火”文章，其他各县也应根据自己的特点做好各自的红色旅游文章。当然，绿色和土色资源作为红色旅游资源的补充和组合，需要多挖掘，深挖掘，进行延伸开发，形成“红色＋绿色＋土色”的红色旅游发展的新模式。[②]

（3）旅游区位条件渐佳。首先，瑞金地处闽赣粤三省交界处，大交通的迅速发展，解决了旅游发展的交通“瓶颈”。其中，206、323、319三条国道线纵贯瑞金市区，赣龙铁路已在2005年建成通车，昆厦高速公路（瑞金段）已建成。其次，瑞金市毗邻闽粤沿海，是承接内地旅客前往闽、粤、港、澳、台旅游和闽、粤、港、澳、台等游客前往内地旅游的“中转站”。

（4）国家政策强力倾斜。多年来，瑞金得到了党和国家极大的关心、支持，邓小平、江泽民、胡锦涛、吴邦国、温家宝、贾庆林、李长春等40多位党和国家领导人先后到瑞金视察指导工作，为老区人民送去了党中央的亲切关怀，并且给予了老区人民巨大的鼓舞。2000年5月，南昌—井冈山—瑞金红色文化旅游线被列入江西三条精品旅游线之一。2005年是红色旅游年，这对瑞金红色旅游产业的发展起到了极大的推动作用。现有近40个

---

① “瑞金古老的密溪古村”，瑞金在线，http：//www.342500.cn/bendi/info－12762.html.

② 涂家福：“整合红色资源，壮大旅游产业——访市委党史办调研员、市红土地文化研究会副会长兼秘书长凌步机”，《赣南日报》，2006年10月16日。

中央国家部（局）委已来瑞金寻根问祖，并建立了本系统爱国主义教育和革命传统教育基地，建立了以叶坪旧址群、沙洲坝旧址群、长征第一山等三大板块为主轴并辐射到武阳、大柏地等地的红色旅游格局，瑞金的红色旅游在国家的政策倾斜下发展前景广阔。

（5）海外关注度逐渐增加。瑞金拥有相当数量的旅居海外的华侨和港、澳、台同胞，由于地缘、亲缘的关系，特别是改革开放以来，广大侨胞与内地联系更加密切，每年都有许多华侨和港、澳、台同胞回乡旅游、观光，寻根问祖，这是瑞金市相对稳定的境外客源市场。随着瑞金市交通枢纽的形成和经济的迅速发展，瑞金市将成为赣、闽边际区域和赣南东部经济文化发展区的中心城市，吸引、招徕大批商贾游客，旅游发展前景广阔。伴随着红色旅游资源的开发和利用，瑞金大力弘扬红都精神，发展红色旅游，开展爱国主义教育和革命传统教育，吸引了海内外众多游客纷至沓来。

11.3.2 瑞金红色旅游存在的问题

11.3.2.1 瑞金红色旅游发展中存在的问题

（1）总体发展水平较低。从游客人次、旅游总收入、旅游总体形象中可以看出，瑞金市和延安、井冈山、韶山、遵义等红色旅游区相比仍存在较大的差距，瑞金的红色旅游尚处于发展初期。其中，2007 年井冈山游客数突破了 300 万，旅游收入达到 19 亿元，相比而言，瑞金的游客数仅为 101 万，旅游收入仅有 2 亿多元，远远落后于井冈山的红色旅游发展水平。参见表 11－2。

表 11－2 2004—2007 年瑞金与井冈山、韶山、遵义、延安旅游对比

年份	瑞金		井冈山		韶山		遵义		延安	
	旅游人次	旅游收入	旅游人次	旅游收入	旅游人次	旅游收入	旅游人次	旅游收入	旅游人次	旅游收入
2004	53.5	1.58	177.7	9.75	223	3.03	210	8.24	389.8	15.3
2005	64.5	1.92	218.5	11.28	305.1	3.96	323	15.1	509.4	20.3
2006	80.8	2.45	249.8	13.40	310	4.80	575	35.5	565	26.4
2007	101.8	3.40	306.1	19.32	350	5.80	782	55.2	652	35.1

注：旅游人次单位 1 万人次；旅游收入单位 1 亿元人民币。

(2)“红、绿、古”三色不协调。瑞金的“红色”较为突出，但雷同和重复情况严重，特别是各部委旧址“千篇一律”，革命旧址，多半是普通建筑物，只是被赋予了红色文化的精神内涵，才有了巨大感召力。而“绿色、古色”资源基本处于原始状态，尚未发挥最大化的综合效益。

(3) 旅游展示形式单一。旅游开发活动多为橱窗展示，静态观光内容居多，文物的陈列与展示缺乏游客视角，能让游客参与互动的活动较少。布展上，仅仅是凝固的旧居、旧址，简单的桌、椅、床，形式简单雷同，内容浅薄单调，神与形皆不具备。缺乏声、光、电、图相互配套的情景模拟，很难再现和演绎苏区的辉煌革命斗争历史，缺乏与游客的互动与交流，游客很难有置身红色海洋和“亲历”的体验；内涵上，挖掘不深，只有简单、零散的故事，没有深挖出故事背后深邃的思想。只有“死”的实物，没有“活”的教科书。游客游览乏味，没有看到当年战争的硝烟，没有看到“红色中华”历史的凝重回顾与记载，震撼力、感染力不强，很难留下深刻的印象与现实启示，更多的只是感叹和遗憾。问卷显示，前来瑞金旅游的游客认为景区红色文化氛围很浓厚，就像身临革命年代一样占 28.7%；大多景点不能体现革命年代的场景占 17%；感觉不像是红色旅游占 10.6%；在很多方面需要改进占 43.6%。①

(4) 旅游景区功能不完备。瑞金仅仅是精神意义上的爱国主义教育基地，而不是旅游胜地，至于度假、会议、节庆、探险等其他种类的旅游产品虽有一定程度的开发，但都不大成熟，尚未发展成为能够吸引中远距离游客的综合型红色旅游目的地。瑞金红色旅游资源虽然很丰富，但却缺乏与之相配套的类似于井冈山龙潭、笔架山等的绿色生态景区或其他比较有特色的景区，致使其红色旅游没有出现质的飞跃。

11.3.2.2　瑞金红色旅游产业建设中存在的问题

深层透析瑞金红色旅游产业发展中存在的问题，主要集中在运作思路、管理体制、品牌推介和布局规划、基础建设、氛围营造等多个方面。表现在旅游实践中，问题主要有：

---

① 王国梁、帅建平：“试析当前红色旅游开发中的问题及对策”，《党史文苑》，2007 年第 1 期，第 74 页。

一是认识不足，观念比较滞后，产业意识不强。首先，虽说瑞金市已把“旅游产业化”作为其四大工作重点之一，并确立了“旅游旺市”的战略，但实际工作中，对于红色旅游产业的前景与作用宣传的深度与广度不够，支柱意识淡薄。“稳住一产，主攻二产，放手三产（能搞多少算多少）”，把旅游当作附属产业，仍是不少领导和部门的心态，甚至还有不少干部把红色旅游产业发展当作仅是主要领导、分管领导及相关职能部门的事，工作不主动、不配合，严重缺乏合力。其次，对红色旅游进行市场运作的思路尚未形成，经营观念滞后。政府对红色旅游产业管得过多、过细，存在大包大揽之嫌，旅游行政管理部门又过多依赖政府，造血功能差，发展活力不足。此外，红色旅游发展还未摆脱地域观念的束缚，大旅游理念缺乏，没有跳出瑞金、立足江西乃至全国的高度来审视红色旅游，没有把红色旅游融入全国大旅游格局中去思考，特别是对于如何把“红都”打造成为全国红色旅游专线上的精品和名品谋划得还不够。

二是定位模糊，景观联动不够，整体规划欠缺。在旅游文化是红土地文化还是客家文化，旅游品牌是“红都”牌还是“客家”牌，旅游功能是休闲观光还是革命传统教育等方面的定位上，有过多的争论，造成主次不明，没有把瑞金的红色文化、红色品牌、红色教育突现出来。进而也就缺乏以红色旅游为主题、为主线的总体规划，红色旅游的点、线、面相互脱节。从点上看，点多分散，各点自成一体，互相排斥，互生内耗，资源严重浪费。从线上看，点与点之间缺乏以历史线索为纽带、以红色历史为轴心的逻辑链接，没有形成一幅气势恢宏的历史画卷或一台栩栩如生的历史剧。从面上看，一方面没有实现红色与绿色、古色景观的相互衔接和交相辉映；另一方面，没有实现与兴国、井冈山、闽西等地红色旅游资源的对接与互动，没有做到与周边其他地区旅游资源的互补互联。

三是投入不足，设施不甚配套，吸纳能力不大。由于经济基础薄弱，地方政府投资旅游可说是心有余而力不足，投入上的不足，导致了瑞金旅游基础设施档次低，配套设施不全，环境整治进度缓慢，服务质量较差，旅游的六要素“吃、住、行、游、购、娱”整体发展较为滞后。“吃”没有风味小吃一条街，没有“菜系”和“名菜”；“住”的规模不够，目前全市的宾馆、酒店标准床位只有880个，特别像“家庭宾馆”、“农家宾馆”这些满足中低收入水平的消费者（如青年学生等）的旅馆还很缺乏；“行”的矛盾特别突出，集中体现在旅游客车、出租车、公交车的管理、数量、档次都有较大差距，尚无专门的旅游接待车辆；“游”的问题主要有景点单一、参与性不够、震撼力不强、部委旧址发挥作用不力等；“娱”的问题主要体现在档次和品位不高；“购”的问题主要有，产品单一，购物环境差、市场化程度低。由于旅游配套设施不到位，进而又导致游客的接纳量小，游客逗留时间短，游客消费量少，旅游收入难以攀高，旅游对经济的拉动作用有限。

四是促销乏力，文化氛围不浓，品牌效应欠佳。瑞金的旅游宣传促销活动投入少，水平低，缺乏文化品位。整个城市没有以红色文化为基础进行红色包装，缺乏城市文化特色。许多宾馆大堂，没有旅游景点介绍和相关的宣传材料，红色文化的氛围不浓。仅有的宣传画册折页制作粗糙，缺乏创意和个性。对外促销推介缺乏一个高度概括、深度凝练的主题，促销推介活动次数少、规模小，缺乏冲击力和影响力，品牌效应较差，许多游客只是因读过小学课文或学过党史才慕名前来。

五是经营分散，服务质量不高，影响整体效益。红色旅游活动的组织经营者为了达到各自的商业目的，运用“市场经济”的一切手段来进行创收，致使红色旅游不仅在经营上较为分散，且各个景点（区）提供的旅游服务雷同现象比较严重，总体质量不高。许多游客前来旅游参观时，各景点都单独收门票，且价格大多都是二三十元，费用不少，但是里面的陈列内容和展示形式较单一，游客来了瑞金又不可能不进去看，进去了又感到失望，最终影响到红色旅游的整体效益。

11.3.3　瑞金红色旅游与传统村镇的发展现状

（1）红色旅游发展与村镇建设发展不同步。由于政府与媒体的作用，在良好的大环境中，瑞金红色旅游发展突然变得炙手可热，红色旅游的开发如火如荼地展开。但是瑞金老区的传统乡镇，因地理位置偏僻，交通设施落后，致使可进入性差，且经济基础薄弱。这种巨大的反差，一方面不利于红色资源的保护与开发，另一方面对当地村镇的建设和发展也十分不利，以致红色旅游发展和村镇建设的总体水平仍然滞后。

（2）旅游联合开发需求与乡镇分割相矛盾。瑞金的红色旅游资源丰富，但是并非所有的资源都属于一个行政单位的管辖范围之内，在这种状况下，红色旅游若要健康地发展，就应全局规划，进行联合开发。而目前的状况却是，各行政单位为了抢占资源，各自为政，孤立开发，造成的后果是资源的整合力度不够，表面开发轰轰烈烈，但因人力、财力的限制，实质性的建设、包装、宣传却无从谈起，红色旅游难以获得健康发展。

(3) 旅游超前开发理念与居民保守观念相矛盾。瑞金的传统乡镇拥有优美的自然风景，深厚的历史文化，淳朴的民风民俗等等，这些都是发展红色旅游重要的依托条件。红色旅游的成功开发需要相对超前的意识，这种超前意识可以使当地红色旅游抢占市场先机，树立品牌形象，取得很好的社会、经济、环境效益。而传统的乡镇因信息闭塞、教育落后等各种因素的制约，使当地的居民对发展旅游的意识淡薄或者说无意识。他们将自己置身于事外，"事不关己，高高挂起"。红色旅游是一项综合性的产业，只有社会各行业的投入，全民的参与才能使红色旅游得到更好的发展。

11.4 红色旅游驱动的传统村镇发展模式

11.4.1 模式以及传统村镇经济发展模式的概念

"模式"一词已经成为近年来最为流行的经济词汇之一，一般理解为："事物的标准形式"。英文一般称"mode"或"pattern"。美国传统词典的解释为"方式或行为的一种方式、途径或方法；一种特定的形式、种类或方式"。Alexander 给出的经典定义是：每个模式都描述了一个在我们的环境中不断出现的问题，然后描述了该问题的解决方案的核心。通过这种方式，你可以无数次地使用那些已有的解决方案，无需再重复相同的工作。①

据此本文的理解是：模式就是某一问题在特定环境下的解决方案，即解决某一类问题的方法论。把解决某类问题的方法总结归纳到理论高度，那就是模式。

---

① "模式框架"，百度百科，http：//baike. baidu. com/view/1589129. htm？ fr = ala0_ 1.

传统村镇经济发展模式：就是在特定的政治、经济、社会发展环境下解决传统村镇经济发展中出现的一系列问题的方式、途径与方法。

11.4.2　模式的表现形式及现有模式的种类

（1）表现形式：一是定性的模式分析，即用概念性的描述来阐述一个模式，这是许多学者惯用的方式。二是定量的模式，如用公式、数量关系、图表等表示的模式。

（2）现有模式的种类：通过对现有村镇经济发展模式的调查，我们发现了经济发展已有的模式及其特点："三分天下有其一"的苏南模式，"小商品、大市场"的温州模式，"三来一补"的珠江三角洲模式，这三大模式是近年来兴起的民营经济发展的主要模式，也是我国村镇经济发展中具有代表性的模式。

苏南模式。于20世纪80年代中前期形成，90年代初期成熟。"苏南模式"是指以发展乡镇集体企业为主的地方政府推动型模式。"三分天下有其一"，以农村社区政府为代表的乡镇集体企业为主，地方政府强力干预、直接参与企业组建和经营管理，自上而下形成的体制内供给型强制性制度变迁。乡镇企业之所以能首先在苏南地区异军突起，并且形成"苏南模式"，是因为这里拥有得天独厚的区位环境和历史传统。苏南农村紧靠上海和苏州、无锡、常州等发达的大中工业城市，接受发达经济和先进技术的辐射较多。同时，因为苏南农村距离市场中心较近，因此运输成本较低，产业和产品选择范围较大。苏南模式作为转移农村剩余劳动力的一条道路，在改革初期所发挥的作用是相当显著的。

温州模式。于20世纪80年代中期形成，90年代初成熟。"温州模式"是指以家庭经营和发展个体私营经济为主的发展模式。小商品与大市场相结合，重商主义传统与家庭手工业历史传统相结合，私人独资企业是主要的制度形式，外加少部分合资企业，产权明晰，机制灵活，早期的"无为而治"，中后期的政府积极引导，形成了自下而上的体制外需求型诱致性制度变迁。温州的民营企业是从个体私营经济中发展起来的，私人独资企业是主要的制度形式，其特点是起点低、自发性强、活力无穷。起点低，主要是指它全部是个体户、家庭工业起步，自行积累，开始时甚至假冒伪劣盛行，但经过整顿和加强管理后，以质量和品种取胜；自发性强，主要指它开始时并不是政府有意引导发展的，完全是一种谋生和逐利的驱动，因而一开始就是围绕市场转，因此有人说它是体制外经济，与计划经济无关；活力无穷，是指它产权清晰，动力机制特别强，又彻底面向市场，注意技术开发，紧跟世界潮流。一般认为，温州模式的形成，是经济规律自发作用的结果。

珠江模式。于20世纪80年代中期形成，90年代初期成熟。“珠江模式”是指乡镇集体企业加外向型经济的发展模式，其特点是乡镇集体企业力量较强。在20世纪80年代中期，国务院批准成立了“珠江三角洲经济开发区”，以东莞、宝安等地为代表的珠江三角东部地区成为香港加工业的外迁地，“三来一补”成为其乡镇企业发展的重要形式，同时凭借其毗邻港澳地区、华侨众多及国家优惠政策倾斜等方面的优势，很快就形成了举世瞩目的“珠江三角洲经济模式”（简称珠江模式）。珠江三角洲地区的乡镇企业是通过对外开放而获得迅速发展的，因此，“珠三角”地区的乡镇企业外向度很高，从最初的“三来一补”企业到大规模利用港澳资本建立“三资”企业，乡镇企业在引进外部资本的同时，也引进了国外先进的管理制度和经营方式。20世纪80年代中后期，“珠三角”的许多乡镇企业已通过对外开放，大量吸收国内外资金、技术、人才，以组建企业集团的方式，走规模经济的道路。90年代初期，乡镇集体企业改为股份合作制企业，公私产权更加明晰了。①

11.4.3 传统村镇在红色旅游发展中的角色和地位

通过研究，我们发现，传统村镇在红色旅游发展过程中具有“多角色”地位，只有很好地充当了这些角色，才能实现旅游业与当地农业的“双赢”。

（1）传统村镇是促进红色旅游发展的物质供应基地。传统村镇可以成为红色旅游产业发展的物质供应基地，为红色旅游提供充足的乡土食物，特色住宿等。传统村镇原来进行农业生产的主要目的是自给自足，满足社区居民生活的需要。当传统村镇处于红色旅游发展形势下时，农业生产除了满足当地居民的生活需要之外，还可以为红色旅游产业的发展提供物质基础，最

① 谢健：“民营经济发展模式比较”，中华教育信息网，http://zsd3a1.chinaw3.com/ 2005-12-20.

主要的表现形式是可以利用自身的特色优势，生产充足的、种类繁多的绿色食品，以满足红色旅游产业的需要。传统村镇也可以利用现有的基础设施来为游客提供住、行等产品供给，满足红色旅游产业发展的基本需求。通过改造传统村镇的原有建筑形成具有乡村特色的家庭式旅馆，并且为游客提供出租自行车业务，可以让游客在乡间的小路上游玩，体验一种别样的乡间野趣。

（2）传统村镇是促进红色旅游发展的历史环境依托。随着经济的快速发展，旅游者对旅游产品多样化的需求也大为增加，乡村旅游便是在这样的环境下开始兴起，并快速得到世界各地的普遍喜爱。在中国，近年来“乡村旅游”正处于快速增长的高峰期①，传统村镇可以在这种大的形式下积极发展“乡村旅游”。瑞金的传统村镇大都历史环境保存完好，生态环境优良，具有乡土浓郁的客家风情和野趣天然的民间风俗，保留了“中央苏区”时期的历史环境和背景，这些都可成为红色旅游和乡村旅游的环境依托和吸引物。当地的传统村镇可以开发“农家乐”或“农家风”系列的旅游活动，让游客“吃农家饭，干农家活，住农家屋，享农家乐”，借红色旅游之风，吹起乡村旅游之帆，开展“红色故都社会生活风情游”，延长游客在旅游目的地的停留时间，提高消费水平，以促进传统村镇红色、绿色、古色、土色旅游的发展，增加老区人民的收入，使传统村镇的经济发展更上一个台阶。

（3）传统村镇是促进红色旅游发展的人力资源中心。一个行业的发展，人力资源是关键。在瑞金的传统村镇中，红色旅游要发展，就得有人才，有劳动力。但是由于地理位置及经济发展等各方面的因素，传统村镇很难吸引到外来人才。因此，在传统村镇中的红色旅游发展中，可以就地取材，使传统村镇成为红色旅游发展的人力资源中心。红色旅游所承载的历史故事是真实的，在红色旅游目的地，有许多的老人曾经亲身经历了一些历史事件，可以聘请他们或他们的后代来做解说员，用他们亲身经历和亲耳所闻来讲述历史会使当时的情景更加真实可信，更加引人入胜。此外，当地的农民经过培训，可以成为各种类型的工作人员，他们既可以作为游客体验农活时的指导老师，又可以讲解革命历史人物感人至深的故事，有利于发挥红色旅游的教

---

① 德村志成：“论乡村旅游的定义和核心”，中国广播网，http：//www.cnr.cn/tbtj/t20051112_504126714.html.

育与文化功能。

11.4.4 江西瑞金红色旅游驱动的传统村镇发展模式

11.4.4.1 其他村镇发展模式对瑞金的启示

村镇经济的发展模式与该区域的自然资源禀赋、社会经济基础、人文历史环境、交通区位条件以及国家调控政策有极大的关联性，是在这些外部环境制约下的村镇企业、地方政府及市场的理性选择，是这些外部环境因素之间、其与区域经济的行为主体之间以及这些主体之间多方面相互作用而形成的特定的模式。

通过对已有的村镇经济发展模式的分析和研究，可以得出其对瑞金的以下几点启示：首先，必须充分利用现有的红色旅游资源、革命斗争精神、传统乡土文化等优势，因地制宜，扬长避短，大力发展与旅游相关的乡镇企业。其次，必须弘扬创业文化，推动全民创业。积极开展创业文化建设，激发全民创业热情，鼓励支持干部群众的创业实践。通过开展全民创业活动，营造全市上下想创业、敢创业、会创业、创大业的良好社会氛围，形成政府鼓励创业、支持创业、服务创业的强大阵势。再次，必须在转变政府职能，打造服务型政府方面下大功夫。政府上上下下要树立这样的观念：为基层服务，为发展服务，为群众服务。政府经济管理职能主要为市场主体提供服务和创造良好的发展环境，使政府社会管理和公共服务的职能进一步强化，使市场体系、市场交易、市场监管等方面的法律法规不断健全，更加有利于村镇经济在市场中实现公平竞争和自主发展，在促进经济增长、扩大就业活动、活跃村镇市场等方面表现出更加强劲的优势和更大的发展潜力。

11.4.4.2 瑞金以红色旅游驱动的传统村镇发展模式

瑞金要发展，尤其是要在赣南乃至赣闽边界区域内独树一帜，形成经济“极地”、市场“高地”、辐射“领地”，优势在旅游，特色在旅游，出路也在旅游。瑞金要把红色旅游产业化摆在与工业化、农业产业化、城镇化同等重要的位置，通过旅游产业化推动农业产业化、工业化、城镇化，以城镇化、工业化、农业产业化推动旅游产业化。一句话，瑞金应该走红色旅游村镇发展模式，红色旅游村镇是指在具备“红色旅游”资源的乡村，结合“红色旅游”的发展，组织接待旅游者开展参观游览活动，带动乡村经济社会发展的模式。这种发展模式必须是在知名度较高的、革命遗迹和遗存较为丰富、旅游接待具备一定规模的乡村应用。围绕“红色”环境，突出“红色”主线，营造“红色”氛围，体现“红色”特征，建设“红色旅游”村镇，发挥“红色旅游”革命传统教育、促进经济发展和传承先进文化的功能；在发展过程中要因地制宜、量力而行、循序渐进。[①] 瑞金这个传统村镇的经济发展就是应该依靠它所拥有的红色历史主体资源，革命老区的经济基础，革命圣地的社会背景，乡村淳朴的文化环境，国家对瑞金红色旅游区的大力扶持，走“土色本底 + 红色内容 + 绿色伴生 + 古色衬托”的红色旅游发展模式。

瑞金应充分运用境内以“红色故都”为主题的180处红色旧居旧址和遗址资源、以“罗汉岩”为代表的红石山水风光资源和以“九堡古村”为典型的客家风情等旅游资源，把旅游业作为一项重要产业来培植，改善基础设施，开发旅游产品，推出精品线路，提升服务质量。为此，一要建设发展，加强革命旧址、遗迹的修缮，加快景区道路、供电、消防、环卫、给排水等设施建设，积极开发红色旅游商品、纪念品，建设旅游商品销售网点，建设乡土特品和农副产品供应基地，使红色旅游景区成为交通便捷、环境优美、市场繁荣、人民富裕、经济快速发展的红色旅游圣地；二要合作发展，抓好红色旅游与绿色、古色旅游产品的整合，形成红绿（生态旅游）结合、红古（文化旅游）结合、红土（民俗旅游）结合，旅游区、旅游线、旅游点有机结合的红色旅游发展格局；三要互动发展，要突出抓好景观展示与文化传播、旅游休闲与传统教育、旅游产业提升与经济发展等的结合，实现红色旅游产业与其他产业的互动；四要整合发展，完善旅游餐饮、娱乐、购物等服务项目，把旅游景点、旅游购物、旅行社及所有旅游要素整合起来，把红色旅游产业链做宽、做长、做强，带动相关产业发展，增加就业机会，发展壮大红色旅游产业。让红色旅游的发展带动旅游业的繁荣，旅游产业带动传统村镇的建筑、商贸、交通、电信、加工业和农业等多项关联产业的发展，真正形成新的村镇经济发展模式。

这个新的村镇经济发展模式是红色旅游产业带动三次产业共同发展的模

---

① 王健生：“中国农村旅游的十大发展模式”，凤凰旅游门户网，http：//www. fl0743. com/bencandy. php？ fid = 25&aid = 2185&page = 2.

式，特别是带动第三产业的发展，红色旅游也推动了农业、农村工业、农村服务业产业结构调整。据调查，瑞金的红色旅游产业确实驱动了当地农业、工业和第三产业的发展。一些传统的村镇已不再只是拥有农业经济这一单一的发展模式，工业和第三产业成为农业经济的重要补充。

11.4.4.3 瑞金以红色旅游驱动的传统村镇发展实践

（1）红色旅游驱动传统村镇乡村旅游的发展。瑞金的红色旅游要与绿色旅游、土色旅游结合起来，在发展红色旅游的同时利用瑞金独特而完整的乡村景色，淳朴厚道的民风民情，开发农家乐旅游项目，发展乡村旅游，让农业、农村、农民也成为旅游资源，提高当地农业经济的效益。农民不仅可以依靠耕地生存，还可以在自家的耕地里开发农家乐旅游项目，游客可以观赏农业景观，亲自体验农业耕作，捕鱼垂钓，品尝土菜，参与农村日常生活。在瑞金，农家乐可以再现当年红军战士助耕的场景。瑞金的革命旧址大多是农户的住宅，由于许多旧址没人居住，已废弃损坏了，但如果经过相应的维修利用，就可以增加旅游项目，增强旅游吸引力。2006 年 4 月，首批“农家乐”旅游定点接待单位授牌仪式在沙洲坝村茅屋家祠堂举行，这标志着瑞金市“乡村游”活动的启动。对照“农家乐”旅游接待点评选条件，政府相关部门授予香仔酒家、大布餐馆、杏花村酒家、大布鱼头店、沙洲坝红军餐厅、沙洲坝旅游村饭庄、惠友土鸡餐馆、城南鱼庄等九家单位为全市首批“农家乐”旅游定点接待单位，为调动各界群众参与支持旅游行业发展的积极性并更进一步推动瑞金市创建优秀旅游城市打下了坚实的基础。①2007 年沙洲坝村荣获“全国农业旅游示范点”称号，2008 年被评为“赣州市乡村旅游示范点”，这是沙洲坝发展红色旅游获得的荣誉，也是对红色旅游驱动的传统村镇发展模式的肯定。

（2）红色旅游驱动传统村镇餐饮业的发展。在开展红色旅游的村镇中，一些农民开始从事餐饮等服务行业，他们自己开饭馆，提供绿色、无污染、原汁原味的农家土菜和当地的风物特产。沙洲坝拥有“红井”、“毛泽东故居”、“二苏大”会址等多处革命旧址，又毗邻圩镇，给沙洲坝旅游产业带

---

① 刘春春：“‘会’推红都破浪行——透视瑞金举办‘红博会’效应”，《赣南日报》，2007 年 2 月 7 日。

来了广阔的发展空间。沙洲坝村村民抓住了这个良好的发展机遇，自发筹集110多万元资金，2006年在沙洲坝镇“红井”至“二苏大”礼堂这段长达1000米的圩镇道路两旁，开发建设了集旅游风味小吃、旅游产品销售等于一体的红色旅游一条街，成为百姓和谐创业长廊。农民在沙洲坝旅游功能一条街卖起了红色旅游纪念品，经营起了“苏区风味小吃”，带动了300多户农民致富。同时，农民越来越注重食品的卫生和营养搭配，餐饮的生意越来越好，许多农家乐餐馆还参与评星活动，为游客提供高质量餐饮服务，保证游客吃到安全放心的食品。瑞金的风味小吃有瑞金米酒、瑞金擂茶、肉圆鱼丸、黄鲇米果、芋子饺、酒糟红鱼、壬田豆腐等，这些都已经成为红色旅游餐饮系列菜肴。另外，一些风味小吃加入到红色旅游的体验项目中，游客自己亲手做小吃，由当地农民指导、评分，开展游客之间厨艺比拼等活动，大大丰富了红色旅游的内容。

（3）红色旅游带动传统村镇住宿业的发展。红色旅游带动了原来比较落后的住宿业的发展。目前仅城区像湖镇各类酒店宾馆就有五六十家，其中，瑞金大酒店、瑞金饭店、红都大酒店、小太阳宾馆、金都宾馆等一批酒店已列为涉外旅游接待定点单位，再加上旅游景区附近的酒店、宾馆等，数量已经不少了。当地许多村镇的农民也开始从事住宿业经营，有的利用自家的房子改造成农家旅馆，有的盖古朴的房屋用来从事住宿业，这些民间旅馆设施豪华程度虽然远不能与星级宾馆相比，但却具有自己的特色和价格优势，适合中低层次的消费群体。这类旅馆主要以干净、卫生、廉价、设施基本齐全为标准，以红色文化为装饰主色调，以红色革命历史为内容，以客家文化和乡村风情为特色，根据顾客的喜好与要求做多样化设计。

（4）红色旅游带动传统村镇休闲业的发展。瑞金红色旅游村镇周围的休闲娱乐业与苏区历史、红色文化内涵、乡村风情、农家风格相照应。以传统的民间风俗为主要内容的休闲娱乐项目为主，如茶灯、竹节灯、龙舟赛、稻把舞、斗笠舞等，瑞金现已推出了相关的文化娱乐项目，如倾听红色经典——珍藏的红色故事“大家点”，歌曲可以点，故事也可以点，倾听红色经典，揭开红色文化的神秘面纱。瑞金市委宣传部、纪念馆、文化局、旅游局、党史办和文联等单位搜集出既尊重历史又有悬念，且颇有兴趣的小故事供游客来“点”，增强瑞金旅游的文化内涵。有些故事就连瑞金本地人也不甚了解。比如，是谁选定在瑞金建国定都？中华苏维埃共和国元首是怎么产生的？中华苏维埃枪毙的第一个贪官是谁揭发的？是谁收缴了毛泽覃的手枪？“辣椒大叔”缘何战死？等等。[①] 再如，为了反映中央苏区时期党和红军与红都人民战争中演绎出的军民情、父子情、母子情、夫妻情、兄弟情和官兵情等史诗般的情景，以及无私奉献的红都精神，音乐报告剧《红都·生命的礼赞》以及包括红色舞蹈、客家风情和采茶戏特色的“红土情”等文艺节目会定期在叶坪红军广场、红都影剧院、红都大酒店会议室或瑞金宾馆小礼堂上演。瑞金当地的农民也可以从事娱乐休闲事业，农民可以把当地的传统风俗、传统工艺、传统食物的制作方法等作为开发对象，不断完善红色旅游产品体系，同时有利于促进传统村镇休闲业的发展。

（5）红色旅游带动传统村镇商贸运输业的发展。瑞金市的旅游产业每年都以30个百分点的速度增长。红色旅游的蓬勃发展，带来了瑞金商贸的繁荣。瑞金城区新开设近10家大型购物超市，并设有一家大型旅游定点购物商场，先后开发出100余件具有地方特色和纪念意义且携带方便的旅游纪念品，受到游客的喜爱。

瑞金的旅游商品主要与红色历史、红色文化、红色人物有关。在瑞金，由百姓创办起来的以生产红薯干、红井矿泉水、红军斗笠、红军布鞋等红色旅游商品为主的加工企业已有27家，从事旅游相关产业发展的各类经济实体有400多个，吸纳从业人员5000多人。其中，瑞金的土特产加工业中红薯干是比较有名的，现今需要做的就是保证产品生产过程的卫生，改进产品的包装，提升产品的价值。瑞金村镇特别是旅游景区周围的商业街十分繁荣，旅游商品以红色旅游纪念品为主，以革命历史文化为主要题材。如红军布鞋、斗笠、日东云雾茶、淮山、仿古木雕家具、藤椅、生姜、荸荠、笋干、九堡的“九项宝”竹编工艺品等。农民通过大力发展民办企业，改变了传统单一的农业生产模式，不仅增长了见识，而且通过招商引资，招徕各种工业企业进驻瑞金，加快了瑞金村镇经济的发展。仍以沙洲坝村为例，在发展红色旅游的过程中，沙洲坝村注重对村容村貌的整体规划，对紧靠旧址群的房屋进行统一装修和绿化，加强新农村建设。如今，在沙洲坝村，普及旅游知识、研制旅游纪念品、开发各种旅游项目的氛围是越来越浓。红色旅

① 李棒：“倾听红色经典——珍藏的红色故事‘大家点’”，《中国经济周刊》，2005年第13期，第45页。

游的发展，推动了瑞金市的现代化进程，带动了瑞金第三产业的发展，也给红色旅游景区附近的传统村镇带来了发展机遇。

瑞金旅游宣传品主要是与“红都瑞金”、中央苏区、红军长征有关。以“红都瑞金”画册为例，整个画册主题突出，以红都瑞金的历史与现实为主线，用精辟的文字和大气的图片，全方位多角度进行介绍，内含“今朝更好看”、“长征从这里出发”、“瑞金到北京”三大内容，其样式新颖，集纪念邮册、画册、故事于一体，具有极高的鉴赏、收藏价值。

瑞金还依托“红色故都”这一独特的文化资源、人文景观及边界区域优势，培育起摩托车、水果、建材等24个大型专业批发市场。由菲律宾SA集团投资兴建的“红都商业城”，为赣东南、闽西边界最大的商业城，日客流量3万余人次，年经营商品4万多种。

随着市场的发育和红色旅游带来的人流的增加，瑞金已新开公交线路4条，新增公交车辆54辆，开设直通景区景点的旅游专线7条。与此同时，通过招商引资组建2家旅游出租、汽车公司，投放市场的50多辆出租车极大地方便了市民和游客的出行。同时，2005年10月份赣龙铁路全线开通，为游客参加瑞金红色旅游提供了极大便利。

总之，瑞金旅游接待设施日臻完善，既满足了红色旅游产业发展的需要，又促进了瑞金村镇经济及各大产业的发展。我们要建设的是和谐的社会主义新农村，追求的是和谐发展，激活各产业的共同着力点就是要发展优势产业，着眼于长远，发挥瑞金的红色人文优势。所以，在革命历史上发生过重大事件，或曾为革命政权机关驻地而闻名于世的传统村镇，由于拥有丰富的红色旅游资源，应该坚持走以红色旅游促进传统村镇经济发展的道路，具体到瑞金，红色旅游驱动的传统村镇发展模式即为“红色+土色+绿色+古色”。

“红色旅游”是革命传统教育和旅游产业创新与时俱进的结果，是革命精神与现代旅游经济的结晶。江西各级政府和旅游企业凭借红色资源、地理区位、交通条件以及客源市场等方面的优势，在开发红色旅游产品、保护红色旅游资源、建设红色旅游景区、编排红色旅游线路、策划红色旅游节目、举办红色旅游节庆、塑造红色旅游品牌、组织大型红色旅游宣传推广活动、推动红色旅游区域协作开发等方面均具全国先导性。由于属于革命老区的传统村镇大都比较贫困，经济发展落后，研究以红色旅游驱动的传统村镇的发展模式，对于改变村镇传统的经济发展路径，使传统村镇的经济与社会朝着现代化方向发展，具有非常重要的作用。江西瑞金的传统村镇与红色旅游的结合比较具有代表性。瑞金的传统村镇以叶坪和沙洲坝为代表，两者拥有优越的红色旅游资源，走以红色旅游驱动的传统村镇发展模式，以旅游产业驱动其他相关经济产业发展，促进社会全面进步和现代化建设。了解并掌握瑞金以红色旅游驱动的传统村镇发展模式，举一反三，可以为地方经济社会发展提供有价值的借鉴，并且探索适合本地革命老区传统村镇通过红色旅游促进经济社会全面进步的有效途径，进而实现红色旅游与传统村镇经济良好、和谐、互动和可持续的发展。

第12章

以红色旅游驱动的老区山乡发展模式

——以江西井冈山为例

当我们享受着现代化建设和改革开放的文明成果时，一定不要忘记广大老区人民为中国革命的成功所作出的巨大贡献。加快革命老区的发展对构建和谐社会、建设社会主义新农村具有重要的现实意义。长期以来，党和政府非常重视老区的建设和发展，投入了大量的人力、物力和财力；革命老区发展空间广阔、潜力巨大，蕴涵着许多发展的宝贵机遇；但为什么多数老区，众多人口没有摆脱贫困，有的甚至极度贫困，至今仍然处于落后和困难的状态呢？对此，我们必须用创新的思维方法来思考，当然，老区的发展需要各方面的努力，但发展模式可能是制约老区可持续发展的主要原因。对此，本章以江西井冈山为例，探讨以红色旅游驱动的老区山乡发展模式，希望对广大革命老区的发展起到一定的借鉴作用。

12.1 老区山乡社会与经济

12.1.1 老区的基本概念

老区是指红军长征时期、抗日战争时期及解放战争时期，在中国共产党和毛泽东等老一辈无产阶级革命家领导下创建的根据地。由于我国革命道路的特殊性，革命老区的范围相当广泛，然而由于受到多方面因素的制约，革命老区的经济发展水平相对比较落后。

12.1.2 老区的发展现状

我国革命老区大部分地处边远的深山和少数民族地区，那里地形复杂，高山险阻，工业区位条件很差。由于革命老区区位条件差，很难发展第二产业和第三产业，导致老区第一产业比例过大，一般情况下高达50%，产业结构不合理。在长期的历史过程中，革命老区的经济社会发展缓慢，发展后劲明显不足。革命老区不等于贫困区，但我国大部分贫困地区的确属于革命老区。①

（1）资源丰富，生活环境恶劣。老区自然资源和红色资源丰富，但区位交通条件较差，生态环境相当脆弱。革命老区是我国自然资源富集地区，草原、林木、能源、矿产资源较为丰富，但大都地处偏僻的山区，交通不便利，天然形成的屏障使人们出行受到很大限制，生产、生活极不方便。生存环境恶劣，生态环境脆弱，可利用的土地资源有限，难利用或较难利用的土地面积广大，土地自然生产力低下，社会生产力启动乏力。

（2）地形复杂，基础设施落后。由于地形复杂，老区大多数人民生活在崇山峻岭之中，交通条件差，交通工程难度大、投资大、收益小，交通建设发展不平衡，有的地区至今没有通上公路，常常是“晴天扑面灰，雨天泥腿累”，同时，水、电、通讯等基础设施建设严重滞后，造成革命老区信息闭塞。

（3）发展缓慢，经济水平较低。革命老区普遍存在着生产力发展水平比较低、经济结构不合理、经济发展滞后等突出问题。如1949年刚解放时，井冈山农民人均收入才19元，1998年全市财政总收入4086.5万元，是1960年的449倍，是1977年的56.8倍，全市人均财政收入699元，但与沿海发达地区同期相比，差距仍然比较大。从表12－1可以得知，2004—2007年井冈山、吉安与嘉兴地区相比较，经济发展水平明显偏低，吉安市2007

① 阎友兵、王琳、唐峰陵：“红色旅游与革命老区经济社会的协调发展”，《湖南科技学院学报》，2005年第10期，第198页。

年 GDP 不足嘉兴市的1/3。

表12-1 2004—2007年井冈山、吉安、嘉兴三地区GDP对比

年 份	井冈山市（亿元）	吉安市（亿元）	嘉兴市（亿元）
2004	10.60	242.86	1050.60
2005	12.69	303.14	1159.70
2006	14.98	351.78	1343.10
2007	17.19	406.01	1585.18

（4）教育滞后，文化程度较低。教育是立国之本，对于老区的发展也是至关重要的。几十年来老区的教育事业有了一定程度的发展，大部分地区文盲率与新中国成立前相比大幅度降低，九年义务教育得到相当的普及，有的老区还建设了属于自己的大学和科研院所。但是，目前老区的教育事业还存在许多不足之处，面临着诸多亟待解决的问题，如教育人才严重缺乏、教育资金严重不足等。1990年，在业总人口中初中及以上文化程度人口所占的比重，全国为37.27%，东部地区为43.45%，中部地区为9.74%，西部地区为28.61%，中、西部地区分别低于东部地区3.71个百分点和14.84个百分点，这说明老区人民接受文化、科学知识教育的程度较发达地区仍偏低，青壮年文盲率偏高。这些因素都严重制约了革命老区生产的发展，劳动生产率和产品科技含量的提高。将江西与上海进行比较，江西2005年高等教育毛入学率为20.43%，上海达到57%，江西在高学历人才教育培养方面远远落后于上海地区，这直接导致了地区人口文化程度相对较低的现象。

（5）信息闭塞，思想观念陈旧。由于落后闭塞，与外界联系少，且人们受教育程度低，文化生活贫乏等原因，导致老区人们思想观念较为陈旧、保守，思想意识跟不上改革开放形势，很多人的思想仍停留在“人民公社”时代，缺乏竞争年代的主动性和拼搏精神，人们还普遍存在着“等、靠、要”的思想，对政府有强烈依赖性。

（6）机制不活，专业人才匮乏。由于经济滞后，社会封闭，没有相对宽松的用人环境和激发人才潜能的用人机制，革命老区所需的农业、教育、管理等方面的人才严重匮乏。如何将老区所拥有的良好资源优势转化为经济优势，加快老区经济发展，就成了提高老区人民生活水平、进一步解决老区

“三农”问题的关键所在。

12.2 红色旅游开发对老区山乡发展影响

12.2.1 红色旅游是老区山乡经济发展的突破口

红色旅游业可为老区山乡经济发展创造新契机，提供新引擎，是一项不容忽视的扶贫工程和致富工程。发展红色旅游，可调整农业结构、优化农业生产布局，开展农业产业化经营，推进农产品转化、加工、增值，扩大畜牧、水产、园艺等劳动密集型产品和绿色食品的生产；转变农业增长方式，扩展非农产业，促进乡镇企业和农村个体私营等非公经济发展，提升农民外部增收潜力；可以将革命老区的乡土文化资源和红色资源优势转化为经济优势，促使革命老区依托自身丰富的红色资源培育当地的优势产业、特色产业和支柱产业；红色旅游是一项就业成本较小的劳动密集型产业，其中许多工作都必须靠员工手工操作，需要大量的劳动力，这就缓解了老区的就业压力。同时，红色旅游产业就业层次比较丰富，特别是有些服务工作并不需要很高的技术，从而可以为文化素质不高的广大农村妇女和刚刚进入社会的青年人提供就业机会；红色旅游也是一项综合性产业，涉及食、住、行、游、购、娱等多个方面的要素，这在客观上要求红色旅游产品在面向旅游市场时具有较高综合性，它不仅涉及交通业、饭店业、娱乐业等旅游部门的各行业，还涉及文化、教育、卫生、轻工业、重工业、建筑业、农副业等非旅游行业的各部门。因此，红色旅游的发展可以带动旅游目的地第三产业迅速发展，从而成为振兴地方经济的主导产业。

12.2.2 红色旅游加快了老区基础设施建设的步伐

旅游资源开发不是一件孤立的事情，它是一个综合的主体开发过程。发展红色旅游，可进入性是关键，交通必须先行，要使红色旅游地同外界的交通联系以及红色旅游地内部的交通运输实现便利和畅通。因此，必须完善各种交通基础设施的建设和各种交通运营的安排。除此之外，还要建设和完善包括供水、供电、通讯、车站码头以及银行、保险、医院、商店等在内的旅游支持设施，建设和完善包括饭店、餐饮、娱乐场所等在内的旅游服务设施。这些旅游支持设施和服务设施是红色旅游开发中要实现的基本物质条件，它们既满足旅游者的旅居生活需要，同时也为当地居民服务。红色旅游的开展，客观上必然有利于改善农村基础设施状况，使相关部门加大对农村道路、安全饮用水、农村能源、厨房厕所等设施的建设投入，完善电力、广播、通讯、电讯等配套设施建设，加强农村环境建设，开展对农村生活垃圾、沟渠水塘、院落畜圈的整治，更新改造危旧房屋，统筹规划乡村建设，因地制宜地建设具有民族特色和地域风情的民居民宅，改善村容村貌，提高农民生活质量，使老区农民能够真正享受到现代化成果。同时，随着老区行路难、用电难、饮水难等状况的改善，制约老区山乡社会经济发展的“瓶颈”逐步得到了解决，从而有利于促进老区山乡经济、社会文化的全面发展。

12.2.3　红色旅游促进老区民众观念更新和素质提高

科学发展观的核心是以人为本。老区民众的文化素质普遍偏低，价值观念和生活方式相对落后保守，不少人很难接受先进的科学技术和生产方式，缺乏市场、商品、开放等先进观念。红色旅游景点不同于一般自然景点，它承载着丰富的文化内涵和精神内涵，大多数红色旅游接待地文化底蕴丰富，民风淳朴，民俗风情各具特色。革命先辈给老区人民留下的不仅是具有特殊意义的革命历史文化遗址和遗物，而且在中国革命的伟大征途中，创造了诸如长征精神、井冈山精神、延安精神、西柏坡精神等为代表的伟大民族精神、伟大革命精神。这不仅可以使游客受到革命思想的洗礼，而且伴随着各种阶层、职业、年龄段旅游者的涌来，现代文明被带进来，有助于打破老区原有的封闭状态，引起人员、信息、科技、文化、资源、商品的大流动，大大促进老区与发达地区的交流与互动。在与外来游客的交流、交往中，老区人民可以接受外来先进文化的熏陶，解放思想，开阔视野，增强劳动致富意识、创业意识、商品意识、科技意识，产生脱贫致富的内在动力，克服长期困扰老区经济发展的旧思想、旧观念、旧习惯，树立文明、科学的生活观，养成健康的生活习惯。老区民众的思想道德水平、科学文化水平、民主法制观念等会在潜移默化中得到提高，老区人民的整体素质会得到提升，从而有利于成就“有文化、懂技术、会经营、守法纪、讲文明”的新型农民。

12.2.4 红色旅游以科学发展观指导资源开发与保护

环境是旅游的基础。老区山乡得天独厚的红色资源与保存完好的绿色资源相得益彰，产生巨大的旅游吸引力。不少地方通过发展红色旅游，对革命历史文化遗产的价值有了新的理解，他们认识到这些革命历史文化遗产不仅是中华民族宝贵的精神财富，是一种重要的历史文化资源，同时也是带动当地经济发展的重要物质财富，是一种重要的旅游资源。当政府及老区群众尝到了旅游带来的甜头后，会自觉地将资金投入到生态及自然环境建设上去，更加注重老区的生态环境，从而提高其保护资源的自觉性，并促使政府及有关部门更加重视保护和有效利用红色资源。因此，老区发展红色旅游，符合“以人为本，全面、协调、可持续发展”的科学发展观。

总之，老区山乡红色旅游的开拓和发展，不仅具有经济功能，而且还有政治功能、文化功能，对于推进革命老区的社会主义新农村建设具有积极的促进作用。实践证明，发展红色旅游可以改善革命老区的基础设施建设，改造其原有的投资环境，使革命老区更加开放，并为革命老区劳动者提供就业岗位，进一步优化老区产业结构，增加当地政府收入和群众收入。因此，开展红色旅游将一改往日的“输血式”扶贫为“造血式”发展、“救济型”扶贫为“开发型”建设，在红色旅游的带动下，各个产业间相互促进，共同发展，将为老区脱贫致富奠定坚实的基础。以红色旅游为突破口，结合自身资源发展当地经济是目前绝大多数老区山乡发展的最佳选择。

12.3 江西井冈山红色旅游发展现状

井冈山红色旅游的发展可以说是以红色旅游驱动的老区山乡发展模式的

成功典范。尽管井冈山老区的发展离不开其得天独厚的自然资源，然而令它名扬天下的却是因那段红色历史而形成的红色品牌，井冈山的迅速发展得益于当地红色旅游的开发。

12.3.1　井冈山在全国红色旅游中的地位

井冈山市位于江西省的西南部，江西、湖南两省交界的罗霄山脉中段，享有“革命摇篮”和“绿色宝库”的美誉。以毛泽东、朱德为代表的老一辈无产阶级革命家在这块红色土地上进行了建党、建军、建政等一系列伟大革命实践活动，开辟了“农村包围城市，武装夺取政权”的中国式革命道路，“井冈山精神”从此成为全国人民宝贵的精神财富。近年来，红色旅游开发在全国风起云涌，作为“中国红色旅游基地之首”的井冈山，红色旅游的开发建设受到从中央到省市各级政府的高度重视。胡锦涛总书记等中央领导亲临江西视察、指导江西工作，胡锦涛同志指示：让井冈山精神大力发扬起来，使之在新的时代条件下放射出新的光芒。李长春同志在江西视察时指出，要把井冈山革命纪念地等爱国主义教育基地建设好、管理好、利用好，在开展革命传统教育，特别是加强青少年思想道德建设上发挥更大的作用。2003年6月，经党中央、国务院批准，作为面向全国的革命传统教育基地、基本国情教育基地的三大干部学院分别在上海、井冈山和延安陆续开工建设。井冈山的红色旅游资源得天独厚，迄今仍保存完好的革命遗址、旧址有100多处，其中黄洋界保卫战、朱毛会师地、龙江书院等21处遗址，被统一列为全国重点文物保护单位——井冈山革命旧址群，11处被列为省级重点文物保护单位。井冈山市红色旅游系列景区（点）已成为全国红色旅游100个经典景区之一，以韶山、井冈山和瑞金为中心的“湘赣闽红色旅游区”是全国重点红色旅游区，南昌—吉安—井冈山线以及井冈山—永新—茶陵—株洲线属于中国红色旅游精品线路。井冈山市主打红色旅游的品牌，同时整合“绿色旅游”资源，旅游业不断壮大，成为第一批“全国重点风景名胜区”。[①] 现在又通过“依靠旅游，发展旅游”的精神不断努力创新和全面发展，井冈山先后获得了“中国优秀旅游城市”、“国家4A级旅游

---

① 易清传、付小刚：“井冈山红色旅游开发对策探讨”，《安徽农业科学》，2007年第9期，第2705页。

区”、“全国卫生城市”、“全国造林绿化百佳县（市）”、“国家5A级旅游区”等一系列荣誉称号。由此可见，井冈山在全国红色旅游开发中占有非常重要的地位，努力承担起“中国红色旅游领跑者”这一重要角色。

12.3.2 井冈山红色旅游开发现状

为了实现井冈山旅游尤其是红色旅游的发展，将井冈山市建成全国红色旅游的“第一城”，在交通建设方面，2004年5月18日，建设并投入使用了井冈山机场；2005年3月31日，连接赣粤高速公路的井冈山高速公路正式开通；2005年7月1日，井冈山开通了吉安至北京西和吉安至深圳两趟始发旅客列车，结束了没有始发旅客列车的历史，解决了游客“进得来，出不去”的后顾之忧；2006年底井冈山铁路竣工通车；随着2007年4月18日吉井铁路的开通，井冈山形成了四通八达的立体交通网络。同时，市内3家旅游客运公司的300多辆大中小型汽车能提供周到的服务，与南昌、赣州、长沙、广州等大中城市形成4小时经济圈。在景区建设方面，该市还将“红色摇篮”、“绿色家园”、“古色文化”、“蓝天碧水”等旅游资源和旅游品牌重新组合，扩大景区范围，并通过招商引资对旅游点进行开发建设，使游客接待能力提高了3倍。现在井冈山风景名胜区面积已达261.43平方千米，拥有11大景区、76处景点、460个景物景观。[①] 在旅游收入方面，2007年井冈山市接待游客306万人次，旅游收入19.32亿元。经过多年努力，以旅游业为龙头的第三产业已成了当地的支柱产业，占全市GDP的近1/3，且每年以高于20%的速度递增，有力地促进了地方经济的发展，并且井冈山红色旅游成功实现由接待型向市场型跨越。

12.3.3 井冈山红色旅游发展的举措与经验

井冈山红色旅游开发的成功得益于政府的高度重视，并且在开发建设过程中采取了一系列有效的举措。

（1）理顺综合管理体制。井冈山红色旅游产业的发展一度存在严重的体制障碍，红色旅游的管理政出多门。井冈山自然保护区管理局归省林业厅

① 易清传、付小刚：“井冈山红色旅游开发对策探讨”，《安徽农业科学》，2007年第9期，第2705页。

管理，井冈山垦殖集团隶属于省农业厅，井冈山革命博物馆由省文化厅管理，再加上井冈山市委、市政府，各部门的管理职能既分割又交叉，使得红色旅游的管理陷入尴尬的局面。近年来，井冈山市通过向上级部门积极争取，逐渐理顺了管理体制，自然保护区和垦殖集团一律下放给地方管理，并且成立了井冈山市的职能部门；掌管红色资源的井冈山市博物馆也成为副县级单位，由井冈山市直接管理，省文化厅只作业务上的指导；为统一旅游资源的经营，井冈山成立了门票局，实行景区门票“一票制”，门票总收入的18%归属于博物馆，39%归属于市财政，5%用于旅游促销，其余归井冈山市旅游股份公司，由此形成了管理集中、职责明确、利益共享的管理体制。

（2）大力宣传井冈山精神。2003 年 11 月，井冈山精神大型展览在北京首展，引起强烈反响，首展共接待观众 11.8 万余人。此后，井冈山精神大型展览在全国进行了为期两年的巡展，2004 年，井冈山精神展在天津、上海、嘉兴、杭州以及南昌巡展并受到观众热烈欢迎，参观人数达 40 多万人次；近年来，井冈山市投资数千万元，对革命博物馆、行洲红军标语群、步云山练兵场等革命旧址进行抢救和改造；为深入挖掘红色文化，该市成立了井冈山精神研究会，出版了《井冈山根据地全史》、《弘扬井冈山精神，永葆党的先进性》、《天下第一山》、《走向井冈山》、《将帅从这里诞生》等一大批反映井冈山斗争史实的革命书籍；精心编排了《红色歌舞大联唱》、《八角楼上的灯光》、《十送红军》等传统革命歌舞节目，推出了“吃一顿红军饭、唱一首红军歌、走一趟红军路、读一本红军书、听一堂传统课、扫一次烈士墓”的“六个一”革命传统教育模式；开展了红色圣地寻踪游、精神家园回归游和举办井冈山旅游文化节等一系列宣传促销活动，并组建井冈山精神报告团在全国巡回宣传。

（3）红色与绿色旅游相结合。从 1995 年井冈山提出“旅游兴市”目标以来，一直把旅游开发科学定位为红色资源与绿色资源相结合，以红色吸引游人，以绿色留住游人。“红色”与“绿色”交相辉映是井冈山旅游的最大优势和卖点，红色被称为井冈山旅游的灵魂。近年来，井冈山市坚持“在保护中开发，在开发中发展”的原则，投入巨资扮靓红色旅游景点。例如 2005 年，井冈山市对被列为全国爱国主义教育基地“一号工程”的井冈山革命博物馆进行新馆建设。除红色旅游资源之外，井冈山还拥有全球同纬度保存最好的次原始森林 7000 公顷，各类植物 3800 余种，同时以其良好的生态环境和宜人的气候，被誉为“天然氧吧”、“人间仙境”。井冈山市近年来在加大红色旅游资源保护和开发的同时，积极开发生态旅游，相继开发出龙潭、主峰等生态景区以及不少供游人观赏的“绿色”景点，如竹排漂流、客家歌舞、客家菜肴品尝、观幽林古藤、快艇游井冈湖等，同时，还推出五马朝天狩猎、攀岩、高空钢索等表演项目，使井冈山“红”、“绿”交相辉映、相得益彰，形成了集观光、娱乐、休闲、度假为一体的井冈山多种旅游功能。

12.3.4 井冈山红色旅游存在的主要问题

（1）开发深度不够，产品形式单一。在井冈山红色旅游开发中，对革命历史文化内涵挖掘还不够深入，对红色资源的深层魅力和现实价值缺乏深度发掘，在开发中重硬轻软，文化挖掘和资源整合力度不够；对相关旅游资源整合开发意识不够强，综合性、复合型的红色旅游产品较为缺乏；目前革命景点提供的产品大多用简单的图片展示和橱窗式的文物陈列，表现方式陈旧，导游讲解缺乏现代化手段，强震撼力和感染力的旅游产品缺乏，参与体验式的旅游项目不足，红色旅游商品等配套未完善。从整体上来说，红色旅游产品单一，吸引力有下降趋势。

（2）开发强度集中，原生环境渐失。井冈山市处于群山环抱中，核心景区开发力度和强度较大，长期以来由于开山修路和建房开发造成部分地区出现水土流失和山体裸露现象，原生环境受到破坏，生态修复压力加大。尤其是原井冈山景区面积狭小，核心景区茨坪面积只有3平方千米，而常住人口由多年前较稳定的6000人增加到最多时的1.7万人，汽车尾气、噪声、垃圾、污水等造成景区生态环境日益恶化，尤其在旅游旺季或是重要的革命纪念日，大量游客的到来，更加重了生态环境的负担。为了减少常住人口和公务往来人员对茨坪核心景区的环境承载压力，扩大发展空间，2005年4月28日，井冈山市中心所有单位全部“下山”，陆续从茨坪搬至29千米外山脚下的新城厦坪，逐渐缓解了茨坪景区的生态环境压力，但是每逢旅游旺季或是重要的革命纪念日，伴随着大量游客的到来，茨坪景区的生态环境压力仍然较大，今后井冈山市仍需加大力度对环境进行综合治理。

（3）促销力度不够，形象感知落后。由于井冈山市本身财政收入有限，再加上门票收入的上交，井冈山旅游发展总公司及旅游局等单位在旅游促销方面的费用每年才100多万元，促销力度明显不够。虽然井冈山作为革命根据地的形象早已扎根于国人的心中，但是仍然有不少远离井冈山地区的人们认为井冈山和延安一样，是土地贫瘠和森林稀少的地方，因而必须加大对井冈山红色旅游促销投入的力度，对井冈山的红色资源与产品以及优美的自然风光进行广泛宣传，提高人们对井冈山“红色摇篮，绿色家园”整体形象的感知度。

12.4 红色旅游驱动的老区山乡发展模式

12.4.1 以红色旅游驱动的老区山乡发展模式的含义

模式，是指从思维方式、价值观念到行为方式、信念意志等方面内在的趋于一致的机制或方式，是事物的程式化，也是对同类事物有共同效应的一种抽象。简而言之，模式就是人们普遍遵守、运用的一套系统化、标准化的运作机制。以红色旅游驱动的老区山乡发展模式就是通过开发老区丰富的红色旅游资源，兴办旅游经济实体，使红色旅游成为老区山乡的支柱产业，推动老区人民致富和地方财政增长，长久并真正地解决老区经济发展问题。[①]

我国革命老区在旅游资源、交通条件、区位劣势、观念认识、资金限制、人才匮乏等方面具有很大的相似性，因此各地老区的发展有很强的关联性和共通性。对于老区存在的这些问题都可以采取相同（或类同）的措施，通过共同的途径加以解决，根据这些共同特征、共同问题、共同措施、共同途径内在联系的规律性，即可抽象出具有一般性的程式化的事物——以红色旅游驱动的老区山乡发展模式。

① 徐勤飞：“县域旅游产业定位及相关问题研究”，青岛大学硕士学位论文，2003年，第39页。

12.4.2 以红色旅游驱动的老区山乡发展模式的意义

以红色旅游驱动的老区山乡发展模式是一种通过开发老区红色资源和红色文化，以发展红色旅游来促进老区山乡经济社会发展的方式，该模式将红色旅游作为老区山乡经济社会发展的新出路，进而带动老区全面发展。但是该模式并不意味着要机械地按照发展红色旅游的各种条件为老区山乡规定完全相同的发展道路，而要在确定基本发展模式的前提下，根据老区山乡的具体实际情况有针对性地协调、处理其内部的各种关系。以红色旅游驱动的老区山乡发展模式具有典型的资源性征，同时又带有一定的政治色彩。由于大多数红色旅游地属于经济欠发达地区，因此，在红色旅游发展初期多是政府主导，通过营造良好的政策环境，改善交通等基础设施，对旅游资源进行边“游”边开发。待产品体系完善之后，则主要以市场为导向，对旅游资源进行深层次挖掘，提升红色旅游产品的内涵。一个好的发展模式，对保证当地经济健康发展、实现预期目标有着重要意义和作用。

第一，有助于解决选择突破口的问题。一个地区，尤其是老区在发展过程中，必然会遇到一系列困难，如果能针对其中的关键问题予以解决，往往能起到事半功倍的效果，所以找出关键问题，选择突破口便成为重中之重。

第二，安排旅游业内部各方发展顺序。旅游业是一个涉及面很广的复杂系统，在旅游业刚起步的地区，头绪更多。因此，在确定以红色旅游驱动的老区山乡发展策略时，有必要根据轻重缓急排列发展顺序，做到有主有次、循序渐进，避免没有重点的全面出击。

第三，协调各方在发展中的比例关系。老区发展红色旅游，虽然不能所有方面都齐头并进，全面出击，但也不能自行其是，因为各个方面都是相互制约、相互作用的。其中任何一个方面发展不到位，都可能形成“瓶颈”性制约因素，进而妨碍整个老区的发展。所以，在老区红色旅游发展中应处理好各方面的比例关系，使整个红色旅游产业能协调、稳定的发展。

12.4.3 井冈山红色旅游发展模式

作为一种特殊的旅游形式，红色旅游是在国家政策的有力支持下，以特殊的历史遗迹和文物、红色文化等旅游资源为依托发展起来的。有利的政治因素和红色资源的不可替代性，使红色旅游在发展初期以“政策—资源”

导向模式为主进行开发。但红色旅游产品属于特殊的观光型产品，在发展初期游客市场范围相对狭小，一般游客是不会优先选择纯粹以红色产品为吸引的旅游目的地的。因此，尽管红色是这些旅游地的本质要素，但更多还是起搭台作用，而优越的生态大背景、宜人的气候条件等绿色旅游资源才是其旅游发展的基本定位和主要方向。一些地区借助红色资源的知名度，以红色带动绿色，积极发展生态旅游，适应市场需求，形成了“红色搭台，绿色唱戏”的红绿结合发展模式。红绿结合模式即把红色旅游资源和绿色旅游资源结合开发的一种模式。还有一些地区伴随着红色旅游进一步的发展或区域另一资源优势凸显，形成多色组合的旅游资源开发模式——“彩虹”模式。虽然发展红色旅游有着特殊的政治意义，但它毕竟是以旅游为依托的，其发展必须遵循旅游市场发展的规律，既要有政府主导，也要通过宣传促销、招商引资等市场化运作，通过区域合作的联动效应积累优势，获得健康发展。红色旅游在发展过程中应充分挖掘资源潜力，开发特色产品，同时提升产品的内涵，将其上升到文化的高度，最终形成一种核心品牌竞争力，凝合成以市场为中心的“资源—市场—文化—品牌”综合导向模式（如图 12 - 1 所示），这将是红色旅游开发模式的一般发展方向。

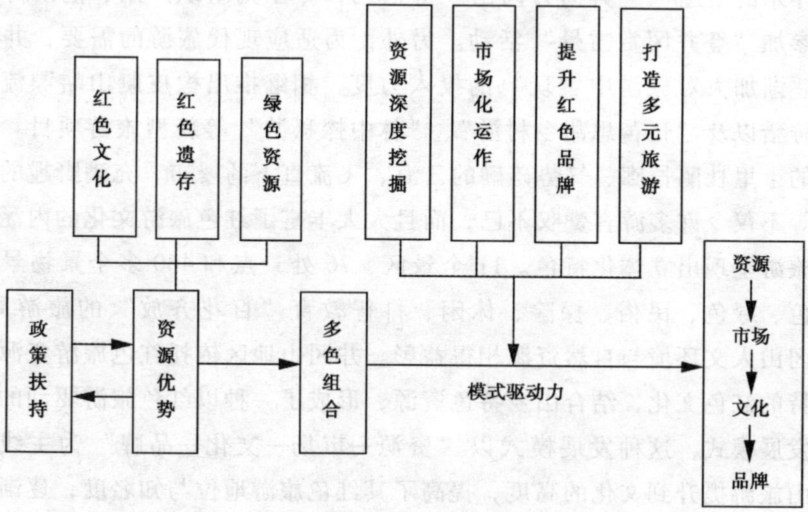

图 12 - 1　红色旅游发展模式

作为革命纪念地，其红色旅游资源一般具有较高的市场知名度、美誉度和社会影响力，然而单纯的红色景观对旅游者的吸引力毕竟有限，很难独立担当起当地旅游业发展的重任，因而需在红色这种旅游本底要素的配合下挖掘其绿色旅游资源。全国241个革命老区县，其中有80%都位于山区和丘陵，其绿色自然旅游资源丰富多彩，有的革命纪念地本身就是国家级或省级风景名胜区，这些地区可采用“红色搭台、绿色唱戏”的红绿结合模式进行联动开发，以高知名度的红色景观为号召，以清新奇绝的自然山水等绿色景观和生态环境为基础吸引旅游者，以红色为媒介，以绿色为平台，有效打造红色旅游和绿色旅游结合的红绿旅游品牌。

井冈山红色旅游发展较成熟，它利用自身红色圣地的市场品牌价值，充分发挥革命圣地与自然景观、人文景观相辉映的旅游优势，以“绿”衬“红”，采取“红绿”结合发展模式，大力招商引资，整体提升市场竞争能力，已经做出卓有成效的探索，使井冈山红色旅游发展蒸蒸日上。围绕“红色吸引人、绿色留住人”这一主线，井冈山在红色旅游发展过程中，将优美的自然风景与独特的红色文化完美结合，从而产生长久吸引力。春暖花开时节，组织赏杜鹃活动，举办“红杜鹃笔会”和“杜鹃文化节”；夏天组织“井冈之夏”文艺会演和旅游避暑活动；十月开展“重走红军路”、“追寻毛泽东的足迹”、“奔向井冈山”等活动；冬季则组织广东、港澳等南方游客参加“登井冈赏雪景”活动。另外，为适应现代旅游的需要，井冈山各地逐渐加大对旅游中“玩”的投入力度，相继推出橡皮艇山峪漂流、攀岩、狩猎以及“忆苦思甜乡村游”、“林中探秘游”等新型旅游项目。蜚声中外的十里杜鹃长廊、气势磅礴的云海、飞流直下的瀑布、充满野趣的客家漂流等不仅令许多游客赞叹不已，而且大大丰富了红色旅游文化的内涵，使红色旅游呈现出立体化特色。11个景区、76处景点和460多个景物景观形成红色、绿色、民俗、探险、休闲、科普教育“百花齐放”的旅游局面，使井冈山人文环境与自然资源相得益彰。井冈山地区依托红色旅游资源，凭借独特的红色文化，结合山乡特色资源，形成了一种以红色旅游驱动的老区山乡发展模式，这种发展模式以“资源—市场—文化—品牌”为主线，将井冈山旅游提升到文化的高度，提高了其红色旅游地位与知名度，逐渐显现出井冈山这一品牌优势，极大带动了老区山乡社会经济的发展。

井冈山红色旅游发展模式对其他地区（尤其是老区）建立以红色旅游驱动的老区山乡发展模式具有一定的借鉴意义。在充分学习井冈山模式的基础上，结合老区发展的实际，采取有效的手段，构建符合当地实际的以红色旅游驱动的发展模式，以带动老区社会经济的发展。

12.5 红色旅游驱动老区山乡发展的战略重点

12.5.1 深入挖掘红色文化的精神内涵

红色旅游的开发，应充分体现红色旅游资源的精神本质与内涵。例如，井冈山是中国革命的摇篮，井冈山精神是当地宝贵的精神财富，如何把这一宝贵精神财富贯穿到旅游活动中做到寓教于乐，这是提升红色旅游吸引力的关键。因此，无论是在文物的展示还是现场的导游讲解中，都应力求本真与实事求是，切忌某些牵强附会乃至杜撰的传说。因为红色旅游本身所强调的就是在参观游览时感受红色精神、教化自己。因而，红色旅游资源内涵的挖掘与目的地红色氛围的营造是开展红色旅游所必须特别关注的。

12.5.2 完善旅游基础和配套设施建设

老区山乡大力发展红色旅游，首先必须加强红色旅游目的地的旅游基础设施和配套设施的建设。发展红色旅游要做到交通、通讯、住宿等设施的建设与改善，才能方便旅游者进得来、出得去。同时，随着人们生活水平的普遍改善和生活质量的进一步提高，要按照旅游产业六大要素“吃、住、行、游、购、娱”配套发展的要求，进一步完善旅游服务功能，加强休闲生活设施的建设，让旅游者有看头、有玩头、有吃头，配套完成旨在为旅游者提供娱乐和生活方面的便利设施，提升旅游接待能力。例如，井冈山在交通方面有井冈山机场、泰井高速公路、赣粤高速公路、吉井铁路，毗邻105国道，319国道穿市而过，为发展旅游提供了保障。

12.5.3 倡导参与式与体验式经营模式

用现代旅游的参与意识建构红色旅游的经营模式是最为贴切和有效的，它要求经营者运用聪明才智并结合经营手段，为旅游者提供身心参与的体验方式和体感身受的体验效果，使红色旅游效应从眼睛文化过渡到心性文化再深刻到心灵的境界。因此，在红色旅游目的地的建设中，应整体把握红色旅游的精髓，以红色文化发展的脉络为纲目安排，纵横建立起红色旅游产品的整体布局。同时要在传统的参观教育活动基础上，努力体现红色旅游的旅游特色和旅游接待专业水平，要逐步改善和提高展馆档次，改变简单的图片展示和橱窗式的文物陈列，使红色旅游的表现手段更加科学化，现代化和多样化。

12.5.4 加强专门人才的引进和培养

红色旅游的开发，应强化旅游人才队伍的建设。旅游业的竞争也就是人才的竞争，因此必须对参与红色旅游行业的服务员、导游、部门经理、总经理等各层次从业人员进行轮训，推行全员持证上岗制度，优化行业队伍结构，提高整体素质；同时，整合院校旅游教育资源，改进专业设置，不断提高教学质量和办学水平，培养大批旅游应用型人才；重视引进高层次旅游业管理人才和营销人员，采取公开招考或柔性引才的办法招贤纳士，提高红色旅游从业队伍的整体素质。

12.5.5 加大乡村社区居民的参与力度

合理处理红色旅游各相关利益主体间的利益分配。革命老区经济落后，财政紧缺，缺乏红色旅游开发的启动资金，需要政府的前期引导与投入，而政府在完成原始资本积累的时候，往往会忽视处于弱势地位的社区居民的利益，这不利于老区红色旅游良好形象的形成和可持续发展。因此，在以红色旅游驱动发展的老区，应合理处理各利益主体间的利益分配，保证老区人民获得公平的利益回报，激发老区参与红色旅游的热情。主要的措施是处理好红色旅游资源开发初期的资源分配比例。一是把老区人民本身所拥有的旅游资源作为股份投入到红色旅游开发中。如不少的居民都拥有一些珍贵的文物或手工艺品，还有一些红色旅游区在特定的环境下形成了一些具有特色的产品；二是把老区为发展红色旅游所承受的消极影响也折算成股份，纳入旅游成本中；三是对旅游资源进行评估、作价，折算成相应的股份入股，由政府给老区一定的回报；四是劳动入股，在红色旅游开发初期，需要大量的劳力，可以将老区人民的劳动积累转化为资金积累，折算成一定的股份。这样，老区人民就不再是旅游开发的局外人，也能顺其自然地享受红色旅游开发产生的收益。① 社区参与关系到遗产保护能不能得到真正的有效的保护，决定了旅游开发与区域经济发展的联系。②

12.5.6　走科学发展的可持续旅游之路

红色旅游的开发，应以社会效益为主，兼顾经济效益。红色旅游自身的特殊性和我国的社会性质决定红色旅游的发展必须把社会效益放在首位，但在同时还要不断提高经济效益。如果忽略经济效益或不讲经济效益，红色旅游的发展既不现实也将难以为继。因此，老区发展红色旅游产品不能仅停留在展示、观赏上，应走集约化发展路子，大力发展红色旅游系列产品，如红色旅游餐饮、红色旅游商品和旅游娱乐等，以满足旅游者广泛的消费需求。当然，应力求突出这些系列产品的革命特色、传统特色和地方特色，并提高服务水平，这样才能大幅度提高经济效益，促进红色旅游目的地的全面发展和进步，最终力求做到红色旅游的社会效益和经济效益的完美结合。

通过发展红色旅游，尤其是老区山乡的红色旅游，发挥红色旅游业较强的带动力，推动当地社会、经济、文化教育、民众生活、生态与环境等全面发展，并给老区的发展带来持久的动力，是红色旅游作为“政治工程、经济工程、文化工程”在老区的具体表现。构建以红色旅游驱动的老区山乡发展模式，以红色旅游的发展带动老区山乡经济社会发展，有利于促进老区基础设施的改善，提高老区山乡农副产品的附加值，改善老区人民的生活质量，同时在一定程度上防止生态退化与环境破坏，这个模式为老区在保持传统和追求现代化之间找到了新的平衡。因此，具有优质红色旅游资源的老区要以红色旅游为吸引点，通过红色旅游找到适合自身的发展途径，结合自身的生态环境和人文特点找到最佳的发展模式，从而促进老区经济社会整体发展，协调进步。

---

① 唐治元：“红色旅游扶贫实现的途径”，《老区建设》，2006年第3期，第11页。

② 吴必虎、余青：《红色旅游开发管理与营销》，中国建筑工业出版社2006年版，第34页。

第13章 红色旅游的区域合作

——以湘赣两省为例

随着生产力的发展，人们在追求物质生活的同时也在努力丰富精神生活，红色旅游作为革命精神与现代旅游经济的结晶就是在这种情况下产生的。《2004—2010 年全国红色旅游发展规划纲要》提出培育形成 12 个“重点红色旅游景区”、配套完善 30 条“红色旅游精品线路”、重点打造 100 个左右“红色旅游经典景区”的红色旅游建设目标。[①] 其中，湘赣闽红色旅游区被列为重点红色旅游景区，作为拥有丰富红色旅游资源的江西和湖南两省，在这种良好的大背景下，加强红色旅游区域协作，谋求区域之间红色旅游业协调发展对双方而言均具有深刻而深远的现实意义。

13.1 湘赣两省红色旅游资源开发与合作现状

13.1.1 湘赣两省红色旅游资源现状

红色旅游资源是一种独特的资源形式，是开展红色旅游的凭借，一般可

① 国家发展和改革委员会：“2004—2007 年红色旅游发展规划纲要”，中国红色旅游网，http：//www. crt. com. cn/news2007/News/quanwei/2007/123/07123113319BJA9DC22FECDF539F0F0. html.

以将其分为广义和狭义两种。广义的“红色旅游资源”是指那些能够顺应历史潮流，弘扬爱国主义精神的一切革命活动中凝结的人文景观和精神。狭义的“红色旅游资源”则是指在中国共产党成立后领导广大人民群众进行的第二次国内革命战争、抗日战争、解放战争期间所形成的历史痕迹和精神瑰宝。

江西和湖南两省都是红色旅游资源丰富的省份，也是国家旅游局重点培育的12个重点红色旅游区之一，两省都是中国革命的摇篮，为红色旅游的开展提供了良好的条件。据统计，江西省有81个县市被国家定为老革命根据地县市。全省有馆藏革命文物6万多件，革命旧址1500处，其中被列为全国重点文物保护单位的有11处46个点，被列为省级文物保护单位的有78处，它们与全省15座革命博物馆共同展示出中国和江西革命历史的辉煌历程。[①] 这表明，江西红色旅游资源数量多、品位高。就差异性而言，全省各地分布着大量独特的革命遗址、旧址和纪念物，拥有革命摇篮——井冈山、共和国摇篮——瑞金、军旗升起的地方——南昌、秋收起义发源地——萍乡等著名的革命圣地和9处国家级爱国主义教育基地。相对来说，湖南目前也有一批比较成熟的红色旅游项目，如湘潭韶山毛泽东故居、长沙宁乡刘少奇纪念馆、长沙第一师范青年毛泽东纪念馆、清水塘中共湘区委员会旧址、湘潭乌石彭德怀纪念馆、浏阳文家市镇秋收起义会师旧址、岳阳平江起义旧址、岳阳任弼时故居、炎陵湘山公园等。

13.1.2 湘赣两省红色旅游发展现状

两省的红色旅游发展已经初具规模，且对当地经济的建设和发展都产生了良好的推动作用。湖南红色旅游的发展极大加快了当地经济的建设步伐。比如韶山，2004年接待游客达到了230万人次，实现旅游收入3亿多元，成为该市经济的主导产业。[②] 2007年，该市接待游客350万人次，实现旅游

---

① 扬洪、陈亚召、阎友兵：“湖南红色旅游开发创新研究”，《湖南科技大学学报》，2006年第7期，第1—8页。

② 邓蓉：“首届中国红色旅游节7月举行”，新浪网，http：//news. sina. com. cn/c/2005－04－19/07345687779s. shtml.

收入5.8亿元。[①] 红色旅游已经发展成为当地经济的有利助推器。

江西是全国开展红色旅游较早的省份之一，自1998年江西提出红色旅游概念以来，红色旅游在江西取得了一定的发展。其中，井冈山红色旅游发展较为成熟，2009年井冈山接待红色旅游游客405.12万人次，实现旅游收入28.55亿元，与2008年相比，分别增长12.28%，13.24%。[②] 就江西省而言，2004年全省红色旅游景区共接待游客1350余万人次，红色旅游总收入77亿元，占全省接待国内游客总量、旅游总收入的近1/3，红色旅游总收入相当于GDP的2.2%[③]。2007年，红色旅游接待人数2804万人次，红色旅游综合收入188.25亿元，同比分别增长27.44%和28.43%，占全省旅游接待人数的40%和旅游总收入的40.6%。2009年红色旅游接待人数4258.97万人次，红色旅游综合收入287.63亿元，占全省旅游接待人数的44%和旅游收入的43.72%。[④] 由此可见，两省的红色旅游发展已初具规模、红色旅游发展基础好、红色旅游发展潜力也很大。倘若两省整合各自的旅游资源，推出一系列综合性旅游产品，将会极大拓展红色旅游的空间并能丰富红色旅游的内涵。

13.1.3 湘赣两省红色旅游区域合作现状

《2004—2010年全国红色旅游发展规划纲要》明确指出，在今后5年内，我国将在全国范围内重点建设12大红色旅游区，30条精品路线和100多个经典景区，其中排在第二的便是"湘赣闽红色旅游区"，两省共有的精品路线是井冈山—永新—茶陵—株洲一线的"红色革命根据地精品旅游线"。2005年10月16日，井冈山、延安、西柏坡、遵义、瑞金、嘉兴、安源、韶山、六盘山等9个红色旅游景区的领导人在江西井冈山举办的红色旅游高峰论坛上，签署了加强区域红色旅游合作，共同打造红色旅游品牌的《红色旅游合作井冈山宣言》。2005年11月2日，韶山、井冈山、遵义、延

---

① 左阳天："井冈山半年游客首破百万"，中国红色旅游网，http://www.crt.com.cn2005-7-15.

② 红笔杆："在科学发展观的指引下阔步前进——井冈山2009年旅游工作回顾"，中国红色旅游网，http://www.crt.com.cn/news2007/News/jiangshan/2010/418/10418111053157187E6IB768EFEDJ6D.html.

③ 江西省统计局：《江西统计年鉴2005》，中国统计出版社2005年版，第68页。

④ 江西省统计局：《江西统计年鉴2010》，中国统计出版社2010年版，第79页。

安和西柏坡5大圣地在“2005年中国西柏坡红色旅游论坛”上，达成《西柏坡共识》，5大圣地将致力于整合旅游资源，联手打造中国红色旅游经典品牌，实施精品战略，建设红色经典景区。而湘赣两省单独合作更早，2004年的长沙旅游博览会上，南昌与长沙在旅游领域进行了一系列的合作；2005年，在湘赣两省共同着手打造的红色旅游品牌中，就有一条是南昌—萍乡—韶山—长沙的“湘赣红色文化旅游精品线路”。江西萍乡还举办了“湘赣旅游合作论坛”，在2006年株洲旅游推介会上对加强两省的旅游合作作出了很大的贡献，达成了互送客源的共识。这些活动都在很大程度上促进了两省红色旅游的区域合作发展。但是，从总体来看，湘赣两省红色旅游区域合作还是处于浅层次的开发阶段，旅游精品路线推介不力，在客源共享上也有一定的分歧，人才也相对缺乏，这些都是两省红色旅游区域合作所面临的困难和问题。

13.2 红色旅游发展区域合作策略——以湘赣两省为例

13.2.1　区域合作的概念

区域合作是世界经济发展的一大趋势，从经济学的角度解释是指：各个不同的地方利用地域和地缘优势，联合组建一些大小不一、形式不同的经济合作组织或经济共同体，以实现区域内经济的相互依存，优势互补与共同繁荣。例如，欧盟和北美自由贸易等，从实际取得的效果来看，区域合作能够促进经济的飞速发展。从旅游学的角度进行解释，我们可以把区域合作定义为：不同的旅游目的地利用地域和资源优势，联合组建管理机构，共同打造有利于双（多）方旅游业共同发展的旅游产品并实现资源共享，优势互补。

13.2.2　区域合作的意义

（1）区域旅游合作是顺应潮流的需要，有利于旅游业的可持续发展，是旅游业发展的一大趋势。近几年来，从区域经济合作体所带来的经济效益看，旅游区域合作也一定会带来一定的经济效益。湖南和江西两省处于中国经济发展相对滞后的中部地区，地区经济发展不平衡、行业不协调，然而江西和湖南都是红色旅游资源大省，加强红色旅游的区域合作能够为两地的经济发展提供保障。近几年来，江西和湖南两省都十分重视旅游业的发展，不断提升旅游产业的地位，力争把旅游业培育成国民经济的支柱产业。湖南和江西两省以红色旅游合作为契机，加强旅游业内各要素的交流与合作，共同开拓客源市场并实现客源互送，通过多层次多渠道多方位的区域旅游合作，实现湘赣两地以资源共享，客源互送，优势互补，共同发展为目标的全面可持续发展的旅游格局。

(2) 区域旅游合作是市场发展的需要，有利于满足人民文化生活需求。众所周知，旅游业是一项涉及面广、关联度高、辐射力强的综合性产业。构成旅游业发展的两个基本条件是旅游资源市场和旅游客源市场，也就是供给和需求两个市场。红色旅游的产生就是供给和需求共同作用的产物。因此，红色旅游的发展应该遵循旅游市场的发展规律，按照市场规则运作，打破地区和部门之间的垄断与限制，集中人力、物力、财力在平等互利的基础上对红色旅游资源进行整合，进行有效合理的开发，把红色旅游产业做大、做强。随着生产力水平的不断提高以及社会经济、文化的迅速发展，人们的精神追求上了一个层次，这种需求为红色旅游的发展提供了必要条件。红色旅游是将中国的传统美德和艰苦奋斗的红色革命精神贯穿于游览之中，将革命历史、革命传统和革命故事通过红色旅游资源（景点、遗址、遗物、宣传材料）传输给游客，这是传播先进文化的一种表现形式，有利于激发青少年们为社会主义奋斗，给人以心灵震撼、精神激励和思想启迪。江西和湖南两省通过区域合作打造的红色旅游精品不仅可以在很大程度上提升红色旅游区的整体形象，增强景区的凝聚力和吸引力，还能弘扬革命传统文化，最明显的益处就是能够满足区域内外人民不断增长的物质和精神文化生活需求，且为改变革命老区的经济文化落后状况发挥重大的作用。

(3) 区域旅游合作是科学发展的需要，有利于经济社会协调发展。红色旅游具有教育功能、政治功能和经济功能。江西和湖南两省都处于经济欠发达的中部地区，两省还有很多地区经济社会发展比较滞后。通过红色旅游区域合作可以将两地的地区政治优势有效地转化为经济优势，形成地区发展的新的经济增长点。2007年，江西省红色旅游接待游客2804万人次，红色旅游综合收入188.25亿元，占到当年江西GDP总值的3.45%。[①] 与此同时，湖南省的红色旅游同样也获得了长足的发展，2007年全省红色旅游接待游客1800万人次，同比增长13.92%，实现红色旅游收入155亿元，同比增长19.2%，红色旅游成为当地经济的重要增长点。[②] 可以看出，开展红色旅游是科学发展的需要，它有助于实现社会主义市场条件下经济效益与社会效益的结合，物质财富和精神财富的同步增长，从而推动革命老区经济社会的协调发展。

13.2.3 区域旅游合作的必要性

一是由旅游业本身特征决定的。旅游是一种综合性的空间消费。通过旅游，人们借助于从居住地向旅游目的地流动这一空间变换来实现体验新事物的愿望。它是一种在异地的综合性消费方式，既包括物质方面的消费，也包括精神方面的消费，是满足旅游者在旅游活动中对食、住、行、游、购、娱各个方面需求的消费，因此，旅游产品的综合性决定了旅游者所到达的各个旅游目的地必须加强合作。旅游业的产业关联性很强，与许多产业有密切联系。对于一个旅游目的地来说，几乎没有一个行业的收入完全依赖于于旅游者，也几乎没有一个行业的收入根本与旅游者无关，其中受旅游业直接影响的行业就有14个，分别是公共设施服务业、娱乐服务业、旅行社业、旅馆业、餐饮业、零售业、铁路运输业、航空运输业、水上运输业、公路运输业、邮电通信业、租赁服务业、居民服务业、旅游用品和纪念品销售行业，产业关联性强也要求旅游目的地必须加强区域合作，共同推动本产业与其他产业的共同发展，促进经济建设。同时，旅游目的地对周边地区经济具有拉动作用，这种拉动作用呈明显的同心圆式传递，从一个城市到内圆然后到外圆。井冈山和韶山是江西和湖南红色旅游的代表地，从近几年发展来看，井冈山和韶山都在不同程度上带动了周边城市红色旅游的发展，并且形成了精品旅游路线。

---

① 曾宜富、梅毅、李少豪："江西省科学发展旅游产业成效凸显"，新浪网，http://news.sina.com.cn/c/2008-08-16/111714319073s.shtml.

② 湖南省旅游局办公室、政策法规处："湖南省红色旅游高级管理人员培训班开学"，湖南旅游网，http://www.hnt.gov.cn/Gov/News/News.aspx? Id=6095&Type=2.

二是顺应市场经济发展的需要。红色旅游的产生是供求与需求作用的产物，是市场经济作用的产物。世界旅游业呈现出的新发展趋势集中表现为，逐步由区域联合迈向全球统一市场，跨入“无国境旅游”时代。因此，在全球经济一体化的条件下，合作就显得尤为重要，面临激烈的国际市场竞争及国内旅游业的竞争，单纯依靠一个旅游目的地，其红色旅游发展将显得力不从心。合作则可以取得多赢，倘若各个红色旅游目的地加大合作力度，我们得到的效果将不是“1 + 1 = 2”，而是一个发挥红色旅游目的地群的集合能量的过程。

三是提升旅游竞争力的需要。湖南和江西两省的红色旅游资源十分丰富，且各具特色。江西的人文景观以革命纪念地旅游资源占绝对优势，而湖南的人文景观多以领袖人物的故居和纪念地占绝对优势。两省红色旅游资源的差异性决定红色旅游产品开发具备相当程度的互补性。因此，湖南和江西两省目前迫切需要解决的问题就是消除各种障碍，联合打造区域红色旅游品牌，加强红色旅游资源的整合力度来实现市场共享、基础设施共享、品牌共享和信息共享。总之，湘赣两省红色旅游的合作开发有利于提升旅游产业的整体竞争力，促进中部地区旅游的发展和经济的崛起。

四是革命老区加快建设的需要。中共十六大提出了全面建设小康社会的目标：建设一个使经济更加发展、民主更加健全、科教更加进步、文化更加繁荣、社会更加和谐、人民生活更加殷实的小康社会，一个更高水平的、更全面的、发展比较均衡的小康社会。全面建设小康社会重点在农村，难点在西部，基点在就业，根本在发展。“没有老区的小康就没有国家的小康”，这是2004年3月20日西柏坡老区发展论坛上与会代表的共鸣。推动老区经济发展具有重大而影响深远的意义。革命老区是我国革命战争的重要见证地，拥有得天独厚的红色旅游资源，同时也有着不可多得的自然生态环境，适宜开发红色旅游资源，发展红色旅游。《2004—2010年全国红色旅游发展规划纲要》中明确提出“实现红色旅游产业化，使其成为带动革命老区发展的优势产业”。因此，充分发挥红色旅游的优势，对于加快革命老区全面建设小康社会的步伐，具有重大意义。湘赣两省革命老区居多，加强区域红色旅游合作有利于提高红色旅游的开发价值，也有利于加快革命老区的经济建设步伐。

五是可持续旅游发展的必然趋势。区域旅游业的合作发展面临着这样的问题：旅游资源的利用与保护问题；旅游生态环境承载能力问题。红色旅游资源是不可再生资源，在开发的过程中，要注重加强对红色资源本体及其所承载的革命精神的保护，充分发挥其教育功能、经济功能。只有加强红色旅游的区域合作，合作开发共享红色旅游资源，有效保护生态环境，合理分散客流、减轻超载景区压力，才能实现红色旅游的可持续发展。

13.2.4　区域合作的优势分析

（1）交通优势。交通是开展旅游活动最基本的条件，湖南和江西现有多条铁路、公路相通，而且各自拥有的水路、航空运输也很畅通，已初步形成了一个立体交通网络。两省各红色旅游景区也在加大交通设施的建设力度和改善交通设施的状况，现在两省各红色旅游景区均有铁路与高速公路或省级公路相通。这些情况都表明，湘赣两省红色旅游区域合作有着明显的交通优势。

（2）客源优势。湖南和江西处于承东接西、连贯南北的中部地带，拥有广泛的客源市场，其中长江三角洲和珠江三角洲是最重要的客源地，这从近几年来两省所接待的外地游客统计表中可以看出。长江三角洲和珠江三角洲是我国经济最活跃的地区，也是国内最大的客源市场，这两大客源市场距离湘赣两省很近，而且交通方便，随着火车的提速，空间上的距离已不是阻止游客出门旅游的最关键因素了，良好的客源基础是湘赣两省红色旅游区域合作得天独厚的优势所在。

（3）资源优势。湖南和江西两省有着惊人相似的地理条件：北方都濒临长江，且都有一个大淡水湖，即分别为洞庭湖、鄱阳湖，东南西三面都是崇山峻岭环绕，且共有罗霄山脉及南岭的一部分。而且湖南和江西都是红色旅游资源大省，全国公布的红色景区里面湖南就有8处，江西也有6处。湖南有湘潭市韶山毛泽东故居和纪念馆、长沙市红色旅游系列景区、湘潭市湘潭县彭德怀故居和纪念馆、岳阳市红色旅游系列景点，郴州市宜章县湖南暴动指挥部旧址、衡阳市衡东县罗荣桓故居、张家界市桑植县贺龙故居和纪念馆、湘西自治州永顺县湘鄂川黔革命根据地旧址。江西主要有南昌市红色旅游系列景区、萍乡市红色旅游系列景区、井冈山红色旅游系列景区、赣州市、吉安市、抚州市中央苏区政府根据地红色旅游系列景点、上饶市上饶集中营革命烈士陵园等六个红色旅游景区。两省除拥有丰厚的红色旅游资源外，还拥有“古”、“绿”两种旅游资源。湘赣两省的旅游资源，尤其是红色旅游资源具有明显的共享与互补优势，通过两省的合作，有利于最大化地发挥红色旅游资源的优势，促进两省红色旅游的可持续健康发展。

（4）政治优势。区域合作的关键是当地政府和群众是否具有强烈的合作意识和协作精神。在这方面，湖南和江西两省的政府都为两省的红色旅游发展发挥了积极作用。早在2004年的中国长沙旅游博览会上，南昌与长沙就进行了一系列旅游领域的合作，从2005年开始，湘赣两省就已经着手共同打造红色旅游的品牌。湖南省把发展红色旅游放在十分突出的位置，而江西为了进一步挖掘红色旅游资源，决定加大与外省在红色旅游方面的合作力度，重点打造了6条红色旅游路线，其中一条就是南昌—萍乡—韶山—长沙的“湘赣红色文化旅游精品线路”。政府的大力支持和倡导是湘赣两省红色旅游区域合作的有利保障。

（5）旅游优势。湘赣两省具有进行红色旅游区域合作的良好旅游基础。1998年，江西率先提出响亮的红色旅游促销口号，掀起了红色旅游的热潮，红色旅游也在江西红红火火地开展起来。随即，湘赣闽旅游区也被定为“全国的重点红色旅游景区”。湘赣两省的旅游市场发育良好也比较成熟，既是重要的旅游目的，又是国内主要的旅游客源地。两省的红色旅游发展较早，经过几年的开发和建设，红色旅游已初具规模，井冈山景区和韶山景区是两省的出色代表，并且已经在全国享有很高的声誉。如此良好的旅游基础为湘赣两省区域合作奠定了坚实的基础。

（6）情感优势。在情感基础方面，历史上，湖南和江西有着特殊而亲密的关系，两省的人们有着割舍不断的亲缘关系，早在五代的时候，两省的人口就有来往，并且相互移民。在革命战争年代，湖南与江西由中国革命的暴风骤雨里最早举着火把与红缨枪从煤窑、茅屋里冲出来的弟兄和姐妹，共同创造了不可割断的亲情和血缘联系，并且为后人留下了不可替代的独特资源。所有的这些历史条件都为开展红色旅游区域合作提供了有利的保障。

13.2.5 区域合作的劣势分析

（1）经济水平较低。湘赣两省均处于经济欠发达的中部地区，革命老区县市较多，目前还普遍存在着经济发展水平较低，生产力水平偏低，经济结构不合理，经济发展滞后等突出问题。一些红色旅游景点投入少，经营困难。

（2）基础设施薄弱。湘赣两省内部红色旅游发展不平衡，部分红色旅游景区基础设施薄弱，再加上革命老区经济发展水平相对滞后，当地能投入到红色旅游中的资金非常有限。其次，交通不方便、信息不灵、公共设施落后、服务质量较差等也是制约两省红色旅游区域合作的重要因素。

（3）观念较为落后。湘赣两省的部分红色旅游地区各自发展旅游经济的竞争性动机强烈，红色旅游合作的互补性动机淡漠，大家为了各自利益进行恶性竞争，长此以往，必然是两败俱伤。

13.2.6 区域合作的最大制约因素——制度障碍

（1）行政区划的制度障碍。行政区划是国家出于政治统治和行政管理需要，遵循有关法律并综合考虑多种客观因素所作的行政分级划分。当行政区域与经济区域交错分布时，行政区往往从政治体制和行政管理方面制约着经济体制和经济活动，从而影响了区域经济的培育和发展。主要表现在两方面，首先，湘赣两省行政区边界上的共生旅游资源存在归属权的争议，各行政区在强烈追求自身利益最大化的目标下，常常采取急功近利的开发行为以及相互对立和争夺的态度。各自开发和经营自己管辖范围内的部分旅游资源，导致红色旅游产品重复建设，严重影响红色旅游资源的地域组合；其次是湘赣两省不同行政区同名旅游资源存在地位上的争议。行政区拥有的边界共生旅游资源、区域性旅游资源以及同名旅游资源相互间的内在联系非常密切。但是，由于存在地方利益的竞争，相关行政区纷纷独立开发，在很大程度上降低了红色旅游资源的吸引力，影响了红色旅游资源的价值，破坏了红色旅游的区域整体性合作。

（2）利益协调的机制障碍。在区域旅游经济发展中，各行政区是作为一个利益集团和经济主体存在的，经济利益是其追求的最根本最重要的利益。在以“经济工作为核心”的指导思想下，湘赣两省政府将经济效益作为各自追求的最主要、最迫切、最现实、最具有显示度的行动指标。为了追求经济利益而展开直接的利益竞争，从而导致旅游经济的区域分割，“肥水不留外人田”，地方保护主义和外地歧视主义政策盛行，在一定程度上限制了湘赣两省区域旅游资源的整体开发。因此，如何建立高效的利益协调机制来促进湘赣两省红色旅游区域合作，并且提高两省红色旅游合作的经济效益，成为两省红色旅游区域合作需要重点探讨的根本性问题。

(3) 经营管理的体制障碍。湘赣两省现行的行政管理体制是纵向的树状权力体系，而不是多元的网状权力体系，这种体系在自上而下的控制与调节方面较有优势，但是在支持横向的同级行政地域单元之间的合作方面存在着明显弊端，不利于行政地域之间的社会经济关系协调。从另一方面来说，湘赣两省政府对旅游经济的规制权力缺乏合理的界定，缺少程序性限制，从而造成了对红色旅游经济规划权力的分割。在发展红色旅游过程中，各地政府对旅游经济的规制很大程度上是以保护本地方和本部门的既得利益而明争暗斗的，形成了行政权力地方化、权力利益化和利益地位化的现实。这样的现实使得湘赣两省在红色旅游区域合作发展进程中存在多种行政障碍和利益分配障碍。

13.3 加强红色旅游区域合作的对策

13.3.1 加强政府行政管理合作和旅游企业协作

加强沟通和合作，充分发挥红色旅游景区所在地政府积极性，使其起到主导的作用，协调好各方面的关系，两省多主办各种形式、各种级别的区域合作会议，在两省重点景区开展大型红色旅游活动或纪念活动。例如，协调会、理论研讨会等对红色旅游的区域合作进行决策、论证，从而在组织层面上达成共识，共同解决管理体制上出现的问题。具体来说，两省可以建立协作机构，邀请旅游行业内有声望的旅游专家和旅游管理者来统一编制红色旅游发展规划；二是合作共建好旅游大交通，以及联系各景区和各景区内部的交通；三是要搞好红色旅游发展的总体设计，优化旅游产品结构，满足不同游客的不同需求；四是旅游企业与旅游行业应加强联合宣传促销，共同开拓红色旅游市场。

13.3.2 淡化行政区划概念以提高资源共享性

从长远来看，湘赣红色旅游区域合作必须灌输区域联合的理念，阻止各旅游目的地发展旅游经济的恶性竞争行为，培育经济合作的互补性意识。同级区域政府间协调机制的作用是有限的，必须有高一级的政府协调才能真正发挥作用，所以湘赣两省红色旅游区域合作必须建立由各旅游目的地政府共同参与的旅游经济协调机制，负责解决旅游资源共同开发和利用协调问题，实现资源共享，避免重复建设，促进跨区域红色旅游产品的开发与建设。

13.3.3 构建湘赣两省统一的红色旅游主题形象

积极发展红色旅游离不开媒体的宣传，旅游业和政府部门必须十分注重加强与当地媒体的合作，做好宣传推介工作，营造红色旅游的良好舆论氛围。韶山是毛泽东主席的诞生地，被誉为“红太阳”升起的地方；井冈山是毛泽东亲手创建的第一块革命根据地，也是他创立的“农村包围城市”的中国革命理论的伟大实践的产物，被誉为“中国革命的摇篮”；南昌是“军旗升起的地方”，打响了武装起义的第一枪。综合两省具有代表性的景点可以推出“革命摇篮，领袖故里”的红色旅游主题形象，还可以根据两省其他的红色旅游资源推出不同的红色旅游专题形象，根据不同的游客群体推出不同的红色旅游产品。

13.3.4 精心整合打造优势互补的红色旅游产品

旅游产品由旅游资源开发设计而来，是吸引游客的一个重要因素，更是一个旅游目的地综合素质的体现，因而调整旅游产品结构，打造适销对路的旅游产品，构建旅游产品的营销网络非常重要。湖南和江西都是红色旅游资源大省，应当充分利用两省的资源优势，优化红色旅游资源，精心打造一系列红色旅游产品。但是，湖南和江西毕竟是两个不同的省份，两地红色旅游区域的景点又有所不同，表现在旅游产品上必然也是各具特色。红色旅游区域合作就是要挖掘出两地共同的旅游资源，扬长避短地搞好红色旅游产品的整体设计，精心打造适销对路的旅游产品，整合打造优势互补但又有两地特色的红色旅游产品。首先：湘赣两省要全面认识区域内红色旅游资源的特点和自身优势，突出“革命摇篮、领袖故里”的主题形象，在此基础上对红色旅游产品进行设计和整合。在其他的旅游资源方面：江西可谓是山清水秀，主要的旅游景区有庐山、龙虎山、三清山、婺源、鄱阳湖、景德镇、滕王阁等；湖南更是景色诱人，有张家界、衡山、洞庭湖、岳阳楼、凤凰古城等。可见，江西和湖南除有丰富的红色旅游资源外，还有“古色”、“绿色”等其他旅游资源。因此，在开发两地的红色旅游资源的同时，还可以联合带动“古色”、“绿色”资源的开发，推出红色主题，绿色生态，古色文化的旅游路线，形成红色旅游产品的多重组合。其次，在红色旅游产品设计和销售上，突出韶山和井冈山的龙头带动作用和品牌效应，打破行政区域的界限，积极建设跨行政区域的红色旅游产品的销售网络。再次，两地还应加大对系列红色旅游产品线路扶持力度和旅游宣传促销力度的建设，拓宽两地旅游企业多层次、多角度、多方位的联合，共同满足不同目标市场的旅游需求，延长红色旅游产品的生命周期。

13.3.5 构建湘赣红色旅游合作的政府合作机制

（1）基本原则。

①地位平等。合作区域内的各成员平等，是湘赣两省区域合作的内在要求，也是区域旅游业共同发展的必要条件。双方只有在平等的条件下才能进行多层次、多方位、多渠道的协商与合作。

②互信互利。湘赣红色旅游区域合作必须在共同信任的基础上加强交流，共同解决合作过程中出现的种种不协调现象，以达到双方利益共享。

③政府主导。跨区域的红色旅游合作需要政府的支持。政府是合作过程中的核心主体，发挥着主导作用，政府主导有利于消除红色旅游区域合作过程中存在的各种障碍，制定出科学而合理的区域合作发展政策，构建起区域旅游合作机制，完善旅游市场体系。

④市场合作。区域旅游合作的发展需要遵循市场经济的发展规律，通过市场机制优化配置区域旅游资源。可见，湘赣两省的红色旅游区域合作要进一步消除地区红色旅游市场壁垒，相互开放本地市场，规范红色旅游市场机制，构建完善的红色旅游市场体系。

（2）具体步骤。

①发挥政府主导作用，构建组织协调机制。在红色旅游的区域合作中，政府是区域经济运行的主体推动力，因此要从构建完整完好的区域旅游活动

空间的角度出发，建立制度化、高层次、常规性的协作机构，共同制定旅游资源开发与保护、旅游产品共同营销、旅游基础设施建设等方面的发展规划；在市场方面要消除湘赣两省的市场壁垒。

②建立信息平台，构建信息交互机制。红色旅游区域合作要进一步向纵深方向发展，合作关系得以进一步发展巩固，首先需要在各不同区域之间建立旅游信息的互动关系，要整合各个旅游区之间的各类旅游信息，建立信息交互机制，形成一个综合性的旅游信息数据库。湘赣两省红色旅游区域合作要及时建立信息平台，公开地方性政府的政策信息和市场信息，共同分析红色旅游发展趋势，真正解决问题。

③兼顾协调发展，建立利益分享机制。由于合作各方存在追求利益最大化的现实，区域旅游合作必须是建立在各地的共同利益之上。因此，湘赣两省的红色旅游区域合作需要建立完善的区域旅游利益分享机制，以协调各方利益的分配。该机制强调成员在平等、互利、协作的基础上既竞争又合作，并在此基础上实现各合作成员共同分享区域红色旅游利益，确立合理的利益分配机制，解决利益冲突问题。

④反对机会主义，建立行为约束机制。防止红色旅游区域合作中的机会主义行为，建立行为约束机制。这种机制的内容包括：红色旅游区域合作中各方应遵循的规则、对违反区域合作规则所造成的经济和其他方面损失应做的经济赔偿规定、合作中产生冲突和矛盾的解决机制、对红色旅游区域合作中的不规范行为的处罚制度等。

13.3.6 通过互动建设推进开发与保护工作

红色旅游的合作，只有通过多层次、多方位的投入，才能给两地的政府与人民带来巨大的经济效益和社会效益。湘赣两省的红色旅游合作可以通过以下几个方面来实现旅游资源共同的开发、保护与利用。第一，加强旅游企业之间的合作，加大企业的投入力度，双方共同设计和研究一系列红色旅游产品，针对不同的消费群体设计不同的红色旅游产品；第二，加强政府行政管理部门间的合作，比如交通建设在这一环节上就体现得尤为重要；第三，加强旅游教育部门间的合作，湘赣两省的旅游高校要合力塑造专业型的师资队伍，共同培养高素质的旅游人才；第四，加大政府导向性资金投入，完善旅游基础设施，这是加快红色旅游发展的保障。

13.3.7 注重红色旅游专门人才培养与引进

红色旅游产品的知识含量和文化含量相当高，从业人员仅仅有朴素的情感是远远不够的，还必须要加强综合素质的训练，包括政治素质、文化素质和身体素质等。一方面，导游人员是旅游目的地的形象代表和文化的传播者，肩负着传递红色文化、革命精神的使命，红色旅游所具有的深层革命精神内涵只有通过导游人员深入浅出的讲解才能体现出来，因此，湘赣两省的导游讲解要“红”与“专”结合，“红”就是要内涵，“专”就是要深入。同时，加强导游人员的业务培训和革命传统教育，使他们熟知革命历史与革命传统文化的内涵，保证红色旅游的合作开发效果。另一方面，在旅游行业的管理上需要学历高和专业型的管理专家。据了解，南昌大学每年从旅游管理系毕业的本科学生有130人到140人，但是出来真正从事旅游行业的人很少，每年就十几人，人才的流失是值得我们注意和反思的一个重大问题。

13.3.8 遵循市场规律走可持续发展的道路

红色旅游资源是不可再生的资源，发展红色旅游必须处理好资源保护和开发利用之间的关系，要坚持“保护为主、抢救第一、合理利用、加强管理”的方针，统筹规划，科学保护。一是要根据红色旅游资源的历史演变、性质和分布情况来划分保护区，确定保护级别，保护内容和保护重点；二是要加强对现有的革命遗址的保护，并及时对革命旧址进行维修，但必须尊重历史事实，坚持“修旧如旧”的原则，保留其原貌；三是在景区应设立明确的指示牌和标志牌，使游客能知道其资源受保护的程度，让游客自觉参与保护活动。

红色旅游经过近几年的发展已初具规模，从实践来看，它为革命老区经济社会的发展发挥了重要作用，但红色旅游在开发、营销、管理体制等方面还存在很多问题，要有效解决这些问题，需要区域合作；江西和湖南两省的红色旅游资源很集中，且各具特色，怎样更好、更有效的开发利用好红色旅游资源，并把现有的资源优势转化为经济优势，必须寻求区域合作；红色旅游能否发展壮大取决于很多的因素，其中很重要的因素就是区域合作。湘赣两省老区要尽快脱贫致富，红色旅游区域合作是重要途径。可以说，加强红色旅游区域合作是湘赣两省做大做强红色旅游的必然选择，是实现红色旅游又好又快发展的内在要求，是将现有资源优势转化为经济优势的有益途径，是加快革命老区发展的题中之义。

因此，江西和湖南两省必须抓住国家大力发展红色旅游的历史机遇，以国家支持建设“湘赣闽红色旅游区”国家重点红色旅游区为契机，本着互惠互利的原则，树立“一盘棋”的思想，克服体制机制障碍，加强区域合作，推动两省红色旅游的开发与保护，尽快实现两省做大做强红色旅游的目标，为中部崛起提供有力支撑。

第14章

红色旅游的发展模式

——以江西为例

随着红色旅游工程的启动，拥有红色旅游资源的地区纷纷进行红色旅游的开发和建设工作。红色旅游的开发，不仅推动了我国爱国主义教育，也使革命老区打破了封闭格局，为革命老区带来了可观的收益。但同时，也应该注意红色旅游发展过程中出现的产品较为单一和趋同、缺乏科学规划和建设目标等问题。如何使红色旅游特色发展和可持续发展，已成为迫切需要解决的问题。因此，本章就“江西五大红色旅游区”的开发现状进行分析和总结，提炼出红色旅游发展的多种模式，为红色旅游的可持续发展提供可借鉴的思路。

14.1 江西红色旅游发展现状

14.1.1 江西红色旅游发展态势

14.1.1.1 政府高度重视

从20世纪90年代后期开始，我国就正式提出了红色旅游的概念。江西省首先响应，于1998年率先提出响亮的红色旅游促销口号——“红色摇篮、绿色家园”。2000年，江西开始打出“红色旅游”牌，这在全国是最早的，在同年的招商会上，江西省旅游局推出了南昌至井冈山、瑞金等地的3条“红色之旅”省内旅游专线，并于2001年建党80周年之际正式提出了“红色摇篮，绿色家园”的口号。2004年江西省出台了《江西红色旅游发展纲要》，同时还作出了我国红色旅游发展史上的创举，就是由省旅游局倡议发起了“新世纪、新长征、新旅游——中国红色之旅万里行”活动，将红色旅游的火炬传遍了全国。江西省旅游局的“红色旅游万里行”宣传促销活动也搅热了全国的旅游市场。《江西省旅游业发展“十一五”规划纲要》明确提出“建设红色旅游强省”的战略目标，同时省政府、省旅游局明确了“以红色旅游为龙头”、“以红色旅游引领旅游产业全面发展”的战略定位。在政府的重视下，围绕“红色旅游强省”的战略目标，江西省开展了一系列声势浩大的红色旅游活动，促进了红色旅游的发展。

14.1.1.2　发展势头强劲

随着我国旅游业的快速发展以及广大人民群众观念的更新，人们对旅游产品的需求越来越强调多样性和个性化。红色旅游作为一种特色旅游，一经提出便受到了人们的广泛欢迎，并逐渐成为旅游市场的热门产品。特别是重大节日期间，红色旅游更是受到了前所未有的青睐。井冈山、瑞金、延安、遵义等红色旅游热点景区更是游人如织，市场呈现出良好的发展势头。随着自驾游、专题游的不断升温，红色景点的旅游者结构已不再局限于接受革命传统教育的各学校、企事业单位、党团组织等。游客类型的扩展，使红色旅游景区的参观游览人数增加。2004年“七一”前后，有20架次旅游包机、58个团队、近10万人赴井冈山开展社会实践，接受革命传统教育。[①] 2004年，江西省红色旅游景区共接待游客1350万人次，旅游收入达到77亿元，占到当年我省GDP总值的2.2%。2005年“五一”黄金周期间，江西省共接待红色旅游172万人次，红色旅游收入达到6.8亿元人民币，分别约占江西旅游总人次和总收入的1/3。[②] 2009年江西省红色旅游接待人次达到

① 陈志永、李育：“我国红色旅游发展现状及发展对策研究”，《学术探索》，2004年第5期，第46页。

② 朱湘辉：“江西红色旅游开发之思考”，《江西社会科学》，2005年第7期，第245页。

4158.97 万人次，红色旅游收入达到 287.63 亿元。可见，红色旅游已成为江西旅游较具特色的旅游品牌。从表 14－1 中可以看出，江西省红色旅游接待人数和旅游收入年增长率均超过了 25%，红色旅游收入占全省旅游总收入的比重也越来越大，江西红色旅游发展势头强劲。

表 14－1　2004—2007 年江西红色旅游的发展情况

年份	接待人数（万人次）	比上年增长（%）	占全省旅游总人数比重（%）	旅游收入（亿元）	比上年增长（%）	占全省旅游总收入比重（%）
2004	1350	35	32.7	77	—	31.98
2005	1759.94	30.37	34.54	110	42.87	34.37
2006	2200.28	25.02	36.37	146.58	33.25	37.5
2007	2804	27.4	40	188.25	28.4	40.60
2008	3543.17	26.4	44	244.6	29.93	43.72
2009	4158.97	17.38	45	287.63	18.86	43

资料来源：根据江西省历年旅游统计数据整理。

14.1.2 江西红色旅游资源优势及开发中存在的问题

随着旅游业的大众化及旅游需求多样化趋势的发展，红色旅游这种新兴的旅游形式已经表现出较广阔的发展前景。目前，江西凭借丰富的红色旅游资源优势，发展形势大好，火爆的市场给各地红色旅游区带来了可观的经济效益，但是在开发过程中也暴露出一些问题。

14.1.2.1 江西红色旅游资源优势

波澜壮阔的革命历史，为我国留下了许多革命历史遗迹，造就了我国丰富的红色旅游资源。特别是江西，在革命战争年代，无数先辈和英烈用鲜血和生命谱写了一部气壮山河的英雄史诗，为后人留下了一大笔永远值得学习和传承的革命精神，也为江西发展红色旅游提供了得天独厚的资源条件。

江西拥有数量丰富、品味独特的红色旅游资源。就丰富性而言，据有关部门统计，全省有 81 个县（市）被国家定为老革命根据地县（市）；馆藏革命文物 6 万多件，有革命旧址 1500 多处，其中被列为全国重点文物保护单位的有 11 处 46 个点，被列为省级文物保护单位的有 78 处，它们与全省

15座革命博物馆共同展示了中国和江西革命的辉煌历程。就独特性来看，拥有革命摇篮—井冈山、共和国摇篮—瑞金、军旗升起的地方—南昌、秋收起义的策源地—萍乡等著名的革命圣地和国家级爱国主义教育基地及“中国工人运动发祥地”、“将军县”等大量的革命圣迹、旧址。[①]

14.1.2.2 江西红色旅游开发中存在的问题

（1）产品表现形式单一，缺乏参与性。红色旅游项目基本上还是初级和粗放型的，旅游产品比较单一。长期以来，一些红色旅游景点经营方式还停留在参观遗址、展示先烈生活及战斗用品的阶段，宣传、展示方式和手段比较陈旧，解说、宣传、展示不够生动形象，如于都中央红军长征出发地纪念馆，1991年建馆，但是10多年在展示、装饰、灯光布置、展示方式上几乎一成未变[②]，很难对游客产生强烈的吸引力。虽然红色旅游可以让游客感受到高尚的革命精神，并能因此而拥有一批固定的客源，但红色旅游毕竟是一种旅游形式，倘若形式和内容过于单调肤浅，就不可能吸引大量游客。现代旅游已经越来越强调旅游者在旅游活动中的参与程度，只有游客充分融入其中，才会感到不虚此行，才会延长红色旅游产品的生命周期。

（2）资源组合程度不高，缺乏产品链。一些红色旅游区，目前还存在着革命遗物量小陈旧、分散零乱等局限性，旅游产品的组合程度和丰富程度不够，产品链短。随着红色旅游由事业型向产业型的转变，由计划到市场的转变，红色旅游产品的开发必然要遵循和适应市场规律。所以，革命老区不能仅靠吃“红色”的老本，红色旅游在产业化的过程中，必须注重与当代其他特色资源的整合。虽然说在一个旅游区中，核心旅游资源是决定某一类型旅游客源市场吸引力的决定性因素，但是同时我们也应看到的是，旅游资源的经济价值与旅游活动空间基本成正比。在这种规律下，资源得不到整合就会直接减少经济价值。相比之下，国外一些类似的纪念地在“螺蛳壳里做道场”的办法值得我们借鉴。因此，在开发红色旅游的过程中，要千方百计地扩展产品链，延长游客在旅游地的逗留时间，增加游客在旅游地的旅

---

① 庄东泉：“江西发展红色旅游SWOT分析与可持续发展对策”，《江西财经大学学报》，2005年第3期，第69页。

② 文军：“开发江西赣州六县（市）红色旅游的探讨”，《桂林旅游高等专科学校学报》，2004年第1期，第46页。

游消费。

（3）老区基础设施落后，可进入性差。公共基础设施建设是一个地区旅游业得以生存和发展的先决条件。但基础设施建设需要大量的投入，长期以来，革命老区地方财力有限，这就使得一些地方没有充足的资金去改善，甚至有些地区出现红色旅游景点的闲置。

（4）区域旅游合作缺乏，协调度不高。在红色旅游发展过程中，一些景区处于各自为战、自我发展的自然经济状态。虽然江西省早就推出了省内合作的红色旅游精品线，如南昌—井冈山—瑞金，但是发展基础较薄弱的红色旅游区并没有与发展较为成熟的红色旅游区实现较多的沟通和对接，与全国其他红色旅游圣地，如延安、韶山、遵义等更是缺乏联合互动。由于大多数红色旅游地对信息、市场等存在认识偏差，对全国红色旅游产品缺乏整体的认识，因而本省一些地区的红色旅游产品开发、红色旅游品牌建立、红色旅游项目策划，很可能与其他红色景区雷同，从而导致自身的竞争力减弱甚至消失。

（5）主题定位不够明确，促销力不够。红色旅游目的地形象是公众以一个潜在或现实旅游者的眼光对一个地区的评价，是旅游者对一个地区的信仰、印象和想法的总和，代表了大量的与地区相关的信息。[①] 江西红色旅游围绕着“红色摇篮”这个形象而展开，然而由于江西红色旅游资源相当丰富，红色历史文化涉及面广，红色主题多，难于形成固定的主题定位，这既是优点也是缺点。优点在于主题多，可以根据各主题，有针对性地扩展市场面；缺点在于无法形成宣传促销合力，打造整体红色资源优势。这也导致了江西各地在进行红色旅游宣传促销时各自为战，对外界的整体宣传促销力度还不够，尤其是对海外市场的扩展，如何将红色旅游转化为入境旅游的优势，也是江西红色旅游进一步发展需要解决的问题。

（6）经营管理体制不顺，管理不顺畅。红色旅游景区管理体制问题其实质主要是对景区管理中权利的横向与纵向分配问题，一个景点的主管部门涉及旅游、文化、宗教、文物保护等方面，但在实际管理中这些部门之间往往互相掣肘，出现“一区多治”现象。这种管理体制就造成了部门之间、基层与上级间的矛盾和利益冲突，对于正在推进中的红色旅游发展形成了严

① 赵西萍：《旅游市场营销学》，高等教育出版社 2002 年版，第 279 页。

重的体制瓶颈。

14.2 江西主要红色旅游区开发方式

江西的红色旅游在全国享有较高知名度。井冈山、南昌、瑞金、萍乡、上饶等地都是开发红色旅游的理想地方。2004 年出台的《江西红色旅游发展纲要》，确定了以井冈山景区为龙头，以南昌、瑞金、萍乡、上饶景区为基点的红色旅游发展格局。这“五大红色旅游区”也积极响应，采取了相应的发展措施。由于各地具体情况不同，红色旅游开发也呈现出不同的景象。

14.2.1　井冈山：开发与保护并重 + 文化与生态并举

曾被当代著名文学家郭沫若先生赞誉为“井冈山下后，万岭不思游”的“中国革命摇篮”井冈山，在全国红色旅游发展中一枝独秀。井冈山人充分利用自身优势，以红色旅游为龙头带动旅游业的发展，努力实现“旅游兴市”这一战略目标。2009 年井冈山接待的旅游者达 412.15 万人次，实现旅游收入 29.65 亿元。从表 14－2 可以看出，井冈山旅游发展呈现逐年增长的趋势。

表 14－2　　2004—2009 年井冈山旅游发展情况

年份	旅游人次（万人次）	增长率（%）	旅游收入（亿元人民币）	增长率（%）
2004	177.7	53.50	9.75	65.0
2005	218.5	22.96	11.28	15.69
2006	249.8	14.32	13.40	18.79
2007	306.1	22.54	19.32	44.18
2008	367.02	19.93	26.04	34.78
2009	412.15	12.3	29.65	13.86

井冈山红色旅游开发时间较早，因此，无论是红色旅游的发展水平，还是红色旅游的市场成熟度，始终走在全国的前列，其红色旅游之所以能够取得迅速的发展，除了得益于它得天独厚的资源条件以外，一个很重要的因素就是红色旅游开发方式符合井冈山的实际。

（1）资源开发与生态保护并重。井冈山在红色旅游开发过程中，始终把红色作为旅游的灵魂，不断深入挖掘红色旅游资源的文化内涵。同时考虑体验经济背景下旅游需求的多样化和个性化等特征，不断增加旅游过程中的参与因素，打造精品体验旅游。如在黄洋界哨口实施“情景再现”工程，即再现当年“山下旌旗在望”、“山头鼓角相闻”的战争场景，把黄洋界塑造成游客体验井冈山革命斗争、接受传统教育的红色体验景区。井冈山另一成功的项目就是体验互动式红色旅游“六个一工程”，即“吃一顿红军饭、走一趟红军路、读一本红军书、听一堂传统课、唱一首红军歌、扫一次烈士墓”的革命传统教育，这使游客在游乐过程中不仅增加了一次身临其境的感受，同时也让他们了解和记住了井冈山。井冈山一直坚持在开发中保护的原则，井冈山市以红色经典改造为切入点，投入巨资对旧址遗迹、纪念馆等进行抢修和保护，2005 年以来，井冈山市以全国爱国主义教育示范基地建立为契机，先后对行洲红军标语群、步云山练兵场、砻市会师纪念馆和会师广场等进行大规模整修。另外，井冈山有“绿色氧吧”的美名，其森林覆盖率已经高达 86%，这充分体现出井冈山可持续旅游的发展理念以及对生态环境保护的重视。

（2）历史文化与自然生态并举。井冈山旅游的突出特点是历史文化与自然生态交相辉映，主题是以历史文化为载体的红色旅游。井冈山在 1999 年率先提出了“红色旅游”概念，他们精心做好“红色旅游”文章，力求以历史文化吸引人。到井冈山旅游的群体中，以“革命摇篮回归游”、“振奋精神之旅”、“汲取成功灵气之旅”、“革命传统教育之旅”等“红色之旅”为“主旋律”。同时，井冈山充分利用自然生态资源，不断开发出新的生态景区，以满足游客不断变化的旅游需要，形成井冈山景区旅游新卖点。

14.2.2 瑞金：品牌化 + 市场化

享誉中外的“红色故都”瑞金，凭借“中华苏维埃共和国临时中央政府”所在地和“二万五千里长征”出发地成为正在崛起的红色旅游胜地。

近年来瑞金市依托区位优势和资源优势加大旅游发展工作力度，旅游产业渐成气候。2005 年累计接待游客 64.5 万人次，实现旅游收入 1.92 亿元。2006 年 1—8 月，接待游客 56.7 万人次，旅游收入 1.577 亿元，分别比上年同期增长 11.4% 和 15.7%[①]。2007 年累计接待游客 101.8 万人次，旅游总收入 3.4 亿元，同比分别增长 26% 和 38.78%。2008 年累计接待游客 117.7 万人次，旅游总收入 3.77 亿元。同比增长分别为 15.61% 和 24%。这些数据意味着瑞金红色旅游产业化的努力已初具成效，这些成绩是与当地的开发理念和开发方式分不开的。

（1）品牌化。瑞金市在 20 世纪 90 年代中后期打造出了真正意义上的"红都"牌，曾邀请了中央和国家部委前去续修"红色家谱"，建立革命传统教育基地，现在有 22 个部委到瑞金"寻根问祖"，修复旧居旧址。同时，以厚重的历史为依托，先后推出了"红色故都游"、"共和国寻根游"、"重走长征路"等多条特色红色旅游线路，打响"红都牌"。

（2）市场化。为了弥补宣传促销经费的不足，瑞金市逐步探索市场化运作方式，吸引了有关企业和商业机构投资红色旅游宣传制作和创作。如制作了《瑞金旅游指南》宣传折页、《共和国摇篮瑞金》宣传手册、旅游宣传光盘，编辑出版了《共和国摇篮——瑞金》、《伟大的预演》、《从瑞金走出的共和国元勋》等一批红色图书。另外，瑞金市还积极与井冈山及广东韶关、福建闽西建立"红色旅游互动体"，实现以瑞金市为中心的三省红色旅游资源和客源的共享。

14.2.3　南昌、萍乡、上饶：单一点状型

这三个地区红色旅游资源都比较丰厚，但红色旅游起步都比较晚。目前，尚处于发展初期，而且这些地区的红色旅游大多属于单一点状型开发方式，导致这三个基点红色旅游发展相对滞后的瓶颈主要是开发力度不够。

南昌红色旅游资源较为丰富，具有较高的历史文化价值，拥有较好的旅游开发条件，但是南昌并没有充分利用好自身旅游发展的优越条件，除了投巨资修整后的八一起义纪念馆以外，朱德故居、朱德军官教育团旧址、叶挺

---

① 陈建辉、廖国良、郑杨："江西红都瑞金借红色旅游发展支柱产业"，中国江西新闻网，http：//jxnews.jxcn.cn2006－10－31.

指挥部和新四军军部旧址等都没有得到相应的开发和利用。萍乡也是如此，安源路矿工人纪念馆作为接待游客的主要景点，运用高科技手段展现当年工人运动的过程以适应红色旅游发展要求，平均每年游客量都有10万人次左右，最多时达到18万人次。[①] 但是，萍乡其他红色旅游景点几乎未被开发利用，并且缺乏维护保护，部分景点遭到严重破坏。上饶虽然对上饶集中营革命烈士纪念馆、方志敏纪念馆、闽浙皖赣革命根据地旧址群、怀玉山清贫丰碑、詹天佑纪念室等一大批爱国主义教育基地进行了改建、修缮和开发，但目前主要是静态展示，对游客难以形成长久吸引力。这三个城市红色旅游的发展潜力都很大，并且具有较高的开发价值，解决好红色旅游开发中存在的问题，将有助于促进这些地区红色旅游的进一步发展。

14.3 江西"五大红色旅游区"发展模式

通过对江西"一个龙头、四个基点"的"五大红色旅游区"红色旅游开发方式和发展现状的分析可以发现，这"五大红色旅游区"有红色旅游发展的先进理念和实际框架，并已经初步形成红色旅游发展模式的雏形，但其发展的模式需要进一步提炼和提升。目前，我国红色旅游发展缺乏切实可行的成功模式的借鉴，造成红色旅游资源一定程度的浪费和生态环境的破坏。因此，将发展红色旅游的方式上升到红色旅游发展的模式就显得十分必要。

14.3.1 井冈山红绿结合型红色旅游发展模式

14.3.1.1 旅游资源优势

任何文化旅游都有一个物质凭借，文化旅游资源的形成就是文化与具体的地点、景点之间的组合。因此，探讨井冈山发展模式的前提是要了解井冈

① 中国社会科学院旅游研究中心："萍乡编制2001年红色旅游发展规划"，萍乡市人民政府网，http://www.pingxiang.gov.cn.

山的文化内涵及其物质条件。

井冈山被列为“全国百个爱国主义教育示范基地”，以及全国12个“重点红色旅游区”之一。井冈山的红色旅游资源得天独厚，迄今还保存着黄洋界、八角楼等100多处革命旧居旧址，其中21处为全国重点文物保护单位的保护点。另外，还有在行洲和黄坳乡等地的红军标语，雕刻在岩石和墙壁上的井冈山诗词，井冈山革命斗争年代的经典革命歌曲，红军饭、南瓜汤等红色菜肴及一系列的红色旅游资源。井冈山另一亮点就是自然景观优美，景区内集峰峦、山石、瀑布、溶洞、温泉、珍稀动植物及高山田园风光于一体，具雄、奇、险、峻、秀、幽等自然风光特点。井冈山属中亚热带湿润季风型气候，雨量充沛、气候宜人，是开展爱国主义教育、旅游观光、避暑疗养、回归大自然的理想之地。

14.3.1.2　红绿结合模式的构建

井冈山红色旅游发展，应该始终以红色为基调，体现出人文精神与时代背景，吸引国内外的游客前来观光旅游，接受传统教育，从而不断提升红色旅游的品位。同时，围绕“红色吸引人、绿色留住人”这一主线，将井冈山的自然风景与红色文化完美结合，从而产生长久吸引力。

（1）深入挖掘红色资源内涵，升华红色精神。红色旅游之所以走向市场，主要是它具有厚重的历史文化内涵。文化性是产品生命力的精髓，是开发红色旅游资源，发展红色旅游事业的牢固基础。只有保护了旅游产品的文化内涵，旅游产品才能长盛不衰。因此，发展红色旅游需要沿着革命的历史去领悟、去挖掘、去发现。为此，首先要收集整理井冈山革命斗争时期的历史事件、历史人物的文献和资料；其次要积极整合当地红色旅游资源，对纪念馆、陈列馆进行修缮保护；最后，要将红色旅游置于整个时代发展的背景下，开展多种形式的旅游活动，以迎合旅游者不断变化的旅游需要。在这些方面，井冈山的开发建设已取得一定的成绩，例如，井冈山市成立了井冈山精神研究会、推出了以井冈山斗争史为主题的“岁月·井冈山”红色歌舞晚会、中国“红歌会”、井冈山红色旅游“六个一工程”等旅游项目和活动，使游客能够更深刻地体会到井冈山精神。

（2）充分开发绿色旅游资源，拓展旅游功能。红色旅游产业倘若固守展览式的产品，市场必然狭窄；而生态旅游的融入，可以使产品产生更大的吸引力，在增强红色旅游资源吸引力的同时，也能拓宽红色旅游客源市场，使之从单纯的革命传统教育为主体的市场转向更为大众化的市场。因此，井冈山在突出“红色”的同时，还应重视绿色资源的充分利用和保护。比如开发龙潭、主峰、笔架山、大峡谷等生态景区；同时推出一些旅游互动项目如竹排漂流、快艇游井冈湖、五马朝天狩猎、攀岩、高空钢索等，增加游客的游览项目和逗留时间。另外还应处理好开发与保护的关系，资源的保护和利用既相互矛盾、相互对立，又互为依托、相互促进，只有保护好资源，才谈得上开发利用。井冈山在这方面可以说是一个典范。井冈山森林覆盖率如此之高，是井冈山两次大规模植树造林的成果。第一次是20世纪50年代为纪念井冈山牺牲的众多烈士，中共中央决定用飞机播种大量松树，经过四五十年的生长，现在已经长大成林；第二次是广大知识青年下乡的植树造林活动。[①] 通过红色旅游资源与生态旅游资源的整合，红色旅游就可以扩大适销面，各类型、各层次乃至全国各地的游客都可以在优美的环境中找到与红色旅游之间的契合点，从而使红色旅游产生更大的吸引力。

（3）进行井冈山红绿模式营销，扩大市场空间。产品要推向市场，就必须进行宣传推广，这同样也是发展红色旅游的重要环节。井冈山市对此予以高度重视，通过在全国进行“井冈山精神大型展览”巡回展和举办旅游文化节等形式进行大规模强力度的宣传推广，还派出旅游促销小分队深入到大江南北、长城内外进行深层次、有针对性的市场营销活动。另外，江西省举办的三届“红博会”，对井冈山的红色旅游来说也是一个很好的推广平台。

14.3.2　南昌城乡互动型红色旅游发展模式

14.3.2.1　南昌旅游资源类型及分布

南昌市的旅游资源的各类指数都是排在全国同类型城市的前列，可以说南昌的旅游资源开发潜力很大。第一，南昌拥有丰富的革命历史资源，1927年8月1日，由周恩来、贺龙、叶挺、朱德、刘伯承等同志领导，中国共产党发动了打响反对国民党反动派第一枪的南昌起义，此次起义在中国近现代

---

① 朱多生：“红色旅游开发中‘井冈山模式’的提出”，《专题研究》，2006年第16期，第85页。

革命史上，写下了辉煌的一页。现保留下来了八一南昌起义总指挥部旧址、叶挺第十一军指挥部旧址、朱德旧居、朱德军官教育团旧址等红色旅游资源，加上南昌新四军军部旧址、方志敏烈士墓、江西革命烈士纪念堂以及新建县望城岗“小平小道”。另外，还有1978年在八一广场修建的八一南昌起义纪念塔。第二，南昌还拥有得天独厚的自然资源。南昌市郊的梅岭风景区拥有岩洞、奇石、泉瀑、幽谷，融雄、奇、秀、幽于一体，森林覆盖率达67%，有“小庐山”之称，是避暑度假的良好去处。另外，还有赣江穿城而过，形成“一江两岸”的城市风光带；赣江主流及其中支、南支于城北分道，流入鄱阳湖，沿江湿地花草茂盛，沿途田园阡陌纵横，成为沿江河流域的风光带。第三，南昌历史文化深厚底蕴。南昌是一座历史文化名城，有古迹及建筑类资源283处，其基本类型十分广泛，包括古城遗址、军事遗址、古墓与名人墓、楼阁、宫观、寺塔、陵园、社会经济文化遗址等。

通过对南昌资源归类，可以看到其景点的空间位置情况。在空间分布上，以八一起义革命旧址为中心、新四军军部旧址都分布在八一大道以西的老城区内，江西革命烈士纪念堂、八一起义纪念碑位于八一大道的东侧，分布比较集中，而方志敏烈士墓、“小平小道”两处红色旅游景点却分布在市郊，离市中心有一段距离。另外，梅岭风景区距市区中心约15千米。

14.3.2.2 南昌城乡互动发展模式

随着市区交通道路网的完善，南昌已经具备了市区红色景观群与郊区分散的红色景点、绿色风景区共同组成复合旅游区的条件。同时，我国开展的2007年“和谐城乡游”主题年活动，对城乡旅游业互动发展是一个巨大的推动。基于以上的原因，可以将南昌红色旅游的发展定位于城乡互动型的红色旅游发展模式。

所谓城乡互动，经济学界从经济发展规律和生产力合理布局角度出发，认为它是现代经济中农业和工业联系日益增强的客观要求，是统一布局城乡经济，加强城乡之间的经济交流与协作，使城乡生产力优化分工、布局合理、协调发展，以取得最佳的经济效益[①]的一种经济联系方式。而红色旅游

① 杨宇：“对乡村旅游和城乡一体化互动的几点思考”，中国城郊网，http：//chengjiao.16633.com 2005－1－10.

的城乡互动，就是将城区的红色旅游资源与郊区、乡村的景观资源整合在一起，延长红色旅游的产品链，使城区旅游带动乡村游，乡村游又补充城区旅游，实现资源共享、客源互动、城乡和谐发展的大好局面。那么，应该如何构建南昌城乡互动型红色旅游发展模式呢？主要应从以下几个方面来进行思考。

（1）整合红色旅游景点，树立红色旅游品牌。目前，南昌虽然有“红色旅游一条线”，但并未真正串起来，五大旧址依然孤立作战，更别谈像“小平小道”这样的景点了。因此，应对八一起义纪念馆群这一宝贵的红色资源进行优化组合与有效利用，让其发挥应有的社会效益和经济效益。同时将各大旧址与小平小道等景点串联起来，开辟“八一起义战争后程游”、“小平小道游”等，实行“联票制”，让游客穿大街、走小巷，重温起义战争历程，从而形象直观地增进广大群众对人民军队的了解与感情，使广大群众在感受革命先烈们一身正气，接受军史教育和国防教育的同时，也感受到英雄城火一般的热情。

旅游品牌是游客了解旅游目的地的窗口，代表着旅游地的整体形象。因此，它对于旅游地知名度的提高，对于旅游地吸引力和竞争力的提高具有重要作用，而“八一”品牌是对南昌红色旅游资源的高度提炼。南昌应该围绕这一品牌形象，将红色旅游景点进行整合，使八一历史重现在游客的眼前。同时，还应该积极促销以唱响“八一”这个品牌。例如，在《纲要》规定的十二个重点红色旅游区中却没有南昌，“军队摇篮，八一枪声”这个重要的主题被遗忘了，为使该主题形象深入人心，除了要向周边省市以及主要客源地开展宣传促销活动之外，还要向中央和国家有关部门大力推介。

（2）加强红色景点建设，丰富红色旅游内容。在红色旅游发展过程中，除南昌八一起义纪念馆之外，在南昌起义中曾起过重要作用的朱德故居、朱德军官教育团、叶挺指挥部旧址等均未被充分利用，南昌红色旅游资源浪费严重。南昌市应该将革命旧址充分利用起来，对现有陈列进行更新、改造，以丰富红色景点的内容。可以借助高科技手段，采用“声”、“光”、“电”同步进行的大型沙盘模型，真实地再现当年八一南昌起义的战争历程；运用多媒体手段合成影像，生动地再现“朱德施计”等故事情节；运用电动图表、绘画、雕塑等现代手段，丰富革命旧址内的陈列内容，使其更加具有丰富性、生动性和教育性；另外，南昌红色旅游景区的基础设施建设还有待加强，例如，朱德旧址、叶挺指挥部旧址内均未设停车场，而且被民房包围，指示牌等均未做到位，影响了游客的游览效果。

(3) 结合乡村观光休闲，形成城乡互动发展。八一南昌起义旧址周围环境不佳，缺少山水风景，影响了游客观光效果，由于该问题涉及城区文化与休闲规划，一时难以解决，作为旅游集散地的南昌，可以将乡村旅游有效利用起来，使其与红色旅游有机结合，既可以避免红色旅游产品单一性等问题，也可以使城乡旅游互动发展。

乡村旅游是相对于城市旅游而言的，但两者的区别绝不仅仅是地域上的差异，乡村旅游是在乡村地区开展的，以特有的乡村人居环境、山水文化、田园风光、家业生产及其自然环境为基础的旅游活动，明显的特色是自然纯朴、返璞归真、和谐共融[①]。而尤其以吃农家饭、住农家屋、学农家话、享农家乐，以亲近自然、享受蔬菜果园采摘之乐的乡村旅游为时尚之旅。乡村旅游一方面可以满足人民日益增长的休闲度假、了解农村、回归大自然的需要；另一方面也为农村经济注入了新的活力，增加了农民的收入，改善了农民生活质量，促进了城乡协调发展。

乡村旅游已经成为备受旅游者青睐和各级政府重视的旅游形式，并取得了很好的成效。如 2007 年“五一”长假期间，山东省 7 天共接待游客 1940.6 万人次，同比增长 26.3%，旅游收入 114.1 亿元，同比增长 31.8%。其中，城乡互动成为本次“黄金周”的最大贡献[②]。另外，国家又推出了 2007 年“和谐城乡游”主题年活动，南昌可借助丰富的乡村旅游资源（如进贤军山湖螃蟹养殖基地、安义千年古村群、新建小平小道等）以及南昌乡村旅游发展的春风，打造南昌特色旅游市场。

第一，城乡旅游产品互动组合。目前，以“农家乐”为主体的乡村休闲短线游正逐渐成为假日旅游的主流。2009 年“五一”小长假期间，全省“一日游”游客人数同比增长 25.39%。[③] 不过目前有些地方并没有把“农家乐”的农味挖掘出来，比如位于梅岭蟠农峰东南麓的敏丽来“农家乐”休闲度假村，目前还是以餐饮、垂钓、泡脚、棋牌等传统项目为主，缺乏原真性的体验项目。乡村旅游不仅要开发特色农家餐饮，还应增加与农业有关

---

① 王云才：《现代乡村景观旅游规划设计》，青岛出版社 2003 年版，第 51 页。

② “山东旅游呈现‘围城效应’城乡互动和谐游”，《中国工商时报》，2007 年 5 月 9 日。

③ 江西省旅游信息和培训中心：“‘农家乐’特色应在‘农’”，中央政府门户网站，http://www.gov.cn.

的参与性旅游项目，让农家乐的特色原汁原味地表现出来，让城里人真正体验乡村生活的快乐，如可以适当增加干农活、摘蔬菜、种养花草、听乡村戏曲等项目。同时，将红色旅游产品与农村休闲游结合起来，让游客感受不同形式的旅游产品。

第二，城乡旅游设施互动和谐。南昌市城区拥有丰富的旅游资源和旅游产品，而且拥有四通八达的交通网络、完善的旅游服务设施。比较而言，农村这一方面就相当薄弱，因而，南昌市要加强引导农村餐馆、农家旅馆的发展，加强与交通部门的协调，优先建设农村景区公路，加强对农产品进入旅游商品市场的引导，加大对农村当地文化的挖掘和整理力度，促进城乡旅游设施互动和谐。

第三，城乡旅游线路互动合作。延伸红色旅游线路，实现城乡旅游交通互通，实现红色旅游产品与农村休闲旅游产品的对接。将八一起义旧址群与小平小道、方志敏烈士墓等景点连成一线，既突出南昌是“军旗升起的地方”这一主题，又使红色旅游与农家乐乡村休闲游结合，形成既有馆内参观，又有野外郊游的特色，使红色旅游不枯燥、不乏味。

14.3.3 瑞金“红色主体型”发展模式

在旅游产品定位上要充分体现红色革命精神，全力打造瑞金“红都”、“共和国摇篮”的主题。同时，根据不同目标市场的需求，以红色旅游为主题，在做大做强做优红色旅游产品的基础上，将红色旅游产品与“绿”、“古”旅游产品结合起来，形成瑞金的红色旅游主体型带动发展的模式。

(1) 突出“红都”旅游品牌，打造特色旅游项目。旅游的竞争不仅是资源的竞争，更是品牌的竞争。旅游品牌的构建是提高红色旅游开发产业化水平的核心要素之一，应引起开发者和管理者的高度重视。瑞金在开发红色旅游资源的过程中，要充分挖掘苏区经典，突出瑞金“红都”、“共和国摇篮”的主题形象，打造瑞金精品名牌，以区别于萍乡、上饶的红色旅游资源。瑞金市可以建红军二万五千里长征途中有代表性的建筑物微缩景观，生动体现红军爬雪山、过草地、强渡大渡河、飞夺泸定桥等经典事件。同时，可以打造红军村，体现苏区文化内涵和长征精神，让游客当一天红军、过一天苏区生活。另外，可以打造“云石山徒步行军体验游”，云石山是长征第一山，这一项目针对大众旅游市场，开展徒步长征体验旅游，通过这种体验型旅游产品，游客能够从中受到深刻的革命教育，从而丰富红色旅游的内容，拓展红色旅游的形式。

(2) 结合绿色古色资源，打造多样旅游产品。在绿色资源方面，主要将罗汉岩纳入瑞金红色旅游的大范畴中，兴建度假村、娱乐设施及会议中心等，完善罗汉岩风景区建设，使之与红色景点有机的连为一体。在古色资源方面，瑞金是“客家大本营的大本营”，客家文化十分丰富，具有很大的开发价值，特别是九堡镇密溪村，村中明清建筑多，书画、碑刻随处可见，具有浓郁的客家气息，应当重点建设。但目前对客家民俗文化的开发还处于摸索阶段，没有形成系统的旅游产品。因此瑞金应加大开发力度，可以围绕客家文化资源中的饮食、住宿、娱乐等几大要素进行，以打造多样化旅游产品。比如，根据游客需要，在客家村落里为顾客提供客家特色食品，以客家围龙屋为依托为游客提供住宿服务。同时，利用客家人在恋爱中的情歌对唱、婚姻嫁娶中的客家礼节，祖宗祭祀中的场面等，开展学唱山歌、嫁娶模拟游戏、寻根溯源等活动，吸引游客参观。

(3) 充分利用客家渊源，拓展专项旅游市场。红色旅游的客源市场主要是国内，国外游客很少。比如，始终走在红色旅游前列的井冈山，1990年海外旅游者仅占旅游总人数的0.17%，1997年仅提高到1.12%[①]，2007年为1.71%。2007年全年瑞金共接待海外旅游者1万人次，只占旅游总人数的0.98%，海外市场份额严重不足。但由于瑞金是客家文化聚集地，不仅拥有广东、福建、湖南及江西省内各个县市的客源，而且还有香港、澳门、台湾以及东南亚部分国家的客源。瑞金应充分利用客家渊源，深入挖掘客家文化，进一步拓展国内和入境市场，特别是海外市场。

14.3.4　萍乡“多色旅游互动”发展模式

萍乡是一个有着光荣革命传统的地方，红色旅游资源大体上分为以工人运动为主题的安源工人运动俱乐部、总平巷、安源路矿工人补习学校等；以秋收起义为主题的安源军事会议会址、卢德铭烈士殉难地和烈士陵园、秋收起义纪念碑和秋收起义广场、莲花一枝枪纪念馆等；以井冈山革命斗争为主

---

① 尹晓颖、朱宏：“红色旅游产品特点和发展模式研究”，《人文地理》，2005年第2期，第35页。

题的安源市苏维埃政府驻地、棋盘山游击战根据地。另外，萍乡是一块绿色的宝地，有动植物资源丰富的杨岐山、久负盛名的义龙洞和拥有约十万亩高山草甸的武功山。还有，萍乡的傩文化遗产丰富，“五里一将军，十里一傩庙”是萍乡傩文化的俗语。据统计，过去萍乡有98处傩神庙，现存的有20多处，其中4处已列为市级重点文物保护单位①。

发展红色旅游不是孤立的，红色旅游要与绿色、古色旅游形成有效的结合，使之互相促进、互相发展。因此，萍乡应该充分利用丰富的红色旅游资源，品位高、数量多的绿色、古色旅游资源，使红色旅游可以依托绿色、古色旅游，形成“三色”旅游发展模式。针对萍乡红色旅游的现状，主要做好以下几点：

（1）进行主题式资源整合。萍乡的红色旅游资源可以将工人运动、秋收起义、井冈山斗争三个主题进行整合，从而组合资源、利用资源。按照历史事件发生的先后顺序，将这些资源串联起来，形成三个旅游圈或旅游线路。而每个旅游圈又由一个或者几个主要景点作为主体，带动或组织其他景点进行开发建设与开展活动。萍乡市红色旅游资源主要分布在安源区、上栗县、芦溪县、莲花县，其中以安源区的红色旅游资源品位最高，知名度最大，开发价值最大。根据萍乡市实际情况，应以安源为龙头，上栗、芦溪、莲花三地为补充，使全市红色旅游发展达到和谐联动的目的。同时，有关部门应分别对体现三个主题的历史资料、人物事迹进行挖掘，并制作出一些音像资料，设计一些具有参与性的主题性旅游项目，让游客通过主题浏览，不仅对萍乡革命历史有个系统的了解，而且可以身临其境，从而真正实现寓教于游、寓教于乐。任何红色旅游都不是单独存在的，单一意味着缺失，因此，萍乡可以将红色旅游资源与神奇的武功山、神秘的杨岐山、神奇的义龙洞景点结合，使游客感受革命情怀的同时，欣赏优美的自然风景。另外，观看地道的傩舞表演，同时增加互动项目，让游客穿上傩舞服装，戴上傩舞面具，跟着学傩舞表演，也许能成为萍乡红色旅游的一大亮点。

（2）开展品牌式宣传推广。萍乡市在整合全市的红色旅游资源时，要把秋收起义作为萍乡独有的品牌形象，将所有的资源都集中到这个主题上

① 胡冬初、刘小艳、邓树波、胡光辉：“萍乡市文化生态旅游资源与开发研究”，《江西林业科技》，2002年第3期，第61页。

来，并对此品牌进行宣传，以促使其政治品牌向旅游品牌转变。长期以来，萍乡对于辉煌历史的宣传过于简单，对其旅游资源的推介更是滞后。由于萍乡对自身的宣传只是侧重于工业经济，导致一直以来人们对萍乡的定位仅仅是污染严重的工业城市，而对于在萍乡发生的工人运动、秋收起义却并不太了解。可见，宣传萍乡的辉煌历史对于萍乡红色旅游的发展至关重要，改变萍乡在人们心目中的传统形象已迫在眉睫。萍乡可以借助于旅游交易会、博览会以及媒体等多种方式，宣传推介萍乡秋收起义这一特色品牌，树立萍乡崭新的旅游整体形象；同时可以利用各种纪念日开展独具特色的节庆活动，扩大景区的知名度，加深外界对景区的总体认知。例如，2007 年是中国人民解放军建军 80 周年、秋收起义 80 周年、井冈山革命根据地创建 80 周年，江西省精心策划举办了 2007 年中国（江西）红色旅游博览会，在省内各红色旅游基地举办了一系列的主题活动，其中，在萍乡举办了“纪念秋收起义 80 周年大型红歌会”等。[①] 今后萍乡应抓住类似这样的契机，办好各种旅游活动，加大红色旅游的宣传力度，提升萍乡旅游的整体形象。

（3）建立快捷式连接通道。萍乡的红色旅游资源大部分还处在闲置的状态，因此萍乡市、各县乡政府、企业应加大对旅游资源的开发力度，改变景区建设滞后的局面。加大对景点的发掘、维修以及对文物的整理、修复。另外，加大红色旅游资源的开发力度，提高旅游区的可进入性，可进入性是指旅游目的地同外界的交通联系以及旅游目的地内部交通的通畅和便利程度。[②] 只有提高旅游目的地的可进入性，才能使旅游者大量地、经常性地前来访问，而该地的旅游业也才会有不断扩大和发展的可能。交通还有一个不容忽视的作用就是，交通本身是旅游收入和旅游创汇的重要来源，就国内旅游而言，在任何国家的国内旅游收入中，旅游交通运输收入都占有突出的比重。例如 1989 年美国国内旅游收入共 6324 亿美元，其中旅游交通收入约占 55%。[③] 可见，旅游交通在旅游发展过程中的重要作用。因此，萍乡要发展好本市的红色旅游，旅游交通应先行。

---

① 江西省旅游信息和培训中心：“2007 年江西将大力推广红色旅游”，中央政府门户网站，http: //www. gov. cn. 2007 - 02 - 13.

② 李天元：《旅游学》，高等教育出版社 2002 年版，第 73 页。

③ 李天元：《旅游学》，高等教育出版社 2002 年版，第 111 页。

14.3.5 上饶“多极综合型”红色旅游发展模式

上饶有得天独厚的自然旅游资源，而且人文旅游资源与之相得益彰。自然旅游资源主要有“江南第一仙峰”三清山、“丹霞胜境”龟峰、“世界最大的白鹤越冬地”鄱阳湖等。人文旅游资源中的红色旅游资源主要有上饶集中营旧址和葛源闽浙赣根据地旧址。上饶还有很有独具特色的乡情民俗、畲族风情、婺源民俗、弋阳腔剧等人文旅游资源。

上饶的绿色旅游资源奇秀、红色旅游资源丰富、古色旅游资源厚重。因红色旅游和古色旅游都有相对特定的群体，且功能单调，产品极易雷同，如能对它们进行高品位的整合，将会形成有特色、个性化和可持续发展的多功能、复合型的旅游产品。

(1) 突出产品独特性和复合性。红色旅游与其他类型的旅游具有共性特征，同时，红色旅游作为一种特殊类型的旅游，又具有个性特征。在开发红色旅游产品时，要研究透彻其个性内涵，发挥独特性，彰显特色，打造精品名牌。从将上饶集中营、方志敏纪念馆打造成100个“红色旅游经典景区”之一入手，通过统筹规划、整合资源和基础设施建设，重点推出全国全省的“红色旅游精品线路”。同时，要注意红色旅游与历史文化游、民俗风情游、风景观光游的融合，将婺源、三清山等纳入到红色旅游线路的范畴，进一步挖掘整理出婺源的傩舞、徽剧、明清茶道、民间灯彩、抬阁和地方戏等民间艺术和开发相对集中的明清徽派古建村落，最终使红色旅游与其他旅游相互促进、相得益彰、共同发展，形成独具特色的旅游产品体系。

(2) 加强政府主导和市场运作。“政府主导型”发展战略即通过政府行政权力的强力干预，有意识地充分利用旅游资源优势，把旅游业作为一项新的经济增长点加以扶持、培育，并采取有力措施促使旅游业实现有序繁荣和快速增长。[①] 在旅游业的发展中政府主导和市场运作具有辩证的关系，任何一个地方的旅游业想要获得持续快速、协调发展，这两种机制都不可缺少，而且要协调运行。上饶可以成立一个统一的主管全市旅游资源开发、利用和保护的政府机构——旅游经济委员会，这个机构对全市旅游资源进行规划，

① 贺丽霞：“政府怎样主导县域旅游经济——从广西荔浦旅游发展模式谈起”，《经济访谈·旅游》，2003年第5期，第27页。

宏观调控，提供可行性建议等。从旅游资金方面来看，政府的扶持力度是有限的，这就需要政府在政策上引导民营企业和社会组织参与红色旅游的投资建设，同时鼓励银行等商业部门提供金融支持。2005年年初，国家旅游局和国家开发银行签订了《开发性金融合作协议》，双方将以红色旅游的开发建设为先导，实行长期战略合作，共同推进红色旅游的开发建设及全国旅游业的持续健康发展①。上饶应充分利用这一契机，解决景区建设资金启动问题。

（3）增强推介针对性和有效性。当前随着自驾游、专题游的日益升温，游客的旅游需求出现多样化、个性化等特点，上饶红色旅游在宣传推介上就应顾及多个层次的需求。就上饶旅游市场而言，观光游的主体市场在“长三角”，上饶应该抓住这一主体市场，以上饶的真山真水真风情、上饶的红色文化为“长三角”及“珠三角”等市场量身定做一些复合型旅游产品，并到上述诸城市去作复合型旅游的专题推介。同时在上饶各大景区和主要街道、出入口都要设置旅游景区概况图及线路交通图，使游客只要进入上饶的任何一个大的景区就能对上饶的所有旅游景区有一个全面了解。

目前红色旅游蓬勃发展，研究红色旅游的文献也大量涌现，但主要集中在探讨红色旅游的现状和开发问题，对红色旅游发展模式的探讨较少。本章通过对江西红色旅游的现状及存在问题的分析，结合井冈山、瑞金等红色旅游区的发展经验，主要从资源整合的角度，探讨江西红色旅游的发展模式。江西主要是以自然山水、历史古迹、红色文化为主，红色、绿色、古色资源交相辉映，异彩纷呈。从资源整合角度来看，江西基本上是构建红、绿、古相结合的红色旅游发展模式，但是各地的资源状况、市场情况各不相同，因而其发展模式也因地而异。江西五大红色旅游区主要形成了三种红色旅游发展模式：井冈山红绿结合型红色旅游发展模式，南昌城乡互动型红色旅游发展模式，瑞金红色主体型发展模式、萍乡多色互动型发展模式、上饶多极综合型发展模式，这些模式是结合地方特色形成的，这对红色旅游与地方融合发展具有借鉴意义，为红色旅游促进地方社会经济发展提供了有效路径，它

① 余凤龙、陆林：“红色旅游开发的问题诊断及对策”，《旅游学刊》，2005年第4期，第60页。

将丰富红色旅游理论。另外，加强区域合作也是一个不容忽视的问题，红色旅游发展过程中不仅要促进省内红色旅游景区的整体联动，而且要实现与省外旅游资源的共享，要在打好红色、古色、绿色三张牌的基础上，整合资源、优化机制、创新体制，实现江西红色旅游全方位、可持续发展。

后 记

本书作为2006年度江西省高校人文社会科学研究项目“红色旅游资源开发与老区经济社会发展研究”（Jj0617）终期成果，是我多年来关注红色旅游、研究红色旅游的结果，同时也是近几年由我领衔的南昌大学旅游规划与研究中心的学术团队旅游管理系旅游管理专业2003级本科生，旅游管理2006级、2007级、2008级、2009级和人文地理学2007级、2008级、2009级硕士研究生共同探讨、共同研究红色旅游的成果。我在承担该项课题后，就开始以江西红色旅游为案例，以江西红色旅游的发展成果为研究与宣传对象，先后利用应邀讲学、旅游规划、课题调研、学术考察等机会，走访考察了江西几乎所有的红色旅游景区，获得了大量的第一手资料和感性认识。在此基础上，将我的研究课题分成若干研究专题，分别指导本科生写作毕业论文，指导研究生做课程学业论文。在这些工作基础上，开始进行深入的研究工作。这样的工作一方面引发了学生的研究兴趣，锻炼了学生的研究能力，培养了学生的研究素养；另一方面增加了我与学生之间的感情，实现了教育与学习之间的相互促进，也节约了我的时间，启发了我的思维。我认为这是值得推广的一种教学与研究方法，因为它体现了真正的教学相长，师生互动，共同学习，一起进步。当然这样的研究方法也给我带来了一些问题，即学生的研究规范性不够，这给我后来的利用工作增添了麻烦，同时因他们的研究视野的限制和研究资料的局限所形成的一些不成熟的观点，对我也产生了某种“先入为主”的约束。但我在教学与研究工作中真正指导了他们，影响了他们，他们也投入其中，学会了从事研究工作，即培养锻炼了自己，也帮了我的忙，为我做了有益的工作。这些工作，主要在2007—2009年间完成，所以，严格地说，该书是我与学生们的集体劳动成果。参与工作的同学有梁玮洁、王道、胡春香、汤少奇、宋丽娟、黄贵仁、张振雷、薛海波、陈美珍、李娟、邓丽、凌颖莹、文洁、李茹平等2003级旅游管理本科专业学生，魏伟新、陈传金、刘辉、朱龙凤、彭蕾、范钰娟、陈晓芸、张亚丽、马博琴、张国平、黄彦丽、王丹等2006级旅游管理专业硕士研究生。尤其是2007年进入旅游管理专业研究生阶段学习的宋丽娟和黄贵仁同学，在我的指导下补充资料、增加内容，进一步开展研究论证，做了大量的工作。还有2007级人文地理学专业硕士研究生王鸽、薛盈盈，2008级旅游管理专业硕士研究生李雪瑞、人文地理学专业硕士研究生刘凌燕，2009级旅游管理专业硕士研究生张晓惠、人文地理学硕士研究生查媛竹，也在后期进一步完善和补充资料的过程中分别做了很多有益的工作。现在，他们有的在高等学校进一步深造，更多的人已走上工作岗位，一些人已很久没有联系，但他们给予我的帮助，他们与我合作开展研究工作的情景仍然记忆在我的脑海里，对他们为此书贡献的真知灼见和辛勤劳动，在此表示衷心的感谢！

2008—2009年，我在紧张的教学工作之余，受江西省发展和改革委员会以及江西省旅游局委托，主持承担《鄱阳湖生态经济区生态旅游专项规划》，深知责任重大，丝毫不敢懈怠和苟且，所以很多时间花在了这一有利于江西经济社会发展的工作上，该书的撰稿和修改完善工作只能在断断续续中进行。在这期间及其前后，我先后和合作者在《南昌大学学报（人文社会科学版）》、《江西社会科学》、《中国经济与管理研究》、《经济研究导刊》、《求实》等刊物上发表关于红色旅游的研究文章15篇，在红色旅游研究方面可谓用力甚勤。不过，生态旅游规划和红色旅游研究这两项工作使我有机会在红色旅游和生态旅游两种江西有优势的旅游业态中忘我地驰骋遨游，让我受益良多。由于该书是先做专题，再在专题基础上成一论著，虽然我们非常关注其内在的联系和逻辑，但毕竟在写作过程中要考虑到每个专题研究的完整性，所以难免在每一章的现状概述或背景介绍甚至是学术史回顾中，有些重复，敬请读者谅解。同时由于在成书过程中，一些研究成果是在学生所进行的基础性研究工作基础上完成的，难免学术规范性有所欠缺，论证的力度时有不足，认识它并在以后的研究工作中改进是非常必要的。

本书的出版，要感谢中国财政经济出版社的周桂元主任和张怡然编辑，是他们给了本书出版的机会，而且他们也为本书的修改和完善提供了很有价值的意见；感谢南昌大学领导和社会科学处将本书列入2009年南昌大学社会科学学术著作出版资助计划，使本书能够出版；感谢中国旅游研究院副院长石培华先生，他作为我国红色旅游研究的权威专家，给本书的出版作序，对我和南昌大学旅游管理系的师生都是一种莫大的鼓舞和激励；感谢南昌大学党委书记郑克强先生，他在百忙之中抽出时间给本书写了序言，对我带领本科生和研究生开展研究工作的尝试给予了充分的肯定，使我深受感动，我将一如既往的与学生们交流切磋学术问题，带领他们开展专题调查研究工作，培养他们的研究兴趣，提高他们提出问题、分析问题、认识问题、解决问题的能力，力争探索一条师生共同研究、教学相互促进，真正实现师生互动的“学习型”团队的人才培养之路，不辜负学校领导对我的期望。

由于作者的知识和视野的局限，书中可能还存在不少的缺陷，甚至是谬误，敬请广大读者批评指正。

黄细嘉

于南昌大学前湖

2009 年 12 月 31 日